司法行政（法律服务）精选案例

第三卷

司法部案例编辑委员会　编

法律出版社
LAW PRESS·CHINA
北京

图书在版编目(CIP)数据

司法行政(法律服务)精选案例. 第三卷 / 司法部案例编辑委员会编. -- 北京：法律出版社，2023
ISBN 978-7-5197-7591-9

Ⅰ. ①司… Ⅱ. ①司… Ⅲ. ①司法-行政-案例-中国 Ⅳ. ①D926.1

中国国家版本馆CIP数据核字(2023)第028944号

司法行政(法律服务)精选案例(第三卷)
SIFA XINGZHENG (FALÜ FUWU) JINGXUAN ANLI (DI-SAN JUAN)

司法部案例编辑委员会 编

策划编辑 沈小英
责任编辑 沈小英 刘雪莲
装帧设计 李 瞻

出版发行 法律出版社
编辑统筹 法治与经济出版分社
责任校对 王 丰 李景美
责任印制 吕亚莉
经 销 新华书店

开本 710毫米×1000毫米 1/16
印张 30.5 字数 557千
版本 2023年3月第1版
印次 2023年3月第1次印刷
印刷 北京虎彩文化传播有限公司

地址：北京市丰台区莲花池西里7号(100073)
网址：www.lawpress.com.cn
投稿邮箱：info@lawpress.com.cn
举报盗版邮箱：jbwq@lawpress.com.cn

销售电话：010-83938349
客服电话：010-83938350
咨询电话：010-63939796

书号：ISBN 978-7-5197-7591-9
定价：180.00元

凡购买本社图书，如有印装错误，我社负责退换。电话：010-83938349

出版说明

“司法行政（法律服务）案例库”建立于2017年7月。截至2022年12月，共入库案例47，320篇，访问量超过1972万余人次。为进一步推动案例库建设成果的推广和转化，司法部决定分卷出版《司法行政（法律服务）精选案例》。第一卷于2020年11月出版，共11章，收录2017年至2019年年度精选典型案例147篇；第二卷于2021年12月出版，共12章，收录2020年年度精选典型案例138篇。

《司法行政（法律服务）精选案例》（第三卷）共12章，收录2021年年度精选典型案例149篇。本书案例均由司法部相关业务单位精心遴选并经专家评审，再由司法部案例编辑委员会最终审核把关。

本书案例除行政复议与行政应诉类以外，均来源于“司法行政（法律服务）案例库”（http：//alk. 12348. gov. cn/）。每篇案例均附有案例库统一编号和供稿信息，读者可以在“司法行政（法律服务）案例库”输入案例编号查询相应案例。

本书的出版，得到了各级领导的关心和指导，以及案例库建设相关单位的大力支持，在此一并感谢。

司法部案例编辑委员会办公室

2023年3月23日

目　录

第一章　监狱管理类

第二章　社区矫正管理类

第三章　戒毒管理类

第六章　人民调解类

第七章　法律援助类

第八章　司法鉴定类

第十章　律师工作类

第十一章　公证业务类

第十二章　法律职业资格管理类

第一章　监狱管理类

第一节　假释案例

服刑人员唐某某假释案

【案件基本情况】

服刑人员唐某某，男，1970年12月11日出生，山东省青岛市黄岛区人。因犯强奸罪被山东省青岛市黄岛区人民法院判处有期徒刑3年。刑期自2018年6月29日起至2021年6月14日止。于2018年7月10日送执行机关执行刑罚。服刑期间执行刑期变化情况：无。

【案件办理过程】

根据《监狱提请减刑假释工作程序规定》，山东省滕州监狱二监区组织全体民警对2020年第一批次罪犯减刑、假释案件进行研究，会议综合唐某某服刑期间一贯改造表现认为，其在服刑期间能够做到认罪悔罪，遵守法律法规及监规，接受教育改造，积极参加思想、文化、职业技术教育，完成劳动改造任务，确有悔改表现，获得表扬奖励3次。截至监区研究之日，已执行原判刑期1/2以上。监狱委托山东省青岛市黄岛区司法局对唐某某社区矫正条件进行调查评估，山东省青岛市黄岛区司法局进行了调查走访，其妻子称：其家庭关系和谐，年收入8万元左右，其入狱前月收入5000元左右，犯罪前无恶习，身体健康。从派出所的调查情况来看，唐某某除此次犯罪行为外，此前没有其他违法情况。山东省青岛市黄岛区司法局根据调查情况，出具了“对社区无重大不良影响，同意适用社区矫正”的评估意见。综上，执行机关初步认定唐某某符合法定可以假释条件，无再犯罪危险，建议对唐某某拟提请假释。监区将对唐某某拟提请假释意见提交监区长办公会审查。

2020年2月27日，山东省滕州监狱二监区监区长办公会经集体评议，认为唐某某确有悔改表现，截至2020年1月，获得表扬奖励3次。2020年1月19日，山东省青岛市黄岛区司法局出具“对社区无重大不良影响，同意适用社区矫正”的评估意见。综合考虑唐某某狱内实际表现、犯罪情节、社区评估结果等，认为唐某某确有悔改表现，假释后没有再犯罪危险，建议对唐某某提请假释。2020年2月27日至28日在监区公示，公示期内无异议。

监区将提请假释建议及相关证明材料报送监狱刑罚执行科审查。经审查，监狱刑罚执行科认为，监区认定唐某某确有悔改表现具体事实的书面证明材料来源合法，所提交的材料齐全、完备、规范，符合法定可以假释条件，提请程序合法，同意监区建议提请假释的建议。

2020年5月1日，监狱减刑假释评审委员会根据刑罚执行科审查意见，召开监狱减刑假释评审委员会会议进行审议。评审委员会认为唐某某确有悔改表现，假释后没有再犯罪的危险，作出建议对唐某某提请假释的评审意见，并按照规定在监狱内公示5个工作日。公示期间，无监狱人民警察或者罪犯对公示内容提出异议。公示期后，将唐某某案卷材料及提请建议报枣庄市人民检察院巡回检察办案组进行审查，经审查，未发现不当之处。监狱减刑假释评审委员会将提请唐某某假释的评审意见及检察院意见报送监狱长办公会议审定。

2020年5月6日，山东省滕州监狱监狱长办公会对唐某某假释建议及相关材料进行审议，认为唐某某符合法定可以假释条件，提请假释程序合法，相关证明材料齐全完备真实有效，作出提请唐某某假释的决定。监狱刑罚执行科根据监狱长办公会的决定，制作《提请假释建议书》，移送山东省枣庄市中级人民法院并抄送人民检察院。

【案件办理结果】

经审理，山东省枣庄市中级人民法院认为，唐某某认罪悔罪，遵守监规，已执行原判刑期1/2以上，社区矫正机构出具了“对社区无重大不良影响，同意适用社区矫正”的调查评估意见，假释后无再犯罪危险，符合假释条件。枣庄市中级人民法院于2020年6月30日宣判，裁定对唐某某予以假释，假释考验期至2021年6月14日止，并于当天将假释裁定书送达罪犯本人。监狱依法为唐某某办理假释出狱手续，移交社区矫正机构进行社区矫正。

案例编号：SDJYJS1595322688

山东省滕州监狱　马闻嘉　郭存海

罪犯孙某假释案

【案件基本情况】

罪犯孙某，女，1974年5月出生，原户籍地黑龙江省东宁市，中专文化，因犯走私珍贵动物制品罪被天津市第二中级人民法院于2012年8月21日判处有期徒刑10年，并处没收个人财产20万元。于2012年9月26日交付黑龙江省女子监狱执行刑罚。

【案件办理过程】

2019年3月18日，依据《黑龙江省女子监狱2019年第一批有期徒刑罪犯假释实施方案》的要求，女子监狱将罪犯孙某原审判决书、执行通知书、减刑裁定书和女子监狱调查评估委托书等材料发往东宁市司法局进行调查评估。当日，罪犯孙某哥哥孙某甲提出自愿作为该犯假释担保人，同时出具了亲属关系证明、户口本、身份证、工作证明、工资表、近6个月银行流水和房产证明。3月27日，东宁市司法局出具调查评估意见书，认为孙某帮教条件充足，同意对孙某适用假释。

2019年4月8日，黑龙江省女子监狱集训监区某分监区全体民警召开会议，集体研究罪犯孙某呈报假释案。会议综合罪犯孙某在服刑期间的一贯表现：该犯能够认罪悔罪，遵守法律、法规及监规，接受教育改造，积极参加思想、文化、职业技术教育，积极参加劳动，完成劳动任务，该犯实际服刑刑期已过1/2，剩余刑期较短，已没有再犯罪危险，该犯财产性判项已履行完毕，结合该犯哥哥孙某甲的担保书、收入证明以及东宁市司法局出具的调查评估意见书等材料，认为该犯符合假释条件，建议依法对罪犯孙某提请假释。同日，集训监区召开监区长办公会议，审核同意分监区意见。监区将提请假释建议及相关卷宗材料报送监狱刑罚执行科审查。

2019年4月9日，监狱刑罚执行科经审查认为，监区认定罪犯孙某卷宗内的书面证明材料来源合法，所提交的材料齐全、完备、规范，符合法定假释条件，提请罪犯孙某假释建议适当。刑罚执行科将相关材料一并提交监狱减刑、假释评审委员会评审。同日，女子监狱减刑假释评审委员会根据刑罚执行科的审查意见，召开会议进行评审，作出同意提请罪犯孙某假释的评审意见，并在监狱内公示 5 个工作日。公示期间,无监狱民警或罪犯对公示内容提出异议。公示期满后,监狱将相关材料提交哈尔滨市滨江地区检察机关征求意见,检察机关没有提出异议。监狱减刑假释评审委员会将提请假释的建议和评审意见连同人民检察院的意见,一并报请监狱长办公会议审定。

2019 年 6 月 6 日,女子监狱召开监狱长办公会议审议,同时邀请检察机关列席会议。会议认为,罪犯孙某符合法定假释条件,提请假释程序合法,相关证明材料齐全、真实有效,同意为罪犯孙某呈报假释。

2019 年 7 月 1 日,监狱刑罚执行科根据监狱长办公会议决定,制作《黑龙江省女子监狱提请假释建议书》,连同相关材料一并报送至黑龙江省哈尔滨市中级人民法院。

【案件办理结果】

2019 年 7 月 15 日,黑龙江省哈尔滨市中级人民法院经审理,认为罪犯孙某在服刑期间认真遵守监规,接受教育改造,确有悔改表现,现已实际执行原判刑期的 1/2 以上,且社区矫正机构同意接受其为社区服刑人员,符合假释条件,依法裁定对罪犯孙某予以假释。

案例编号:HLJJYJS1574145960

黑龙江省女子监狱　李佳南

第二节　减 刑 案 例

罪犯李某某减刑案

【案件基本情况】

罪犯李某某，男，1954 年 3 月 5 日出生，小学文化，海南省澄迈县人。因犯滥伐林木罪被海南省海口市中级人民法院于 2018 年 12 月 28 日判处有期徒刑 3 年，并处罚金 6000 元，刑期自 2018 年 12 月 27 日起至 2021 年 12 月 17 日止。李某某不服，提出上诉。海南省高级人民法院于 2019 年 3 月 26 日作出刑事裁定，驳回上诉，维持原判。于 2019 年 4 月 9 日交付海南省新康监狱执行刑罚。

【案件办理过程】

2020 年 12 月 4 日，根据《监狱提请减刑假释工作程序规定》，新康监狱五监区召开会议，集体研究罪犯李某某提请减刑案。会议综合罪犯李某某服刑期间的改造表现：该犯能够认罪悔罪，认真遵守法律法规及监规，接受教育改造，积极参加思想、文化、职业技术教育，积极参加劳动，努力完成劳动任务，该犯在本次考核期内共获得 2 次表扬奖励，该犯财产性判项已履行完毕，认为该犯确有悔改表现，符合减刑条件，建议依法对罪犯李某某提请减刑 6 个月。

监区将提请减刑建议及相关材料报送刑罚执行科审查。2021 年 1 月 15 日，监狱刑罚执行科经审查，认为监区认定李某某确有悔改表现的具体事实的书面证明材料来源合法，所提交的材料齐全、完备、规范，符合法定条件，提请减刑建议适当，同意监区提请减刑建议，并将相关材料一并提交监狱减刑假释评审委员会评审。

2021 年 1 月 19 日，监狱减刑假释评审委员会根据刑罚执行科的审查意见，召开会议进行评审，作出同意提请罪犯李某某减刑 6 个月的评审意见，并按照规定在监狱内公示，公示期为 5 个工作日。公示期间，无监狱民警或者罪犯对公示内容提出异议。

公示期满后,监狱将提请罪犯李某某减刑建议及相关材料送海南省人民检察院征求意见。检察机关认为,罪犯李某某拟提请减刑建议合法,无异议。监狱减刑假释评审委员会将提请罪犯李某某减刑 6 个月的评审意见连同检察意见,一并报请监狱长办公会议审议决定。

2021 年 1 月 27 日,监狱长办公会对罪犯李某某减刑建议及相关材料进行审议,认为该犯符合减刑条件,提请减刑程序合法,相关证明材料齐全完备真实有效,作出提请罪犯李某某减刑 6 个月的决定。

会后,监狱刑罚执行科根据监狱长办公会的决定,制作《提请减刑建议书》,连同相关材料一并提请海南省第一中级人民法院裁定,并将《提请减刑建议书》副本抄送海南省人民检察院。

【案件办理结果】

2021 年 4 月 22 日,海南省第一中级人民法院依照《中华人民共和国刑法》《中华人民共和国刑事诉讼法》之规定,裁定对罪犯李某某减去有期徒刑 6 个月。

案例编号:HNJYJX1625731669

海南省新康监狱　刘　欢

罪犯钱某某减刑案

【案件基本情况】

罪犯钱某某,男,1990 年 8 月 20 日出生,陕西省安康市白河县人。因犯抢劫罪被陕西省西安市长安区人民法院于 2015 年 9 月 16 日判处有期徒刑 10 年 3 个月,并处罚金 1 万元,剥夺政治权利 2 年,刑期自 2015 年 5 月 18 日起至 2025 年 8 月 17 日止。2015 年 12 月 9 日交付陕西省雁塔监狱执行刑罚。该犯被西安市中级人民法院于 2018 年 5 月 22 日裁定减去有期徒刑 6 个月,剥夺政治权利 2 年不变。

【案件办理过程】

2020 年 7 月 2 日,根据《监狱提请减刑假释工作程序规定》,雁塔监狱一监区召开会议,集体研究罪犯钱某某减刑案。会议综合罪犯钱某某服刑期间的改造表现:该犯能够认罪悔罪,认真遵守法律法规及监规,接受教育改造,积极参加思想、文化、职业技术教育,积极参加劳动改造,努力完成劳动任务,该犯财产性判项已履行,认为该犯确有悔改表现,符合减刑条件,结合该犯原判刑期、犯罪情节等情况,建议对罪犯钱某某提请减去有期徒刑6个月,剥夺政治权利2年不变。同日,一监区监区长办公会议经审核,同意监区集体研究意见,建议对罪犯钱某某提请减去有期徒刑6个月,剥夺政治权利2年不变。监区将案件相关材料报送监狱刑罚执行科审查。

2020年7月8日,刑罚执行科经审查,认为监区认定罪犯钱某某确有悔改表现的具体事实的书面材料及相关证明来源合法,所提交材料齐全、完备、规范、符合法定条件,监区对罪犯钱某某减刑建议适当,作出同意对罪犯钱某某提请减去有期徒刑6个月,剥夺政治权利2年不变的审查意见。刑罚执行科将审查意见连同监区报送的材料,一并提交监狱减刑假释评审委员会评审。

2020年7月10日,监狱减刑假释评审委员会根据刑罚执行科的审查意见,召开会议进行评审,认为罪犯钱某某在服刑期间总体表现良好,符合减刑条件,同意刑罚执行科意见,作出对罪犯钱某某提请减去有期徒刑6个月,剥夺政治权利2年不变的评审意见,并按照规定在狱内进行公示5个工作日。公示期间,无监狱民警或罪犯对公示内容提出异议。公示期满后,监狱将《提请减刑建议书》报请陕西省西安市沙坡地区人民检察院征求意见。检察机关作出"罪犯钱某某在服刑期间确有悔改表现,符合减刑条件,呈报减刑程序合法"的检察意见。监狱减刑假释评审委员会将提请减刑建议和评审意见连同人民检察院意见,一并报请监狱长办公会议审议决定。

2020年7月23日,监狱长办公会议对罪犯钱某某提请减刑建议及相关材料进行审议,认为罪犯钱某某符合法定减刑条件,提请减刑程序合法,相关证明材料齐全、完备、真实、有效,作出对罪犯钱某某提请减去有期徒刑6个月,剥夺政治权利2年不变的决定。

监狱刑罚执行科根据监狱长办公会议的决定,制作《提请减刑建议书》,连同相关材料一并提请陕西省西安市中级人民法院裁定,并将《提请减刑建议书》副本抄送人民检察院。

【案件办理结果】

2020 年 8 月 19 日,陕西省西安市中级人民法院裁定对罪犯钱某某减去有期徒刑 6 个月,剥夺政治权利 2 年不变。

案例编号:SXSJYJX1609902718

陕西省雁塔监狱　李进新

第三节　暂予监外执行案例

罪犯王某某暂予监外执行案

【案件基本情况】

罪犯王某某，男，1963 年 1 月 20 日出生，上海市松江区人。因犯诈骗罪被上海市青浦区人民法院于 2020 年 4 月 8 日判处有期徒刑 4 年 6 个月，并处罚金 8 万元，刑期自 2019 年 5 月 13 日起至 2023 年 11 月 12 日止。于 2020 年 10 月 19 日交付上海市周浦监狱执行刑罚。

【案件办理过程】

罪犯王某某患有糖尿病、轻度脂肪肝、红细胞平均体积偏低、平均血红蛋白量偏低等病。2020 年 11 月 10 日，该犯突然发病，被送至上海市监狱总医院住院治疗。

自 2020 年 11 月 13 日起至 2021 年 1 月 24 日，上海市监狱总医院下发罪犯王某某病危通知书 10 次，病重通知书 1 次。其间，监狱按照相关规定及时通知该犯家属。根据罪犯王某某病情发展情况，2020 年 11 月 20 日，周浦监狱委托上海市监狱总医院对王某某进行病情诊断。2020 年 11 月 30 日，上海市监狱总医院出具病情诊断书，诊断情况如下：(1) 胃癌（小细胞神经内分泌癌）；(2) 淋巴结及肝内多发转移；(3) 上消化道出血；(4) 贫血、糖尿病。

2020 年 12 月 2 日，上海市周浦监狱向上海市监狱管理局生活卫生处申请对罪犯王某某进行病情诊断。经审批同意后，上海市监狱总医院于 2020 年 12 月 15 日出具暂予监外执行病残鉴定书，认定罪犯王某某符合《暂予监外执行规定》之规定。

2020 年 12 月 28 日，经周浦监狱审查，罪犯王某某之妻冷某某具备保证人资格，确定冷某某为保证人。2020 年 12 月 29 日，监狱向罪犯王某某居住地司法行政机关（上海市松江区社区矫正管理局）发出暂予监外执行罪犯调查评估委托函。2021年1月7日,上海市松江区社区矫正管理局出具评估意见:罪犯王某某符合在本辖区接受社区矫正条件。

2021年1月12日,周浦监狱四监区召开会议,对罪犯王某某暂予监外执行进行集体评议,与会民警一致同意对罪犯王某某提请暂予监外执行。同日,监区召开监区长办公会议,审核通过了对王某某的暂予监外执行提请建议。监区将提请暂予监外执行的建议和相关证据材料报送监狱生活卫生科和刑罚执行科审查。

2021年1月13日,生活卫生科和刑罚执行科经审查,认为罪犯王某某病情符合《暂予监外执行规定》的规定。同日,监狱暂予监外执行评审委员会经评审,同意对罪犯王某某提请暂予监外执行,并将评审结果在监狱内进行为期3个工作日的公示,公示期间,民警、罪犯对罪犯王某某暂予监外执行的建议均无异议。

2021年1月18日,监狱刑罚执行科将罪犯王某某相关材料送上海市沪东地区人民检察院征求意见。2021年1月20日,检察机关出具意见书:罪犯王某某病情符合《保外就医严重疾病范围》第14条规定内容,提请程序符合司法部《监狱暂予监外执行程序规定》,根据《暂予监外执行规定》及上海市相关实施细则,检察院作出同意王某某符合暂予监外执行法定条件的检察意见。监狱暂予监外执行评审委员会提请罪犯王某某暂予监外执行的评审意见连同检察机关的检察意见,一并报请监狱长办公会审议决定。

2021年1月25日,监狱长办公会审议通过对罪犯王某某提请暂予监外执行的建议。监狱将案卷材料连同请示报送上海市监狱管理局审批。

【案件办理结果】

2021年2月1日,上海市监狱管理局批准罪犯王某某暂予监外执行。同日,周浦监狱将罪犯王某某押送至上海市松江区中心医院,与当地社区矫正机构和其家属进行交接。

案例编号:SHJYZZ1616118733

上海市周浦监狱　葛敏杰

罪犯曾某某暂予监外执行案

【案件基本情况】

罪犯曾某某，女，1961 年 7 月 3 日出生，居住地为江西省赣州市赣县区。因犯故意伤害罪被江西省赣州市赣县区人民法院于 2020 年 9 月 7 日判处有期徒刑 1 年 6 个月，刑期自 2019 年 10 月 27 日起至 2021 年 4 月 26 日止。于 2020 年 10 月 9 日送至江西省女子监狱服刑改造。

【案件办理过程】

2020 年 12 月 28 日，罪犯曾某某被南昌大学第一附属医院病理诊断为：(左颈部淋巴结)弥漫性大 B 细胞淋巴癌。2021 年 1 月 4 日女子监狱六监区召开监区长办公会，经集体讨论，建议为罪犯曾某某提请暂予监外执行。

2021 年 1 月 5 日，经刑罚执行科科务会讨论，监狱分管领导同意，监狱委托江西省监狱局中心医院(系省政府指定医院)对罪犯曾某某进行病情诊断。该院于 1 月 13 日作出诊断：罪犯曾某某患鼻咽部淋巴瘤并颈部淋巴结转移，符合《保外就医严重疾病范围》之规定。

罪犯曾某某儿子谢某某在工厂工作有固定收入，且有固定住所，于 2021 年 1 月 13 日来监签署暂予监外执行保证书。同日，女子监狱在罪犯家属签署保证书后立即派两名民警前往赣州市赣县区司法局递交了拟暂予监外执行罪犯调查评估委托函。2021 年 1 月 14 日，该司法局出具了调查评估意见书，认为曾某某社会危险性较小，对所居住社区无重大不良影响。

2021 年 1 月 15 日，监狱暂予监外执行评审委员会组织召开评审会议，经过认真评审，作出同意提请曾某某暂予监外执行的评审意见，并进行为期 3 个工作日的公示。公示期间，无监狱民警或罪犯提出异议。公示期满后，监狱向驻监检察机关征求意见。2021 年 1 月 20 日，驻监检察机关在罪犯暂予监外执行审核审查意见表上签署"同意曾某某暂予监外执行"。

2021 年 1 月 20 日，女子监狱组织召开监狱长办公会议，对罪犯曾某某办理暂予监外执行的提请建议及相关材料进行集体审议，认为该犯符合暂予监外执行的法定条件，监狱提请程序合法合规，相关证明材料齐全完备、真实有效，决定提请罪犯曾某某暂予监外执行。监狱将暂予监外执行相关材料报送江西省监狱管理局审批。

江西省监狱管理局经过审核,于2021年1月27日批准罪犯曾某某暂予监外执行。

【案件办理结果】

2021年2月2日,监狱派民警将罪犯曾某某送至江西省赣州市赣县区司法局完成交接。

案例编号:JXJYZZ1625190236

江西省女子监狱　曹　娜

第四节　教育改造案例

服刑人员吴某某的矫治个案

【罪犯基本情况】

吴某某,1976年5月生,湖北人,中专文化,捕前职业农民,离异。家庭成员:母亲、女儿。2003年,因盗窃罪被判处有期徒刑2年,2015年因盗窃罪被判处有期徒刑14年。

【罪犯教育改造方案的制定和实施】

(一)个人成长经历

吴某某自幼丧父,母亲独自一人将其抚养长大。因为家里没有父兄的庇护,吴某某从小受到其他孩子的嘲笑和欺负却无力反抗,所以养成了内向、沉默的性格。成年后的吴某某多次盗窃犯罪,虽然结了婚且育有一女,但最终还是因为服刑导致婚姻破裂。生活的不如意让吴某某更加不愿与人交流,在服刑改造期间只顾埋头劳动,没有正常的人际交往。

(二)入监改造表现

吴某某自到监狱服刑以来,性格表现比较内向,不善与人交流,但在劳动改造上十分努力,是监区的改造能手,还曾因为劳动改造上的出色表现,被评为年度改造积极分子。

2020年春节期间,吴某某通过拨打亲情电话得知,在老家湖北的堂哥因新冠病毒感染去世,对其造成了极大的打击。得知堂哥去世消息的当晚,吴某某就开始出现失眠情况,整个人变得更加沉默,常常一人独自落泪,吃饭也是草草几口,劳动的时候完全无法集中注意力,劳动质量和数量显著下降。

恐惧几乎一度占据了吴某某的整个头脑,内心被巨大的恐惧所包围,除了伤心流泪,他找不到任何出路。

(三)教育矫治的难点

1.亲人的逝去是无法改变的事实

堂哥是所有亲戚中唯一没有因为吴某某没有父亲而看不起他的人,不但在经济上给予帮助,还是唯一能让吴某某说心里话的人,是吴某某为数不多的亲友中关系最好的一个。堂哥的去世是触发吴某某危机状态的"导火索",面对无法改变的现实情况,如何引导其去接受现实和顺利过渡是至关重要的。

2.对未知的恐惧

新冠病毒感染让大家都感到措手不及,甚至产生恐惧心理。遭受丧失亲人痛苦的吴某某,更加缺乏安全感,时刻处于焦虑、紧张的状态。

3.吴某某的个性特点无法短时间改变

除许多外在的因素外,吴某某沉默内向的性格更让其内心承受的压力无处宣泄,在事情发生之后常常出现走神和独自流泪的情况。

(四)矫正目标

1.完成丧亲的哀悼过程

帮助吴某某接受亲人去世的现实,合理表达内心的悲伤,学习理智、积极的面对方式,逐步走出哀伤的状态。

2.降低吴某某的性格影响

通过积极关注、合理安排其他服刑人员互助,为吴某某建立起一定的支持体系,部分消除其内向性格导致的孤独无助状态,以更好地融入正常的改造环境。

3.逐步恢复正常改造状态

在调整好吴某某身心状态的前提下,鼓励其积极投入各项改造任务,继续发挥自身在劳动改造方面的特长,卸下包袱,重新出发。

(五)矫治措施

1.正视现实,合理哀悼,升华情感

为了帮助吴某某正确面对亲人去世这个不容易接受的事实,监区从三个方面对其开展了协助、教育和引导的工作。一是及时介入、开展人性关怀。民警在吴某某得知堂哥去世之后,第一时间对其开展个别谈话教育。在表达对吴某某的关心之余,也肯定了其对堂哥的去世产生的伤心悲痛是人正常的情感反应,对此表示充分的理解,从情感上到改造生活中都给予了吴某某有力的支持。二是技术支持,缓解悲伤情绪。监区特意安排了有经验的咨询师民警定期对其开展心理干预,通过"保险箱"技术帮助吴某某处理突如其来的强烈情绪,缓解悲伤情绪带来的压力,并协助吴某某建立积极的态度面对现实情况,不被伤心情绪所湮没,逐步完成堂哥去世带来的心理哀悼过程。三是主动引导吴某某找到继续生活的动力,防止极端事件的发生。增加吴某某亲情电话的次数,让其确认母亲和女儿的健康状况,意识到自身作为儿子和父亲所肩负的责任。同时,通过文化修心教育,让吴某某学习中国传统文化,理解“诸姑伯叔,犹子比儿”的含义,通过今后努力照顾堂哥的家人来升华对堂哥的感情,摆脱亲人死亡带来的无能为力的消极心态。

2. 直面病毒,引导学习,树立信心

通过个别谈话教育,民警全面掌握了吴某某内心存在的不安和疑问,知道其因为对新冠病毒的不了解,产生了大量不理性的想法。因此,在开展疫情知识普及教育的基础上,针对吴某某的特殊情况,进行了专项的健康教育。在观看疫情新闻、学习防疫知识之后,根据吴某某的疑问持续进行了专门解答。帮助吴某某正确掌握疫情防控知识,客观看待堂哥去世这一情况的特殊性,努力消除因为无知导致的过度恐惧,让吴某某能较客观地看待疫情风险,能清楚地认识到监狱严格的防护措施给服刑人员带来的安全保障。在吴某某慢慢消除恐惧心理的同时,安排其协助卫生协管人员开展日常的消毒、检测工作,不仅有效转移了吴某某的注意力,更让其亲身参与监狱防疫工作,树立疫情防控的信心。

3. 穿越危机,调整自我,努力前行

为了帮助吴某某克服不善与人交流的不足之处,民警除加强对其的个别教育外,还特意安排其在合作性岗位上工作。尤其是根据吴某某在劳动方面的特长,让其作为“师傅”去帮助和指导不熟练的人员,让吴某某能够有更多与人交流的机会。经过一段时间的尝试,吴某某不仅能认识到自己的特长所在,增加了自信心,还与其他服刑人员建立了一定的人际关系,不再总是一个人独处。民警也进一步引导吴某某认识到:小时候总是受人欺负的那个吴某某已经长大了,虽然堂哥已经不在了,但也不是所有事情都需要自己一个人去承担,接受民警和其他服刑人员的关心和支持,能够帮助其更好地走好人生之路。在民警的鼓励下,吴某某慢慢增强了信心,为了不辜负堂哥的关爱,他决心继续努力下去。

【教育改造成效】

经过一段时间的危机干预,吴某某的状态逐步得到改善,情绪趋于平稳,对比前后的焦虑自评量表(SAS)、抑郁自评量表(SDS)测试结果,焦虑数值已进入正常范围、抑郁情绪下降至轻微状态。整体的改造表现基本得到恢复,在劳动改造中能专注地完成工作任务,饮食、睡眠等情况良好。虽然提起堂哥的离开还是感到伤心,但是吴某某不会为此而放弃今后的生活,为了逝去的亲人,他会更加努力,把能更好地照顾自己的家人作为动力。

生老病死是人类始终无法回避的课题,在监狱这个特殊的环境下,在抗击疫情的特殊时期,依然会有人面临亲人的离开。错误和悲伤都可能按下生活的"暂停键",但也可能成为个体成长的契机,如何引导服刑人员这一特殊群体不被突发事件所压垮,再次鼓起积极生活的勇气,努力为社会输出"合格的人"是我们始终努力的目标。

案例编号:ZJJYJG1591188689

浙江省乔司监狱　秦　逸

罪犯陈某的矫治案

【罪犯基本情况】

陈某,女,1968 年出生,初中文化程度。陈某被男友骗走上百万元从朋友那里借来的钱款,其 5 岁的儿子又不幸坠楼身亡。2013 年陈某因失手错杀男友的妻子,被判无期徒刑,其 80 多岁的父亲被气死。2015 年 11 月,陈某由广东省女子监狱调至湖北省武汉女子监狱,多次试图自杀。

【罪犯教育改造方案的制定和实施】

(一)犯因分析

陈某有两次感情经历。第一段感情因相处后得知对方有妻室而与之分手。2000 年,经朋友介绍认识其第二任男朋友陈某某。据陈某介绍,该男子长相极好,相识不久,就坠入爱河,并于 2001 年产下一子。但是在儿子 5 岁时,陈某晚间出去上夜校,回家后发现儿子睡醒了,爬上阳台坠楼身亡。此次,失去爱子对陈某打击很大,据她介绍,有两个星期不吃不喝,精神恍惚,后经家人劝导才慢慢释怀。2009 年,陈某发现陈某某原来是有老婆孩子的。

陈某与陈某某相处 13 年期间,先后提供给其男友 100 余万元。其中,21 万元是陈某自己的钱,剩下的 80 多万元都是找朋友借的。案发源于陈某发现陈某某骗自己的钱,找其要债,正好碰见陈某某的老婆,便对其拳打脚踢,并拿匕首刺杀。陈某被抓后，其父亲听闻消息，伤心欲绝，突发脑溢血，不治身亡。陈某一直以为其父亲是被自己气死的，悔恨不已，最终患上了非常严重的抑郁症。

（二）入监改造表现

1."三个不适应"的适应性障碍症

陈某刚下队时，表现出"三个不适应"：一是生活不适应。气候寒冷，饮食口味重，偏咸偏辣。二是语言不适应。陈某是土生土长的广东人，听不懂武汉方言，普通话讲得也不好，与人沟通困难。三是改造环境不适应。从车间、监舍的环境到出收工时间等，都与广东有较大差异。因此，从到武汉开始，陈某不肯吃饭、不肯洗澡，甚至上厕所都非常少。晚上也不肯睡觉，坐在床上，整夜睁着眼睛。

2.陈某的心理测试结果为高抑郁和自杀、自残危险犯

其心理测试显示：情绪常常容易波动和多变。心理素质和承受力差，不能较好地克制和约束自己的情感和行为，伴有失眠噩梦、恐怖等现象，较容易出现自伤、自残、自杀等不够理智的行为。

3.多次扬言不想活了，且有自杀自残行为

2015年12月10日早上，陈某从监舍下楼，走至一楼楼梯后，直接朝前面的墙上撞去，互监组成员和带班人员立即拉住，才避免重伤。2016年1月6日下午，陈某在车间生产时，将缝纫机内的压脚私自卸下，吞入口中。被互监组成员发现，报告民警后，民警用搜身器搜出其身内有违禁品。当天晚上，民警带其去汉阳医院外诊，X线显示其胃部有三块异物。

（三）教育矫治的特征及难点

1.刑期长、有适应性障碍

因调换监狱，落差大，表现出难以适应。陈某原判无期，还没有改判。目前，减刑政策日趋缩紧，减刑无望。

2.好逸恶劳

陈某服刑前，家庭经济生活宽裕。在广东省服刑时，监狱的生活条件也不错，甚至饭后都不用洗碗。劳动任务也就是简单的叠面膜纸，比较轻松。

3.家庭支持有限

陈某家中兄弟姐妹7人。只与一小妹妹关系比较好。广东省与湖北省相距较远，接见也非常困难。

4.有多次自杀史和抑郁症病史

据陈某自诉，其自2004年起至2013年一共有过近10次自杀经历。

(四)矫治方案

因为曾经的遭遇,陈某陷入深深的自责和绝望之中,感觉被所有人抛弃。通过对其全方位的深入剖析,民警迅速制定了对策。

1. 破窗理论——亡羊补牢、为时不晚

一个房子如果窗户破了,没有人去修补,隔不久,其他的窗户也会莫名其妙地被人打破。对于这个可怜又可恨的女人,当她的心理出现一点点异常,思想背上一点点包袱时,监狱民警都在竭尽所能地及时发现,并去修补。

去了禁闭室的陈某,不再叫嚷着吃肉或者活不下去了,而是不再说话。禁闭室的民警看其头发脏了,主动烧了一壶热水,帮其洗头发,陈某每每回忆此情此景都感动不已。从禁闭室回来后,陈某写了保证书,在服刑人员面前做了队前检讨。

新年第一天,民警给其准备了一个红包,红包里装的不是钱,而是内衣。原来,陈某没有内衣穿,不好意思开口,指导员都了解。元宵节,生活执勤分发汤圆,特意给陈某多打了两个。端午节,发粽子,互监组成员专门把肉粽子让给陈某吃。有时候饭菜不合胃口,监舍组长会主动将自己的咸菜给陈某拨点,好下饭。民警的点滴关心,“同改”的细心帮助,陈某看在眼里,记在心里。渐渐地,陈某脸上绽放出了笑容,与其他服刑人员也多了交流。

2. 沸腾理论——攻坚转化、持续发力

烧水烧到99摄氏度时,还不能算开水,若再添一把火,在99摄氏度的水温基础上使它再升高1摄氏度,水就会沸腾。对于陈某,一定要持续发力。在了解陈某的不适后,监狱领导也给予了高度重视。生活卫生科为陈某等从广东省来的罪犯统一订购了保暖内衣,并发放厚棉絮;刑罚执行科及时将她们以前获得的改造成绩进行折算。教育科组织开展了“特别家书”活动。陈某家乡的司法局收到信件后,专门致电女监询问其情况。监狱及时为陈某等人呈报了减刑。监狱,从机关到基层,从监狱各级领导到监区民警对自己的关心爱护,让陈某深受感动,慢慢地,陈某对监狱生活不那么抵触了,并学着适应了异地的改造生活,也不觉得监狱的饭菜那么难以下咽了。

3. 罗森塔尔效应——燃起生命的希望

罗森塔尔效应告诉我们,应当积极地、正面地鼓励陈某,使她能感受到我们民警的关怀、爱护,才能让她以积极的态度对待自己的行为,并变得更加自尊、自爱、自信、自强。通过翻阅档案,狱警们知道陈某的一些过往经历。尽管如此,狱警们并没有拿“有色眼镜”去看待她,而是对她深表同情,拿她当正常的人,对她给予更多的关心和帮助。正是这些点滴的关爱,积极正面的引导,帮助陈某重新树立了改造信心,燃起对未来的希望。

【教育改造成效】

2019 年,在武汉女子监狱小操场里,一声粤语呼喊“警官妈妈”,粤语合唱《真的爱你》的旋律激情回荡,这一幕深深地感染了在场所有的警官和服刑人员。原来,是陈某主动要求报名参加监区一季度的监区文化活动日。她带领监区其他十几名广东“调犯”合唱歌曲《真的爱你》。她说:“我的行为给监区抹了黑,给监区领导和警官带来了很大麻烦,但是武汉女子监狱的警官们没有放弃我,而是给予我很多的关爱,让我深受感动。我决定,从现在开始,洗心革面,积极改造,再也不想自杀了,争取能够拿表扬获得减刑,来回报爱我的警官们。”

教育改造陈某,可以说是“万里长征只走了第一步”。其无期还没有改判,服刑改造之路还很漫长,还需要我们坚持不懈地努力。狱警们现在所做的一切,都是希望她可以拥有强大的内心,无论是抵御服刑改造时期的困难挫折,还是面对新生之后漫长人生道路的崎岖坎坷,都可以抬起头,挺起胸,咬紧牙,挺过去!

武汉女子监狱每个监区都有监区之花。三监区的监区之花是风信子。风信子的花语是:只要点燃生命之花,便可同享丰盛人生。未来,武汉女子监狱将更多地依托监区文化品牌,有针对性地开展多种形式的帮教活动和监区文化活动,引导服刑人员积极改造,快乐生活。

案例编号:HBJYJG1576553416

湖北省武汉女子监狱 吕文敏

罪犯张某某个别化矫治案例

【罪犯基本情况】

张某某,男,1971 年 7 月出生,未婚,小学文化,贵州省威宁县人。1997 年 3 月,被害人陈某某的弟弟与张某某发生抓打后,陈某某与其弟弟一起到张某某家中进行打砸,张某某遂用杀猪刀将陈某某杀伤致死。2003 年 5 月,张某某被贵州省毕节市人民法院以故意杀人罪判处无期徒刑,同年 11 月 6 日进入毕节监狱改造。2006 年 5 月 17 日减为有期徒刑 19 年后至今,张某某因患病致双下肢不能行走,心理逐渐扭曲,自杀倾向突出,监狱将其列为危险犯进行管控。

【罪犯教育改造方案的制定和实施】

(一)犯因分析

1. 成长过程。张某某生活在农村,父母文化水平不高,对张某某教育方式简单粗暴,母亲蛮横无理、泼辣,时常与邻居发生口角是非,与周围邻居关系紧张,张某某受母亲影响,性格倔强,不讲理,遇事爱钻牛角尖,无担当意识,法纪意识淡薄。

2. 社会经历。张某某小学毕业后在家务农,但长期好吃懒做,不务正业,常有小偷小摸行为,并与社会闲散人员交往密切,周围邻居避而远之。

(二)入监改造表现

张某某于2006年5月减为有期徒刑19年后,因患病致双下肢不能行走,心理逐渐扭曲,不服从管教,仇视监狱和民警,仇视社会,多次违规违纪,经常与护理犯发生矛盾,经民警屡次教育后仍然无效,并有砸坏窗户玻璃、乱喊乱叫、辱骂民警、在监室内大小便等破坏监管秩序的行为,监狱一直将张某某列为危险犯进行教育转化,但收效甚微,因此自减为有期徒刑后一直未再获得过减刑。

2019年9月,张某某为逃避辱骂民警受到的处罚,吞食异物。2019年10月7日至10日绝食。2019年11月偷偷写下遗书,在家人来会见时,对家人说“如果我出什么事来找监狱”,而后表现出自杀倾向。经民警收集相关资料,张某某存在以上问题的原因主要有:

1. 身体原因。张某某在服刑期间,因患病双下肢致残不能行走,对生活失去信心,对未来悲观失望。

2. 性格原因。张某某长期生活在母亲与邻里关系紧张的氛围中,形成了不讲道理,遇事爱钻牛角尖,偏执、暴躁的性格。

3. 改造原因。张某某双下肢不能行走后,经治疗一直未恢复功能,心理包袱较大,因完不成改造任务未获得成绩而不能减刑,负面情绪长期积压。

(三)心理行为表现

情绪不稳定、易变,性格暴躁、较偏执,眼里容不得半点沙子,说话尖酸刻薄,报复心较强,遇事冲动,戒备心较强,有较明显的变态心理倾向(COPI-PI测评显示:情绪稳定性得分为59分、报复性得分为58分、冲动性得分为53分、信任感得分为63分、变态心理倾向得分为62分)。

张某某认为民警的正常管理是针对自己，故意让护理犯折磨自己，就是要把自己“整死”，偏执地认为自己会死在监狱，与其如此，不如自己想办法了结自己。加之张某某与民警、罪犯关系紧张，无沟通和宣泄渠道，认为社会不公平以及司法机关是保护坏人、惩罚像自己这样的好人的，监狱管理不公平，自己的权利没有得到保障。

（四）教育矫治的难点

1. 认知因素。张某某自认为，其患病导致残疾是监狱造成的，护理犯是民警派来折磨自己的，认为监狱不公平，自己的权利没有得到保障。

2. 性格因素。张某某性格偏执、暴躁，思想极端，报复心较重，容易与他犯发生矛盾。

3. 心理因素。张某某戒备心理较强，容易钻牛角尖、走极端，较难建立良好的矫治关系，参与矫治活动意愿不强，矫治难度较大。

（五）个别化矫治方案的制定和实施

监狱组织相关业务科室和监区组成个别化矫治小组，召开专题研讨会议，加强配合管控，防止其实施自杀和其他破坏监管秩序行为，监狱医院对其疾病积极进行治疗，监区为其营造良好改造氛围，教育改造部门对其进行教育疏导和心理干预。小组综合收集了有关张某某的资料，认真分析其危险原因，梳理矫治难点，确定矫治目标，有针对性地制定了“三面支持”个别化矫治方案。

1. 亲情面支持，激发改造希望。在对张某某进行心理干预的过程中，张某某提出请民警帮忙转交一份申请到教育改造科，内容是请民警给其照一张照片，寄给母亲。民警和张某某进一步交流中，发现其对母亲非常牵挂，民警将这一信息反馈给矫治小组，小组决定对其进行一次外延帮教，利用其对母亲的情感找到矫治的突破口。

矫治小组民警为张某某录制了视频，并拍了照片，到张某某家中进行走访，将张某某的身体、思想、改造情况告知其哥哥和母亲。同时，矫治小组民警将张某某母亲和哥哥对张某某的嘱咐录制成视频，当张某某在视频中看到母亲时，眼泪立刻流了出来，一直到视频结束。张某某说：“自从犯罪以来，差不多20年没见过母亲，家里偶尔来会见，只说母亲很好，我怀疑母亲已经不在人世了，今天看到母亲健在，心里的一块石头终于落地了，感谢警官们为我做的一切。”民警顺势对张某某说：“看得出来你是一个孝顺的人，在监狱服刑可能会觉得无法孝敬自己的父母，其实好好生活，努力改造，不让父母操心也是一种孝敬父母的方式，你母亲80多岁了，身体不是太好，我想她最大的心愿是等你回去亲自看你一眼，让你给她送终,如果你不努力,恐怕没有这个机会了,你这一辈子都会活在内疚中。”张某某表示一定记住母亲和哥哥的叮嘱,不让母亲失望。民警顺势推动,要求张某某改变目前状况,鼓励其积极改造,树立改造希望。

2. 服刑面支持,增强改造信心。在激发了张某某的改造希望后,为了让其能顺利回归改造轨道,矫治小组采取了一系列措施,为其提供服刑支持。一是营造良好的改造环境。监区将张某某调到了另一个分监区,安排与其聊得来的罪犯进行护理,改变张某某人际关系紧张、无人护理的困境,给其营造一个较好的改造环境。二是邀请了三甲医院专家到监狱为张某某进行会诊,就其双下肢是否能恢复行走功能给出了明确的诊断结果,当张某某得知其双下肢肌肉没有萎缩,加强锻炼,仍有恢复可能时,其激动得对民警连声道谢。三是监区给张某某买了轮椅,让其行动更方便,同时还给张某某配了康复用的拐杖,要求其每天早、中、晚分别抽一定的时间进行康复训练,值班民警对其进行监督,并鼓励其坚持不要放弃。

通过以上措施,张某某逐步建立改造信心,对生活的希望开始萌芽,基本消除了自杀的想法,能与民警正常沟通,并主动承诺一定踏踏实实改造。

3. 心理面支持,实现自我成长。一是真诚接纳,建立关系。为取得张某某信任,民警下了一番功夫,刚开始找张某某谈话时,其对民警说:“我知道你带了录音笔,但我说的话不怕你传到监狱领导的耳朵里。”之后对民警说社会如何不公平,监狱的管理如何不人道,自己的双下肢不能走路,都是民警管理不公的结果,并坚称自己没有心理问题。对此,民警首先对其敢作敢当的态度表示肯定,其次对其叙述未做对错评论,只是说“每个人的想法和他的经历有关”,最后给张某某承诺不会将今天的谈话内容上报。第二次干预,张某某提出请民警转交给教育科给其照相的申请。当民警和其他矫治小组成员到监区给张某某录视频和照相时,张某某感到很意外,直到民警播放对其家访的视频后,张某某才破除心理防线。在疫情防控期间,多次特批其拨打亲情电话,与亲属建立良好的关系,现已彻底信任民警。二是循循善诱,自省自悟。在和张某某建立了良好矫治关系的基础上,民警采用认知疗法,首先针对张某某人际关系紧张的现象,引导其不要一味地认为都是别人和自己过不去,认真思考自己是不是也有问题。张某某反思后,对民警说:“我这个人爱较真,说话刻薄,冲动时不顾别人的感受,图一时嘴快,得罪过不少警官和‘同改’。”民警在引导张某某认识到自己的问题后,让其逐渐改变自己的人际交往方式,紧张的人际关系也有所缓和,民警又引导其反思社会、监狱管理是否像其认为的那样不公平,并和张某某一起回顾了他的成长经历、犯罪经历、逃亡经历和服刑经历。在回顾中,张某某认识到了自己的想法是极端的,而这个极端的想法和自己的性格有关,并不断查找自己性格上的缺陷。通过民警的循循善诱,张某某将自己的现状从外归因开始向内归因转变,基本消除了对社会、监狱管理的仇视心理,以及对民警的怨恨心理。三是改变认知,努力成长。在张某某开始学会遇事从自己身上找原因后,民警采用理性情绪疗法,引导张某某认识到他的很多过激行为与不正确的认知有关,帮助其建立合理的认知和观念,张某某说:“改变观念后,觉得烦恼少了许多,想法也没以前极端了,与‘同改’和警官相处也轻松了,每天读书、下棋,生活很充实。”民警对张某某的改变给予肯定和表扬,鼓励其多读书,丰富知识,开阔视野。张某某因只有小学文化,对书中的内容理解有困难,民警给其买了《现代汉语词典》,鼓励其先提高自身文化水平,从监狱图书室借了一些适合其看的书,并建议其坚持写心得体会。通过民警的引导和鼓励,张某某发生了较大的转变,能够控制自己的情绪,偏执的个性得到改善,暴躁的性格得到遏制,正逐步实现自我的成长。

(六)预期矫治目标

1. 取得张某某信任,与其建立良好的矫治关系,帮助其激发改造希望。

2. 逐步改变张某某偏执、暴躁性格,让其自然面对疾病,配合治疗,放弃自杀想法,减少违规违纪行为。

3. 使张某某回归正常的改造轨道,建立良好的人际关系,构建良性的支持系统,促进其人格完善。

【教育改造成效】

(一)找准致因性问题,明确矫治靶目标

对罪犯的个别化矫治,以消除罪犯产生现实危险性或潜在危险性的致因性问题为前提,在维护监狱持续安全稳定的基础上,实现消除罪犯犯罪的犯因性问题为目标。要消除罪犯的现实危险性,找到导致其产生现实危险的致因性问题是关键,这样才能使矫治措施具有针对性,做到有的放矢,直达病灶,实现药到病除的目的。

(二)统筹矫治资源,做好分工协作

对罪犯的个别化矫治,不是监区和某个部门的事,要根据矫治罪犯的致因性、犯因性问题需要,统筹好业务部门和监区,做到共同发力,实施精准矫治。参与矫治的部门和监区,要分工明确,为消除罪犯的致因性、犯因性问题各司其职,各尽其能,同时又要密切合作,形成合力,做到多管齐下,统筹推进,切实提高矫治实效。

(三)攻心治本,切实有效改造罪犯

通过矫治,张某某的自杀想法有效消除,不再仇视社会、仇视监狱管理,对民警的怨恨心理基本消除,重新燃起了改造的希望,没有发生违规违纪行为,能够与民警、其他罪犯和谐相处,基本回归正常的改造轨道,现张某某已获表扬2个。

综上,对张某某采取"三面支持"矫治方案后,消除了其现实危险性,基本实现了矫治目标,但其性格的形成受人生经历的影响,改变较慢,需要民警给予长期的心理支持和张某某坚持不懈的努力,才能实现人格的自我完善。

案例编号:GZJYJG1597114861

贵州省监狱管理局　吕　钰

罪犯董某的矫治个案

【罪犯基本情况】

董某,女,2015年因故意杀人罪被判处无期徒刑。董某犯罪行为恶性大,手段残忍,侵害对象是直系亲属,有过自杀、自伤自残史,脾气急躁,与父母有交流障碍。入监后经过2年多的教育,能适应监区改造环境,劳动改造积极性有所提高。但董某性格孤僻,不善交流,易与他犯产生矛盾,个人情绪排解能力低,思想隐蔽性较强,刑期较长,仍存在自杀的潜在危险。

【罪犯教育改造方案的制定和实施】

(一)犯因分析

1. 案卷分析:董某自离婚后不能正确面对婚姻家庭感情问题,心态失去平衡,自感生活悲观绝望,杀死儿子后,多次自杀未遂,被判处无期徒刑。董某自称处于抑郁状态,入监后不能正确树立改造自信。

2. 社会调查情况:家庭成员对其比较关心,但董某自认为愧对家人,无颜面对家人,并拒绝家人的关心。董某婚前有一份体面的工作,事业心强,婚后为照顾孩子丈夫辞职,婚姻感情不稳定,受到打击。有偏执、敏感、多疑等表现。

（二）入监改造表现

1. 自身原因

入监后董某回避谈及自己的案情，没有改造自信。虽对改造环境的适应性较好，但始终未能打开心结。有自闭的心理倾向。入监后睡眠一直不好，不愿与民警交流。

2. 家庭原因

董某亲情观念较淡漠。家人老实本分，现董某入狱服刑，自感给家人丢脸，内心十分自卑，不敢面对家人的会见，也不想跟家人联系。

（三）心理行为表现

艾森克人格问卷L分值大于60分，说明董某的可信程度较低。性格偏内向，好静，离群，对人缄默冷淡。神经过敏，经常焦虑紧张，忧心忡忡，遇事反应强烈，不够理智。能关心他人，能与人相处，但内心敏感多疑且有掩饰倾向，整体可信度低。

（四）教育矫治难点

1. 认知因素：董某始终认为自己走上犯罪道路的根本原因是前夫对自己无情无义，糟糕的婚姻将自己逼进绝境。董某表示自己刑期太长，对改造没有信心，压力很大。

2. 性格因素：董某性格内向，不善表达，心思敏感多疑。在班组与同犯关系一般，常因劳动问题发生争执。情绪常有起伏，在情绪不稳定时，待人冷漠，劳动积极性下降；情绪好转时，又能主动与人交流，参加生产劳动，整体反复性强。

（五）矫治方案

鉴于以上分析，并结合罪犯董某的现实改造表现，民警决定对症下药，制定详细的矫治方案，春风化雨，润物无声，综合运用个别教育谈话、亲情帮教、心理矫治、技能培训等精准教育转化手段，取得教育改造新进展。

1. 育人育新，做好“入心牌”

成为良好的倾听者，建立良好的沟通关系，鼓励董某通过和警官谈话、到心理咨询室宣泄等方式，将心中积攒的情绪发泄出来，取得董某的信任。进而帮助董某正确认识心理状况，树立正确的教育改造目标，在矫正过程中，班组民警加强个别谈话教育，针对其心理状态和现实改造情况，制订不同的谈话计划及谈话重点。同时，根据董某的文化水平，帮助其寻找积极健康的书籍进行阅读，树立乐观向上的改造态度，为进一步矫正教育打下坚实的基础。

2. 多措并举，打好“心理牌”

考虑到董某敏感多思的状况，利用多种方式疏导董某的情绪。对日常改造中违反监规纪律的情况给予批评指正,直接指出其错误和不妥,让其明白监规纪律的严肃性,严格规范行为养成;情绪烦躁不安且情感波动较大时,耐心劝慰、倾听和谈话疏导并行,化解其不良情绪,帮助其树立正确的人生观,矫正董某对于具体事件的偏执看法。运用摆事实,讲道理等手段,使董某认识到痛苦的根源不是事件本身,而是其错误认知,从而提升董某正确的自我认知能力,消除其敏感、多疑、偏执的心理状况。

3. 加大联系,用好"亲情牌"

董某消极状态的原因很大一部分源于对家人的愧疚感,无颜面对家人。同时董某因为其犯罪事实,和家人有着较大的隔阂。家人来会见时,董某只是哭泣,一句话不说。民警多次劝解董某,要多为爱自己的人着想,正是因为内心的原谅和牵挂,家人才会不顾路程遥远前来会见。鼓励董某把对家人的爱表达出来,每月给家人打电话、写信,叙述其改造进步和改造体会。同时积极和董某的家人取得联系,及时鼓励,缓解其改造压力。

4. 严格管理,善使"劳动牌"

将董某安排至整体积极向上的班组进行改造,通过周围其他罪犯的交流和积极改造表现,激发改造热情,对其心理矫正产生潜移默化的影响。在劳动岗位的安排上,将董某调至发料岗位,无危险刀具利器,同时,锻炼董某的沟通能力,助力其融入班组改造环境,鼓励其学好生产技术,有过硬的劳动改造本领。

5. 奖惩结合,强调"纪律牌"

善于发现董某的闪光点,激发其转变态度,及时表扬其在改造过程中取得的成绩。利用情感激励法,对董某参加队列会操、育新文化节活动进行表扬,鼓励董某继续努力积极参加监狱组织的各项活动,积极表现自己。董某在劳动过程中,曾因生产问题与班组长发生争执,耍性子脱下流动岗马甲,表示不再做发料工作。对董某的行为进行严厉的教育,要求其在劳动改造的过程中必须有正确的改造态度,遵守劳动纪律,使其认识到处理问题的措施过于偏激,并引导其学习正确的问题处理方法。

6. 阶段评估,总结提升

各种"牌技"配合使用,加大关注力度,对于董某提出的疑问进行及时全面耐心的解答,及时进行个别谈话教育和相关的心理疏导,对其反映的情况进行调查处理反馈,拒绝无理要求和特殊要求,激发董某劳动改造的自信心,唤起改造热情。

针对董某心理自卑消极等问题,在矫正过程中定期进行教育总结,既肯定董某在矫正过程中取得的进步,又指出其不足之处,共同制定下一步改造目标。通过不断总结，董某的改造自信不断增强，矫正成效明显。

（六）预期矫治目标

1. 注重发挥情感在个别矫正中的作用，拉近董某与民警的心理距离。同时，帮助董某制定改造目标，激发动力，争取超额完成劳动任务，多获奖励分，争取早日回归社会。

2. 纠正认知偏差，改善人际关系，调整悲观、消极的心态，通过亲情帮教的方式使其安心改造，端正改造态度，维护稳定的监管改造秩序。

3. 督促董某提高自身素养，培养健康的心理，多学习法律知识和新技能，化解自身的心理矛盾。

【教育改造成效】

经过民警近 1 年的教育矫治，董某的改造表现有了明显的进步，一是身份意识得到增强，能够认罪悔罪，服从管理，自觉遵守监规秩序；二是心理排解能力有所提升，在人际关系上，与同犯的相处越来越和谐，能够和家人联系，告诉其改造成绩；三是积极参加劳动改造，完成好发料任务并积极参加技术培训。

通过这个案例，民警深刻体会到：

1. 承认个体差异，精准发力。在教育改造的过程中，难免会产生“物以类聚，人以群分”的思维定式，看到罪犯可能会不自觉地分类，要不断地纠正自己的认知偏差。在平时进行谈话教育的过程中，要克服心理定式，根据罪犯的不同特征，尤其是心理特征的差异性，进行综合的分析研判，捕捉最佳的攻心时机，激发此类罪犯的心理“平衡点”，充分发挥攻心教育在教育改造中的作用。

2. 多种手段结合，多方协作。教育转化，心理引导为主，同时也要结合其他的监管措施，如奖罚考核分、劳动改造、物质娱乐奖励等，共同建立转化纽带。

3. 坚持个别教育，形成转化“常态”。罪犯的教育转化有着很强的反复性，一定要有“耐心、诚信、热心”的态度，实事求是，踏踏实实地开展心理健康教育。要定期对罪犯进行测评，监测其心态和人格的变化，构建更真实、有效的安全风险预警机制，防止罪犯突发的不安全行为。转化工作应该贯穿罪犯改造的始终，根据其心理状态的变化及时采取针对性的心理措施，取得转化实效。

案例编号：SDJYJG1574737153

山东省监狱管理局　张馨一

服刑人员闫某教育改造案例

【罪犯基本情况】

一、服刑人员基本情况

(一)自然情况

闫某,男,1981年1月出生,小学文化,无业,吉林省长春市人。曾因犯盗窃罪,于2006年3月被长春市宽城区人民法院判处有期徒刑1年。曾因犯盗窃罪,于2011年8月被长春市南关区人民法院判处有期徒刑6个月,2011年10月19日刑满释放。因故意伤害罪、抢劫罪,于2012年4月6日被长春市南关区人民法院判处有期徒刑8年,后因检察机关抗诉,改判为有期徒刑15年,并处罚金人民币5000元。

(二)主要犯罪事实

2011年3月29日凌晨,闫某伙同尹某、王某乘坐被害人所驾驶的出租车,当车行至宽城区小城子村和新光复路交汇处附近时,用事先准备好的作案工具对被害人进行威胁,抢走被害人随身财物和出租车,总价值2万余元;2011年11月1日下午,闫某伙同他人在长春市某小区内,因与被害人范某言语不和发生矛盾,将范某打伤,鉴定为轻伤九级。

二、现实改造表现

2006年至2012年,闫某先后在省内多所监狱服刑改造,反改造经验丰富。进入北湖监狱后,因与原监区民警矛盾较深,遂调至二监区。调转监区后,闫某表现出了心胸狭隘,易怒多疑,报复心强等性格特点。悔罪赎罪意识较差,并经常在服刑人员中间挑拨是非,散播反改造言论,行为散漫,消极对抗区队民警的日常管理,严重影响监区的正常劳动和监管秩序。

三、原因分析

(一)认知能力低下

闫某多次违反监规监纪,其书写的检讨书都是白话连篇、错字百出,不难看出闫某文化水平较低,对法律和道德的认知水平较低。

(二)内心缺少安全感

闫某性格多疑,认知偏执,内心缺乏安全感。例如,闫某在违反监规纪律后,经常有"要不是某某犯人对我使坏,我才不会怎样怎样""肯定是某某警官看不上我故意针对我”之类的说辞。

(三)嫉妒心强

闫某有强烈的攀比心理,嫉妒心强,对涉及自身利益的事情斤斤计较,经常为了达到自己的目的不择手段,与监区其他服刑人员关系紧张。

(四)负面思维较多

闫某改造态度极其不端正,经常散播反改造言论和思想,不愿相信民警,对于民警的正常管理持消极抵抗态度。

【罪犯教育改造方案的制定和实施】

一、转化方案

(一)成立攻坚小组

为了攻坚转化工作能够顺利开展,达到转化目的,监区决定成立教育转化攻坚小组,监区长担任组长,改造副监区长为副组长,闫某所在区队的两位专管民警担任组员。

(二)制定具体转化方案

1. 营造轻松氛围,通过个别谈话教育,与闫某交心、谈心,消除其负面情绪,了解其内心的真实想法,做到知己知彼。

2. 规范执法,做好证据保全工作,用证据使闫某放弃狡辩,用监规监纪严格要求闫某的日常言行。

3. 开展亲情帮教,在服刑人员家属和民警的共同努力下,唤醒闫某沉睡的责任感,融化其冰封已久的内心。

4. 加强闫某对传统文化的学习,培养其道德意识,及时纠正其偏执的想法,帮助其树立积极的改造目标。

二、转化过程

(一)解决实际困难,建立信任感

在转化闫某的初期,区队民警多次找闫某进行个别谈话教育。起初的几次谈话闫某的抗拒心理表现比较明显,虽然能回答民警提出的问题,但很大程度上是在敷衍。攻坚小组民警通过与闫某耐心交谈,对闫某现在存在的问题进行了细致分析,给予充分的心理支持,并将利弊得失逐一讲明,逐步消除了警囚之间的隔阂,慢慢拉近了彼此之间的情感距离。

某天出工后,区队民警发现闫某无精打采,脸色通红,于是询问其情况,闫某说“没事儿,小感冒”。民警立即带领闫某前往监狱医院就诊,发现闫某高烧40摄氏度,通过两天的治疗,闫某体温恢复正常。打完最后一针之后,闫某来到区队民警身边说了一句“你是个好人”。区队民警取得了闫某的信任,找到了攻坚的突破口,于是第二天又与闫某进行了一次谈话教育,闫某敞开心扉地同民警沟通,他对民警说:“冷警官,之前我觉着你对我有看法,直到我昨天在医院打针的时候才想明白,原来你是真的想帮助我,我错了,给你添麻烦了。”民警教育引导闫某要多考虑家人,积极改造,争取早日减刑回家,为家人的美好生活努力奋斗。闫某渐渐地把头低了下去,沉默了片刻后突然扬起了头,说道:“我懂了,你就看我表现吧。”通过民警的激励,闫某冰冷的内心世界温暖了许多。在此基础之上,攻坚小组民警继续从点滴小事做起,经常对其进行教育引导,正向激励,闫某从之前的“有事自己处理”,逐渐养成了“有事向警官汇报”的好习惯。

(二)雪中送炭,融化内心的坚冰

在与闫某的谈话中了解到其与妻子已经离婚,10岁的孩子跟着爷爷奶奶一起生活,老两口靠着政府的补贴和平时捡废品卖钱供孩子上学,家庭经济状况极差。得知这一情况后,攻坚小组于春节前夕带着监区民警的捐款来到了闫某的家中,为闫某的家人送去了关怀,帮助老人和孩子度过一个温暖的春节。闫某知道以后,激动得竟然一时说不出话来,眼圈也红了起来。家人亲情会见时告诉闫某:“一定要听民警的话,别给监狱找麻烦,监狱对咱家不薄啊!”闫某说:“爸妈你俩放心,之前我认为民警就是管着我的,现在才知道民警一直在帮助我,是为我好的,之前是我太自私了,没有考虑到你们的感受,让你们跟着我受苦了。”攻坚小组认为,闫某内心的反改造思想正在淡去,内心的坚冰正在融化。

(三)出现反复,宽严相济塑言行

情况并没有想象得顺利,闫某主动向民警汇报思想动态的次数越来越少,甚至有意避免民警的关注,攻坚小组认为闫某可能出现反复现象,随即展开调查工作。果然,据闫某同监舍服刑人员反映,闫某近期经常在监舍内散播“某某民警当面一套背后一套,一天干活累得要死,也不给多少分,这里面哪有什么公平。像咱们这些只知道干活的,最后都得累死。咱们要是都不干活,他们也不能把咱们咋的,还能整死谁啊”等反改造言论。攻坚小组经过调查研究,确定闫某产生反复行为的直接原因是自认为当月获得的计分考核分数较低,担心影响呈报减刑,进而产生自暴自弃的想法。民警决定对闫某进行谈话教育,谈话过程中闫某又回到前期抗拒改造的状态,谈话躲躲闪闪,不正面回答民警的问题。基于之前对闫某的了解,民警明确指出,因为闫某当月发生违规行为以及教育改造考试不及格而导致计分考核分数较低，闫某不再辩解并表示自己是想早些获得表扬，争取减刑机会，内心着急才会说了一些气话。谈话教育过程中民警帮助闫某重新梳理改造计划，闫某看到了希望，重新找到了改造目标，并且有意识地控制自己的情绪和言行，不再散布反改造言论。

（四）营造良好学习氛围，共同学习进步

闫某文化水平较低，攻坚小组民警结合传统文化教育工作，帮助闫某学习《弟子规》，希望闫某能够有所启发。为了使闫某能有一个良好的学习环境，攻坚小组决定把闫某调整至积极改造的互包组中，通过表现积极的服务人员的帮助，既能让闫某较快地提升学习水平，又能帮助其缓解与其他服刑人员的紧张关系。闫某也由被动学习变为主动学习，并在不断的学习进步中增强自己的改造信心。

【教育改造成效】

（一）效果评估

经过近 6 个月的攻坚转化，闫某的反改造意识逐渐淡化，身份意识逐渐加强，面对民警和其他服刑人员的时候能够摆正自己的身份，不再发表反改造言论，能够主动地向民警反映思想动态；对自己的犯罪行为也有了深刻认识，能够遵守监规监纪，积极参加劳动改造，完成“三课”教育学习。至此，闫某达到预期转化目标。

（二）心得体会

1. 因人施教，制定方案。每名服刑人员社会和生活经历的不同，导致其性格特点千差万别，因此制定转化方案时应当充分考虑性格特点，才能取得较好的成效。

2. 找准时机，主动出击。服刑人员在改造的过程中可能会遇到各种各样的困难，监狱应该从实际出发，帮助服刑人员解决实际困难，直击服刑人员的心灵，提升攻坚转化效果。

3. 及时沟通，避免反复。顽固犯的攻坚转化工作，不是一蹴而就的，也不是一劳永逸的，他们可能会因为一些固有的思维和观念而走入误区，产生反复行为，民警需要细心观察，及时发现问题苗头，通过有效的方法手段，努力排除阻碍服刑人员积极改造的各种因素，这样才能避免“犯了再改，改了再犯”的情况出现。

案例编号：JLJYJG1559542363

吉林省监狱管理局　曲学良

服刑人员张某教育改造案例

【罪犯基本情况】

张某,男,1980 年 8 月出生,黑龙江省人,初中文化。2012 年 4 月 24 日,因犯抢劫罪被江苏省无锡市锡山区人民法院判处有期徒刑 14 年,2018 年 5 月 29 日由外监狱调至江苏省高淳监狱服刑改造。张某性格孤僻,认知偏激,人际关系紧张,行为冲动不计后果,变态心理严重,焦虑抑郁,悲观绝望,有较大的行凶、脱逃及自伤自残等现实危险性,被监狱评估认定为高度危险等级罪犯。

【罪犯教育改造方案的制定和实施】

(一)个人成长经历

张某自幼家境尚可,父亲是火车司机,工作稳定,但脾气暴躁,在家说一不二,常在酒后殴打、责骂其母亲,家庭氛围紧张。张某自我感觉缺少家庭温暖,从小就对家庭产生抵触心理,不愿回家。加之学习成绩较差,初中毕业后便混迹社会,结交了众多不良人员,导致张某法治意识淡薄,亲情观念、家庭意识淡化,拜金思想严重,认为只要能搞到钱,可以不择手段,最终铤而走险、犯罪入狱。

(二)入监改造表现

张某共 3 次犯罪,前两次为盗窃、抢劫,此次又因犯抢劫罪被判刑入狱。入监后,自认民警对其不公,常借身体有病,要求监区特殊照顾。对正常的劳动改造难以适应,多次因对抗管教被从严管控。张某平时性格孤僻,认知偏激,情绪波动大,遇事不冷静,自控能力弱,加之刑期长,长期无会见,心理承受能力差,时常流露轻生的念头,有较大的行凶、脱逃及自伤自残等现实危险性。

(三)教育矫治的难点

1. 性格孤僻,情感淡漠,遇事归外因,情绪管控能力差,对抗、戒备心理严重。

2. 认知错位,负性思维模式,是非观念模糊,法律意识淡薄。

3. 规范意识差,行为散漫,以自我为中心,加之刑期较长,改造动力不足。

(四)预期矫正目标

1. 强化情绪管控。缓和对抗,消除不良心理。运用合理情绪疗法,教育其识别和区别情绪,掌握管理情绪的生理、认知和行为技术,弱化与他人及外界对抗戒备的心理。

2. 改善认知结构。正面引导，增强改造信心。剖析犯罪成因及造成的危害，融洽家庭关系，消除悲观绝望负面情绪，培养积极的家庭观念、社会观念与价值观念。

3. 狠抓规范养成。榜样带动，加强成果巩固。以规为绳，因势利导，促使其树立正确的改造目标，持续发力，遏制反复，加强规范养成，提高改造自觉性。

（五）矫正措施

一是以激发良性情感为着力点，促其产生良性动机，实现以情动情、由“情通”到“理达”的转变。首先，情感反复刺激，抑制悲观戒备心理。运用合理情绪疗法，积极关注其内心世界，从小事中捕捉思想的“关键点”，注重以情感反复刺激为突破口，找准有利于心理沟通和情感交流的时机，对其闪光点给予肯定和表扬。在节假日等特殊时段多加关爱，以此消除戒备心理，打通信任通道。其次，引导改造生活，培养开朗性格。针对张某性格孤僻，不喜欢参加集体活动的特点，从培养兴趣点入手，每次监区组织各类文体活动，都安排他去当啦啦队队员，在集体活动中，陶冶身心，使其抑郁心理得到有效宣泄，心情得到放松。最后，坚持文化育人，增强心理素质。从提高其素养入手，尝试让他从书籍中得到启迪，指定《服刑人员心理健康辅导手册》《社会主义核心价值观》《钢铁是怎样炼成的》等读本，帮助其制订学习计划，定期检查学习效果，并以开放包容的心态与其交流探讨读后感，激发和引导其读书兴趣和正确思维，转移不良注意力。鼓励张某积极投稿，多篇稿件在监狱《大墙之声》上发表受到加分奖励，改造的自信心和积极性逐步增强。

二是以改善认知结构为切入点，摆事实讲道理，促其明辨是非善恶，树立正确的道德观念和法治观念。首先，心理疏导，改善认知结构。通过认知疗法，促使张某增强社会责任感，将以自我为中心和对他人的仇视心理转变到善意的心态中。每周开展 1 ~ 2 次谈话，运用换位思考、角色扮演等形式，促其认识到犯罪行为的危害性和思想根源。如你是一个像被害人那样的女孩，在一个陌生的城市刚入酒店房间就被突如其来的歹徒抢个精光，你是什么感受？假如你一直这样颓废下去，是自己放弃了自己，而不是社会和家人放弃了你……认知治疗促使张某逐渐有了同情心和善意。其次，正面引导，消除错误认识。运用共情技术，使其设身处地，产生情感共鸣。教育张某，虽然他的父母没来会见，但经常给他写信，询问其身体和改造情况，定期向他个人账户汇款。这些都表明其父母并非对其不闻不问，未来会见主要是由于从黑龙江省到江苏省路途遥远，且父母年纪较大，行动不便，家庭并不十分富裕所致。为此，张某认识到了自己思想上的误区,不能一味向亲人和社会索取,也应向亲人和社会尽到自己的责任,从而增强家庭责任感和社会责任感。最后,法理交融,提升改造信心。张某具有较强的监狱人格,是非颠倒、贪婪自私、不守规范等。为此,监区定期不定期通过案例剖析、法理小故事点评等形式,让他懂得遵守法律法规是每一个公民应尽的义务,只有遵纪守法才能更好生活的道理,努力做到自尊、自爱、自立、自强。在循序渐进的引导中促其逐步走出改造误区,开始自己新的人生。

三是以罪犯期望值上升为支撑点,狠抓养成训练,注意鞭策鼓励,全力遏制反复。首先,合理规划,目标激励。经过多方位的教育,张某价值取向变得健康积极,特别是每当监狱召开减刑大会,看到一批批罪犯因悔改积极提前出狱,其内心充满羡慕之情,期望减刑、早日回归社会的心态较突出。看到这明显变化后,监区进一步调整和强化转化措施,从细处入手,注重激发改造动机,以改造期望值上升为支撑点,不断提出新的目标和改造要求,帮助其分析实现目标的条件、可能性和困难,促其积极改造。其次,典型引路,榜样带动。监区将张某的改造岗位和联号进行适当调整,安排遵规守纪意识强、现实改造表现好的罪犯对其监督和夹控,以积极的言行去影响他,潜移默化地影响其认知观念,张某心态明显得到调整,精神面貌改观,改造表现变得更加积极。最后,严格纪律,强化养成。通过日常观察,对其好的言行,及时进行表扬;对其不良个性的反弹在按章处理的同时适当考虑其心理承受能力。有段时间受活动范围有限,长期无法会见等因素影响,张某情绪烦躁、易激动,生活中因琐事与同组罪犯发生了口角,民警对其进行了严肃的批评教育,阐述“勿以恶小而为之,勿以善小而不为”的道理,启发增强自我纠偏的自觉性,促其思想稳定,安心改造。

【教育改造成效】

经过民警持续 2 年的教育矫治,张某的认知水平和人际关系能力有了明显改善,法律意识和服刑意识有了明显增强,情绪管控和生活信心有了明显增强,改造表现有了明显转变,先后获得了 3 次监狱表扬,危险等级也由高度降低到中度。

通过此案例,有以下四点体会:

一要科学评估。由于心理特征、成长环境、家庭结构、犯罪经历等不尽相同,每个罪犯都有其独立的个性特征,通过科学评估罪犯,结合运用心理学的原理和方法能够改善他们的不良认知模式,培养合理情绪管理能力,完成人格再社会化。

二要精准施策。教育转化是一项系统工程,需要有效整合监狱资源矫正罪犯,学会弹钢琴,同时要牵住“牛鼻子”,重点突破,对症施策,可以起到事半功倍的效果。

三要激励引导。扬长抑短,积极关注,在教育转化罪犯时要善于捕捉其闪光点,激发其改造和面对生活的热情,培育正能量,达到改造人、造就人的目的。

四要慎终如始。罪犯的教育转化非一日之功,要拿出久久为功的韧劲,因势利导,由易到难,层层推进,遏制反复,不断巩固教育矫治成果,促进罪犯成功转化。

只有得到罪犯的尊重和信服,才能真正打开罪犯内心的大门,使其卸下心中的包袱。最后,要让他们找到内心的依赖,看到改造的希望和未来美好的生活。每名干警始终要记住,要改造的不是一个或几个犯人,而是真正广大的犯群,面对的不单单是罪犯本人,更承担了罪犯背后所有亲人的信任和希望。只要不忘初心,砥砺前行,兢兢业业,钻研实践,再大的困难,再难的问题都将会迎刃而解。

案例编号:JSJYJG1604031953

江苏省高淳监狱　徐希国　曹　嵘

服刑人员马某教育改造案例

【罪犯基本情况】

马某,男,1989 年 11 月出生,贵州省思南人,未婚。2015 年 8 月因故意杀人罪被判处死刑,缓期 2 年执行。2016 年 2 月被司法鉴定为轻度精神发育迟滞,2017 年 11 月被送至广东省明康监狱服刑。马某表现出适应不了监狱改造环境,流露出自杀念头。

【罪犯教育改造方案的制定和实施】

(一)犯因分析

1. 成长过程

马某出生在一个贫穷的山村家庭,父母以务农为生,由于经济困难和厌学情绪,在小学三年级辍学,回家与哥哥一起放牛。每天放牛生活是自由、开心的。

父母忙于农活,很少关心他们,但一旦犯事,父亲就会对他们进行棍棒教育,导致他从小性格内向,沉默寡言,情绪易暴躁。

2. 社会经历

18 岁后,马某跟随三叔到广东珠海帮忙经营大排档,连续 7 年每天都是在出租屋和大排档“两点一线”生活,直至案发。三叔知道他文化水平低和智力低下,不允许他到别处打工。马某认识住在对面的女孩柯某(受害者),因日久熟络,柯某多次向马某借钱,马某把积蓄都借给柯某,但柯某躲避不还。见到柯某后,马某因要不到钱而情绪暴躁,眼见柯某要走,情急之下拿起地砖砸向柯某头部致其晕倒流血死亡。

(二)入监改造表现

入监服刑是马某第一次离开亲人,感到无依无靠;马某难以接受情急之下杀人和刑期漫长的事实,认为量刑过重,常沉默寡言,痛苦不已;两个多月来,其总爱幻想高墙外的生活,这更增强了其不自由感,适应不了监狱改造生活,食欲差,入睡难,持续凌晨 3 点左右醒,睁眼到天亮,有时想到自杀,但不敢与人说。

分析原因:

1. 认为量刑过重,难以接受现实

马某认为受害者是欠债不还,有错在先,在拦不住柯某时,情急之下才拿砖砸伤柯某头部后离开,当时看到她晕倒但不知她会死的,这样量刑太重,不知能否活到刑满之日。

2. 幻想增加不自由感,难以适应环境

马某第一次独自生活,感到孤立无援,总爱幻想外面生活,有事有亲人帮助,自由惯了的他感到在监狱被管住难受,幻想和现实的对比更增强不自由感受,加之精神发育迟滞的缺陷,适应能力弱,难以适应监狱改造环境。

(三)心理行为表现

通过档案分析、行为观察和结构性访谈,综合评估马某:个性内向,不合群,情绪易波动;沉默寡言,自我压抑;精神发育迟滞,认知水平低,反应迟钝;依赖性强,无主见;遇事易冲动,不理智应对。长期适应不良,出现自杀念头。

(四)教育矫治难点

1. 性格方面:马某个性内向,沉默寡言,自我封闭。专教警察找他谈话时,马某也不说话。言语交流困难。

2. 认知方面:马某因精神发育迟滞,文化水平低,认知水平低,缺乏法律常识和法治思维,对犯罪定罪和判决量刑理解困难。

3. 心理方面：从犯罪事实中可看出，马某的情绪易波动，遇到负性情绪会自我压抑至爆发，遇事易冲动，不理智应对。长期适应不良，出现自杀念头。

（五）预期目标

1. 接受现实，安心改造。帮助其提高认知水平，重新认识犯罪危害性，接受量刑和服刑事实，安心改造。

2. 适应环境，增强信心。转移注意力，释放压抑情感，引导活在当下，适应改造环境，增强勇气和改造信心。

（六）矫治方案

针对马某的问题，监区高度重视，邀请医院与心理矫治部门参与评估其危险程度和危险类型，并召开专题会议研究制定教育矫治方案。

1. 药物治疗，稳定情绪

持续入睡困难和早醒是危险信号，容易引发马某自杀行为。医务部针对马某治疗方案和治疗质量进行评估，将评估结果呈报医院院长办公会议讨论研究，指导主治医生重新制定治疗方案，调整有助睡眠的处方药，有效缓解马某的睡眠障碍，稳定其情绪。

2. 绘画治疗，消除自杀

绘画治疗是让绘画者运用画笔和色彩，将潜意识内压抑的情感呈现出来，帮助其进行情感的表达和不良情绪的宣泄，增强内心的力量，从而稳定情绪，重塑健康人格；同时有助于心理咨询师评估其心理状况，有针对性地进行心理咨询和治疗。

根据监区建议和马某申请，监狱心理健康指导中心采用绘画治疗帮助其消除自杀念头，心理咨询师指导马某自由绘画，没有范围限制，每周一次，每次半天时间，从2018年2月23日至3月28日，完成6次绘画治疗，绘画结束时，心理咨询师倾听马某的感悟，结合绘画反映出来的心理问题进行疏导。

（1）2018年2月23日第1次绘画——《网乌鸦》

马某快速地用水粉颜料绘了一幅名为《网乌鸦》的画，并自述绘画前想起小时候在家放牛的自由生活和与哥哥去网乌鸦，一口气就绘成此画，感到轻松了许多。

心理咨询师观察到马某无声地在画纸上绘了左边乌黑的半截树干和伸出很粗但无叶的树枝，接着画了一只乌鸦被很多黑色、红色、绿色的线条网住，表达了身处高墙和电网内，内心被束缚得痛苦难受。

(2)2018年2月28日第2次绘画——《大乌鸦》

心理咨询师问为什么画这些内容,马某先是摇头,后低声地说梦里见到的。对比《网乌鸦》,这幅画不见了黑色的树干、树枝和红色的线条(带电高压线),多了橙色与褐色,隐喻着马某的情绪从抑郁变为焦虑,心理动力增强了。

(3)2018年3月7日第3次绘画——《自画像——小鸟》

心理咨询师问画了什么内容,马某说:“小鸟看到开满花的树,很开心,想飞过去,但飞不高,像被东西拉着,它在拼命撑开网绳,拍打着翅膀跳着、飞着。”画作表达了马某长期潜意识压抑的负性情感得到有效释放,小鸟代表着他,尝试改变内心自我束缚的现状,勇敢地做出第一次突破。这是绘画治疗的最有效和关键环节。

(4)2018年3月14日第4次绘画——《小鸟找吃》

心理咨询师问绘画感受,马某说:“两只小鸟找到吃的,不饿,开心。”马某渴望成长的心理能量正在激活。绘画治疗后,心理咨询师从监区警察处了解到,马某的食欲对比之前增强了很多,偶尔与同乡服刑人员说上几句家乡话。

(5)2018年3月21日第5次绘画——《鸟探路》

自述小鸟一直往山上走,找虫子,探路走着,阳光很温暖。从山脚到山腰,小鸟勇敢地突破,并充满信心地“探路”,努力让内心变得更自由,马某的情感正能量在积累。

(6)2018年3月28日第6次绘画——《鸟吃虫子》

自述前几天做了一个梦,梦见小鸟站在山顶上吃虫子,梦醒了,天亮了,他也感到饿了。马某有饥饿感表明其食欲和消化能力增强,心理动能进一步增强。虽然站在山顶的小鸟仍叼着虫子,但马某的心理需要已由温饱需要向渴望被尊重发展,自杀念头消失了,这是正能量由量变到质变的过程,绘画治疗显效。

3. 法治教育,接受事实

为帮助马某正确认识定罪和量刑,监区从源头着手,安排马某接受小学教育,从读书认字开始,提高其文化水平和认知水平;监区定期开展法律知识讲座,监区领导亲自授课,结合多年刑罚执行经验讲解不同案件的定罪和量刑,提高马某法律知识和法治思维,鼓励其积极改造;专教警察在个别谈话教育中注重加强法律宣传教育,积极关注马某改造变化,鼓励其安心改造,马某逐渐理解量刑和接受事实。

4. 亲情帮教,增强信心

为防控马某自杀,监区安排两名改造表现较好的贵州籍组员用家乡话安慰开导马某，做好心理支持；请示上级批准马某给父母拨打亲情电话，建立亲情支持；在今年的亲情帮教中，监狱增加亲情聚餐环节，马某的母亲和哥哥来监帮教，并一起用餐，让马某感到爱的温暖和力量，增强改造信心。

【教育改造成效】

2018 年 7 月 4 日，马某绘制了一幅《花树》作品。马某自述：在肥沃的黑土上长出了 2 棵树，开花了，还有一棵快长出来了，绘画时很开心。经过警察的关心教育，自己已适应监狱改造环境，积极参加康复习艺劳动，既能锻炼身体，也能康复病情，每月还获得习艺奖励，自母亲来帮教后，我想把习艺奖励攒下来寄给母亲作为下次来帮教的路费。

心理咨询师从监区了解到马某与人交流多了，爱笑了，服用药量减少了，停服"谷维素片"。在药物治疗基础上，运用绘画治疗对言语交流困难的马某开展心理矫治，起到了很好的效果。

通过绘画治疗能让来访者降低自我防御，专心绘画，绘画即治疗，同时绘画也可评估来访者的心理状况和疗效，绘画治疗特别适合用于精神病患者、聋哑患者等言语交流困难的来访者，对情绪性心理问题有很好的疗效。

案例编号：GDJYJG1544064264

广东省监狱管理局　钟　庆

服刑人员刘某教育改造案例

【罪犯基本情况】

刘某，1993 年出生，安徽省宿州市人，初中文化。2009 年因抢劫罪被判处无期徒刑，剥夺政治权利终身。2010 年 6 月被送到安徽省未成年犯管教所服刑改造，2013 年 9 月 16 日经安徽省高级人民法院裁定减为有期徒刑 18 年，剥夺政治权利 5 年。2016 年因违纪行为被处以警告处分，同年 12 月调入安徽省宿州监狱服刑改造，同时被列为监狱级顽危犯。

【罪犯教育改造方案的制定和实施】

一、成长史及现实改造表现

1. 从成长上看,刘某是独生子女,其父母常年在外务工,对其过问较少,家庭关爱和教育缺失,刘某犯罪时尚未成年,服刑后其父母也较少来监会见,社会支持系统较单一且薄弱。

2. 从价值观上看,刘某三观不正,罪重刑长。刘某犯罪动机较单纯,仅仅是缺钱,就持刀抢劫,并杀人、抛尸、逃逸,手段极其残忍,在审判过程中对自己的罪行毫无悔意。此外,刘某曾以减刑为借口骗父母打钱,用作自己的狱内消费,被民警发现后及时制止。

3. 从行为上看,刘某行事鲁莽,危险性高。刘某片面强调自己是未成年犯,解决问题的方式简单粗暴,调入宿州监狱后,刘某融入新环境有困难,与其他罪犯矛盾较大,对民警管理有抵触情绪,且有煽动、教唆其他"90 后"罪犯违规违纪的可能,危险性较高。

4. 从改造表现上看,刘某改造反复,投机性强。刘某在未管所的前 3 年一直表现较好,自无期减为有期后,改造表现急转直下,从 2015 年开始多次违纪,特别是因违纪行为受到警告处分,多次伤人,多次被扣分,多次调换监区。2016 年年底调入安徽省宿州监狱被列为监狱级顽危犯进行改造。

二、教育转化过程

(一)扣扣子,促其自省自新

1. 冷处理

面对刘某种种劣迹,监区民警并没有急于采取强硬的手段,对刘某有意无意提到曾经的"辉煌"也置之不理,转而通过宣誓、政治课学习等政治改造活动,让其自行领悟。有一天,刘某主动找民警,"坦白"了他在未管所因经常打架,多次被处理,无脸再待下去了,最后申请调监的情况。

2. 热应对

之后,监区民警趁热打铁,在重读判决书活动中,引导刘某"想一想犯罪给自己带来什么,给受害方带来什么,给父母家人带来了什么",刘某多有感触,表示"自己其实很后悔"。

(二)上紧箍,促其自律自控

针对刘某改造的反复性以及现实危险性,监区民警从"围""堵""控""疏"

几个方面对其进行管控，这里重点介绍一下“疏”：就是做实民警承包监组管理，利用“一簿一册一表”等及时了解其心理动态和需求，加强承包民警入室管理，提升个别谈话教育的针对性和有效性，建立了民警与刘某之间的“良性沟通”关系。

（三）解心结，促其自尊自爱

由于自小与父母聚少离多，刘某与其父母有种无形的隔阂，对于父母的关心刘某总是敷衍了事或岔开话题，言语之间流露出对父母的不耐烦，谈到自己的问题时总是埋怨父母没有管好自己，把责任推给父母。然而，有一次，刘某父亲在电话中提到有朋友要了二胎，自己也在考虑，刘某当时情绪很激动地挂了电话。监区民警及时与刘某家人取得联系，刘某父母说二胎也只是停留在想法阶段，随口一说，并没有想到刘某反应这么大，我们让刘某父母写一封信寄给刘某澄清误解，看到信后，刘某的情绪得到缓解。

从这次二胎风波中，民警看到了刘某其实是在乎父母的，在此之后，专门安排了一次开放式亲情帮教。通过这次面对面会见，刘某对父母的态度有了明显改变，渐渐愿意主动向父母诉说个人思想情况和生活问题，逐渐打开了“心结”。

（四）搭平台，促其自信自励

在日常教育改造中，结合监区文化创建，依托每周经典文化抄诵，潜移默化地对刘某开展“孝贤”文化教育。

鉴于刘某自小就对音乐有浓厚的兴趣，鼓励其加入监区的器乐社，在一系列学习活动中，刘某成了文艺骨干，逐渐找到了自信，并把坚持学好乐器当作向父母表示自己在监狱里好好学习的证明。

刘某踊跃参加监狱新成立的红歌创作社和合唱团，结合平时的政治改造学习，创作了《五个认同歌》《在升旗仪式上》等3首政治改造歌曲，其中《五个认同歌》现在已在全监传唱。

（五）强技能，促其自强自立

在劳动改造中，刘某年轻、学东西快，但是民警很快发现一个问题：从表面数据上看，刘某每天能够按规定完成生产任务，但是在劳动态度上不端正，且对整条流水线影响较大。

鉴于此，民警决定“釜底抽薪”，调配工序，直接将其分配至流水线最后一个环节，将流水线的压力直接往其身上“压”，告知其该道工序的重要性，鼓励其通过劳动展现自己。通过一段时间的观察，刘某劳动积极性较强，劳动态度明显好转，每月劳动报酬居监区前列。

此外,依托监狱技能培训中心,民警鼓励刘某多学技术,目前,刘某已经能够掌握模拟挖掘机操作和糕点烘焙,在监狱的中秋开放日活动中,刘某亲自为进监帮教的父母制作了月饼。

【教育改造成效】

在攻坚组的努力下,刘某逐步醒悟。在2018年半年评审活动中签下了“两书”,近半年计分考核居监区前列,且无违纪违规行为发生,2018年9月刘某的顽危犯被撤销。

尤为可喜的是,刘某转变了原来大手大脚花钱的习惯,不仅不再向父母要钱,还把自己的劳动报酬攒起来。在听说民警黄启俊十余年默默参与“春蕾助学”的事迹后,刘某随即向监区递交申请,表达将自己积累的习艺报酬悉数捐赠的愿望。在确认刘某确实是想助学后,监区民警与司法厅对点扶贫单位砀山县良梨镇取得联系,决定将这笔钱用于资助刚刚考上大学的贫困生郭某。在一次升旗仪式上,刘某作为服刑人员代表进行发言,并表示继续进行助学活动,并提高助学金额。在刘某的带动下,监狱不少罪犯也开始了助学行动,2020年5月底,监狱将28名罪犯捐赠的4000余元所购买的净水机、书籍等送到了砀山县良梨小学。

当前,“90后”罪犯在犯群的占比越来越大,他们不少人有着特殊的成长经历、暴力的犯罪事实、艰难的改造过程,也有着脆弱敏感的心理。本案中,以政治改造使其自省自新,以监管改造使其自律自控,以教育改造使其自尊自爱,以文化改造使其自信自励,以劳动改造使其自强自立,通过在监狱这所特殊学校的学习改造,他们必将重新走上自由之路。

案例编号:AHJYJG1575509118

安徽省宿州监狱　汪晓林

服刑人员时某评估矫正案例

【罪犯基本情况】

时某,男,1985年出生,天津人,初中文化程度,有4次盗窃罪前科。2014年7月24日,因盗窃罪、抢劫罪被法院判处有期徒刑7年,剥夺政治权利1年,并处罚金2万元。时某在服刑期间，出现多次违纪，无法与其他服刑人员和谐相处，情绪控制能力差。狱内危险性评估、再犯风险评估结果均为高度，需要进行及时干预。

【罪犯教育改造方案的制定和实施】

（一）犯因分析

1. 成长过程

时某出生在天津农村，家中独子，自小就在父母的争吵中度过。时某12岁时，其父母离婚，母亲再嫁，父亲无暇顾及时某的教育和生活。时某次年辍学，开始了自由散漫的日子。

2. 家庭关系

时某对于家庭态度比较矛盾，一方面，其对于父母还是心存感激；另一方面，又会对他们破裂的婚姻关系心存怨恨，感觉他们并不怎么关心自己，尤其是母亲改嫁后，基本就没有怎么出现在他的生活当中。时某对父亲态度积极，虽然父亲对他的教育不多，但还是一直在照顾他。

3. 社会经历

时某自从辍学以后就开始混迹社会，结交不良少年，慢慢沾染一些恶习，从小偷小摸开始，不断游走在犯罪的边缘。因为年龄太小，并没有受到太大的处罚，因此开始变本加厉，最终在19岁的时候，因盗窃罪入狱服刑8年6个月。出狱后本打算洗心革面，2010年到上海发展，最终又走上了盗窃的老路，接连3次盗窃服刑，陷入了盗窃的恶性循环中。

（二）入狱改造表现

时某于2014年入监服刑改造后，一开始就不认罪，处在申诉过程中，随着改造生涯的开始，时某暴露出诸多问题，直接影响其正常改造和监区的改造秩序。

1. 在刑意识弱化

时某认为法院判罚过重，想要申诉，民警在个别教育过程中，强调不能因为申诉就忽视服刑的事实，但是时某在实际改造中，对自身犯罪行为的危害认识不足，没有从根本上认识到服刑人员的身份，消极改造，经常抱怨被故意针对。

2. 人际关系偏差

时某服刑以后，在改造中自我感觉良好，需要被特别对待，而且好逸恶劳，情绪上容易冲动，自我维护的倾向特别强烈，眼中只有别人的问题。因此，在生产和生活现场经常与他人发生矛盾,久而久之,其他服刑人员不愿意与其多交流,其日益感觉受到孤立。

3. 归因方式错误

时某诸多问题背后,根源性的因素在于其看待问题的视角上存在偏差,从一开始的申诉,时某申诉的原因在于认为法院因他有多次前科劣迹才会重判,实际自己行为达不到这样重的量刑;再到与其他服刑人员的关系上,时某一直强调是别人的问题,偏执地认为是别人故意针对他。从整个成长经历来看,时某虽然有自我反省,但是大多时候把自己看作受害者,是家庭、社会的受害者,犯罪是自己别无选择的结果。

4. 心理行为表现

经《艾森克人格问卷》(EPQ)测试显示:时某属于中间偏内向个性,比较保守,行为倾向于安静;气质属于胆汁—忧郁质,兴趣指向不明显,神经兴奋性不平衡,脾气比较急躁,情绪波动性大,易感情用事,自控力比较差,挫折的承受力比较差,容易产生人际矛盾,容易出现主动或被动攻击行为。情绪严重不稳定,易怒,易冲动,常伴焦虑、紧张、失眠、抑郁,对各种精神刺激或挫折的反应过于强烈,而且难以平复,由于强烈的情绪反应而影响正常的适应,易产生攻击或自杀自伤自残行为。

(三)教育矫治的难点

1. 认知因素

时某之前有4次盗窃经历,内心缺乏对法律的敬畏,多次服刑经历,并没有让其得到足够的惩戒,反而更加肆无忌惮,因此在之前的服刑当中,时某并没有认识到犯罪对自己的危害。

2. 性格因素

时某因为家庭教育的原因,从小并没有得到足够的关爱,再加上初二辍学后,没有正确引导和管束,在成长的关键期养成不良的嗜好,性格内向,遇到挫折和压力,多采用压抑和否认的方式进行防御,但是没有足够的解决问题的方法,压力过大时,会出现情绪失控的现象。在时某多次的违纪当中,经常会出现类似的情况。

3. 心理因素

从过往的经历和4次的前科当中,时某以自我为中心的倾向较明显,无法从其他的视角上看问题,经常会把自己的不幸、不顺投射向外,埋怨外界是罪魁祸首。

(四)矫治方案

鉴于以上分析,根据时某的现实改造表现,结合监狱"评估 + 管理 + 矫正"一体化运作,通过评估确定服刑人员目前的改造需求,并提出管理和矫正的建议,通过监区与评估中心配合来共同矫治,达到科学化、专业化的矫正效果。

1. 科学评估寻根源

评估工作是科学认识、科学管理、科学矫正服刑人员的起点。通过评估工具的应用,提高对服刑人员的认知,并发现服刑人员的改造需求,实现矫正效率的提升。在时某的个别化矫正过程中,重点对其再犯风险进行评估,主要通过前期材料收集、主管民警访谈、同犯调查、通信会见内容复听、评估小组集体评议等环节,对时某的再犯风险进行全面而详细的结构化访谈,从 12 个维度进行了考察,得出时某的再犯风险等级,其中犯罪历史、家庭早期社会化问题、再社会化预期、犯罪态度、人格特点上得分较高。评估小组对几个得分较高的维度进行再分析,作为一个盗窃的惯犯,时某曾在第一次服刑结束后,想要换个环境重新开始,但是现实的打击让他再次走上了犯罪的道路,时某不止一次强调,每次想振作起来时,都被别人的恶意所击败,觉得周围世界都不接纳自己,所以最后还是重操旧业。评估小组最后讨论认为:导致时某多次犯罪的原因,在于他归因方式的偏差,或者是偏执的信念(认为自己是受害者,自己没有问题)。

2. 有效管理促改造

在评估完成后,确定时某的问题所在,监区与评估中心集体会诊确定了管理方案,重点确保时某改造中的稳定性,并不断提高时某的改造参与性。

(1)严格管理与人性关怀相结合。在日常管理公正执法的前提下,民警要增加对时某的关心,重点释放善意,让时某能够感受到民警的关爱,不断提高对于民警执法的认同度。(2)家庭支持与自我鼓励相结合。在时某心中,亲人的存在对他是很大的支持,但是因为自己一直在服刑,内心充满了愧疚,不愿意与家人联系,因此,如果有家人的支持,时某会更加积极主动投入改造当中。时某虽然是初中文化,但是平时学习的积极性较高,写字是他的特长,因此民警要创造机会,让他能够体现自己的价值。(3)法治教育和认罪悔罪相结合。从时某屡次违法的代价上,深入剖析时某的违法危害性,重点是违法的成本上,从第一次到现在,通过一个个假设的背景,让时某能够认识到美好的生活都因为自己的选择而消失,从而进一步引申到认罪悔罪的教育上,引导时某从别人视角来发现犯罪的危害性,让时某能够从不同的角度来认识自己。

3. 矫正项目促改变

评估中心根据犯因性需求,将时某纳入矫正项目中,根据归因方式的问题,采用归因认知方式治疗项目,该项目的工作原理是认知行为疗法和归因理论;根据服刑人员不同的归因模式,开展针对性的归因分析和技能训练,让时某不断学习归因的相关理论,并且结合自身经历,发现归因对于成长的影响,从而实现对归因的改变。关键在认知行为疗法大框架下实现对于归因风格的调整,从而适应未来的生活,不再沿用单一的归因方式,实现灵活的归因风格。影响时某改变的因素主要来自两个方面:一方面是项目本身的设置,通过归因风格的介绍,让参与的服刑人员了解归因风格的重要性以及个体差异性,更进一步明白每个服刑人员的归因风格倾向、归因风格形成的原因以及每种风格带来的影响;另一方面是参与矫正项目的服刑人员大多存在相似的问题,在项目每次课程中,每种归因风格都会碰撞在一起,即时的反馈能够让个体更明白自己归因风格的问题,时某负面的外部归因,在项目的课程中,多次受了挑战,其他服刑人员并不认可时某的归因,并提出了更合理的解释,在整个项目过程中,时某一直在反思自己的归因方式。

4. 个体咨询固成效

入监以来,时某的种种不适应的表现,如人际关系紧张、焦虑、冲动,都是个体面对环境时的表现,而问题的根源在于时某无法理解自己的问题,在项目矫正过程中,对时某开展个别心理咨询,针对每次项目课程中时某的表现,进行具体的心理干预,引导时某学习适应性的人际关系技巧、焦虑放松技术、情绪管理技术,引导时某不断提升情绪管理能力、心理适应能力。

(五)预期矫治目标

1. 调整时某认知方式,关键在于归因方式灵活性上,时某能够在改变过去单一的归因方式,在遇到挫折与压力时,从更多的角度来解释。

2. 重建时某的家庭支持系统,利用家庭的亲情支持作用,增强时某改造动力,在改造当中有更多积极向上的行为。

3. 人际关系得到改善,通过整个教育矫正过程,时某选择更多的适应性行为,情绪控制更合理,减少与同犯的冲突。

【教育改造成效】

(一)矫治效果

经过1年的教育矫治转化,时某在改造中有明显积极变化,主要表现在以下几个方面：

1. 纠正归因偏差。时某在归因方式上改变以往外归因的特点，在遇到问题和冲突时，不再只攻击他人，在矫正项目的小结中，时某自述："在整个课程中，我看到自己归因方式的偏差，问题产生不是单纯一个人的问题，其实每个人都有问题，而想要解决问题，就要管理好自己的问题，与对方求同存异。"

2. 强化亲情联结。在与父亲的联系中，时某在书信中表达了自己的悔恨，同时父亲也在回信中对自己在他成长中没有好好照顾他而寻求时某的原谅，时某与父亲之间的距离越来越近，这也支撑他向积极方向转变。

3. 减少人际冲突。在监组中，与他犯的冲突减少了，时某认识到只有自己改变了，环境才会改变。如果自己没有改变，到哪里改造都一样。

（二）矫治体会

通过此案例，民警深刻体会到：在服刑人员矫治过程中，以专业系统工具为手段，对个体进行科学、有效的评估，细致剖析其成长经历、服刑经历、生活重大事件、人际关系等对其行为、人格的影响，有利于快速有效掌控服刑人员的具体问题，发现其现实危险性的根源，从而开展针对性管理和矫正工作，形成个别化矫正一体化的运行模式。矫正过程中，要注意团队的专业发挥和配合互补，评估中心与监区要形成合力，根据服刑人员个体的变化做好及时的监测与信息共享，把握服刑人员矫正的主动权，从而强化矫正的效果。

案例编号：SHJYJG1627049176
上海市监狱管理局教育改造处　周利国

第二章　社区矫正管理类

第一节　社区矫正决定和接收案例

对缓刑社区矫正对象付某某依法接收案例

【社区矫正对象基本情况】

社区矫正对象付某某，男，1986 年 12 月出生，户籍地、居住地均为四川省眉山市东坡区。2021 年 4 月 9 日，因交通肇事罪被眉山市东坡区人民法院判处有期徒刑 10 个月，缓刑 1 年，缓刑考验期自 2021 年 4 月 9 日起至 2022 年 4 月 8 日止。

【依法决定和接收社区矫正对象情况】

（一）确定执行地

2021 年 4 月初，眉山市丹棱县社区矫正执法大队接到眉山市东坡区人民法院电话，告知有一名罪犯付某某虽然户籍地与经常居住地均不在丹棱县境内，但一直在丹棱县从事快递揽收、派送工作；为方便工作，付某某希望能够在丹棱县执行社区矫正。丹棱县社区矫正执法大队得知此事后，立即电话联系付某某了解相关情况。经与付某某谈话，实地走访，查看相关材料，县社区矫正执法大队了解到，付某某户籍地、居住地均在眉山市东坡区，未婚未育，父亲早逝，母亲多病、需要人照顾、几乎丧失劳动力，家中土地耕种均由付某某一人承担。付某某长期在丹棱县境内从事快递揽收、派送工作，有一快递承包站点，条件简陋不具备居住条件。

付某某向丹棱县社区矫正执法大队表示，自己家庭经济状况较差，工资是家庭经济收入的主要部分。快递行业工作量大，全年少休，日间活动范围均处于丹棱县境内，能按要求随时前往司法所报到或办理矫正事项。眉山市某镇与丹棱县相邻，距丹棱县 7 公里，摩托车骑行仅需十余分钟，每日往返路途短。自己将严格遵守社区矫正规定，服从司法所的监管安排，遵纪守法完成矫正，希望丹棱县社区矫正执法大队能够充分考虑他的实际情况，予以接收。

根据付某某具体情况，丹棱县社区矫正执法大队研究决定，按照法律关于

“有利于社区矫正对象接受矫正、更好地融入社会”的原则,同意接收付某某在丹棱县境内进行社区矫正,并按照其申请,依法为其办理经常性跨市、县活动审批。

(二)建立矫正小组

基于付某某实际情况,执行地受委托的司法所为其组建了由司法所负责人陈某某、社会工作者刘某某、付某某承包的快递站点区域的网格员黄某某、付某某同事杨某某4人组成的矫正小组。其中杨某某居住地位于眉山市某村,每日与付某某共同往返,协助对付某某在往返途中进行监督。

(三)制定矫正方案

执行地受委托的司法所通过召集矫正小组成员讨论,为社区矫正对象付某某制定以下矫正方案:(1)每周向受委托的司法所口头或电话报告一次,每两周向受委托的司法所提交书面汇报一次,以便司法所了解付某某日常动态;(2)付某某每月参加集中学习和公益活动一次;(3)矫正小组每月组织开展走访最少一次,重点对付某某的居住地进行走访,了解其返回眉山市某村后的状况;(4)受委托的司法所做好付某某的信息化核查和行动轨迹记录;(5)组织开展符合付某某实际情况的帮扶工作。

(四)办理经常跨市、县活动审批

根据社区矫正对象付某某本人申请,综合考量具体情况,执行地受委托的司法所与县社区矫正执法大队为付某某办理了经常跨市、县活动审批工作,准许付某某在东坡区正常生产生活范围内与丹棱县之间流动,同时要求付某某做好每日早晚定位签到;受委托的司法所加强日常位置信息核查和节假日报告工作,并向眉山市东坡区社区矫正执法大队发送协助监管函。

【案例注解】

本案依据《社区矫正法》第11条、第27条等相关条款办理。根据该法第27条第1款的规定,社区矫正对象离开所居住的市、县或者迁居,应当报经社区矫正机构批准。社区矫正机构对于有正当理由的,应当批准;对于因正常工作和生活需要经常性跨市、县活动的,可以根据情况,简化批准程序和方式。

在社区矫正工作日常中,出现社区矫正对象工作地与居住地分离的现象时,大多是确定以居住地为执行地后再办理经常性跨市、县活动解决外出工作问题。本案根据矫正对象具体情况,将工作地作为执行地,努力减少因落实社区矫正措施对矫正对象生产生活的不利影响,既保证了矫正监管质量,又避免矫正对象出现逆反心理，是贯彻《社区矫正法》“有针对性地消除社区矫正对象可能重新犯罪的因素，帮助其成为守法公民”这一工作目标的体现。

案例编号：SCSJJDJS1623134862
四川省眉山市丹棱县司法局　罗贤玉

对危险驾驶罪社区矫正对象樊某某依法决定和接收案例

【社区矫正对象基本情况】

樊某某，男，1995 年 11 月 6 日出生，户籍地、居住地均为四川省雅安市宝兴县。因犯危险驾驶罪于 2020 年 12 月 17 日被四川省雅安市名山区人民法院依法判处有期徒刑 6 个月，缓刑 1 年。缓刑考验期间在四川省雅安市宝兴县依法接受社区矫正，社区矫正期限自 2020 年 12 月 28 日起至 2021 年 12 月 27 日止。

【依法决定和接收社区矫正对象情况】

（一）协助开展社会调查评估

2019 年 8 月 29 日 0 时 10 分许，樊某某驾驶小型普通客车在高速行驶时与前方停靠在应急车道故障货车发生追尾碰撞事故，致 1 人当场死亡，樊某某负事故的主要责任。2020 年 11 月 23 日，四川省公安厅高速公路公安局四分局一大队商请宝兴县司法局社区矫正执法大队协助开展调查评估，此时距离案发已 1 年之久。

由于在目前的社区矫正相关规定中，四川省公安厅高速公路公安局四分局一大队不属于《社区矫正法》规定的委托主体，故四川省公安厅高速公路公安局四分局一大队发函为《关于商请对樊某某进行社区风险评估的函》，其中关键用词是“商请”，与社区矫正调查评估中的“委托”一词存在明显差异。鉴于此，宝兴县司法局在通过电话向四川省公安厅高速公路公安局四分局一大队详细了解其对樊某某进行评估调查的原因后，按照最高人民法院、最高人民检察院、公安部、国家安全部、司法部（以下简称“两高三部”）《关于规范量刑程序若干问题的意见》第 3 条关于“对于可能判处管制、缓刑的案件，侦查机关、人民检察院、人民法院可以委托社区矫正机构或者有关社会组织进行调查评估，提出意见，供判处管制、缓刑时参考”的规定，为减少办案成本，司法局决定配合开展评估调查。

为了迅速、准确、依法办理此案,最大限度地提供真实可靠的参考依据,更好地体现司法公正,保障当事人合法权利,宝兴县司法局社区矫正执法大队参考《四川省社区矫正实施细则(试行)》有关规定,立即组织社区矫正执法人员、社会工作者、志愿者成立调查评估小组,通过走访、谈话、查看现场等方式对樊某某的日常生活、家庭和社会关系、犯罪行为的后果和影响、居住地治安环境等情况进行全面调查。

经调查,樊某某父母在宝兴某镇经营一家微型豆腐店铺,收入微薄;其妹妹高中在读,家庭收入较拮据。樊某某本人犯罪前一直务工补贴家用。其邻居、村(组)对樊某某本人评价较好,在该镇居住期间无不良行为、不良嗜好等,其居住地周边治安环境良好。樊某某在此案中是因为驾驶的车辆发生机械故障,加之自身驾驶经验不足导致悲剧的发生,主观上无故意及其他违法行为,事后积极履行赔偿义务,也得到被害人家属谅解。宝兴县司法局社区矫正执法大队为了深入贯彻宽严相济的刑事政策,坚持惩戒与挽救并重,进一步帮助樊某某更好融入社会,减轻其家庭的经济负担。2020 年 11 月 30 日,宝兴县司法局社区矫正执法大队将相关走访调查材料反馈给四川省公安厅高速公路公安局四分局一大队,为法院判决最大限度地提供真实可靠的参考依据。

2020 年 12 月 17 日,雅安市名山区人民法院依法判处樊某某有期徒刑 6 个月,缓刑 1 年。

(二)依法进行接收宣告

法律文书生效后,四川省雅安市名山区人民法院于 2020 年 12 月 29 日,将相关法律文书邮寄至雅安市宝兴县司法局社区矫正管理局(2020 年 12 月 17 日正式成立)。2021 年 1 月 5 日,樊某某到雅安市宝兴县社区矫正管理局报到。宝兴县社区矫正管理局办理登记接收手续后,书面告知樊某某 3 日内到执行地受委托的司法所报到。

司法所为其确定了由司法所所长任组长、志愿者、家属为成员的矫正小组,并签订了矫正责任书。明确了矫正小组成员职责。2021 年 1 月 6 日上午,受委托的司法所组织对樊某某进行公开入矫宣告,矫正小组成员到场参加宣告。通过此次入矫宣告,进一步使樊某某明确身份意识、受矫意识,深刻体会社区矫正刑事执行的权威性、严肃性和教育矫治的意义,为下一阶段对其实施教育矫正工作奠定了坚实的基础。

(三)针对性制定矫正方案

入矫后,司法所及时会同矫正小组成员根据樊某某犯罪情况、悔罪表现、个性特征、生活环境制定了个性化矫正方案：一是加强社区矫正监管教育，树牢在矫意识，使其能够认罪悔罪，服从管理。二是加强谈心谈话心理疏导，帮助其走出事故的阴影。三是针对樊某某的情况在教育学习中加入《道路交通安全法》，使其正确认识自己的犯罪事实，增强其法治意识。四是开展"学'四史'、明初心、塑新生"学习教育活动，聚焦社会主义发展史，重点突出"信念"主题，引导其树立正确的价值导向和唯物史观。五是鼓励其多参与公益活动，如环境卫生整治、安全劝导等，树立为社会、为他人服务的意识，提升社会对社区矫正对象的认可度，激发社区矫正对象社会责任感，促使其更加积极乐观地生活，重新融入社会。

【案例注解】

在此案中，宝兴县司法局社区矫正执法大队按照《社区矫正法》《社区矫正法实施办法》《关于规范量刑程序若干问题的意见》，以及"两高三部"《关于适用认罪认罚从宽制度的指导意见》等规定，本着惩戒与挽救相结合方针，主动作为，高效履职，积极协助四川省公安厅高速公路公安局四分局一大队开展调查评估工作，对于有效甄别社区矫正对象，落实"宽严相济"的刑事司法政策，为法院审判提供了是否适用社区矫正、宣告缓刑的参考依据，促进此案依法高效办结，确保裁判法律效果和社会效果的统一，既保障当事人的合法权利，又能帮助社区矫正对象樊某某不脱离家庭、更好地融入社会，也为樊某某家庭减轻了经济负担，该案件法律效果和社会效果俱佳。

目前，社会调查评估有关规定不尽一致，容易给社区矫正机构造成理解偏差。2020 年 7 月 1 日起施行的《社区矫正法》规定，社区矫正决定机关可以委托社会调查评估，2019 年 10 月 11 日"两高三部"发布的《关于适用认罪认罚从宽制度的指导意见》规定，"侦查阶段的社会调查。犯罪嫌疑人认罪认罚，可能判处管制、宣告缓刑的，公安机关可以委托犯罪嫌疑人居住地的社区矫正机构进行调查评估"。2020 年 11 月 5 日，最高人民法院、最高人民检察院、公安部、国家安全部和司法部联合印发了《关于规范量刑程序若干问题的意见》规定，"社区矫正机构或者有关社会组织收到侦查机关、人民检察院或者人民法院调查评估的委托后，应当根据委托机关的要求依法进行调查，形成评估意见，并及时提交委托机关"。考虑到现阶段社区矫正机构人财物保障不足的情况下，就某一个案件（嫌疑人），建议侦查机关、人民检察院和人民法院之间信息共享，不轻易增加委托社会调查评估次数。

案例编号:SCSJJDJS1614935318
四川省雅安市宝兴县司法局　余鲁川

对缓刑社区矫正对象黄某依法接收宣告案例

【社区矫正对象基本情况】

黄某,女,1986 年 11 月出生,户籍地、居住地均为江苏省南通市海门区。2020 年 11 月,因犯诈骗罪被江苏省南通市海门区人民法院判处有期徒刑 1 年,缓刑 1 年 3 个月。缓刑考察期自 2020 年 11 月 24 日起至 2022 年 2 月 23 日止。2020 年 12 月 1 日,黄某到海门区社区矫正机构报到,由执行地受委托的司法所负责其社区矫正期间的日常监督管理。

【依法决定和接收社区矫正对象情况】

(一)依法开展调查评估情况

2020 年 7 月 18 日,海门区人民法院拟对被告人黄某适用社区矫正,委托海门区社区矫正机构开展调查评估。

海门区社区矫正机构收到委托函后,依照《社区矫正法》《社区矫正法实施办法》等法律和相关规定,组织对被告人黄某的家庭情况、社会交往、成长经历、性格特点、实施被指控犯罪前后的表现等方面进行调查了解,走访了黄某居住地社区民警、村委会干部、邻居、亲属等人员。经调查,黄某已婚,系公司职工,家庭关系和睦,无前科劣迹,在本区有固定居所,涉嫌本次犯罪对所在社区无重大不良影响。海门区社区矫正机构对此次调查形成评估意见,于 2020 年 7 月 26 日向海门区人民法院提供了调查评估报告。

(二)对社区矫正对象依法登记接收情况

2020 年 11 月 28 日,海门区社区矫正机构收到了海门区人民法院送达的对黄某宣告缓刑的法律文书。经审查,法律文书完备,于当日送达回执。

2020 年 12 月 1 日上午,社区矫正对象黄某到海门区社区矫正机构报到。海门区社区矫正机构为其办理了登记接收手续。当日下午,黄某到受委托的司法所报到接受社区矫正。

（三）依法对社区矫正对象进行宣告情况

黄某到执行地受委托的司法所报到后，司法所为其确定了由司法所执法人员（女性）、专职社工、网格员、社区民警、其丈夫及社区矫正志愿者等组成的矫正小组，并签订了矫正责任书，确保各项矫正措施落实。2020 年 12 月 3 日上午，海门区社区矫正执法大队会同区检察院第三检察部、受委托的司法所、矫正小组成员等，在区社区矫正中心举行了入矫宣告仪式。工作人员向黄某宣读了判决书、执行通知书、入矫宣告书等有关法律文书，让其明确社区矫正期限和社区矫正对象身份；宣告了有关报告、会客、外出、迁居等社区矫正对象应遵守的规定及违反规定的法律后果，强化其接受监督管理的自觉性。同时，宣告了社区矫正对象黄某依法享有的权利和被限制行使的权利、矫正小组人员组成及职责等有关事项。宣告仪式结束后，执行地受委托的司法所工作人员对黄某组织入矫教育谈话。黄某表示，自己一定认真学习社区矫正有关法律法规，严格遵守社区矫正监督管理规定，认罪悔罪，积极接受社区矫正，做一名守法公民。

【案例注解】

依法决定和接收社区矫正对象在社区矫正工作中处于前置环节，社区矫正机构要严格把好“三个关口”：

一是把好调查评估关。根据《社区矫正法》第 18 条，《社区矫正法实施办法》第 13 条、第 14 条之规定，社区矫正机构接受社区矫正决定机关委托后，应当根据委托事项进行调查了解，向委托机关提供客观、真实的调查评估意见，供决定社区矫正时参考。

二是把好衔接接收关。根据《社区矫正法》第 22 条之规定，社区矫正机构应当依法接收社区矫正对象，核对法律文书、核实身份、办理接收登记、建立档案。

三是把好入矫宣告关。根据《社区矫正法实施办法》第 20 条之规定，社区矫正机构接收社区矫正对象后，应当组织或者委托司法所组织入矫宣告，宣告有关法律文书的主要内容、执行社区矫正的期限、应当遵守的规定以及依法享有的权利等。

案例编号：JSSJJDJS1611726284

江苏省南通市海门区司法局某司法所　陈　健

第二节　社区矫正监督管理案例

对缓刑社区矫正对象王某依法进行执行地变更案例

【社区矫正对象基本情况】

王某，男，1992年5月出生，户籍地为四川省自贡市荣县，原居住地为重庆市九龙坡区。王某于2020年7月因掩饰、隐瞒犯罪所得罪被重庆市九龙坡区人民法院判处有期徒刑7个月，缓刑1年，并处罚金人民币1万元。缓刑考验期自2020年7月28日起至2021年7月27日止。2020年8月3日王某到自贡市荣县社区矫正机构报到，由执行地受委托的司法所负责日常监督管理，2020年8月31日执行地变更至重庆市高新区。

王某自幼父亲去世，从2011年后一直与母亲、妹妹在重庆市九龙坡区工作生活居住。由于父亲去世早，母亲忙于工作，平时对其教育少，王某法律意识淡薄，易受社会不良风气影响。王某到执行地受委托的司法所报到后，只能借住在其舅舅家，居住和就业受限。

【对社区矫正对象依法实施监督管理情况】

（一）把好入矫关

执行地受委托的司法所细心组织对王某的入矫宣告工作，宣读《社区矫正宣告书》，发放《权利义务告知书》，签订《接受社区矫正保证书》，告知矫正期间管理规定以及遵守事项，增强社区矫正作为刑事执行的严肃性。做好入矫走访工作，向王某亲属、村干部、村民等全面了解情况；做好心理测评和入矫谈话教育，了解其心理动态、犯罪原因、悔罪态度。结合王某的人际交往关系等实际情况确定了矫正小组，成员以司法所工作人员、派出所民警、村干部、社区网格员为主，签订责任书，落实各自责任，增强责任意识，同时引导王某亲属参与社区矫正。

（二）制定并落实矫正方案

通过入矫前走访、心理测评、风险评估了解的情况，矫正小组成员开会讨论王某的矫正方案，确定管理类别。采用线上线下相结合的方式进行集中教育和个别教育，增强学法守法意识；每日签到打卡，加强信息化核查；按时提交思想汇报，了解思想动态；定期走访、谈话了解生活情况；各成员根据职责加强对王某的就业帮扶和思想引导；督促其定期参与公益活动，提升社会融入感；村社区平时加强对其亲属的引导，提升亲属参与矫正的质量，创造良好家庭环境。

（三）积极帮扶，依法审批执行地变更申请

通过走访了解到，王某在被纳入社区矫正前一直居住在重庆，回户籍地接受矫正后就业困难。矫正小组成员根据王某技能，积极帮扶，为其介绍就业机会，但由于各种原因未能找到合适的就业岗位。王某申请将执行地变更至重庆市。2020 年 8 月 17 日，王某依法提出执行地变更申请，并提供居住证明、劳动合同等相关证明材料。执行地受委托的司法所调查核实、综合评估，从更有利于王某接受矫正出发，依法报县社区矫正机构审批。荣县社区矫正局高度重视，从让社区矫正对象更好地回归社会出发，发函至重庆市高新区社区矫正机构征求意见。

（四）依法办理执行地变更

重庆市高新区综合执法局经审核同意王某的执行地变更申请后，荣县社区矫正局于 2020 年 8 月 31 日作出同意变更执行地决定。执行地受委托的司法所根据委托依法办理变更手续，向社区矫正对象送达《社区矫正对象执行地变更决定书》，要求其 7 日内到新执行地报到，并将决定书抄送重庆市九龙坡区法院和荣县人民检察院、公安局。并根据《社区矫正法》要求，将决定书和档案材料移交重庆市高新区综合执法局，做好矫正工作的衔接。同时做好王某到新执行地报到前的监督管理工作，加强信息化核查，避免在报到前出现脱管。做好思想教育工作，督促其服从新执行地的矫正安排。2020 年 9 月 2 日，重庆市高新区综合执法局向荣县社区矫正局送达收到决定书和档案材料的回执。王某也通过电话告知司法所已完成变更报到，并感谢执行地司法所对其的教育帮扶，表示自己会遵纪守法、努力工作，认真学习法律知识，积极接受社区矫正。

【案例注解】

社区矫正对象执行地变更是监督管理的重要内容。随着市场经济发展，异地就业就学等现象较为普遍。对于一些社区矫正对象基于就业就学等正当需要，提出变更执行地申请的，执行地社区矫正机构和执行地受委托的司法所应依法审批办理，促进其更好融入社会。

在王某的矫正案例中，社区矫正机构和执行地司法所依据《社区矫正法》对判处缓刑人员王某进行社区矫正，根据《社区矫正法》第 22 条、第 25 条的规定，结合实际确定矫正小组成员，制定矫正方案，组织宣告，加强入矫教育，把好入矫关；根据《社区矫正法》第 27 条的规定，依法办理执行地变更，在刑事执行中尊重和保障人权，彰显人文关怀，有利于社区矫正对象顺利融入社会，体现了我国宽严相济的刑事政策。矫正机构依据 2020 年施行的《社区矫正法》积极作为，加强地区协调沟通，加强对矫正对象的就业帮扶，促进矫正对象更好融入社会，提高了矫正质量。

案例编号：SCSJJDGL1610436194
四川省自贡市荣县司法局　王仲超

依法对缓刑社区矫正对象寇某某经常性跨市、县活动的监督管理案例

【社区矫正对象基本情况】

寇某某，男，1995 年 10 月出生，户籍地为内蒙古赤峰市，居住地为天津市南开区，在天津某公司工作。寇某某于 2020 年 4 月 30 日因犯侵犯公民个人信息罪被天津市南开区人民法院判处有期徒刑 1 年，缓刑 1 年 2 个月，并处罚金人民币 1 万元，社区矫正期限自 2020 年 5 月 12 日起至 2021 年 7 月 11 日止。于 2020 年 5 月 18 日到南开区司法局社区矫正支队报到，于 2020 年 5 月 20 日到执行地受委托的司法所报到。

【对社区矫正对象依法实施监督管理情况】

(一)入矫之初开展的监督管理

寇某某到司法所报到后，司法所当即开展了首次谈话，在谈话中观察分析判断其性格特点、认罪态度、悔罪决心，做出综合评估。在综合评估的基础上为寇某某制定了矫正方案，向其规定了每月报告时间、公益活动时间，为其成立了由司法所所长任组长，司法所辅助人员、居委会主任、单位同事为成员的矫正小组，明确了矫正小组成员的责任分工，制定了有针对性的矫正措施。

(二)对经常性跨市、县活动的审批和管理

在入矫初期，社矫工作人员在日常监管中发现，寇某某思想压力较大。经了

解情况，发现是由于工作性质的原因，寇某某需要经常出差，他既怕因此丢了工作，又怕再次违法，因此非常苦恼。了解情况后，司法所工作人员和寇某某沟通交流，让其增强在矫意识的同时，也向其说明，2020 年 7 月 1 日正式施行的《社区矫正法》特别规定可以根据情况简化因正常工作和生活需要经常性跨市、县活动的批准程序和方式，并在《社区矫正法实施办法》第 29 条中对经常性跨市、县活动的具体内容程序进行明确。经过司法所审核，并报南开区社区矫正机构批准，寇某某的经常性跨市、县活动申请获批。

为确保寇某某的日常监管，尤其是外出期间的管理，司法所采取了如下举措：一是确定由司法所所长负责矫正监管、事项审批，要求其有情况要及时报告；二是由司法所干部、辅助人员每月教育谈话，重点查问当月工作生活情况、学习收获、思想情况，同时还积极开展法治教育学习等；三是为寇某某开通了手机定位，规定其要保持手机 24 小时开机，确定由司法所辅助人员每天做好定位核查并做好核查记录；四是将寇某某单位同事周某某纳入矫正小组，确定联络方式，便于及时联系，共同做好寇某某日常监管教育；五是在寇某某经常性跨市、县活动期间简化监管方式，寇某某可以通过电话、微信等方式报告活动情况。

（三）依法开展监督管理取得的效果

寇某某为此感激不已，他说："我十分感谢司法所。司法所的帮助和对我的监管方式使我能够继续工作，我一定会好好表现，不辜负受司法所的帮助，努力做一个对社会有用的人。"

经过司法所的依法监督管理，寇某某的教育矫正效果良好。通过接受司法所教育谈话、阅读法治书刊、收看法治教育电视节目、关注法治类微信公众号等方式努力做到学法懂法用法，用实际行动遵守监管规定。通过参加公益活动，他积极融入社区大家庭，提议小区卫生、绿化、安保意见建议，为社区建设贡献了自己的力量。通过一系列有针对性的监管方式，寇某某的脸上有了笑容，生活也变得积极乐观，对未来充满信心。

【案例注解】

根据《社区矫正法》第 27 条之规定，社区矫正对象离开所居住的市、县或者迁居，应当报经社区矫正机构批准。社区矫正机构对于有正当理由的，应当批准；对于因正常工作和生活需要经常性跨市、县活动的，可以根据情况，简化批准程序和方式。

司法所在做好寇某某教育矫正工作中严格执行《社区矫正法》《社区矫正法实施办法》,找准症结所在、选准突破口打开监管的关键环节,通过讲法说法使他认识犯罪的严重性并帮助其解决实际困难,结合动员社会力量参与社区矫正,使寇某某能够积极接受监管,为顺利回归社会打下良好基础。

案例编号:TJSJJDGL1614579231

天津市南开区司法局　丁金玉

对缓刑社区矫正对象吕某某依法给予警告并使用电子定位装置案例

【社区矫正对象基本情况】

吕某某,男,1961 年 3 月出生,户籍地、居住地均为江苏省海安市。2020 年 8 月,因犯盗窃罪被江苏省海安市人民法院判处拘役 5 个月,缓刑 10 个月。缓刑考验期自 2020 年 9 月 1 日起至 2021 年 6 月 30 日止。2020 年 9 月 7 日,海安市司法局社区矫正管理大队工作人员到吕某某家中(手术康复中)为其办理了入矫报到手续,由执行地受委托司法所负责对其开展社区矫正日常教育管理。

【对社区矫正对象依法实施监督管理情况】

吕某某入矫后,司法所根据其心理特点、健康状况、犯罪类型等情况制定针对性矫正方案,对其实施分类管理、个别化矫正。

(一)发现、认定违法违规行为情况

2021 年 2 月 22 日上午 10 时许,海安市司法局社区矫正管理大队工作人员在网上巡查时发现吕某某越界,疑似不假外出,因其手机处于关机状态,无法取得联系,立即组织司法所工作人员、镇村干部通过上门核查、走访亲友等方式进行查找,并制作调查笔录。经多方查找无果后,海安市司法局社区矫正管理大队及时发函请求海安市公安局帮助查找,并将组织查找的情况向海安市人民检察院进行了通报。在公安机关的协助下,大队工作人员于当日 18 时左右与吕某某取得了联系。经教育,吕某某承认了不假外出至河北省威县的违规事实,表示因忘记充电导致手机关机,承诺将搭乘最近的长途汽车返回海安。2 月 23 日下午,吕某某从威县启程,于 2 月 24 日凌晨 3 时左右到达海安。2 月 24 日上午,吕某某到司法所接受调查处理。司法所工作人员对其进行了严厉的批评教育，制作了询问笔录，固定了证据。

(二)给予警告、使用电子定位装置情况

司法所经合议认为，吕某某未经批准擅自离开海安市，前往河北省威县，属于违反社区矫正监督管理规定情节较重的情形，于2021年2月24日向海安市司法局社区矫正管理大队提请给予其警告处分，并附相关证据材料；同时提请海安市司法局对其使用电子定位装置。2021年2月25日，经海安市司法局社区矫正管理大队集体合议，作出给予吕某某警告的决定，同时经海安市司法局负责人批准，决定对吕某某使用电子定位装置，期限为3个月，并在社区矫正中心和司法所进行了公示。2021年2月26日，海安市司法局社区矫正管理大队向吕某某宣读并送达《社区矫正警告决定书》、《社区矫正使用电子定位装置决定书》及《对社区矫正对象使用电子定位装置告知书》，为其佩戴电子定位装置，并开展警示教育谈话。经教育，吕某某当场作出深刻检查，保证不会再犯，并在《社区矫正法律文书送达回执》上签字、捺印。

(三)警告后调整监督管理措施情况及效果

吕某某受到警告处分后，司法所将其管理等级从普通管理上调为严格管理，并及时调整了矫正方案。一段时间以来，吕某某法律规范意识逐步增强，社区矫正意识明显增强，能够服从社区矫正机构和司法所的管理，遵守社区矫正监督管理规定，认真履行矫正义务，矫正期满顺利解矫。

(四)利用本案例开展警示教育情况

海安市司法局社区矫正管理大队将吕某某被警告处分的案例作为典型案例，在社区矫正对象报到、入矫宣告、集中教育、个别谈话时，对社区矫正对象开展警示教育。

【案例注解】

本案中，吕某某不假外出至河北省威县，属违反社区矫正监督管理规定情节较重情形，社区矫正机构根据《社区矫正法》第28条、第29条，《社区矫正法实施办法》第35条的规定对吕某某给予警告处罚并使用电子定位装置。同时根据《社区矫正法》第24条，《社区矫正法实施办法》第22条的规定及时调整矫正方案，提高了监督管理的精准性，取得了良好的矫正效果。

社区矫正是严肃的刑事执行活动，对于违法违规的社区矫正对象要坚决依法惩处,充分运用现代信息技术开展监督管理。同时要加强对社区矫正对象违法违规原因的分析,有针对性地加强教育引导,落实精准监管措施,切实消除社区矫正对象可能重新犯罪的因素,帮助他们成为守法公民。

案例编号:JSSJJDGL1630980658

江苏省海安市司法局社区矫正管理大队　胡爱明

第三节　社区矫正教育帮扶案例

对暂予监外执行
社区矫正对象张某依法实施教育帮扶案例

【社区矫正对象基本情况】

社区矫正对象张某，女，1958 年 3 月出生，户籍地、居住地均为北京市石景山区。张某因以虚假房屋所有权证为抵押骗取他人钱物计人民币 300 余万元，于 2018 年 11 月被石景山区人民法院以诈骗罪判处有期徒刑 10 年，并处罚金人民币 10 万元。之后，由于张某突发脑梗死，并患有高血压 3 级（很高危组）、2 型糖尿病、冠状动脉粥样硬化性心脏病等多种疾病，石景山区人民法院决定将其暂予监外执行。

2019 年 2 月，张某被接收入矫时，正值其发病住院期间。考虑到其身体健康状况，石景山区社区矫正机构和执行地司法所工作人员前往医院，在病床前依照法律程序对其进行了接收入矫宣告。

【对社区矫正对象依法实施教育帮扶情况】

（一）张某入矫后存在的主要问题

为全面准确掌握张某的有关情况，执行地司法所收到张某的法律文书后，即对其裁判内容进行了认真研究。张某到司法所首次报到时，工作人员与其进行了个别谈话，对其进行了心理测试，并召集矫正小组成员对其进行了分析评估。经评估认为，张某主要存在以下问题：

1. 法律意识淡薄，导致其思想认识偏差。张某认为，自己与被害人之间系民间借贷关系，不应认定为诈骗犯罪，因此对自己被判处刑罚感到很冤枉，对司法所工作人员怀有戒备心理。

2. 巨大生活落差，导致其情绪低落。张某及其家人以前靠出租房屋和做生意过着富足的生活,如今由于被判巨额罚金、退赔巨额赃款,加之患病治疗,其生活比较窘迫。此外,张某由于病情较重,生活不能完全自理,需要亲属照料,其感觉自己从家庭的经济支柱变成了家庭的沉重负担,因此对身体康复和今后生活失去信心。

3. 债权人的收监主张,导致其心怀恐惧。涉案债权人与张某居住在同一栋楼房,因此双方偶尔会发生口角;而且债权人多次到区社区矫正机构和法院反映情况,要求终止张某的暂予监外执行、对其进行收监,导致张某时常担心自己被终止社区矫正、收入监狱服刑,甚至成天因此担惊受怕。

(二)针对性开展个别化教育帮扶

通过对张某实际情况的了解和分析,司法所为其制定了个别化矫正方案,确定了矫正工作的主要方向,即帮助张某正确认识目前的困难状况,用亲情唤起其生活信心,保证其矫正期间思想和病情稳定,在此基础上,有针对性地开展法治教育,使其增强法律意识,认清自身所犯罪的问题根源及危害性,实现积极接受社区矫正的目标。

1. 耐心细致开展教育疏导,促使其化解不良情绪

在与张某的接触过程中,司法所工作人员始终坚持平心静气进行教育引导。一方面,在动员张某家人进行亲情帮教的基础上,多次对其进行谈话教育和心理疏导,使其充分感受到家人对其所犯罪错的谅解、对其悔罪改过的支持,进而感受家庭的温暖、生活的美好;另一方面,向其讲解《刑法》《社区矫正法》等相关法律,以及暂予监外执行相关规定,使其明确自身身份,强化在矫意识。在谈话教育中,司法所充分考虑张某的特殊身体状况,灵活掌握谈话的时间、地点及方式,通过循序渐进、耐心细致的教育疏导,使其逐步消除了负面情绪,重塑了健康心理。

2. 趁热打铁对其讲法明理,引导其增强法治意识

关于张某的犯罪原因,司法所工作人员认为,主要是缺乏信法、尊法、守法观念。因此,在张某的负面情绪有所疏解后,司法所趁热打铁,对其开展了遵纪守法教育和预防诈骗专题教育,以案释法,明确告诉张某,其采用虚构事实、隐瞒真相的方法骗取他人钱财,数额特别巨大,其行为已构成诈骗罪,法院的判决对其并无不公。对于张某家属与债权人发生口角的问题,司法所及时对张某进行训诫谈话,告知其保证人的职责和失职的后果,使其认识到遇事应依法解决,不可意气用事,努力帮助其强化法治意识、树立法律信仰。

3. 宽严相济给予关爱帮扶，帮助其重树生活信心

在对张某进行社区矫正的过程中，司法所始终坚持宽严相济的刑事政策。一方面，严格落实暂予监外执行管理制度，督促张某每周电话报告、每月当面报到、每季度到指定医院进行病情复查并提交复查报告。另一方面，经常对其进行走访谈话，在其因病情反复而感到无望时，提醒其多想想家人的不离不弃，鼓励其卸下思想包袱，乐观接受治疗；在其经济困难时，为其送去帮扶救助物资，使其感受到社会的温暖，增强了战胜疾病、积极改造、重新生活的信心和勇气。

（三）依法实施教育帮扶取得的效果

两年多来，通过社区矫正机构工作人员的不懈努力，张某发生可喜变化。一是法治意识有所增强。通过接受法治教育，张某认识到所犯罪错对被害人造成的损失、给自身家庭带来的负面影响，以及对社会造成的危害，坦诚表示认罪认罚。此外，对于与涉案债权人的矛盾问题，张某表示自己及家属将不再冲动，必要时会报警走法律程序。二是不良情绪得到疏解。在家人和司法所工作人员的关心鼓励下，张某的心理负担和精神压力有所缓解，能够正确面对病痛、积极配合医疗、适度锻炼身体，与人正常交流交往，精神面貌改观明显。

此外，2020 年年初，新冠肺炎疫情暴发之际，张某主动向司法所提出捐款用于抗击新冠肺炎疫情。当工作人员表示理解其心意，让其权衡经济能力时，张某在每月医药费都很紧巴的情况下，仍坚持捐款 1000 元，并由其口述、女儿执笔表达了如下意愿："通过司法所的教育帮扶，我认识到，我们没有被社会放弃，我要开始积极面对生活，我应该在自己有限的能力下为国家做贡献。所以在这次疫情最严重的时候、在国家危难之时，我愿意拿出亲属给自己的看病积蓄为国家进行捐款，我想为了防控疫情而站在一线的同志比我更需要这笔钱……"

【案例注解】

《社区矫正法》第 36 条第 2 款规定，社区矫正机构对社区矫正对象的教育应当根据其个体特征、日常表现等实际情况，充分考虑其工作和生活情况，因人施教。在本案例中，司法所针对社区矫正对象张某入矫之初法律意识不强、精神压力较大，以及身患严重疾病、家庭生活困难等实际，有针对性地开展教育帮扶，取得良好的教育矫正成果。其中有两点做法值得借鉴：

一是讲究方法，循序渐进。在对张某依法实施教育矫正过程中，从长计议、周密筹划，从唤醒其亲情入手，在消除其负面情绪的基础上，对其进行法治

教育和训诫谈话,有利于其在思想上真正认同教育、接受教育,从而增强教育实效。

二是宽严相济,以人为本。在落实定期复查病情、报告等"硬指标"方面不打折扣,同时针对其身患重病、生活困难的实际,批准其免予佩戴定位腕表、免予参加公益活动,并对其给予济困帮扶,使其感受到社区矫正工作的严肃性和"人情味",增强了感恩回报、改过自新的自觉性。

案例编号:BJSJJXBF1614909385

北京市石景山区某街道司法所　王　军　于欣欣

对缓刑社区矫正对象邢某依法实施教育帮扶案例

【社区矫正对象基本情况】

邢某,男,1972年3月出生,户籍地为山东省平度市,居住地为吉林省长春市宽城区。2020年4月,因犯伪造、买卖国家机关证件、印章罪,伪造事业单位印章罪,伪造、买卖身份证件罪,被长春市二道区人民法院判处有期徒刑2年6个月,缓刑3年,缓刑考验期自2020年5月13日起至2023年5月12日止。2020年5月18日,邢某到长春市宽城区司法局报到,由执行地受委托的司法所负责对其社区矫正期间的日常管理。

邢某患有脑血栓后遗症、糖尿病综合征,视力现在为0.3;自得病后,丧失劳动能力,妻子在外打工鲜少回家,有一个在上小学的女儿,两人靠着亲戚朋友的资助才得以维持生活;本就贫苦的家庭自邢某判刑后更是雪上加霜,生活的压力几乎压垮了这一家人。

【对社区矫正对象依法实施教育帮扶情况】

(一)初次走访,主要从了解情况和谈心谈话方面着手

邢某入矫后,为了全面了解其家庭生活情况,执行地受委托的司法所对其进行上门走访。正值孩子在家,司法所所长刚进门,便看到孩子正在吃饭,餐桌上只有咸菜和米饭,冰箱中更是空空如也,这个情景深深地印在了所长的心中。通过与邢某交谈,司法所所长深刻了解到了这个家庭的困苦。在悉心询问过孩子的学习情况后,所长从自己兜里掏出了200元钱交给孩子,鼓励她今后要照顾好

父亲,努力学习;并且告诉邢某要重拾信心,增强遵纪守法意识,以更好的精神面貌回馈家人和社会。

(二)教育帮扶,主要从法治和道德教育方面着手

通过组织观看法治教育片、自学、发放学法手册等方式,要求邢某学习《社区矫正法》《刑法》《民法典》等法律,增强法治观念,树立法律意识。宽城区司法局和司法所定期开展分类教育,进行针对性授课,使其能深切了解自身行为的危害性,思想上能守法守规,行为上能自控自律。

(三)心理帮扶,重点从个性特征和日常表现着手

为了预防和避免邢某因家庭条件或心理问题的困扰而发生再犯罪情况,长春市宽城区司法局与多家社会心理团体合作,运用宽城区社区矫正中心较完备的心理辅导设备,定期对社区矫正对象开展心理健康集中教育课程,提供心理测评诊断,促使其在心理上回归社会。司法所工作人员经常与邢某谈心,劝导他放松心态,多为孩子考虑,使其净化心灵,培养社会责任感和集体意识,主动修复社会关系,获得社会认同感,达到早日回归社会的目的。

(四)生活帮扶,重点从缓解压力和提供生活保障方面着手

司法所所长及时将邢某的生活情况汇报给宽城区司法局,司法局组织为邢某捐赠了大米、豆油、肉、蛋、蔬菜等生活必需品,为其女儿捐赠衣物数十件及书包笔本等学习用品。司法所所长还通过加强与街道民政科、区妇联、区残联等单位的协调沟通,争取相应的帮扶措施。

(五)真情感召,多样帮扶精准施教初显成效

通过司法所工作人员近一年的帮扶教育,邢某的思想觉悟明显提高,摆脱了自我标签化带来的忧郁恐惧,病情也在稳定地恢复中,将生活重心放在了女儿的生活学习上,能够以积极乐观的心态面对生活。他说:“我没想过自己还能有重新振作的一天,是司法所挽救了我,让我不再自暴自弃,让我看到了现实中美好的一面,真心感谢党和政府。”

【案例注解】

根据《社区矫正法》第 35 条、第 36 条、第 40 条、第 43 条的规定及案件事实撰写本案例。

为帮助社区矫正对象尽快融入社会,社区矫正机构要提升社区矫正帮扶效果,采取人性化管理,积极帮助解决实际困难,进行法治、道德等教育,增强社区

矫正对象法治观念,提高道德素质和悔罪意识,维护社会稳定。

案例编号:JLSJJXBF1621479983
吉林省长春市宽城区社区矫正管理局　冯思雪

对交通肇事罪社区矫正对象韩某依法教育帮扶案例

【社区矫正对象基本情况】

社区矫正对象韩某,男,1979 年 10 月出生,户籍地、居住地均为天津市宝坻区。2020 年 7 月,因交通肇事罪被宝坻区人民法院判处有期徒刑 6 个月,缓刑 1 年,缓刑考验期自 2020 年 7 月 25 日起至 2021 年 7 月 24 日止。2020 年 7 月 27 日,韩某到宝坻区社区矫正机构报到,由执行地受委托的司法所负责日常监督管理。

韩某是一所公立高中教师,有正式编制,其妻子在医院工作,儿子小学在读,三口之家,收入可观,非常幸福。但自从韩某因为交通肇事罪被判处刑事处罚后,学校对其予以开除处分;韩某情绪变得非常低落,到执行地受委托司法所报到后,始终不敢抬头与社矫工作人员正面交流,非常自卑。执行地受委托的司法所工作人员到其原所在单位了解情况,得知韩某工作勤恳上进,待人礼貌温和,深得同事与学生喜欢。

【对社区矫正对象依法实施教育帮扶情况】

(一)制定有针对性矫正方案

韩某入矫后,司法所进行了首次谈话。在谈话过程中,深入细致地了解了韩某的家庭情况、工作情况以及心理状况。首次谈话结束后,司法所工作人员对韩某进行了综合评估,韩某属于过失犯罪,大学本科毕业,受教育程度高,不仅认罪伏法,还有很深的悔改意识,对受害人也倍感自责;其家庭较稳定,妻子通情达理,有固定工作,根据上述情况,执行地受委托司法所为韩某制定了有针对性的矫正方案:一是成立由执行地受委托司法所工作人员、居委会主任及其家人组成的矫正小组,依法对其进行日常监管,时刻关注动态,降低再犯罪可能性;二是定期开展集中教育和个别谈话教育,在强化其法律意识、督促其遵纪守法的同时,进一步掌握其思想、生活及工作情况,适时调整矫正方案;三是通过公益活动加强韩某与整个社会的沟通联系，促进其重新融入社会，进而主动找到自身闪光点，重新认识自身价值；四是加强心理疏导，通过微信、电话等方式加强与韩某联系，不局限于固定报到日，而是随时随地与司法所工作人员沟通、谈心，帮其卸掉思想包袱，引导其树立正确的人生观、价值观，重新开启新生活。

（二）开展集中学习教育和个别谈话教育

执行地受委托司法所定期组织其参加集中教育学习，不仅加强对《宪法》《刑法》《民法典》等基本法律法规的学习，还进行感恩、孝道、生命的价值、责任意识等人生观主题教育。法治教育帮助韩某树立了良好的法治观念，人生观主题教育唤醒了韩某内心深处对家庭、对社会的责任感。几次学习之后，韩某内心开始慢慢摒弃后悔、自责、内疚的想法，而是积极接受矫正。法治教育和人生观教育同时抓，双管齐下，使韩某法治观念明显提高，主观上渐渐消除了心理障碍，责任和担当意识被唤醒，生活热情重新被点燃。

每月定期对韩某开展个别谈话，了解其当月的生活情况、家庭情况，尤其是心理和情绪波动。韩某每月按时提交活动情况报告，在韩某最初提交的活动报告中，明显感觉到其消极，对生活无望，认为自己因犯罪成为家庭的负担。但在执行地受委托司法所的教育开导下，韩某逐渐接受当前工作丢失的事实。司法所趁热打铁，及时鼓励韩某，才40岁的他还可以大有作为，偶尔摔个跟头爬起来重新开始，不要有包袱和压力，鼓励其寻找重新就业机会。

（三）组织参加公益活动

韩某犯罪后，一直处于迷茫、懒散的状态；妻子上班、儿子上学，只有他无所事事。韩某心里一直很压抑，除来司法所报到外，其他时间就把自己关在家里，不愿意接触社会，连接送孩子上学放学都要交给老父亲。司法所知道韩某的心结，主动和他沟通，并在每次教育学习或者谈话结束后，安排韩某和其他社区矫正对象共同做些力所能及的事情：打扫卫生、摆放自行车、清理垃圾、去敬老院为老人叠被子、同老人聊天等。这些活动，一方面，可以加强韩某与外界联系，避免其产生被社会抛弃的错觉，助其重新融入社会；另一方面，也使韩某可以重新认识到自身价值，没有固定工作，依然可以以其他方式为自己的小家庭做贡献，依然可以服务社会。

（四）实施心理健康辅导

最初，韩某非常自卑，认为其行为不仅剥夺了别人的生命，让自己的家庭陷入非议，还丢失了宝贵的工作，因此初来司法所报到时，韩某总是低头不语。司法所主动与韩某沟通，鼓励韩某放下包袱，正确客观看待自己的过错。同时，司法所充分发挥韩某的特长,在集中教育时,由韩某为社区矫正对象进行道德和礼仪讲解,司法所进行补充。在开展了几次活动后,韩某的自信心明显提高,脸上也露出了久违的笑容。

(五)联系就业谋求出路

在实施了一系列针对性的矫正措施后,社区矫正对象韩某不仅能严格遵守社区矫正各项规定,按时报到,积极参加司法所组织的各种教育学习及公益活动,而且心理负担明显减轻,由最初的自卑转变为自信,重新发现自己的社会价值,乐于帮助别人。司法所鼓励韩某发挥教师的优势,为高中学生做课外辅导。韩某利用周末为两个高二的学生补习语文,认真严谨,细致耐心,深受学生和家长欢迎。之后,司法所又联系有关部门,为韩某和私立学校牵线搭桥,因韩某工作经验丰富,为人踏实,口碑较好,矫正期间遵规守纪,矫正期间已有用人单位与其签订聘用合同,待矫正期结束后直接上岗。

(六)教育帮扶的效果

在司法所和韩某的共同努力下,韩某的精神面貌有了很大改观,心态变得平和,不再回避自己的错误,而是积极勇敢面对。其家人由起初对韩某失去工作的抱怨不满,慢慢转变为理解,并对其重新回归社会给予鼓励和支持。现在,韩某一家关系和睦,经历此次考验后感情更加融洽。而周围群众也由最初的摇头叹息变成了发自内心的肯定与赞许。韩某用实际行动证明了社区矫正对象也可以给家庭和社会重新带来温暖和阳光。

【案例注解】

《社区矫正法》第36条第2款规定,对社区矫正对象的教育应当根据其个体特征、日常表现等实际情况,充分考虑其工作和生活情况,因人施教。因人施教、对症下药,针对每位矫正对象的特点,制定有针对性的方案,并适时调整,是开展社区矫正教育帮扶的工作思路。进行《刑法》《社区矫正法》《民法典》等法治宣传教育,增强法律意识的同时,更要加强心理疏导。心理问题不容小觑,社区矫正对象的问题,除法律意识淡薄外,更多是心理上的问题:自卑、不服、内疚的复杂感。司法所工作人员要挖掘心理问题根源,找准症结,进行心理疏导。心理疏导的方式,并非只是苦口婆心地劝说,还应该融入实际行动中,把社区矫正对象真正放入社会,使其加强与社会的联系,不与社会脱节甚至对立,进而使其重新发现和肯定自身价值,激发重新生活的勇气。

本案中，司法所积极向上的心理疏导，对于受教育程度较高的韩某来说，起到了关键作用。除此之外，还要调动各种社会力量如村居委会、家人、单位等，形成合力，不歧视不放弃，多给予温暖和关爱，也是重要举措之一。

案例编号：TJSJJXBF1612925734

天津市宝坻区司法局某司法所　张启慧

对聚众斗殴罪社区矫正对象王某某教育帮扶案例

【社区矫正对象基本情况】

王某某，男，1992 年 12 月出生，户籍地、居住地均为江苏省淮安市清江浦区。2020 年 11 月 2 日，因犯聚众斗殴罪被常州市武进区人民法院判处有期徒刑 1 年，缓刑 1 年 6 个月。缓刑考验期自 2020 年 11 月 16 日起至 2022 年 5 月 15 日止。2020 年 11 月 18 日，王某某到淮安市清江浦区社区矫正中心报到，由执行地受委托的司法所负责对其社区矫正期间日常管理。

王某某的家庭经济比较困难，其父因病去世并留下高额债务，其母年纪大，无稳定收入。王某某与前妻离婚后独自抚养两个女儿，加之其本人患病需长期服药，家庭经济状况捉襟见肘。之前，王某某长期在外地工作，与家人相处时间较少。后因家庭原因，王某某从外地返回，找到一份工作。王某某与母亲、女儿沟通交流不多，家庭关系相对疏远。由于工作环境混杂，社会交往多为社会闲散人员，再加之婚姻不幸福、经济压力大等多方因素影响，王某某长期处于焦虑自卑情绪中，性格急躁，遇事易冲动，最终走上犯罪道路。

【对社区矫正对象依法实施教育帮扶情况】

（一）强化问题导向，提升矫正精准度

为确保教育帮扶举措能有的放矢，司法所确立了以问题为导向，实施精准矫正的工作思路。通过谈心谈话、翻阅资料、实地走访等途径对王某某个人和家庭的实际情况进行摸排评估，在了解如下情况的基础上，梳理症结，精准发力：一是不懂法律，心存侥幸。王某某片面认为，吵架、打架是解决纠纷的一种方式，算不上犯罪，打不过别人只能证明自己没本事，双方都碍于情面，不会有人报警。二是表面自信，内心自卑。受疾病、婚姻、负债等因素影响，王某某虽表面故作洒脱,但内心极度渴望认同,往往因言语激将或哥们义气便丧失理性。三是家庭破碎,亲情疏远。因工作、性格等原因,王某某和家人沟通较少,离婚后对女儿有亏欠感,存在改善家庭关系的想法,但缺乏有效途径。针对王某某的情况,矫正小组为其制定了"四强化四提升"精准教育帮扶方案,帮助其重拾信心、回归家庭、融入社会。

(二)强化教育引导,提升法律敏感度

王某某只有小学文化,对法律常识缺乏基本认知,案发前曾多次因哥们义气同他人发生肢体冲突。司法所工作人员紧盯王某某法治意识淡薄这一关键点,多措并举增强其守法自觉。一是凝聚共识增合力。司法所工作人员持续加强同王某某居住地居委会和帮教志愿者间的信息沟通,分析探讨王某某实际情况,增进矫正小组成员对王某某行为特性的了解,为后期开展精准帮教夯实基础。二是严格监管转观念。入矫之初,工作人员组织王某某专门学习社区矫正各项监管规定以及不遵守纪律规定所承担的严重后果,定期邀请互帮共建民警对其进行个别警示教育,督促其端正心态,严守法律法规。三是营造氛围保成效。司法所为王某某制订教育学习计划和读书清单,利用个别教育和实地走访时机,督促其多阅读法律书籍,收听观看法治类广播、电视节目,培养法治思维,拓宽法治视野。同时利用民法典宣讲、"法润民生进万家"等活动,针对人们日常生活可能遇到的一些法律困惑进行详细宣讲,帮助其尊法学法守法用法。

(三)强化心理干预,提升家庭亲密度

针对王某某长期以来同家人之间的情感隔阂和自卑心理,司法所多角度切入、多层次发力。一是开展有效沟通。在个别教育谈话中营造轻松、平等的谈话氛围,让其感受到尊重与信任,实现从不愿说、被动说,到主动说的转变。二是增加社会接触。引导其积极参与志愿服务、文明城市创建等公益活动,主动构建和谐社会关系,获取社会认同,重振生活信心。三是提供心理辅导。邀请心理健康教育专家定期与王某某进行交流,指导其正确认识自我、完善自我,加强自我调节,合理释放压力,以积极健康的心态去面对人生。四是增进家庭和睦。鼓励王某某抽出更多时间陪伴两个年幼女儿,切实担负起父亲的责任,利用生活间隙尝试与母亲分享工作生活中的快乐和烦恼,换位感受母亲的辛苦,加深家庭成员间的相互理解,共同构建和谐美好家庭氛围。

(四)强化部门协同,提升生活满意度

王某某父亲病逝后留下巨额债务,王某某自身亦因病需长期服药,整个家庭因病致贫,其小女儿也因家庭困难未能接受幼儿园教育。司法所联合民政、人社、社区居委会等多部门,以务实举措帮助其走出困境。一是开展临时救助。司法所积极联系街道民政部门,结合帮扶政策要求,对照王某某实际条件,帮助其申请临时救助资金,短期缓解家庭压力。二是开展帮困帮扶。司法所联络社区居委会,协调公共服务资源,为其母亲安排月工资800元的社区公益岗位,同时协调社区幼儿园为其小女儿办理入学并减免一半学杂费。三是开展职业技能培训。司法所主动联合街道人社部门,帮助其提供职业技能培训机会,提升就业能力。通过多方共同努力,王某某的家庭状况有了明显改善,社会各方的关爱也让王某某对于重新回归社会有了更多期待,其母亲也多次到司法所表示感谢。

经过教育帮扶,王某某的法治意识得到了显著增强,对于过去的错误认知和行为有了深刻反省,严格遵守社区矫正监管规定,积极参加教育学习和公益劳动。无论是生活中遇到困难挫折,还是小孩取得优良成绩,王某某都会主动向矫正小组成员反馈,每日的陪伴和沟通也让家庭成员间的关系日益融洽,家庭凝聚力增强。在职业技能培训中,王某某掌握了面点制作技能,目前打算再攒些钱和母亲开早餐店。王某某表示自己一定会积极配合司法所教育监管,常怀敬畏法律之心,认真学法,自觉守法,努力工作,早日融入社会。

【案例注解】

《社区矫正法》第36条规定,社区矫正机构根据需要,对社区矫正对象进行法治、道德等教育,增强其法治观念,提高其道德素质和悔罪意识。对社区矫正对象的教育应当根据其个体特征、日常表现等实际情况,充分考虑其工作和生活情况,因人施教。

本案中,王某某具有文化层次低、行为认知弱、心理压力大等特征,如果不因人施教、精准施策,盲目开展"大水漫灌式"教育帮扶,难以实现良好的教育帮扶效果。司法所深入分析研判社矫对象的个性特征、日常表现等实际情况,以"促进融入社会、预防减少犯罪"为目标,落实"精细管理、精准矫治、精心帮扶"三项机制,统筹协调各类社会资源,以常态化监管端正其矫正态度,以多样化教育增强其守法意识,以专业化疏导破除其心理樊篱,以精准化帮扶重振其生活信心,汇聚起改过自新、奋发向上的力量,工作思路清晰,工作举措有力,教育帮扶成效显著。

案例编号:JSSJJXBF1625102190

江苏省淮安市清江浦区司法局某司法所　程冬苗

对假释社区矫正对象黄某某依法依政策开展社会适应性帮扶案例

【社区矫正对象基本情况】

黄某某,男,1976 年 10 月出生,户籍地、居住地均为江西省赣州市定南县。因伙同他人盗窃爆炸物,黄某某于 2012 年 6 月 20 日被福建省永定县人民法院判处有期徒刑 10 年 6 个月,服刑地为福建省漳州监狱。黄某某服刑期间曾减刑 2 次,减去有期徒刑 1 年 2 个月(刑期自 2011 年 12 月 10 日起至 2021 年 4 月 9 日止)。福建省漳州市中级人民法院认为,黄某某在服刑期间确有悔改表现,执行刑期已过 1/2,没有再犯罪的危险,符合假释条件,决定对黄某某予以假释,假释考验期自 2019 年 4 月 3 日起至 2021 年 4 月 9 日止。2019 年 4 月 4 日,黄某某到定南县司法局社区矫正中心办理报到入矫,并由执行地受委托的司法所负责其社区矫正期间的日常管理。

黄某某未婚,服刑期间父母离世,兄弟姐妹已成家,社区矫正期间独自一人在县城租房生活。

【对社区矫正对象依法实施教育帮扶情况】

(一)开展职业培训情况

黄某某入矫后,司法所针对其文化程度低、就业技能薄弱、长期脱离社会等特点,首先对黄某某进行心理疏导,引导其重新建立生活信心。了解到黄某某早年在家从事过林业工作,对木材加工有一定基础,执行地受委托的司法所主动联系镇劳动保障部门获取木材加工行业的信息,得知镇某木材加工厂招收学徒时,引荐黄某某进入该厂。通过该厂师傅的悉心指导和黄某某的认真学习,黄某某熟练掌握了木材加工的流程和木质家具的装配技术,为其后续就业创造了有利条件。

(二)开展就业指导帮助情况

针对黄某某已掌握家具装配技术的情况,执行地受委托的司法所将黄某某就业意向告知“定南县社区矫正安置帮教示范基地”工作人员。工作人员向工业园某家具厂详细介绍黄某某的情况和技能。最后根据双方的意向,黄某某入职于该家具厂,从事家具装配工作,月收入 2700 元。工作后,黄某某有了稳定的经济来源，在工作中与他人的沟通交流增多，使黄某某逐渐地融入了正常的社会生活当中。稳定的工作和收入也让黄某某重新树立了对生活的信心，家庭状况也大有好转。

（三）协调落实最低生活保障情况

黄某某入矫前期生活困难。父母离世，兄弟姐妹接济能力有限，加之长期脱离社会没有经济来源。针对这种情况，执行地受委托的司法所向镇民政所咨询了低保申请条件和办理程序。在镇民政所工作人员的指导下，黄某某向村委会书面提交低保申请书，经过低保评议程序黄某某被评为低保对象，享受最低生活保障。低保的落实为黄某某的生活提供了保障。

（四）开展临时救助等情况

针对黄某某假释前期生活困难的情况，执行地受委托司法所咨询镇民政所了解相关救助政策后，依程序为黄某某申请了临时救助800元。2020年春节前夕，执行地受委托的司法所所长会同工作人员到黄某某住所，为其送上由县司法局采购发放的食用油和面条等慰问物资，同时送去司法局的关怀与鼓励。

（五）矫正小组成员协助开展帮扶情况

执行地受委托的司法所为社区矫正对象黄某某确立了由司法所所长、司法所工作人员及村委会干部组成的矫正小组，并签订了矫正责任书，同时还与黄某某家属签订社区矫正监护人监管协议书，确保矫正措施顺利实施。

司法所所长组织社区矫正小组成员商讨制定有针对性的矫正方案，多渠道进行帮扶。针对黄某某服刑时间长，长期脱离社会，短时间内融入社会存在困难，同时心理上可能存在一定的障碍等情况。司法所工作人员对其开展谈心谈话和心理疏导。针对黄某某没有经济来源生活困难的情况，积极咨询民政局、人社局等部门，为其申请救助、掌握劳动技能和拓宽就业渠道等方面提供力所能及的帮助。同时，矫正小组成员还经常到黄某某家中进行走访，随时了解黄某某的思想、工作、生活情况，及时解决问题。

（六）社会力量参与帮扶情况

针对黄某某身体瘦弱情况，司法所协调镇卫生院为黄某某建立了个人健康档案，定期对其进行体检，保障黄某某的身体健康。

通过一系列适应性帮扶措施，黄某某工作、收入稳定，经济状况也明显好转，能够融入社会，其对司法所工作人员的帮扶非常感激。同时，黄某某还能够主动通过“法律明白人网校”等微信公众号学习法律知识，法律意识不断增强，能够遵守社区矫正各项监管规定，积极参加公益活动，日常表现良好。

【案例注解】

在本案例中,社区矫正对象黄某某服刑时间长,长期脱离社会。因为父母离世,假释后独自一人生活,经济困难,思想压力大,导致其在短时间内适应社会生活方面存在一定的困难。执行地受委托的司法所本着通过加强心理健康服务,让社区矫正对象重新树立起对生活的信心;及时提供就业信息和就业技能培训,帮助其就业,促进其顺利融入社会,取得了良好效果。

案例编号:JXSJJXBF1611903972

江西省赣州市定南县司法局　熊志梧

对缓刑社区矫正对象胡某依法开展教育帮扶案例

【社区矫正对象基本情况】

胡某,男,1964 年出生,户籍地、居住地均为湖北省武汉市江夏区。2019 年 8 月 13 日因犯信用卡诈骗罪被湖北省武汉市江夏区人民法院判处有期徒刑 2 年,缓刑 2 年 2 个月,社区矫正期限为自 2019 年 8 月 27 日起至 2021 年 10 月 26 日止。2019 年 8 月 28 日到江夏区社区矫正局报到,由执行地受委托的司法所负责对其日常管理。

胡某本人离异,女儿在国外留学,父母均已过世,现胡某独自居住生活。

【对社区矫正对象依法实施教育帮扶情况】

(一)精神状态不佳,心理问题初现端倪

入矫初期,胡某到司法所报到时心情低落,沉默寡言。据了解,胡某对自身借贷行为触犯了法律,自责后悔不已,平日格外在意他人眼光的他更加觉得在人前抬不起头,独自居住的他有苦无人诉说,对接下来的社区矫正充满担忧。

(二)及时进行心理测量评估,探寻内心状态

司法所了解胡某的状况后,及时将情况向区社区矫正局报告。区社区矫正局一方面安排司法所对胡某状况多加关注,定期谈话询问近况;另一方面,以发放“心理健康体检卡”为契机,对胡某进行近阶段的心理测量评估。测评报告显示,胡某有显著焦虑症状,伴随抑郁、强迫、失眠、人际退缩等症状。

（三）针对胡某心理状况特点，开展一对一心理咨询

2019 年起，江夏区社区矫正局引入社会力量参与社区矫正工作，与武汉某社工服务中心联合开展“弯道超越”社区矫正服务项目，通过政府购买服务的方式聘请专业的心理咨询师，为胡某提供一对一免费心理咨询。心理咨询师结合胡某心理测评情况，制订心理矫治计划，与胡某共同商定咨询目标，逐渐建立安全稳固的咨访关系。胡某本人由被动参加到积极参与，始终坚持每周一次面询。心理咨询师引导胡某道出重大事件，帮助胡某识别情绪及情绪背后的意义，鼓励胡某表达需要，寻求人际支持，进而降低焦虑紧张的情绪，保持较稳定平和的心态。

（四）心理健康团体活动，健康减压缓解焦虑

除一对一心理咨询访谈外，司法所鼓励胡某参加心理健康团体辅导活动。根据社区矫正对象普遍存在的焦虑、强迫、敌对等症状，江夏区社区矫正局先后开展了“做情绪的主人”“与压力共舞”等心理减压团体辅导活动，通过游戏、任务及理论与实际相结合讲授的方式，将心理学知识、心理调适方法传授给社区矫正对象，极好地缓解了胡某及其他社区矫正对象焦虑紧张情绪，让其学会用新的资源取向视角看待“社区矫正对象”身份。

（五）“周四有约”线上学习，持续陪伴社区矫正对象

社区矫正是一个循序渐进、持续深入的过程。武汉市社区矫正局每周四的线上学习活动，由讲师团金牌讲师引领，为社区矫正对象提供内容丰富的学习“大餐”。每周四胡某通过手机接受法律法规培训、心理疏导、就业帮扶等，知识储备不断提升，促进其矫正转化。

（六）教育转化结果丰硕，积极作为回馈社会

胡某在社区矫正期间，经历了人生低谷，在社区矫正工作人员及社会力量的共同帮助下，他能够直面过往错误、悔过自新、积极工作、发展兴趣特长，精神面貌有了较大转变。2020 年新冠肺炎疫情期间，胡某积极捐款，支持抗疫工作，用实际行动积极回馈社会。

【案例注解】

胡某的个人及家庭情况比较特殊，呈现中年社区矫正对象的现实困境与心理需求。司法所为胡某制定个性化的教育帮扶举措，引入社会力量参与，开展心理咨询工作，帮助胡某正确认识自己、疏导负面情绪、寻求人际支持、鼓励自我提

升、实现自身价值、乐于回报社会。现在的胡某精神面貌有了很大转变,乐于与人交流,培养书法、太极等兴趣特长,失眠症状也得到极大缓解。胡某对社区矫正局、司法所的一系列教育感化举措心怀感激,内化于心外化于行,积极配合日常管理工作。通过一年半的社区矫正工作,真正帮助矫正对象实现了助人自助。

案例编号:HBSJJXBF1618887486

湖北省武汉市江夏区社区矫正局　李　婵

对诈骗罪社区矫正对象徐某依法开展教育帮扶案例

【社区矫正对象基本情况】

社区矫正对象徐某,男,1981 年 10 月出生,户籍地、居住地均为湖南省怀化市某县。2020 年 6 月 9 日,因犯诈骗罪被湖南省新晃侗族自治县人民法院判处有期徒刑 8 个月,缓刑 1 年,并处罚金人民币 3000 元,缓刑考验期自 2020 年 6 月 23 日起至 2021 年 6 月 22 日止。

2020 年 6 月 23 日,新晃侗族自治县人民法院将该案交付湖南省怀化市某县社区矫正管理局执行。2020 年 6 月 23 日,社区矫正对象徐某自行到某县社区矫正管理局报到入矫,某县社区矫正管理局依法为其办理了接收手续,进行了入矫宣告,并委托执行地受委托的司法所负责落实其缓刑期间的日常管理工作。

【对社区矫正对象依法实施教育帮扶情况】

一、可能重新犯罪因素的发现和分析

徐某入矫后,执行地受委托的司法所依法为其成立了矫正小组,对其开展了入矫教育、法治教育、个别谈心谈话教育,切实强化了其认罪服管和社区矫正对象身份意识,并通过实地走访考察、矫正小组联络反馈等,对徐某本人及其缓刑考验环境进行了较全面的了解。执行地司法所社区矫正工作人员发现,徐某自入矫后逐渐情绪低迷,甚至出现了悲观厌世的心理,多次表达宁愿到监狱去服 8 个月的实刑,也不愿意进行 1 年的社区矫正。执行地司法所社区矫正工作人员紧急召集矫正小组成员进行研究分析,通过集体讨论,一致认为,徐某出现该心理状态是由家庭经济原因引发。徐某婚后生育 2 个小孩,妻子无业,家庭所有经

济来源由其一人承担。为提升家庭经济水平，徐某于2020年4月贷款购买了一辆大型货车跑运输；但由于在社区矫正期间，未经批准不能离开某县，为此徐某另行聘请了一位司机帮忙开车，但这样一来，不但没有挣着钱，还要给司机发放工资，未能缓解家庭经济困难情况。因此，徐某情绪很不稳定。

二、针对性矫正措施的制定和风险化解

找到问题的根源后，执行地司法所会同矫正小组，制定了针对性矫正措施：一是由司法所组织专业人员对徐某进行心理疏导，并协助其申请经常性跨市县活动；二是由司法所深入了解有关情况，并及时报请某县社区矫正管理局落实徐某经常性跨市县活动审批；三是徐某家属和村干部加强对徐某的关注和关怀，缓解其不良情绪；四是经常性跨市县活动审批下来后，矫正小组共同做好徐某外出活动的监督。

徐某通过司法所和矫正小组的共同开导后，提出了经常跨市、县活动申请，并提交了有关证明材料，某县社区矫正管理局在征得怀化市社区矫正管理局的指导意见后，于2020年10月20日依法依规为徐某审批准了为期6个月的经常性跨市县活动，并由执行地司法所送达了审批决定和履行告知程序，告知徐某：(1)严格按照道路运输相关规定进行运输活动，并遵守各地疫情防控各项要求；(2)每次外出、返回必须报备；(3)到批准外出的市、县活动，要通过电话、实时视频等方式报告活动情况；(4)按时进行信息化核查打卡签到；(5)严格遵守社区矫正其他监管规定。徐某得知经常性跨市、县活动得到批准，十分开心，不良情绪得到极大缓解。

三、经常性跨市、县活动外出期间的监管教育

在徐某经常性跨市、县活动期间，某县社区矫正管理局执法工作人员和执行地司法所社区矫正工作人员定期对其运输路线进行核查走访，并针对性加强了对徐某的个别化教育矫正工作，强化了对其开展交通法规和安全知识的教育。同时加强了与徐某经常活动的外市县社区矫正机构的沟通衔接，请求协助落实对徐某的监管和考察，有效强化了对徐某的监督管理。经过一段时间的社区矫正，徐某的法律意识和矫正意识明显提高，能积极配合社区矫正机构的监督管理，对其他社区矫正对象也起到了很好的引导作用。同时通过批准经常性跨市、县活动，保障了其家庭经济来源，徐某也重拾了对生活的信心。

【案例注解】

每个社区矫正对象都是一个特殊的个体,可能因为自身或家庭、社会等不同原因而产生自卑、低落、悲观厌世等消极情绪和行为偏差。社区矫正机构、执行地受委托的司法所在工作开展中要注重社区矫正对象个性化情况,采取有针对性的矫正措施,以达到最佳的矫正效果。《社区矫正法》实施后,进一步强调了个别化矫正的要求,进一步加强了对社区矫正对象的权益保护,对社区矫正机构及社矫工作人员提出了更高的要求。社区矫正机构及社矫工作人员要及时将工作理念从"管得住"向"矫得好"进行转变。在实际工作中,要加强个案分析,充分借助各方力量开展针对性监督管理和教育帮扶,让社区矫正对象在社区矫正中真正意识到自己的错误,纠正偏差行为;要疏导社区矫正对象的情绪,引导其理性看待生活困境;要帮助其解决实际困难,培养其自信心,促使其顺利融入社会。

案例编号:HNXSJJXBF1614740466

怀化市芷江侗族自治县社区矫正管理局　曹海斌

对缓刑社区矫正对象郭某依法进行教育帮扶案例

【社区矫正对象基本情况】

郭某,男,1978年6月出生,户籍地、居住地均为重庆市巴南区。2020年4月,因犯虚开增值税发票罪被重庆市巴南区人民法院判处有期徒刑8个月,缓刑1年。缓刑考验期内实行社区矫正,社区矫正期限自2020年4月8日起至2021年4月7日止。2020年4月15日,郭某按期到巴南区司法局报到,由执行地受委托的司法所对其进行日常管理。

【对社区矫正对象依法实施教育帮扶情况】

(一)郭某入矫后存在的问题

郭某入矫时,司法所依法成立了矫正小组,对其进行监督管理和教育帮扶,告知其在社区矫正期间应当遵守的各项制度。但郭某不愿与矫正小组成员深入沟通,只表示会严格遵守社区矫正各项规定。入矫后不久,郭某即出现不假外出情形。执行地司法所在依法作出处理的同时,也对郭某耐心进行个别教育,详细了解后发现郭某在接受社区矫正期间存在如下现实问题:

1. 郭某一直经营一家机械加工厂,该厂因环保问题搬迁至附近区县。郭某因经营该厂必须外出,由于担心请假困难,在入矫初期便擅自外出。此时,因搬迁和疫情影响,该厂经营面临严重困难。

2. 郭某育有一子,此时正在执行地读高三。郭某一直与儿子共同生活,因正值高考备考关键时期,郭某担心影响孩子备考状态,不愿变更执行地,同时也担心夫妻判刑会影响孩子求学。

3. 郭某文化素质不高,尤其缺乏税务、法律知识,导致他在经营过程中企图通过虚开进项增值税发票的违法行为来提升加工厂盈利水平,并最终案发判刑。其配偶也因参与该行为而一同被判刑。该机械厂经营工作非常复杂,经常与劳动者、供货商等发生纠纷,导致郭某疲于应付。

(二)针对性进行个别谈话教育和个案矫正

矫正小组在了解到郭某存在的问题和困难后,深入进行个别谈话,有效缓解其思想压力,同时采取了如下教育帮扶措施,支持其解决现实困难,更好融入社会:

1. 针对郭某在矫正期间须继续经营加工厂的问题,经区社区矫正局研究同意,给予郭某外出依法扩大活动范围的支持,同时对郭某进行严格的监督管理和适当的帮扶教育,避免其重新犯罪,以有效解决郭某经营工厂和照料家庭难以兼顾的问题。

2. 针对郭某担心因犯罪影响儿子高考的问题,矫正小组经向教委咨询后对郭某进行了解答,对郭某儿子填报志愿时提出了较中肯的建议,解决其后顾之忧。

3. 针对郭某在经营过程中缺乏税务、法律知识的问题,司法所结合优化营商环境相关政策,引导郭某就机械加工企业税务知识专门向税务机关咨询请教,帮助其进行税务筹划,有效降低企业税赋,解决其经营过程中税收问题。

4. 针对郭某在经营过程中经常发生纠纷的问题,执行地司法所借助公共法律服务平台,指导其优化用工模式,为其提供购买、销售相关合同的标准文本,并协调公共法律服务部门在充分了解该厂运作模式后,对该厂经营中的法律风险进行深入分析,为其提供了切实可行的法律服务意见。

(三)依法实施教育帮扶取得的效果

经司法所了解,现在郭某之子已顺利考上了重庆市某重点大学,机械加工厂经营活动也逐渐走向正规化,税负较税务筹划前有明显降低,且各项税收均依法缴纳。各项劳动争议、交易争议已得到有效处置。虽然疫情对工厂仍有影响,但加工厂经济效益得到明显提高,郭某个人及其家庭的各项问题得到有效解决,接受社区矫正的态度更加积极主动并顺利解矫。

【案例注解】

促进社区矫正对象顺利融入社会,预防和减少犯罪是社区矫正制度的重要目的。在社区矫正工作开展过程中,既要对社区矫正对象进行严格监管,又要给予其必要帮扶。在本案中,郭某在入矫时虽承诺严格遵守社区矫正各项制度,但入矫后不久就出现了不假外出的情况。如果社区矫正执行机构仅仅根据其违法行为给予相应处理,不了解其中缘由,极有可能导致其工厂无法经营,或者家庭正常生活受到影响。司法所并未满足于简单对郭某进行处理,而是深入了解其不假外出的原因,然后认真分析郭某在社区矫正中存在的困难。在依法处理其不假外出行为的同时,积极协调税务、教委、公共法律服务机构等单位,对其存在的困难提供必要的咨询、建议和针对性帮扶,使其彻底卸下心理包袱,认真接受社区矫正。社区矫正机构采取上述措施,既是帮助社区矫正对象顺利回归的应有之义,也是践行优化营商环境理念的生动实践。

案例编号:CQSJJXBF1636529643

重庆市巴南区司法局某司法所　秦耕洪

第四节　社区矫正解除和终止案例

对暂予监外执行社区矫正对象谭某依法提请收监执行案例

【社区矫正对象基本情况】

社区矫正对象谭某,女,1986 年 9 月出生,户籍地、居住地均为辽宁省鞍山市铁西区。2017 年 11 月,因犯组织卖淫罪被山东省郯城县人民法院判处有期徒刑 5 年,并处罚金人民币 30 万元。因系怀孕、哺乳期妇女,分别于 2018 年 9 月 12 日、2019 年 9 月 10 日、2020 年 4 月 30 日被郯城县人民法院决定暂予监外执行。自 2018 年 9 月 19 日起在执行地受委托的司法所接受社区矫正。

【对社区矫正对象依法解除和终止社区矫正的情况】

(一)发现、认定行为

在社区矫正期间,谭某分别于 2018 年、2019 年两次怀孕,生下两个孩子;2020 年第三次怀孕。2020 年 12 月 1 日谭某到受委托的司法所报到,司法所工作人员与其沟通确认预产期是 2020 年的 12 月。12 月 18 日司法所工作人员与谭某联系询问其身体情况,谭某口述称 12 月 5 日已经在家把孩子生下。工作人员要求其提供与孩子合影的照片时,谭某说孩子刚出生就送人了,并且已经找不到该人。受委托的司法所工作人员认为谭某口述情况的真实性值得怀疑,立即报告铁西区司法局,决定开展调查取证工作。

(二)调查取证情况

对谭某做正式询问笔录时,其改口说 2020 年 12 月 5 日孩子刚出生时就已经死亡,放入黑色塑料袋里扔进垃圾箱,但是上述情况无人能够证明。工作人员带谭某到铁西区人民医院进行妇科彩超、妇科内检、HCG 验血等一系列检查,医生根据检查结果得出结论,谭某体内未检测出自然分娩的相关指标。

经查,从2020年5月开始,谭某每月向执行地受委托的司法所提交妊娠检查的医学材料,出具材料的医院为居住地医院和居住地某镇卫生院。2020年12月22日至23日,铁西区司法局和司法所工作人员到居住地医院、居住地某镇卫生院进行走访调查,没有发现谭某在2020年期间的彩超检查记录。2020年12月25日,居住地医院和居住地某镇卫生院分别出具证明材料,证实谭某向受委托的司法所提供的7张超声医学影像报告单系伪造材料。此外,工作人员对谭某的丈夫、母亲、姐姐、表哥等利害关系人进行了询问,了解到谭某2019年已经流产的事实。

在这些有力的证据面前,谭某承认其在2019年7月就已经流产,交给司法所的体检报告都是伪造的,目的是逃避刑罚的执行。

(三)决定收监执行情况

据以上事实证据,谭某为了逃避刑罚伪造材料,性质恶劣,既不属于怀孕期妇女,也不属于正在哺乳自己婴儿的妇女,其暂予监外执行的情形消失,且刑期未满。铁西区司法局决定立即启动收监执行程序,制作提请收监执行审核表、收监执行建议书,与询问笔录、微信记录、医院检查材料、医院证明材料、详细情况说明等证据材料一并组卷,邮寄给郯城县人民法院,并将收监执行建议书抄送铁西区人民检察院。为防止谭某在此期间脱逃脱管,工作人员要求其每天到司法所报到,不定时拨打其定位手机,随时掌握谭某的动态行踪。

2021年1月5日,郯城县人民法院作出了对谭某进行收监执行的决定,并将有关法律文书送达铁西区司法局、铁西区公安分局及铁西区人民检察院。2021年1月14日,铁西区司法局配合公安机关对谭某执行收监,将谭某押送至看守所隔离羁押。

【案例注解】

个别暂予监外执行社区矫正对象为了逃避刑罚,会绞尽脑汁想出各种手段和方法。该案例是2020年7月1日《社区矫正法》施行后,鞍山市铁西区第一件收监执行案例,公检法相关单位也都是首次适用新的法律依据开展收监执行工作,为今后社区矫正监督管理工作的开展提供了范本和宝贵经验。

案例编号:LNSJJCZZ1611567022

辽宁省鞍山市铁西区司法局　董　健

第三章　戒毒管理类

第一节　戒毒医疗案例

戒毒人员罗某某患高血压的诊治案例

【案例背景】

众所周知,毒品会对人体心血管系统产生损害,吸毒史患者通常吸食过大量毒品,由于机体负反馈机制,机体中正常内源性阿片样多肽的合成以及释放会受到影响,使机体机能受到影响。外源性阿片样物质进入人体后,会构建不同的体内功能系统平衡,而戒断同样会影响机体中神经内分泌作用,使临床治疗效果受影响,从而导致吸毒病发高血压戒毒人员的血压难以控制的情况时有发生。

患者罗某某,男,59 岁,云南丽江永胜县人,2021 年 1 月复吸,被公安机关决定强制隔离戒毒 2 年,入所以来该员多次到所部医院救治,自诉头疼、食欲不振、身体不适、哈欠、流泪、冷热交替等症状,腰疼明显。既往常年高血压病史和脑梗病史,在外也未进行规律治疗。他自认为毒品(海洛因)可治疗其高血压疾病。鉴于该患者病史和生理脱毒期,收治后安排住院开展戒毒治疗以及护理工作。

【案例基本情况】

(一)诊查情况

心率较慢、血压 146/68mmHg,症状和体征:患者神志清、精神状态差、消瘦、皮肤暗黄,失眠较重、食欲不振,每天有成瘾渴求,发作时哈欠、流泪。情绪低落,有焦虑不安。心电图示窦性心律,ST 段压低,右房肥大可能;血常规、肝功能异常。随后带出到上级医院检查,检查结果为头颅 MRI 平扫未见明显异常。中腹部平扫未见明显异常。胸部 CT 平扫提示:双肺上叶肺大泡形成征象。胸部彩超提示:(1)室间隔增厚;(2)主动脉瓣、三尖瓣、肺动脉瓣反流(少许);(3)左室舒张功能减退。左室收缩功能测值正常。心肌酶示:CK-MB 为 50.16U/L。颈部血管 B 超提示:双侧颈动脉内中膜增厚、左侧颈总动脉斑块形成。在医院期间多次测量血压提示:收缩压为 130 ~ 150mmHg,舒张压为 90 ~ 100mmHg。24

小时动态血压监测提示:(1)全天血压平均值:136/88mmHg,白天血压平均值:143/93mmHg,夜间平均值:119/78mmHg,清晨血压平均值:148/92mmHg;(2)最大值:全天收缩压为209mmHg,全天舒张压为170mmHg;24小时动态心电图提示:窦性心律,平均心律62bpm,室性早搏2个,其中2个单发室早,房性早搏有46个,其中单发43个,其余未见明显异常。

(二)治疗方案制定

按上级医院开回药物控制血压,积极给予每日多次吸氧以改善罗某某呼吸情况,并积极对其做毒品危害宣传。

1. 对患者罗某某的基本情况进行认真的了解,包括年龄、吸毒史、吸毒频次剂量、之前脱毒治疗情况详细记录在案。

2. 对患者进行全面的一次体检。

3. 确定初诊时该患者有明显的戒断症状,系海洛因成瘾躯体和心理依赖,并伴有吸毒成瘾导致的并发症高血压。

(三)治疗过程

治疗中,在上级医院的指导下予以降压、吸氧对症支持治疗,症状仍未见明显好转。考虑到入院前罗某某一直认为可以用海洛因对其降压处理,在所外其用毒品控制血压优于医院治疗,虽然也算积极配合医院治疗,但一直有种不相信也不排斥的感觉。

鉴于上述情况,首先,医院让罗某某完全了解自己的病情,并积极对其宣传毒品的危害,让其充分了解和掌握毒品并不是良药,从心底里配合医院治疗;罗某某入院后由于得不到毒品,又对医院常规高血压药物运用的种种不信任、失落、恐惧、不满情绪明显,尤其是对医院的抗拒心理直接导致了病情加重。医院及时发现患者情绪问题,一方面积极带其至上级医院与专家面对面沟通;另一方面对其进行心理疏导,其负面情绪得到了宣泄,失落得到理解。患者情绪稳定后,药效得以正常发挥,病情开始好转,血压得到控制。因此,调节情绪是治疗中常常应用的一种方法。

其次,积极联系上级医院对其症状和服药疗效进行远程会诊,多方协调,共同努力稳定其血压。

(四)治疗效果

第一周康复治疗安排患者入住医院观察室,及时准确评估各项症状及体征,严密监测生命体征;提供安静舒适的戒毒环境,有利于患者休息、睡眠及病情观察,并嘱咐卧床休息,减少活动。因海洛因成瘾后有明显的戒毒症状,为保证安全,戒毒医疗中心安排专人看护,警察24小时照管,根据戒断反应,给予适当的药物辅助，前3天每天2次，一次2颗，第4天后患者哈欠、流泪症状明显好转，改为一天1次，一次1颗，第7天断药。

第二周康复治疗，患者生命体征正常、精神状态好转、偶有轻微腰酸背痛，睡眠质量有所提高，每晚可入睡5~6小时。

第三周康复治疗，根据患者身体康复半月情况，经过适当的干预，精神状态好转，情绪基本稳定，就继续服用降压药，每天1次，早上服用。经过9个月的治疗，罗某某思想认识发生转变，清晰认识到毒品的危害，自己患病还是与吸毒有关；病情逐渐趋于平稳，全天血压平均值130/88mmHg，睡眠质量有所改善。

【案例反思】

（一）科学治疗，攻心为上

现代医学认为，情绪对疾病有很大影响，情绪波动对血压是有影响的。人的情绪，是心理反应的重要表现形式，与疾病的发生有着密切关系。长期的焦虑、忧郁、精神紧张，也是高血压病发生的重要因素。精神紧张、情绪波动大，容易造成肝气郁结。情绪对血压的影响颇大，往往脾气越大，血压越高。血压急剧波动时，可显著增加严重不良心血管事件的危险。所以高血压患者应该情绪安定、心境平和、心情舒畅、心胸开朗，有利于高血压病的治疗。

（二）重视与患者沟通，争取积极主动配合治疗，达到事半功倍的效果

从罗某某事件中不难看出，多次不厌其烦地对其解释病情，对减少其对戒毒所医务工作人员的戒心是十分必要的。因为这样不仅尊重了患者的知情权，还可以打消其顾虑，使其全力配合治疗。

（三）法度温度并行，身心同治

医疗工作中，一言一行均要文明得体。文明是一种习惯，文明是一种态度，文明也是一种自我的精神升华。在这个特殊场所内，戒毒所医务工作人员既是医务人员，也是一名执法者，而执法人员实行文明执法程度的高低，一定程度上代表了执法队伍自身整体素质的高低。当每一名医务工作者都做到了文明执法，那么对于戒毒人员来说，也能更好地接受建议，从而减少对工作人员的排斥，更好地配合治疗。

案例编号：YNJDYL1634259291

云南省第四强制隔离戒毒所　庄　珂

针灸治疗戒毒人员孙某某海洛因脱毒后稽延性戒断症状案例

【案例背景】

海洛因脱毒治疗后,随着外源性阿片类物质的逐渐消除,内源性阿片肽的合成及阿片受体数量的增加在短期内难以恢复至正常水平,体内神经、体液免疫系统的功能仍会出现紊乱,在相当长的时期内机体仍会出现各种躯体、精神不适症状,即稽延性戒断症状。稽延性戒断症状是海洛因依赖者早期脱毒后遗留的一系列症状群,它主要表现为三个方面的症状,即睡眠障碍、躯体症状和焦虑抑郁症状等。稽延性戒断症状若不进行干预和治疗,则自行消除很慢。一般来说,在脱毒后的3~6个月内,不少人仍会感到不适或周身不自在,有时甚至较严重,此时若加上其他诱发因素,极易造成复吸。

强制隔离戒毒人员孙某某,男,42岁,离异,个体户,初中学历,吸食海洛因5年,以烫吸方式为主,每周4~5次,每次约0.5克,偶尔采用肌注方式,吸食海洛因当天被公安机关抓获,在拘留所经过15天的脱毒治疗后,送至安徽省滨湖强制隔离戒毒所执行强制隔离戒毒。入所时孙某某自诉出现心慌胸闷,感觉忽冷忽热,全身乏力,肌肉酸痛,入睡困难,近期出现腹痛,大便次数明显增多等不适症状,影响正常生活。

【案例基本情况】

(一)诊断情况

1. 入所体检

孙某某表情淡漠,食少懒言,面部皮肤晦暗,舌淡苔白,脉细数。身高172cm,体重51kg,体温36.8℃,血压135/82mmHg,心率115次/分,呼吸节律20次/分。四肢肌张力正常,生理反射存在,未引出病理性体征;全身淋巴结未触及肿大;两肺呼吸音清,心脏未闻及病理性杂音。询问既往病史,否认高血压、糖尿病史,否认肝炎、结核病史,否认手术及外伤史,否认家族遗传及精神异常病史。胸腹X线片未见明显异常;心电图示窦性心动过速;腹部彩超提示肝脏有大小为2.5cm×3cm肝囊肿,余未见异常;血常规示血红蛋白120g/L,略低于正常值;血生化检查,ALT 90U/L、AST 75U/L,均轻度升高,其余未见异常;HIV、梅毒检查阴性。稽延性戒断症状评定量表得分为16分,严重程度为中度。

2. 诊断结果

吸毒史、既往病史、入所体检及量表评定等情况表明,孙某某有明显的海洛因吸毒史且未间断;吸毒次数频繁、量大;刚刚经历急性脱毒期;出现睡眠障碍、四肢关节肌肉酸痛和心动过速、忽冷忽热、腹痛腹泻等自主神经功能紊乱症状;稽延性戒断症状评定为中度。排除了严重心、肝、肾功能损害,循环、消化、呼吸等系统疾病和重度精神疾患以及艾滋、肺结核等重大传染病。

依据《精神障碍诊断与统计手册(案头参考书)》(第5版)(DSM-5)中的诊断标准和临床检查,可诊断为:阿片类物质所致障碍(稽延性戒断综合征)。

(二)方案制定

1. 方案选取

稽延性戒断症状的治疗尚无特效药物,以对症处理为主,用于治疗此类症状的多为镇静催眠药和抗焦虑药物,这类药物本身具有一定程度的副作用和依赖性,使用不当会造成新的依赖。针灸治疗稽延性戒断综合征具有安全、有效、方便、副作用小等特点,不会产生依赖性和不良反应,且针灸具有扶正固本的作用,在治疗戒断症状的同时,还可以调理身心,恢复正气,促进康复的作用。基于上述两点,此次治疗采用中医针灸的方式进行。

2. 治疗取穴

研究表明,有72%的海洛因依赖者在T5—T7棘突周围可出现压痛点,并随躯体症状的缓解而逐渐减弱,孙某某也有类似症状,所以此次将选取背部夹脊穴进行针灸。另外,结合孙某某其他伴随症状、长期吸毒、整体身体状况较差等实际情况,将选取部分四肢穴位以达到补益气血、宁心安神、扶正固本之功。具体取穴如下:

躯干穴:双侧华佗夹脊穴(T5、T6、T7)、肾俞穴、关元穴。其中关元穴采用艾条灸。

肢体穴:双侧内关、神门、太冲、太溪、三阴交、足三里。

3. 疗程设计

针灸每日治疗1次,每日上午9时进行,7日为1个疗程,共治疗4周。治疗全程服用护肝片,一次4片,一日3次。

4. 辅助矫治

按照建立全国统一的司法行政戒毒工作基本模式相关要求,戒毒医疗中心在对戒毒人员实施医疗戒毒的同时,教育矫正中心、心理矫治中心、康复训练中心根据生理脱毒期戒毒人员身心状况,及时跟进针对性教育矫治措施。

(三)实施情况

1.治疗准备

与孙某某进行充分沟通,消除患者对针灸治疗的恐惧心理,使其放松身心,密切配合医务人员;每次治疗时提前嘱其务必吃早餐,避免空腹针灸发生晕针现象;第一次治疗前,再次做好解释说明工作,消除对针灸治疗的紧张情绪。

2.治疗过程

患者俯卧,穴位皮肤常规消毒,肢体穴选用0.32mm×50mm不锈钢毫针,采用指切或夹持法进针,直刺1~1.5寸;躯干穴选用0.32mm×25mm不锈钢毫针,采用单手进针法,直刺0.3~1寸。进针后施以提插、捻转手法,内关、神门、太冲用泻法,太溪、三阴交用补法,其余穴位以平补平泻为主,直至局部出现酸麻肿胀感。得气后留针40分钟,留针期间,每10分钟行针1次,手法以捻转、弹法和刮法为主,使患者持续保留针感。治疗期间与孙某某交谈,消除其紧张状态,密切关注他的神色变化,询问感觉,若出现大汗、耳鸣、面色苍白等不适症状,依照晕针的处理措施及时处置。针刺结束后,嘱其仰卧,在关元穴部位实施温和灸,灸20分钟左右,至皮肤出现红晕为度。

3.疗效跟踪

对针灸治疗效果进行密切跟踪,通过询问、身体检查,详细记录治疗效果。

治疗第一周。在治疗的第三天,孙某某自诉大便次数开始减少,腹痛减轻。治疗一周后,腹痛腹泻症状消失,忽冷忽热症状出现次数开始减少,心率较前有所下降,为102次/分。

治疗第二周。肢体疼痛感明显减轻,睡眠较前有所改善,心率进一步降至93次/分,食欲增加,面色开始好转。

治疗第三周。心慌症状消失,心率90次/分,肢体疼痛症状持续减轻,晚上可以睡3~4小时。

治疗第四周。乏力和肌肉酸痛症状基本缓解,睡眠明显改善,未出现忽冷忽热症状,心率82次/分,行心电图检查为窦性心律,稽延性戒断症状消失,孙某某身体、情绪良好,体重增加,达到55kg。再次检查肝功能,ALT、AST均在正常值范围内。

从整个治疗方案的实施情况看,本次治疗取得了良好的效果。4周针灸治疗结束后,嘱其清淡饮食,多参加康复训练和心理健康辅导,持续巩固疗效。

【案例思考】

（一）中医针灸探究治疗难题

中医学很早就意识到稽延性戒断症状的存在，并称为“断瘾后诸症”。断瘾后诸症是包括生理及心理不适，涉及多系统多脏腑病变的复杂病症。导致稽延性戒断症状的主要病机是余毒未清，正气已虚，因而病症表现为正邪交错，虚实并存，因此确定治疗稽延性戒断症状的治疗原则是清除余毒，扶助正气。针灸通过激发经气，疏通经络，调节人体阴阳，使机体内环境趋向稳定，从而治愈病症。

（二）诸穴合用保障治疗效果

此次治疗采取了躯干穴、肢体穴诸穴合用的方式，可条畅气机，补益气血、镇静安神、健脾和胃，扶正祛邪固本从而调节戒毒者的阴阳平衡，恢复内源性阿片肽的正常分泌，消除稽延性症状，以达到戒毒并恢复身体健康的目的。躯干穴中，关元穴为足三阴经与任脉交会穴，是人体元气的根本，灸关元可培元固本，补益肾气；华佗夹脊穴邻近背俞穴，而背俞穴又是脏腑经气输注于体表的部位，刺之可调节脏腑气血功能；肾俞穴可滋补肾阴，培补元气。肢体穴中，内关为八脉交会穴之一，又是手厥阴心包经的络穴，手厥阴心包经起于胸中，刺之可有宽胸理气、宁心安神、和胃降逆之功；神门为心经之原穴，刺之可镇静安神、通经活络，是治疗失眠的首选穴；足三里为足阳明胃经之合穴，是全身保健强壮要穴，可健脾气，调肠胃，补益气血；取肝经的原穴太冲，肾经的原穴太溪以及肝经、肾经、脾经的交会穴三阴交，三穴同用具有滋补肝肾、养肝平肝、行气活血的作用，且能促进体内毒素的排泄，激活内源性阿片肽系统，对内源性阿片肽的释放有双向调节作用，也是戒毒治疗的主穴。

（三）针药协同优化治疗方案

从戒毒临床实践中可以看出，稽延性戒断症状有一定的自然改善性，但针灸治疗能较早地干预和治疗稽延症状。一般认为稽延性戒断症状阶段是复吸的高发阶段，因此，针灸的早期干预不仅能治疗稽延性戒断症状还具有有效的抗复吸作用。针灸治疗戒毒者稽延性症状有较好疗效，但是起效较慢，疗程较长；常规戒毒药物起效快，但副作用多，易产生依赖性。综上，在以后的临床中，可考虑针药结合，发挥针药协同作用，一方面，发挥药物的显著作用；另一方面，利用针灸促进药物治疗，减少药物用量，并减轻药物对机体的不良反应。

案例编号：AHJDYL1512042812

安徽省滨湖强制隔离戒毒所　解光川

第二节 教育矫治案例

运用“认知行为重构”项目化训练提高戒毒人员拒毒技能的教学案例

【案例背景】

戒毒人员在生活中遇到负性情绪、压力事件、毒品诱发情境等外界刺激时，会产生想法、感受以及行为上的变化，这些变化与成瘾相关。如果无法及时察觉与干预，就会诱发吸毒行为。我们将诱发因素及其产生的想法、感受和行为一起称为“复吸事件链”，打破或阻断其中任何一个“环节”，就能减少甚至避免复吸行为。在戒治实践中，戒毒人员普遍对成瘾的想法、感受、行为认识不足，往往通过片面化的直接或间接的感性资料进行判断，缺乏理性认知，有意无意地放大或缩小毒品成瘾性，导致戒毒动机及效能感不足，严重影响戒治效果。

《成瘾者认知行为重构》教学项目以认知行为治疗为基本原理，聚焦成瘾想法、感受和行为的认知重构，旨在帮助戒毒人员了解、觉察复吸链条，识别复吸链条上各类风险因素，学习应对技能和制定应对方案，以达到降低复吸的目的。本期《成瘾者认知行为重构》项目化训练课程，共30名戒毒人员参与，吸食毒品类型冰毒、处于康复巩固期，平均年龄为37.2岁，具有一定戒毒的动机，但存在不稳定性和波动性，文化水平以初中为主，学习及反思能力一般。

【案例基本情况】

（一）课程内容

《成瘾者认知行为重构》课程共分为5个章节，第一章“问题与成瘾”；第二章“管理成瘾想法”；第三章“管理成瘾感受”；第四章“管理成瘾行为”；第五章“综合运用”（略）。

（二）课程目标

1. 认知性目标

通过讲授教材、现场互动问答、练习课后作业以及考评测验等形式帮助戒毒人员掌握课程中所涉及的概念、原理、标准以及特性等知识模块，纠正错误认识，提高戒毒认知体系科学性及完整性。

2. 技能性目标

通过现场演示及团体训练等形式引导戒毒人员获取、收集、处理、运用知识性及经历性信息，帮助他们掌握回忆读取、分类分析、整合设计等技能方法，通过定期练习、检查与分享提高技能熟练程度，内容包括：理性问题解决技能，管理成瘾想法、感受、行为的技能以及综合运用技能。

3. 情感性目标

通过课堂互动、个别提问等手段营造积极学习氛围，通过分组对抗激发良性竞争，通过课后实践促进学习深化。特别是在引导戒毒人员对自身问题进行系统性回顾描述，对自身问题解决进行个性化方案制定，在激发戒毒人员的动机的同时，提高戒毒效能感。

（三）案例实施情况

1. 团队的建立

良好的团队氛围与戒员之间的彼此信任能够在学习戒毒知识与技能上起到积极作用。在开始阶段，组织戒毒人员进行破冰游戏，引导具有相同喜恶事物的分为一组，建立熟悉感。但是，戒毒人员，特别是男性戒员，往往在自我表达上不够，兴奋度不够，表达欲望不足。作为项目训练师需要主动营造和积极反馈，增进团队凝聚力和开放度。

2. 第一章“问题与成瘾”

第一个主题是“成瘾导致的系列问题”，戒毒人员通过回顾自身吸毒经历，察觉自身问题，形成个人问题清单；第二个主题是“问题引发成瘾行为”，帮助戒毒人员认识到吸毒的影响因素，梳理个人的复吸链；第三个主题是“通用问题解决模型”，启发引导戒毒人员学会用理性思维方式去识别问题、解决问题，不断提升戒毒信心。

通过让戒毒人员回顾吸毒经历、觉察自身的不良变化，形成问题清单。这需要一些技巧，如直接提问“大家吸毒后出现了哪些问题”时的反馈会比较差。这时就举个例子，说：“我本来不想玩手机游戏，但是朋友拉着我玩，后来发现还挺有意思，就自己也玩，再后来上班的时候都想着怎么玩游戏，我出现了什么问题?”有人便回答:“老师,你玩游戏上瘾啦。”

这样的自我暴露例子会引发共鸣,然后及时将其产生的热度引导向刚才的问题,利用个人分享与小组讨论梳理补充形成小组问题清单,最后各小组梳理出了更多的问题。

大部分戒毒人员能够认识到吸毒行为导致的一些消极后果,如损害身体、触犯法律等,但往往不够全面和深刻。也有部分人认为,危害不大甚至好处大于坏处,持有这种想法的吸毒人员往往很难积极参与戒治训练。通过集体分享与讨论更能够帮助戒毒人员认识到毒品与成瘾的关系,也能够认识到吸毒的弊大于利。

戒毒人员 A 说:“以前只知道毒品是有害的,但没有想到毒品带来的不良变化是这么多,真是没想到。”

3. 第二章“管理成瘾想法”

第一个主题是“管理成瘾想法”,帮助戒毒人员识别成瘾想法,形成个人想法清单,帮助戒毒人员辩证地认识成瘾想法,运用认知指导技术等方法去应对成瘾想法,将消极方面转移到积极方面;第二个主题是“挑战借口”,察觉和识别吸毒行为前产生的借口,形成借口清单,运用正反对比全面思考法去应对借口;第三个主题是“理性看待偶吸”,察觉偶吸后的消极想法,认识到偶吸不代表复吸,但偶吸能够引发复吸,运用情绪疗法缓解偶吸后的消极情绪,防止破堤效应。

在组织挑战借口这一课时,组织戒毒人员通过分小组表演情景剧的形式去回顾和展现他们亲身经历,或将要面对的高危情景,去察觉复吸过程中存在的借口,通过正反双方的正面对决这个借口,能够帮助戒毒人员更加理性决策。

戒毒人员 B 说:“今天的表演就是我的真实生活,习惯找借口来掩盖错误,通过学习让我对于借口有觉察,之前给吸毒找了太多的借口,学会挑战借口,让借口不再发挥作用。”

戒毒人员 C 说:“我一直认为吸了一次就完了,现在认识到偶吸只是一次偶然性行为,并不代表我的戒毒失败了,及时地鼓励自己,重塑信心就能坚持戒毒。”

4. 第三章“管理成瘾感受”

第一个主题是“管理危险情绪”,觉察和管理容易导致成瘾行为发生的危险情绪,形成个人危险情绪清单,运用破立法、生理平衡、心理减压等情绪管理方法去应对;第二个主题是“应对渴求”,觉察渴求并运用放松法、暗示法应对渴求;第三个主题是“走出偶吸困境”,察觉偶吸后的情绪状态,运用增强信心等方法调整情绪，避免复吸。

察觉和管理成瘾感受“复吸链”中的重要环节。戒毒人员在学习危险情绪的课程中，首先对成瘾的情绪进行察觉，我们提供一个情绪表格给大家，通过这个表格中的情绪，戒毒人员能够认识到“兴奋”“放松”“焦虑”“急躁”等情绪是完全可能导致吸毒行为的。戒毒人员 D 说道：“自己能感受到这些情绪，但是不能够控制，只能让这些情绪慢慢地发酵，最后把自己吞没。”

本节最重要的是让戒毒人员认识和掌握管理感受的技巧，我们介绍了很多的方法和技巧，如破立法、生理平衡法、心理减压法、察觉法、暗示法、放松法，这些方面对于戒毒人员来说不是每个都有效的，但是需要戒毒人员逐一进行尝试，最终找到适合自己的方法。

戒毒人员 E 说道：“对我来说破立法和放松法比较适合我，在情绪比较急躁的时候，通过书写与撕扯将自己的不良情绪释放出去，再通过放松让自己能够从新获得理性。”

5. 第四章“管理成瘾行为”

第一个主题是“管理貌似无关决定”，分析行动与吸毒的相关性，识别哪些是安全行为，哪些是不安全行为，制定理性决策风险表；第二个主题是“管理冲动行为”，识别高危情景，用替代法、拒绝技能等方法应对；第三个主题是“平衡健康的生活”，摆脱成瘾的最终目标是形成健康的生活方式，启发戒毒人员制订行动计划，用健康行为替代成瘾行为。

在讲平衡健康的生活时，讨论如何看待社会主要矛盾的变化，获得了什么启发。大家一致认为：追求美好生活是每个公民的权利，要实现美好生活最紧迫的是戒毒。戒毒人员对自己的生活进行了反思，找到差距后，去思考对于这些不满意的生活，想改变什么？如何去改变？具体目标是什么？可能会遇到哪些困难？行动计划是什么？

戒毒人员 F 说道：“我在日常生活中每天没有目标和方向，无所事事的时候就想着去找乐子，找毒友去玩玩，这样就吸毒了，通过学习我认识都必须让自己的生活充实起来，不能浑浑噩噩了。”

教师进行引导：“所内的一日生活作息时间是根据科学设置的，日常作息、学习习惯、运动康体等都是在帮助你们形成健康的生活方式，希望大家能够坚持练习，出所后将这些好习惯带回家，不断使用。”

（四）案例效果

通过 30 课时的学习与训练，80% 的戒毒人员能够理解基本概念，系统地察觉和分析自己的复吸风险点,有针对性地匹配拒毒技能,取得良好效果,但也存在个别戒毒人员对相关概念认识不清,技能掌握较差。

【案例反思】

(一)加强课程适应性调整

大部分戒治课程希望表现出专业性,本课程中就涉及如“复吸链”“成瘾想法”“成瘾感受”“成瘾行为”等专业术语,如何使戒毒人员准确理解和掌握这些概念的内涵与外延是发挥课程有效性的必要条件。在课程中要考虑解戒毒人员现实情况,加强适应性调整,多以通俗易懂的语言、贴近实际的事例为方式开展教学。

(二)加强课堂表现力提升

与常规课程相比,《成瘾者认知行为重构》等戒治课程,需要教师掌握更多的成瘾原理、戒治干预技术、团队成长方法以及课堂表现手段,将专业性戒治技术的学习融入和谐的氛围、多样的形式和丰富的体验中,例如增加一些表演性、对抗性的设计,引导戒毒人员主动参与、主动思考、主动实践。

(三)加强课后配合度改善

戒治课程想要达到更好的效果,只靠课堂上的学习和练习是不够的,更重要的是课后的实践,这需要戒毒人员与训练民警之间密切协作与配合,通过课后督导、辅导与引导,帮助戒毒人员将学习到的戒治概念与技能融合在日常生活中,内化到认知系统里。

案例编号:BJJDJZ1628304269

北京市天堂河强制隔离戒毒所　李子昂

通过认知疗法和内观疗法帮助戒毒人员陈某缓解焦虑抑郁案例

【案例背景】

本案例是将认知疗法和内观疗法应用于戒毒矫治实践的典型案例。前期利用认知疗法,对戒毒人员不合理认知进行澄清,并建立合理认知;后期利用内观疗法,帮助戒毒人员挖掘自己内在的力量,触动内心健康的部分,发现原本就有的正能量，精心加以培育，让它茁壮成长。认知和内观相结合的咨询方法以它独特的心理疗愈机制，能有效解决戒毒人员心理问题，同时也有助于戒除毒瘾。

【案例基本情况】

（一）基本情况

戒毒人员陈某，男，1998 年 10 月出生，江苏省苏州市人，中专学历。家中独子，父亲管教比较严格，但平时交流少、打骂多。母亲不太管理教育，只负责其生活起居。毕业后即步入社会，后经朋友介绍到某网吧做网管，在网吧工作期间，结识了很多社会青年，并受他们的负面影响，染上了抽烟、赌博和吸毒等不良习惯。随后因在网吧中被发现参与吸毒而被决定强制隔离戒毒 2 年。

（二）个人自述

快过节了，看到其他学员的家人来所探视，很想念家人，又觉得自己被强制隔离戒毒很丢脸，不想要家人来看，心里很不是滋味。邻铺的王某近日家人来探视后废话特别多，老是在我面前显摆。那天晚上我睡不着，他更是嘟嘟囔囔个不停，想必是在骂我，我就起来推了他的头，他以为我打他，两人就推搡起来。值班队长把我们俩叫到个别谈话室，只是批评了他几句就让他走了，指责我不但干扰别人入睡，还动手打人，不遵守纪律，影响较坏，让我好好反省。晚上我躺在床上睡不着，觉得这世界上没有什么人能理解我。近一个月来，感到自己要垮了，习艺劳动时注意力不集中，晚上常常睡不着觉，吃饭也没有胃口。想到入所时看到中队宣传栏上心理健康知识介绍的心理咨询，我就向中队提出申请，希望能获得帮助，改变目前的状态。

（三）心理评估

1. 心理测验

征得求助者同意，对其进行艾森克人格（EPQ）、抑郁自评量表（SDS）、焦虑自评量表（SAS）测试。EPQ 测试：E41；N72；P64；L50，显示求助者的气质为抑郁质（内向不稳定），表现为对一般人缄默冷淡，不喜欢刺激，常常焦虑、担忧，安静、离群、紧张、易怒，对各种刺激都十分强烈，情绪激发后很难平复下来，因而影响了正常的社会适应性。抑郁自评量表（SDS）得分：53 分（标准分）。焦虑自评量表（SAS）得分：59 分（标准分）。量表测试显示，求助者有轻度抑郁和焦虑情绪。

2. 评估与个案概念化

根据求助者自述、分管民警陈述、咨询师的初步观察和心理测验结果,求助者的症状属于环境适应不良导致的一般心理问题,属于心理咨询范围。

该求助者家庭关系存在不平衡,特别是童年、青少年时期的家庭教育方法不当,父亲教育方式比较强硬,缺少积极鼓励,导致求助者从小缺乏安全感,缺乏正向引导,再加上其母亲管教的放任,使求助者的一些基本的心理需要长期缺失。读书很努力但成绩不佳,无法达到父亲的要求,就尝试用放弃和对抗的方式来取得对自己的主控权,以此来对抗父亲的管教。然而这些过激的方式适得其反,不但没有满足其爱和归属这种基本的心理需要,加上学业不佳、就业不顺、失业待业、吸食毒品等一系列负性生活事件,对求助者产生了不小的影响,反而让其体验到了更多的不愉快和自卑,受到更多的困扰和痛苦,最终陷入了自己所营造的恶性循环的行为反应怪圈。同时,该求助者社会支持系统缺乏,在所结识的朋友中以赌博、吸毒的损友居多,形成了诸多不良的行为习惯,最终导致强制隔离戒毒的结果。

求助者性格内向、自卑、敏感、情绪不稳定是造成心理问题的人格因素,求助者的不合理信念、存在歪曲的认知偏差是形成心理问题的认知因素。存在自己无能,只有以放弃和对抗来获得主导和存在感的认知偏差,并把自己的想法投射在对方的身上,总是把别人往坏处想。容易把应对父亲粗暴教育手段的认知评价和行为方式投射到其他场合情境下的民警和同戒对自身的正常说教上,导致人际关系上与他人缺乏正确的沟通渠道,不善于与人交往。到了新的生活环境,很难适应新的群体。求助者不能适应戒毒场所环境,不能很好地进行角色转换,因而产生心理问题。

(四)咨询目标制定

在与求助者沟通后,共同商定如下咨询目标:

具体目标:找出产生此次情绪和行为问题的成因,消除情绪症状,改善人际关系,恢复正常社会生活。

近期目标:提高认知能力,正确对待批评,学会面对现实,将一些不理性认知调整为与现实相适应的理性认知。

长远目标:使求助者正确看待自我,能合理处理与他人的关系,完善求助者人格,提高自信心及自我价值感,提高求助者的心理健康水平,建立良好的人际关系。

（五）心理咨询过程

1. 评估工作诊断与咨询关系建立阶段（第1～2次咨询）

咨询主题：主要是建立良好的咨询关系，宣泄负面情绪，调整求助动机，了解基本情况，进行EPQ测试、SAS测试、SDS测试，确定主要问题，让求助者初步了解认知和内观咨询方法。

2. 领悟阶段（第3～6次咨询）

咨询主题：寻找和明确求助者的不合理信念和不适当的行为方式，让求助者学会领悟到这些是造成其内心冲突和情绪问题的原因，建立起改变的决心。针对求助者谈到家人欲言又止的情形，通过辩论进一步帮助其领悟非理性信念和该信念导致的非理性行为应对方式，并让其学会对自己的情绪和反应承担责任。

3. 修通阶段（第7次咨询，一周的集中内观治疗，112个咨询时）

咨询主题：从"别人为我做的""我为别人做的""我给别人添的麻烦"三个问题入手，让求助者对父母亲、兄弟姐妹、女友等亲属与关系密切者，以自我提问的形式进行反思，从中挖掘"被爱的感觉"，这正是求助者所缺失的。这3个问题让求助者将注意力集中在"被爱""被给予"的回忆里，体验幸福和满足的感受。进一步修正求助者的非理性信念，改善求助者对父亲及家庭的看法，重新认识与家庭的亲情关系，从而减轻情绪症状。具体内观过程简介如下。

内观第一天：

第一轮内观对象：求助者0～6岁时的母亲；

第二轮内观对象：求助者7～14岁时的母亲；

第三轮内观对象：求助者0～6岁时的父亲；

第四轮内观对象：求助者7～10岁时的父亲。

内观第二天：

第一轮内观对象：求助者11～15岁时的父亲；

第二轮内观对象：求助者16～20岁时的父亲；

第三轮内观对象：求助者10～13岁时的姐姐；

第四轮内观对象：求助者14～16岁时的姐姐；

第五轮内观对象：求助者8～10岁时的爷爷；

第六轮内观对象：求助者11～13岁时的爷爷。

内观第三天：

第一轮内观对象：求助者14～20岁时的爷爷；

第二轮内观对象：求助者0～8岁时的奶奶；

第三轮内观对象:求助者 9 ~ 10 岁时的奶奶;
第四轮内观对象:求助者 11 ~ 12 岁时的奶奶;
第五轮内观对象:求助者 6 ~ 12 岁时的蔡老师;
第六轮内观对象:求助者 12 ~ 13 岁时的两位老师。
内观第四天:
第一轮内观对象:求助者 14 ~ 20 岁时的爷爷;
第二轮内观对象:求助者 10 ~ 12 岁时的弟弟;
第三轮内观对象:求助者 13 ~ 20 岁时的弟弟;
第四轮内观对象:求助者 17 岁时的女友;
第五轮内观对象:求助者 18 ~ 19 岁时的女友;
第六轮内观对象:求助者 20 岁时的女友。
内观第五天:
第一轮内观对象:求助者 16 ~ 17 岁时的朋友;
第二轮内观对象:求助者吸毒成本(内观项目);
第三轮内观对象:求助者 18 ~ 20 岁时的朋友;
第四轮内观对象:求助者 10 ~ 11 岁时的姑姑;
第五轮内观对象:求助者说谎(内观项目)。
内观第六天:
第一轮内观对象:求助者 12 ~ 13 岁时的姑姑;
第二轮内观对象:求助者偷窃(内观项目);
第三轮内观对象:求助者 19 岁时的指导员;
第四轮内观对象:求助者 20 岁时的指导员;
第五轮内观对象:求助者临终遗言(内观项目)。
内观第七天:
第一轮内观对象:求助者内观的内观;
内观座谈分享:求助者分享内观体验和感受。

4. 结束与巩固阶段(第 8 次咨询)

咨询主题:深化并巩固咨询效果,消除不良情绪症状。进一步引入分散内观,让求助者把内观的方法代入今后的戒治生活和社会生活中去,从而使求助者更进一步地了解自己、认识自己出现偏差行为的根本原因,挖掘自身潜力,进行自我矫正。

（六）咨询效果评估

经过8次咨询，求助者情绪稳定，焦虑、抑郁情绪大为缓解，能正常地与其他戒毒人员交往。

心理测验：SDS得分从咨询前的53分（标准分），降到咨询后的42分（标准分）。SAS得分从咨询前的59分（标准分），降低到咨询后的45分（标准分）。

自我评价和社会功能状况：失眠现象消失，食欲恢复，焦虑状况减轻，感觉心情舒畅了很多，笑容多了，恢复正常的人际交往，习艺劳动效率提高，戒毒信心很足。

咨询师评估：2个月后随访，焦虑和抑郁情绪已基本消失。求助者能与其他学员正常交往，能遵规守纪，表现积极，较好地融入戒治生活中。

【案例思考】

（一）咨访关系的建立特别重要

本次咨询中咨访关系建立得不错，咨询进程顺利推进，达成了咨询目标的实现。这主要得益于求助者积极主动求助以及认真配合的态度。求助者每次积极完成咨询师布置的家庭作业，在咨询室内积极做各种练习。求助者比较信任咨询师而且领悟力较高，比较适合采用内观疗法。咨询师为求助者营造了舒适、信任的环境也很重要。求助者不止一次表达："我特别珍惜做心理咨询的机会，特别感激能让我体验并学会内观。"

（二）集中内观引入时机很关键

整个7日集中内观过程，咨询师陪伴求助者一同走过了一段非常艰难的内观历程，咨询师也作为见证者亲历了求助者的改变和力量的涌现。引入集中内观前，咨询师非常担心求助者能否承受住考验并坚持完整个全程。这既是对求助者的一次考验，也是对内观治疗的一次考验。幸好求助者在前期的咨询铺垫中已经储备了一定的能量，内心已经比较强大，故能顺利地完成后续的核心治疗。未来咨询时，在集中内观的引入时机上可以做更合适的考虑。

（三）认知疗法和内观疗法相结合，具有独特疗愈性

在咨询中咨询师运用了合理情绪法，对求助者不合理认知进行澄清，并建立合理认知；运用内观疗法帮助求助者挖掘自己内在的力量，倾听自己内心的声音，触动求助者内心健康的部分，发现原本就有的正能量。未来做内观治疗时，在引导求助者内观过程中的自发性上会做更多思考和努力。内观疗法以它独特

的咨询机制和有效性解决求助者的心理问题,并可以从深层次上帮助求助者戒除毒瘾。

案例编号:JSJDJZ1542720144
江苏省太湖强制隔离戒毒所　柳　毅

通过读书兴趣活动培养戒毒人员正确人生观的案例

【案例背景】

吸毒危害巨大,吸毒者特别是多次复吸者更是深刻感受。但为什么他们明知吸毒危害,却还要重蹈覆辙呢?除毒品强大的成瘾性因素外,还与吸毒人员错误的人生价值观有很大关系。这类人员如果不能从深层次重树正确人生价值观,改好可能微乎其微。因此,加强对戒毒人员人生价值观教育和长期培养,理应成为毒品矫治的重要手段。

一个人观念的形成,是受他从小到大的经历,以及经历时习得的经验、感受日积月累影响的结果。其中生活经历最直接也最有效地产生影响,但往往都是难以控制、自然发生的。借鉴他人经验,是自己获得成长的有效方式。虽然对吸毒的成因和后果进行反思后,几乎所有的吸毒人员都有一时的感悟和触动,但这种短时间的触动作用甚微。我们必须通过思想上的改造来完成行为上的塑造,让戒毒人员真正从灵魂深处进行反思与重塑,从而达到以内化促进外化的目的。基于此,我们长期在戒毒人员中开展读书、评书、悟书和写文活动,让"他人总结的经验"长久地触动和影响戒毒人员,并在这种持续的触动中受到教育和影响,从而达到因物理环境的隔绝接触不到毒品而被动戒毒,到回归社会面对毒品的主动戒毒。

【案例基本情况】

(一)读书兴趣活动实施过程

1. 筹建图书室

虽然所部设有戒毒人员图书室,但借书要履行各种手续,对喜欢读书的戒毒人员来说比较麻烦,这降低了部分戒毒人员读书的热情。基于此,二大队主张成立大队图书室,从大队戒毒人员的一个空宿舍改造为大队戒毒人员图书室,从戒毒人员图书室一次性借了500册图书置入，并在戒毒人员中开展图书推荐活动，让戒毒人员推荐自己以前曾经阅读、很有阅读价值的图书，大队统计后交教育矫治科，教育矫治科经过审核把关，与合作的社会图书馆联系，针对性地添置。保证大队图书室长期保持图书500册以上，每季度更新图书100册以上，以满足戒毒人员阅读需要。

2. 招募读书会会员

在大队戒毒人员中开展读书会会员招募活动，详细介绍"读书会"的组织形式和活动内容。本着自愿加入的原则，不设入会门槛，只要有这个爱好，不管什么文化程度，不管现实表现如何，均可申请入会。在读书活动中，但凡其他任何原因申请退出，也不设限，一切全凭自愿。但要求是：读好书；写阅读心得，必须参加读书交流；所有自己的阅读心得必须是本人原创，是自己真情实意的表达；要最大限度地爱护图书，损坏赔偿；严格要求自己，严格遵守所规队纪。没有想到的是，这种自主权限很大又有着实质严格要求的读书活动，有着较强的吸引力，31%的戒毒人员主动要求入会，并签订承诺书。在此基础上，成立读书会组织机构，选举副会长、图书管理员，成立了读书阅读考核组、文章评选小组、图书损坏审核组，各分设1名小组长，协助会长、副会长负责该组工作相应工作。

3. 常规开展读书活动

(1)每2周至少读1本书

一是逐人建立"入会人员图书借阅登记表"，发放借阅登记卡，明确借阅时限；二是人人填写读书进度，撰写当天阅读感受，摘录好文好句；三是在规定时间内完成读书计划，没有完成计划的自己挤时间；四是强化读书考核，阅读考核组对照读书计划和每日读书进度，每周考核1次读书情况，提醒和督促入会人员及时完成读书相应活动。为提高戒毒人员阅读效果，民警经常引导他们说：一个人的生命只有一次，他所拥有的只是他一个人的经历，但一本书就是另外一个人对这个世界的体验和理解，读这本书就是去体验另外一个人的人生和阅历，读多少本书就好比我们拥有了多少次不同的人生和体验，我们不知道我们吃的哪一口饭长到了我们身体的哪一处地方，但吃进去的食物共同长成了我们的血肉。读书也一样，看过的书会在潜移默化中塑造读者思想，改变我们看待这个世界的视角和我们处事的方式。在读书过程中，民警根据戒毒人员的喜好和阅读习惯，针对性地介绍一些书籍给他们，要求他们在规定时间内阅读，并提出自己的阅读感悟。不少年轻戒毒人员喜欢看悬疑破案类的书，民警就推荐东野圭吾的书给他们。东野圭吾的书除了具有推理小说的特点，还非常具有人文关怀，给人以思考和感动,如《解忧杂货店》《时生》《盛夏的方程式》等。有的喜欢看历史类的,就推荐二月河的“帝王三部曲”、《历史是个什么玩意儿》、《明朝那些事儿》等这些趣味性强一些的书。有的喜欢科幻/魔幻类的,民警推荐《三体》《火星救援》《魔戒》等。还有一些对每个人都会有帮助的心理学书籍,如《少有人走的路》《社会性动物》等。在这种自觉和非自觉的读书活动中,戒毒人员经历不同的人生感悟,随着阅读范围拓展,视野也随之开阔。

(2)每两周至少1次阅读分享

读书不能囫囵吞枣,必须领悟作者写作初衷,有所感悟,否则就是消磨时间,浪费青春。为保证读书质量,让戒毒人员真正在读书中受益成长,读书分享便成为读书活动不可或缺的方式。一是固定分享程序,阅读分享按以下程序进行:副会长通报阅读情况、会员分享好文好句、其他会员谈体会、会长总结,这种格式相对固定的分享程序,让会员心中有数,提前做好准备。二是明确分享内容,重点分享自己阅读后写的体会、感受和摘录的优美语句,体会与感受要结合自己的实际,内容可不局限于读书的心得,主要表达自己真实的想法。三是注重分享点评,每个会员分享后,其他人员要给予点评,点评必须结合分享内容进行。四是注重基本礼仪。按照落座顺序依次分享自己的心得,起立之后,先是向民警和其他人员问好,然后分享自己的文章,一个会员分享时,其他人员必须认真聆听,结束后报以热烈的掌声。五是适度给予肯定。戒毒人员们的文学素养参差不齐,有的文笔优美,甚至还有连载网文的经历;有的文字朴素,只能简单表达自己所思所感,没有多少华丽的辞藻;还有的只能勉强表达出自己的大概意思。为此,要求全体人员认真聆听和针对性点评,以表达对他人的尊重。民警经常引导他们:我们只是一个同好会,只是通过这种特殊形式,表现我们的读书经历和读书感悟,并在长期读书和感悟中,提升自己的阅读能力与领悟能力,以树立戒毒人员信心;只要是说出了自己真情实感,实实在在地表达了自己读书真实感悟的,都应表扬和肯定。这种结合戒毒人员实际能力的阅读、分享方式,使戒毒人员没有阅读压力,实现了快乐阅读。

(3)每月组织一次好书推荐

读一本好书就是在和高尚的人对话,读书必须读好书,有励志意义和启发意义的好书,那种不加选择性地读书是没有什么好处的。为保证戒毒人员图书健康向上,民警每月组织一次好书推荐活动:一是图书推荐,戒毒人员根据以前自己读书的好书,向读书会推荐,提出书名,书面写出推荐理由,推荐语可长可短。二是组织审核,通过手机、电脑等媒介,查阅戒毒人员推荐的图书,把经民警审核有意义的图书登记造册，列入购买计划。三是添置图书，一部分是合作图书馆配送，另一部分是读书会成员捐赠。因为有些好书在戒毒人员家中，是现成的，不需要另行添置造成浪费。每次戒毒人员捐赠的图书经单位教育矫治科审核合格后，由大队图书室统一管理。读书会制作了一个捐赠图书的光荣榜，将捐赠信息填附在上面，张贴在大队的告示栏上，这既是公示明细，更是一份荣誉。截至2020年1月，因疫情缘故停止接收捐赠图书，读书会成员共捐赠图书389本，极大地扩充了大队图书室的藏书量，丰富了全体学员们的精神生活。“予人玫瑰，手有余香。”参与这个活动后，读书会成员也得到了其他学员们的尊重，增强了“读书会”成员的荣誉感和归属感。

(4)每季度组织一次阅读心得评选

读书活动中，为提高戒毒人员参与积极性，满足不同人员的需求，读书设置最佳好书推荐奖、最佳心得奖、最佳书摘奖、读书进步奖等，每季度评选1次。根据会员个人成长进步情况，报大队研究同意后，给予一定的物质奖励。起初，部分人员是冲着奖励来的，但经过熏陶感染，得奖意识不断淡化，求知意识不断增强。在业余时间，他们全身心地投入其中，相互交流、相互提醒、相互影响，读书、评书、写文成了院内一道亮丽风景。随着活动的开展，心得感悟越来越多，大队把优秀文章集结成《心之声》，把他们的文字变成铅字，在他们强戒结束回家时带一本回家，这不仅是个激励，更是个警醒。在以后的生活中如果淡忘了初心、迷茫了双眼时再看看当初自己的文字，或许就可以重新矫正前行方向。

(二)活动效果

大队读书会活动开展两年多以来，先后有113名学员加入。经常性读书评书、反思感悟和持之以恒行为的养成，对戒毒人员来说，是一个深入的思想改造和行为改造过程，起到了润物于无声的作用，他们的人生价值观和人生态度都发生了很大积极改变。同时，通过对他们的教育，也间接影响着和他们相处的其他学员们，对大队的安全稳定起到了促进作用。读书活动开展后，大队戒毒人员违纪率大幅度下降，而生产效率提升，2020年12月，对21名读书会成员进行了初步跟踪，操守率达到68%，远远高于其他人员。

【案例思考】

(一)良好教育方式的引导

人的多数思想行为都是后天习得的，也就是说，人的思想和行为通过教育都是可以改变的。什么样的教育方式能够促进受教者发生显著改变,笔者认为:那就是结合受教者实际的、为受教者所接受的教育。读书活动不设门槛自愿参与,通过自身魅力的影响,吸引戒毒人员广泛参与;始终体现激励式教育方式,不断激励戒毒人员深入其中,参与者乐于读书,不惧写作。

(二)长期的思想熏陶

“十年树木,百年树人”,对人的思想教育是长期的,不能搞短期行为。对戒毒人员的教育更是如此,必须长期持续,持之以恒。吸毒行为虽然是成瘾后心理、生理等方面的原因所致,但更多受戒毒人员自身价值观所控。一个有着正确人生价值观的人,当其完成生理脱毒回归社会时,他是能够较长时间保持操守的。在读书活动中,通过不断地读书和反思,不断地接受民警正确引导与思想灌输,不断地汲取书中营养,戒毒人员的价值观念也随之发生良性改变。

(三)持续的行为塑造

强制隔离戒毒的成效不仅体现在强戒所内,还更多地体现在戒毒人员回归社会后。不管是他人唆使复吸,还是被别人陷害复吸,都是在自己思想控制下的主动行为,都是一个人对生活、对人生意义理解的具体表现。本案中的读书活动,除纪律要求与书本爱护外,没有设置其他限制性条款,看似与戒治无关,但书中的知识,对戒毒人员来说,产生的却是长期的内部影响,在民警正确引导下,能够正确外化为实际行动,起到了很强的行为塑造作用。因此,如果帮助戒毒人员正确认识生活,铸造他们自己对生活对人生的正确理解,并能够切实有效地去践行,那么他们主动远离毒品的可能性就要更大一些,操守期就会更长一些。

案例编号:HBJDJZ1625128190

湖北省襄州强制隔离戒毒所　胡　波

通过“情暖高墙　关爱孩子”活动教育转化焦虑戒毒人员胡某的案例

【案例背景】

滥用毒品使很多家庭夫妻反目,子女得不到教育及抚养甚至流离失所,极大地影响了社会和谐、平安、稳定。尤其是常年吸食者的家庭,经济状况堪忧,导致一些未成年儿童的基本生存都无法保障,造成了严重的社会问题。

湖南省司法行政戒毒系统通过“情暖高墙　关爱孩子”活动，加大对家庭困难戒毒人员未成年子女帮扶力度，促进戒毒人员安心戒治，营造全社会关心、关爱困难家庭未成年子女的浓厚氛围，维护社会和谐稳定。

【案例基本情况】

一、基本情况

胡某，男，53岁，初中文化，已婚，家住湖南省岳阳市，4次以上强戒经历，属不得提前解除强戒人员，2020年5月由岳阳市公安强戒所转至湖南省白泥湖强戒所，现为该所六大队戒毒人员。胡某自下队以来表现一般，通过民警观察，整日心事沉沉，无心参与教育戒治活动，情绪低落，焦躁不安，不喜欢与他人进行交流。民警经过耐心的沟通谈心，了解到胡某的情况：其曾经有一个幸福美满的家庭，女儿天真可爱，夫妻生活其乐融融。因为一念之差，染上了毒瘾，还把妻子也一同拖下了泥淖，就这样，夫妻二人在戒毒所里几进几出。

2020年3月，经他人举报，胡某在家中与妻子吸毒后被辖区民警一并抓获。因夫妻二人都有多次强戒经历，被公安机关认定为吸毒成瘾严重，同时被决定执行强制隔离戒毒。与之前几次经历不同的是，之前总有一方可以照顾女儿，但这次夫妻双方都被送至强戒，女儿便无人照顾。这让胡某如坐针毡、夜不能寐，女儿不仅是他心中最爱，更是他的希望。

二、实施过程

根据胡某多次强戒的经历，以及其目前反映出的孤独、焦虑等性格特点，大队民警经商讨之后决定从以下几个方面开展工作：

（一）教育引导为主，强化心理疏导

为了帮助胡某打开心结，从消极悲观的不良情绪中解脱出来，同时深刻认识毒品的危害，并深刻反思其行为对家庭的伤害，心理矫治中心通过危机干预和心理咨询师的跟踪治疗，一方面，舒缓其身心，促进自我修复，自我调节；另一方面，大队民警通过定期谈心谈话，根据其实际情况，让其认识到身为父亲、身为丈夫应该承担的责任，激发其正面向上的意识与心态。综合多方教育手段，帮助其认识到，就是因为其不负社会、家庭责任，牵连其妻子一起吸毒受苦，女儿才无人照管；鼓励其痛定思痛，在所内积极表现，勇担家庭责任，用自己的良好表现来激励女儿健康成长。

（二）组织进行帮扶，彰显人文关怀

经过大队民警多方打听，才从办案单位了解到胡某的女儿已被送往岳阳市某儿童福利院代为监管。教育科与大队民警联合,利用"情暖高墙　关爱孩子"活动,成立对胡某女儿的爱心帮扶团队,以爱心帮扶为抓手,对胡某女儿开展实地走访关怀活动。决定每季度对胡某女儿进行一次实地走访,与福利院共同进行困难帮扶;每月至少与福利院进行一次电话或者视频沟通,实时了解胡某女儿的情况,共同在心理、教育等方面进行沟通,助力胡某女儿更好地成长;抓住重要的时间节点,让胡某与女儿进行良好的沟通,确保亲情关怀。2020 年 11 月,大队民警通过实地走访,了解到胡某女儿目前生活情况良好,有福利院老师的关心爱护,身体也比较健康。但据福利院老师反映,小女孩还是非常想爸爸妈妈,时常出现情绪低落现象。帮扶团队与福利院老师一起进行及时疏导安抚,使胡某女儿情绪有所缓和。通过帮扶活动情况以及视频的反馈,胡某痛哭流涕,感受到民警以及政府的关怀之后,之前不良的情绪以及孤僻、焦躁的性格,逐步得到改善。

(三)强化后续回访,凸显反馈实效

2021 年 3 月,帮扶团队再一次实地回访岳阳市某儿童福利院。了解胡某女儿目前就学情况,并在福利院老师的带领下,同胡某女儿的小伙伴一起,为其过了一个难忘的生日。送上了来自所内戒毒人员胡某的生日祝福,以及民警一起为其置办的书包、玩偶等生日礼物。胡某女儿开心地吃着生日蛋糕,相比上一次实地回访,胡某女儿在情绪上有了很大的变化,内心洒满了幸福的阳光。通过强化后续回访,胡某进一步地感受到政府的关怀,在感谢民警们对他家庭的帮扶同时,戒毒决心进一步强化,现阶段,胡某教育矫治各项活动逐步平稳,情绪更加开朗,表示将在剩下的时间积极表现,用自己的实际行动报答管教民警对其的无私帮助。

(四)加强信息交流,形成工作合力

在强化胡某的教育转化的过程之中,教育科主动联系胡某妻子所在的戒毒所,掌握胡某妻子戒毒表现情况,让胡某妻子共同参与到帮扶过程中来。根据夫妻二人戒治表现实施交互式信息共享,促进胡某夫妻二人相互监督、相互进步,共同安心戒毒。并且联系儿童福利院安排胡某女儿与正在所内戒毒的胡某来了一场特殊的"亲情视频接见",利用多方合作,共同打通戒毒人员信息对接平台,实现帮扶合力。

【案例思考】

通过"情暖高墙　关爱孩子"活动,并结合一系列帮扶手段,终于解开戒毒人员胡某的心结,其戒毒信心也逐渐恢复。针对家庭困难的戒毒人员,特别是存在未成年人无人抚养的戒毒人员家庭,戒毒场所主动延伸“手臂”,开展联合帮扶,既促进了戒毒人员安心戒治,提升了戒治效果,也在一定程度上维护了社会稳定。

一、服务群众,勇担矫治重任

戒毒人员就是戒毒机构服务的群众。如何帮助他们解决在家庭变故、社会危机等方面遇到的迫切问题,也是戒毒机构义不容辞的责任。戒毒机构需要做的工作就是在日常管理中,注意与他们保持心灵上的沟通,掌握他们真正的困难,才能做到有的放矢,找到教育矫治的工作方向。

二、扶危济困,强化亲情纽带

作为政府职能部门,戒毒机构在开展戒毒管理的工作时,同样也肩负着扶危济困的责任。很多戒毒人员因毒致贫,他们在解除强制隔离戒毒之后仍然面临贫困问题,这个特殊群体不能成为脱贫的“盲点”或“空白区”。亲情纽带缺失正是导致其因毒致贫的关键原因之一。扶危济困,通过戒毒所以及社会、政府的力量帮助一些困难家庭走出困境。只有获得了家人的支持,吸毒人员在出所后才能真正融入社会,增强生活责任感、降低复吸率。

三、爱心公益,纵向法治延伸

吸毒人员很多都来自单亲家庭,缺乏父爱或者母爱导致他们在童年的时候形成错误的人生观、价值观,继而向下一代传递,形成恶性循环。戒毒机构在教育矫治这些戒毒人员时,也应关注其子女的教育问题。通过开展爱心公益活动,让戒毒人员的子女感受到爱的温暖,对其今后的成长和身心健康都有不容忽视的重要作用。

四、智慧戒毒,脱离信息孤岛

智慧戒毒场所的建设能够帮助戒毒机构形成大数据并利用、共享大数据来提升教育戒治效果。湖南司法行政戒毒系统落实司法部戒毒管理局智慧戒毒建设要求,建立了全省戒毒业务综合管理平台,打破了信息闭环,实现司法与公安、场所与场所、所内与所外之间的信息交互共享,为更便捷有效地开展戒毒人员教育矫治提供了便利。

案例编号:HNXJDJZ1618929471

湖南省白泥湖强制隔离戒毒所 吴沙翔

第三节　禁毒宣传教育案例

成立普法宣讲团开展对外禁毒宣传工作的案例

【案例背景】

为贯彻落实习近平总书记关于禁毒工作的重要指示，全力推进全民禁毒工程攻坚冲刺，按照“谁执法谁普法”的要求，广东省女子强制隔离戒毒所近年成立“蝶美·阳光”禁毒普法宣讲团，打造“分组分众、专精结合、因人施讲、精准普法”的禁毒宣讲模式，构筑“N+宣讲”的多维度、立体化、综合性宣讲架构，进一步推动禁毒普法宣传工作向纵深发展。广东省女子所“蝶美·阳光”普法宣讲团已成为广东省内普法宣讲的一面鲜明旗帜，为广东省司法行政戒毒系统加强所地、所校、所区合作，探索禁毒普法宣传新模式作出了自己的贡献。

【案例基本情况】

(一)分工协作、巧打组合拳，解决“谁来讲”问题

“蝶美·阳光”普法宣讲团充分结合广东省女子所的“蝶美”法治文化品牌，寓意“重塑魅力、羽化成蝶、阳光普法、绿色无毒”，设计有团队旗帜和标志，致力打造特色普法品牌。宣讲团由27名具有政治法律素养、丰富业务知识的骨干民警组成，下设联络组、宣讲第一小组、宣讲第二小组等4个小组，并由分管教育线的所领导担任总指挥和调度。其中，4名主要负责宣讲的小组成员同时也是广东省普法宣讲团的一员，在负责具体宣讲的同时还不断培养新警新人，形成梯队式、层递式的“轻骑小分队”，确保队伍的不断壮大和更新换代。

在实际宣讲活动中，宣讲小组根据每场次的宣讲对象、地点，拟定活动方案，选取不同的宣讲形式：(1)小规模宣讲的单警主讲形式；(2)双人双警互动形式；(3)针对大型宣讲的“铿锵三人行”组团形式，按照规模由小到大依次安排。此外，安排不同专业技能的民警负责暖场表演、知识普及、案例分析及互动游戏等环节，组团式宣讲的创新形式能够带来更多的思维碰撞、激发创新的动力，确保

"一宣一案""每讲各不同",即使碰到同一群体的听众先后多次接受宣讲的情况,这种组团宣讲形式也能够给听众们带来不一样的视觉、听觉体验,更能发挥每个讲师的专业特长,优势互补、强强联动。

(二)指定+自选、以听众为导向,解决"对谁讲"问题

宣讲团选取了最专业、精锐的民警,负责制定了小学、中学、大学、企业、社区和农村六大模块的宣讲讲义和配套课件。将这六大模块的讲义和课件发放给宣讲团成员作为指定素材,即指定宣讲内容,包括毒品种类、毒品危害、拒毒技巧、涉毒犯罪及相关处罚等必讲内容;同时,由负责宣讲人根据本次宣讲的对象、规模、听众需求等实际情况,对指定内容进行丰富补充、提炼融汇,由主讲人自选宣讲形式、选取贴合本次宣讲的个案、案例或新闻。这种"指定内容+自选动作"的弹性设计,使普法宣讲实现"一讲一案",做到了精准普法、私人定制,为大众化理论点缀分众化色彩,最大限度兼顾听众群体的差异性。

(三)内容新颖、强调原创,解决"讲什么"问题

六大板块的宣讲内容方面,均由专人编制并经过精心修改,在内容方面突出针对性、新颖性,每一版都有所创新,避免千篇一律。例如,小学版宣讲编制了朗朗上口的《拒毒三字经》,采用组团对战、竞答升级的游戏方式,极具亲和力和趣味性;中学版则采用原创"禁毒快闪"暖场,结合戒毒场所未成年人涉毒、戒毒的真人真事,引发学生对毒品的大讨论;大学版宣讲则采用流行的动漫 COSPLAY 元素,精心编排汉服版《江湖防毒秘籍》,通过大学生"为爱涉毒、以身试法"和感染艾滋病等新闻事件,引导树立正确爱情观、是非观;企业版宣讲则设置"识别身边人是否吸毒"环节,教会职工们识别毒友的技巧,学会拒毒、自救;社区版宣讲则借助仿真毒品、VR 虚拟体验、禁毒小程序等宣传工具,设计"禁毒飞行棋""禁毒群口快板"等 15 项游戏和即兴表演,吸引群众积极参与;农村版宣讲着重分析农村中"制毒工厂"隐匿案例,介绍识别"制毒工厂"的五大方法,指出制毒对自然、生活环境的巨大危害,突出"无毒乡村、和谐共治"的禁毒宣传主题。

(四)各方助攻、N+宣讲模式,解决"怎么讲"问题

1."新书出版+宣讲"模式

为了给禁毒普法宣讲提供便利、总结成功经验,形成更广的社会关注和效果辐射,"蝶美·阳光"普法宣讲团承接了广东省戒毒管理局策划的"新精神活性物质"的新书编撰任务。对此,宣讲团精心选取了 10 名优秀民警历时两个多月完成了名为《迷彩魔窟》的全彩页禁毒书籍的组稿任务,该书除收录有新精神活性物质的概念、分类和危害等内容外,更创意性地收录了宣讲团在实际中使用的

宣讲PPT和经验技巧分享,同时尤其针对第三代毒品——新精神活性物质展开的“去包装、露真容”,其时效性与新颖性使该书与市面上其他同类书籍相区别。该书一经推出,即在“广东戒毒”“广东司法行政”微信公众号上进行宣传,广东省戒毒管理局还利用“6·26”国际禁毒日之机,推出线上有奖问答,将该书作为奖品送给社会群众阅览,新书及送书活动吸引了社会各界的积极关注,让“蝶美·阳光”普法宣讲团的社会影响力得到了极大提升。

2.“延伸帮扶+宣讲”模式

广东省女子所与三水区妇联、三水区司法局、云浮郁南禁毒办、茂名禁毒办及肇庆、怀集司法局等单位积极合作,由“蝶美·阳光”普法宣讲团制定与这些合作单位的“一对一”点课服务,主动为禁毒合作单位输送所需的人才和宣讲知识;同时,广东省女子所先后与番禺大石镇、茂名市电白区等地签订区域合作协议,挂牌督导相关地区的禁毒宣传事宜,并由“蝶美·阳光”宣讲团定期派出宣讲人培训相关地区的教师、社工、民警和禁毒志愿者等人员,创造性地变“输血”宣讲为“造血”宣讲,培育、壮大这些地区的禁毒普法后备力量,真正实现送课送智的“大普法、大禁毒”宣讲目标。

3.“融媒体+宣讲”模式

广东省女子所利用该所的专利技术:心理云平台1.0系统,实现远程直播宣讲和远程连线答疑,发挥“云课堂”在疫情期间的作用,克服两地距离和疫情所涉安全问题,实现了宣讲的可持续性。“6·26”国际禁毒日期间,依托“网络直播”,微信公众号,抖音、学习强国app等媒介,由民警主演、拍摄的微视频、微电影《冬鞋吸毒》《警花教你拒毒技巧》《禁毒五金花》《宣讲团的微课堂》等优秀作品,先后被转载到“广东禁毒”“广东司法行政”微信公众号,以及“南方+”“中国普法”“学习强国”等主流媒体平台,成为新锐宣传力量。

(五)完善机制、持续发力,解决“常态讲”问题

禁毒普法宣讲是一个能量传递的过程,随着宣讲规模、次数、力度的加大,才能形成规模化的社会效应,汇聚成全民禁毒的“大禁毒”意识,所以,禁毒普法宣讲工作必须常态化、制度化和全覆盖。

1.建立完善的普法宣讲流程和机制

宣讲团下设的4个小组分工严谨,相互配合,形成严格的运转机制,其中,联络组负责与被宣讲对象及单位、社会媒体、其他兄弟单位等的沟通联系工作;宣讲第一小组、宣讲第二小组则形成梯队式宣讲团队,根据前期收集的情况和宣讲需求决定宣讲人及组合,还有课件的制作、更新和讲义优化升级等具体宣讲事

宜；宣传组则负责好宣讲团的对外宣传、媒体发布及问卷调查、意见收集工作；而勤务组则负责好宣讲的物质、道具、财务保障等方面的工作。

2. 宣讲团设立“意见库”，运用数据对比改进宣讲质量

在宣讲前，宣传组就会利用微信小程序，以问卷调查的方式收集听众意愿，并及时反馈给宣讲人，使宣讲前的预判更准确；同时，在宣讲后，利用线上禁毒知识测试收集反馈受众信息，形成前后效果比对，科学评估宣讲效果的同时，更从中筛选有用的“金点子”，建立宣讲“意见库”，不断改进宣讲的方式和手段，力求“每讲必测评、每讲必反馈、每讲有改进”。

3. “以老带新”，确保宣讲师资的长效保障

宣讲团定期举办优秀宣讲能手、优秀教师等选拔比赛，通过表彰奖励宣讲先进个人和最佳宣讲教案，从物质到工作晋升等进行有效鼓励，并增加宣讲人才的培训和再教育力度，形成了人才培育和更替的良性循环模式，优秀人才不断补充到宣讲前线，使宣讲团得到不断的升级和规模壮大。

【案例思考】

(一)定制个性宣讲，禁毒资源全覆盖

“菜单式组合、多元化手段、不设限的灵活多变”使“蝶美·阳光”普法宣讲团精准对焦不同人群，最大限度顾及受教育群众的分层，人性化贴合各群体的接受程度，使禁毒宣传更立体丰富、更具有推广价值。由戒毒所警察组建“禁毒宣讲团”，用专业的知识、真实的个案和精确的数据来“现身说法”，更具说服力、公信力。同时，戒毒所丰富的人力、物力及禁毒资源的支撑，能够由点到面、从上到下、从分散到聚拢，推动禁毒工作阵地前移，打通全民禁毒工作的“最后一公里”。

(二)延伸戒毒职能，弘扬社会正能量

“蝶美·阳光”普法宣讲团作为广东省禁毒普法宣讲的标杆，不仅扩大了戒毒所在社会各界的影响，也促进了兄弟单位的普法宣讲发力，更提升了司法行政戒毒系统的社会知名度和美誉度。在过去，或多或少带着神秘色彩的戒毒所有了一个“揭开面纱”的机会，使社会大众重新定义司法行政戒毒事业和形象，消除了一些负面的声音和影响，传播了社会的正能量，戒毒所和戒毒民警承担起更多的社会责任，将戒毒工作向社会积极延伸，变事后禁毒处罚为事前禁毒普及，为降低吸毒率、减少青少年涉毒等情况的发生，作出了积极的努力，取得了良

好的效果。

案例编号:GDJDXJ1597739457
广东省女子强制隔离戒毒所　禤绮华

通过讲故事的方式对青少年宣传新型毒品防范知识的禁毒宣传教育案例

【案例背景】

近年来,受国际毒品泛滥影响,新型毒品种类繁多、层出不穷,既有含芬太尼类、卡西酮类、合成大麻素类新精神活性物质的“毒巧克力”“毒糖果”“小树枝”,也有含苯乙胺类、色胺类新精神活性物质的“零号胶囊”,还有含精神药品的新型毒品“毒邮票”(LSD)等,这些新型毒品极具伪装性、隐蔽性和迷惑性,极易对青少年造成诱惑和危害。

为了有效治理新型毒品问题,陕西省眉县强制隔离戒毒所坚持关口前移、预防为主,主动做好青少年新型毒品预防教育工作,教育青少年清楚辨识新型毒品,清晰了解新型毒品的危害,清醒拒绝新型毒品诱惑。在2021年“6·26”国际禁毒日前夕,陕西省眉县强戒所民警精心准备了禁毒宣讲材料,以青少年喜闻乐见的讲故事的方式,多次走进驻地中小学开展新型毒品防治知识宣传教育,3000多名学生接受教育,效果显著。

【案例基本情况】

中小学生好奇心强,但由于知识储备有限,对化学合成类新型毒品的化学成分、危害机理等认识理解存在一定困难,我们在新型毒品宣传教育过程中主要采用讲故事方式,让中小学生对新型毒品有直观清醒的认识:一是与强戒所周边的眉县中学、职教中心、青华中学、常兴中心小学、第五村中心小学等学校联系,确定开展新型毒品宣传教育的时间和程序;二是精心准备关于新型毒品危害的故事和新型毒品发展历史资料;三是精心选择新型毒品的图片和实物模型,吸食、注射新型毒品的方法及工具的图片;四是讲解新型毒品的危害,以及识别新型毒品的方法;五是制作新型毒品预防宣传彩页和展板。

(一)研究确定新型毒品宣传教育的方式和程序

2021年6月,国家禁毒委下发通知,要求围绕“防范新型毒品对青少年危害”为主题全面开展宣传教育。陕西省眉县强戒所充分发挥专业优势，立即与当地5所中小学取得联系，确定了禁毒宣传的时间。考虑到天气炎热，不便组织室外场地的讲座，又不能打乱学校正常的教学秩序，主要采取以班为单位讲授的方式，开展课堂化宣传教育。每次教学参与人数在40人左右，便于对新型毒品深入讲解，宣传效果比较好。

（二）利用讲故事的方式，开展课堂教学

2021年6月20日，四川省眉县强戒所民警在眉县职教中心开展新型毒品宣传教育课堂化教学。这是高二年级的一个班，全班43名学生，年龄在17岁左右，对民警教学感到很新奇。民警开宗明义，向学生说明目的后，以讲故事的方式深入讲解LSD等新型毒品防范知识。

第一个故事是山东省东营市公安机关破获一起利用快递走私毒品的案件，查获LSD 100张。LSD外观似小型邮票，印有卡通图案，贴在舌头、皮肤上可致幻达12小时。通过这个故事，民警告诉学生，新型毒品LSD已经在社会上存在，要高度警惕，引起警觉。

第二个故事讲述了澳大利亚一少年在家服用LSD后呕吐不止，称身体发热脱去衣服，又失常地掩面跪在地上。过了一段时间，他忽然大声呼叫着冲向阳台，爬出栏杆。他的妈妈和妹妹竭力阻止但最终并没有成功，这个年仅15岁的少年从3楼阳台坠下，头部着地，当场死亡。这个故事告诉学生，LSD就是一种致幻剂，少量服食会进入麻醉状态，想象力突然变得丰富，对周围世界的感知也发生了变化，所以就有了这样离奇得不可想象的事情。

第三个故事是LSD发现合成的历史过程。1938年，瑞士化学家艾伯特·霍夫曼博士在实验室里进行一个有关麦角碱类复合物的大型研究计划时，LSD被首次合成出来。1943年，霍夫曼在进行化学研究时无意中通过皮肤接触并吸收了LSD，这才发现了它的精神作用效果。此后，LSD一直被用于精神病学家的医学研究。第二次世界大战期间，美国中央情报局致力于研发思维控制类化学武器，将LSD应用于对抗审讯之中。为此，他们大量生产LSD。随着LSD的流行，美国社会开始频繁地出现各种因为服用LSD而导致的意外事故，精神崩溃、犯罪和自杀的报告不断增加。从LSD发现过程的讲述中，让学生全面了解了LSD的危险性。

（三）展示LSD的图片和实物模型，增加感性认识

民警通过PPT向学生展示出LSD的图片，它的外观类似于小邮票的图案，具有迷惑性（见图3－1）。同时让学生实际观察“毒邮票”的实物模型，讲解了

LSD 的物理特性,说明 LSD 为半人工合成,从麦角酸衍化而来,纯净的 LSD 是白色晶体,无色、无味,难溶于水。毒品形式一般为酒石酸盐,白色粉末,易溶于水。

典型的滥用方式是口服。为了方便运输和躲避打击,也为了方便使用者携带和服用,毒贩将印好的小纸片浸泡在 LSD 溶液里,一个指甲盖大小的纸片可含 LSD 30~50 微克。为了能吸引青少年,毒贩把纸张设计成各种各样的彩色图案,这与邮票风格非常相似,因此吸毒群体把 LSD 称为"毒邮票",使用时把纸片放入口中即可。

图 3-1　部分 LSD 图片及实物模型

(四)讲述 LSD 的危害机理,增加理性认识

民警从 LSD 被称为"迷幻药之王"讲起,其他毒品的剂量单位都是用毫克或克,而 LSD 则只需要用微克单位,服用 10 微克就可以产生欣快感,30 微克可出现明显症状,50~100 微克就可出现幻觉。LSD 一般一次只服用 100 微克,相当于一粒沙子重量的 1/10,但却会造成持续 6~12 小时的感官、感觉、记忆和自我意识的强烈变化,还会产生幻影和生动得像白日梦一样的幻想,如会动的几何图

形和光影重叠的色彩。在药效较强时期，使用者甚至感觉自己灵魂出壳，进行一场“幻游”。

吸食 LSD 后的体验极不稳定，出现的幻象有时会令使用者产生“幻游”的“舒适感”，有时则会令其恐惧，导致心跳加速、呼吸加重，大脑和行为不受控制，使用者甚至会出现自残、自杀、伤害他人等极端行为。LSD 对使用者的情绪、精神状态、睡眠等都会造成极大的影响。

长期使用 LSD 会产生焦虑和沮丧情绪，对身体造成伤害，且很快产生耐受性，但身体依赖性较低。使用 LSD 还会出现一种特殊的“反刍”现象。长期使用 LSD 会导致麦角酸二乙基酰胺分子大量沉积于肾脏，如果停止使用，沉积于肾脏内的麦角酸二乙基酰胺分子在代谢消解的同时，有一部分会重新进入血液循环系统，产生新的连锁反应。

（五）参观新型毒品展板，扩大知识面

在详细讲解新型毒品 LSD 之后，民警带领学生参观新型毒品展板，向学生展示“冰毒”“小树枝”“毒巧克力”“毒糖果”“零号胶囊”等。民警再一次给学生讲解这些新型毒品的化学成分、危害机理，对照 LSD 的学习思路，对照展板上的图片来理解，提高感性认识。同时，向学生推荐“陕西禁毒”“陕西戒毒”等微信公众号，让他们了解更多禁毒知识，做到清醒防范毒品危害。

参观结束时，向学生发放了新型毒品防范知识宣传彩页，希望学生进一步自主学习，同时告诫学生面对新型毒品花样翻新、层出不穷的局面，很多毒品宛如“披着羊皮的狼”，一定要警惕类似 LSD 等式样的毒品诱惑，千万不要被色彩鲜艳、包装花哨的外表和“没有危害、不会上瘾、体验新奇感受”等谎话所蒙骗，切莫出于猎奇、逃避现实、追求快感等心理走上不该走的路，犯下不该犯的错！

【案例思考】

通过在 5 所中小学对 3000 多名学生开展新型毒品防范知识的宣传教育，并通过学生将宣传材料带回家中，做好家庭宣传员，扩大新型毒品知识的宣传范围，显著提升了当地群众和中小学生应对新型毒品危害的能力。

首先，对中小学生开展新型毒品宣传教育必须深入细致开展宣讲，让他们全面了解毒品的特性和危害机理，清楚知悉毒品的外在形象和吸食方式，深刻认识毒品的危害性。在偶尔遇到新型毒品的情况下，能够准确判断毒品的类型，做到有意识地、主动地拒毒，防范毒品危害。以往以大会宣讲的方式开展的禁毒宣传教育,学生对毒品认识仅限于毒品有害,但是不清楚毒品具体的模样和使用方式,不够具体,讲故事的方式克服了这种情况。

其次,使用讲故事的方式开展禁毒宣传教育,能够吸引中小学生的注意力。给学生讲述新型毒品危害事件,既可以让学生了解到新型毒品可能存在的场所和流通的渠道,又可以让学生意识到新型毒品的现实危害性,提高他们的学习兴趣。在讲述"冰毒"、LSD的发展历史中,特别是讲到它们在战争中发挥的作用,更是引起了学生的关注,使他们意识到新型毒品的可怕,对于各种伪装要提高识别的能力,自觉做好防范工作。

最后,注重与学生的沟通交流,解答他们提出的有关新型毒品的问题,进一步帮助他们提高拒毒能力。在小班教学的讨论、提问环节中,有学生向民警提出一些新型毒品是否具有治疗疾病的功能?民警给学生讲述了止咳水的成分以及滥用的问题,并明确指出,止咳水虽然本身是药品,但是一旦滥用就会成为危险的毒品。还有学生提出新型毒品是否可以减肥?民警明确回答,毒品不能正常减肥,因为吸毒者之所以身体消瘦,是因为毒品的恶性反应。毒品会破坏人的正常生理机能,使消化功能减退而厌食,免疫力减弱而染上多种疾病,这才是他们身体消瘦的重要原因。通过交流,学生消除了对新型毒品的模糊认识,提高了识毒、防毒、拒毒的能力。

案例编号:SXSJDXJ1625800798

陕西省眉县强制隔离戒毒所　肖永怀

第四节　康复训练案例

通过"减肥塑形训练营"帮助戒毒人员赵某培养运动习惯的康复训练案例

【案例背景】

科学的减肥塑形方法是通过增加运动量提高热量的支出，控制饮食减少热量的摄入，使热量达到"负平衡"，以减少身体内脂肪成分为主，保持肌肉的质量和力量，拉伸肌肉线条，长时间形成规律的饮食习惯和运动状态，提高人体能量的基础代谢率，最终达到减轻体重、塑造形体的目的。

赵某，女，35 岁，高中学历，高中毕业后一直在青岛务工。2018 年 9 月开始吸食冰毒，2019 年 7 月被责令社区戒毒，2020 年 11 月因吸毒成瘾被强制隔离戒毒 2 年，送至山东省女子强制隔离戒毒所戒毒。赵某入所时身高 158cm，体重 90kg，BMI（身体质量指数）为 36.1（BMI 超过 28 为肥胖），身体肥胖，食量大，喜欢摄入高脂、高糖食物，经常疲倦易乏，参加康复训练的积极性低，自控能力差。

【案例基本情况】

（一）方案制定

针对赵某的饮食习惯和身体情况，警察为其量身定制了为期 8 个月的"减肥塑形训练营"（同时还吸纳 8 名肥胖的戒毒人员共同参加），从培养和激发运动动机、设定阶段目标、控制运动性心理疲劳、正确归因、建立和培养自信、强化运动行为和饮食习惯等多个维度对其进行训练，让其形成新的饮食和运动习惯，减轻体重，保持体形，提高身体素质和各项机能。

1. 强化认知，唤醒减重意识

通过健康教育课堂、板报等形式，宣传超重与肥胖对机体损害的影响，激发赵某进行体重管理的意识,使赵某掌握正确计算身体质量指数(BMI)的方法,认识科学减重的意义,遵循规律,循序渐进。

2. 设定目标,进行自我激励

设定切实可行的长期目标,赵某计划将体重减少 16kg。进行目标分解,规划短期目标,1 个月减少 2kg,每周减少 0.5kg。每周一测体重,画出"我的 BMI 曲线表",观察体重与正常值的差距进行激励。

3. 控制饮食,搭配营养膳食

向赵某普及中国居民膳食宝塔、膳食指南、女性饮食注意事项等常识。从食堂加餐、超市进货、个人需求三方面入手,制订营养计划,减少加餐及零食中高热量、高脂肪、高糖的摄入,增加奶制品、水果,同时加大监管,严防自行饥饿减重,保证营养供给。

4. 运动干预,塑造健美形体

根据运动时供能的特点,为了增加脂肪的消耗,减重塑形应以中低强度、长时间的有氧运动和肌力训练相结合的方式,效果会更显著。结合场所实际,每周进行 1~3 次肌力训练,每天进行 1 小时以上中低强度的有氧运动,每天晚上进行 0.5 小时的减重燃脂操训练。

(二)方案实施

1. 制定食谱,控制热量摄入

运用每日饮食日志来监控饮食,控制每日热量在 1200 卡路里,选择肉类、家禽、鱼、干豆和蛋类的食物,以及坚果类的低脂食物作为主菜,可以提供人体每天大部分蛋白质的需求量,除主菜外尽量选择含有纤维的食物,如菜花、黄瓜、芹菜等。为控制饮食,摄入降低食欲的食物,豆制品、无淀粉的蔬菜,如莴苣、绿色豆类、胡椒、芦笋、绿色花椰菜、香菇和芽甘蓝等。

2. 因势利导,激发运动动机

根据马斯洛需求层次理论,民警从满足追求乐趣、归属集体、展示自我三个方面培养和激发赵某的运动动机。选择 8 名超重人员组建"减肥塑形训练营",采取器械、徒手、高强度间歇性训练等多种方式相结合,积极开展健身展示赛、特色康复操展示等竞技平台,通过言语表扬和物质奖励积极强化赵某的自我认同,引导她将成功归因于能力,提高其自我价值感。以 2022 年北京冬奥会为契机,通过观看开幕式、比赛现场、讲解竞赛知识与规则、学练《一起向未来》健身操等方式,积极营造训练氛围。

3. 实施训练，培养运动习惯

制定训练配档表，以 2 个月为周期，逐步提高运动强度和频率，延长运动时间，通过不同课程和训练方法帮助赵某克服运动性心理疲劳，建立疲劳—适应—再疲劳—再适应的适应机制，悦纳自我，以良好心态应对困难，建立自信。

减脂期：在前 2 个月以熟练动作、适应强度为主要目标，根据赵某的兴趣需求和减重需求，警察设立帕梅拉燃脂操、郑多燕减肥操、踏板操、搏击操等多样化课程。赵某从动作不熟练到逐渐掌握动作要领、动作标准规范。每天 0.5 小时的训练营时间成了赵某最期待的事，她按期完成了每周减重目标，训练热情高涨。2 周后，在赵某适应了有氧运动训练强度之后，每周加入 1 次力量训练（20 分钟），以躯干周围肌肉的核心力量训练为主，先进行上下肢肌肉、腹肌、臀部肌肉等大肌肉群的专项练习，提高机体的协调性和灵活性。深蹲练习，10 个为 1 组，练习 2 ~ 3 组；跳跃箭步蹲 15 个为 1 组，练习 2 ~ 3 组；1 分钟平板支撑，练习 2 ~ 3 组；跪姿俯卧撑 20 个为 1 组，练习 2 ~ 3 组；30 秒高抬腿，练习 2 ~ 3 组；开合跳 15 个为 1 组，练习 2 ~ 3 组。通过力量训练，赵某的体重下降更为明显，肌肉的力量逐步提高，脂肪逐步转化为肌肉，线条更加流畅。

平台期：赵某减重到达一个瓶颈期，警察对赵某每周减重目标进行调整为 0.2kg，并逐渐增加训练的项目，帮助赵某进行有效减重的过渡。以器械训练进行辅助，以中低强度为主，跑步机、动感单车进行 20 分钟训练，健身踏板、健步器进行 15 分钟训练，健骑机、磁控车进行 15 分钟训练。每周增加 1 次力量器械训练 20 分钟，肱二头/肱三头肌训练器、踢腿/勾腿训练器、推胸/划船训练器、腹肌/背肌训练器、大腿内外侧肌训练器、上推/下拉训练器进行组合训练，每次选取 2 ~ 3 种器械进行练习，每个器械每组 15 个，每次 2 组，逐渐增加负荷量。通过器械训练丰富训练内容，逐步帮助赵某平稳过渡减重的平台期，每周减重目标又顺利完成，转入下一个减重阶段。

适应期：在赵某减重成效逐渐凸显，逐渐增加柔韧训练和力量训练的比重为 30%，塑造肌肉线条，形成健美体态。每周力量训练调整为 3 次，时间调整 30 分钟，通过自身负重和器械负重两种方式，在锻炼大肌肉群的同时，逐渐加入小肌肉群力量锻炼（降低负荷量），全身不同肌肉群交替进行训练，以"增加负荷量—增加次数和组数—再增加负荷量—再增加次数和组数"的循环往复过程进行训练。每天增加 10 分钟的瑜伽、普拉提、有氧舞蹈等项目，全面锻炼伸展身体各部位的肌肉，缓解释放压力。同时，通过 PNF 牵张练习、冲击性和静力性牵张练习相结合，以弓步压腿、同侧手握同侧脚等动作拉伸股四头肌，以站立位体前屈、跨栏坐压腿等动作拉伸腘绳肌,以盘腿坐双脚相对压腿、跨栏坐上体前倾等动作拉伸腹股沟练习,加大关节和韧带的活动幅度,降低神经和肌肉兴奋性,缓解运动性疲劳。

稳定期:赵某逐渐适应了运动强度、运动时间,通过"减肥塑形训练营"同伴的共同努力和进步,已经逐渐养成了运动习惯,而减重目标的达成给她带来更多成就感。每天能够认真严格执行训练计划、饮食食谱,并学习计算身体质量指数BMI,制定运动处方,根据自身实际情况调整优化训练方案,帮助他人进行康复训练,养成了较强的责任心。积极参加趣味运动会、特色康复操展示等活动,勇于展示自我、认同自我,进行自我激励、自我成长。

(三)效果评价

经过为期10个月的运动干预、饮食调节,戒毒人员赵某的体重由入所时90kg降低为69kg,超额完成了减重目标,身体质量指数BMI 27.6,逐渐走向正常趋势。基础代谢水平明显改善,身体素质也得到了提升,抵抗力明显增强,尤其是在季节更替时,其患病率较参加训练之前明显下降。赵某自控力明显提升,能够根据指导意见合理调整摄入量,形成了健康的饮食习惯和运动习惯,体能测试成绩也有了较大幅度的提高。赵某的自信心明显增强,每天精神饱满,上课积极性较高,能够做到遵规守纪,较好地掌握各项运动技能。积极参加心理情景剧、演讲比赛等各项教育活动,各方面都取得了显著进步,进一步坚定了戒治信念。

【案例思考】

(一)提升智慧化康复训练水平

根据司法部戒毒管理局制定的《司法行政强制隔离戒毒场所康复训练工作指南》的要求,配齐配全各项运动设备。结合女性戒毒人员特点和兴趣爱好,引入适合女性戒毒人员的训练项目,引进智慧运动戒毒脑功能分析系统,熟练掌握专业设备的使用技能。发挥省戒毒局综合业务平台数据共享功能,提高数据处理分析、理论研究能力,促进康复训练工作提档升级、提质增效。

(二)加强专业人才培养与使用

坚持"请进来"与"走出去"相结合,加强与专业高校、科研机构的合作,科学专业地评估运动康复戒毒对戒毒人员大脑功能、生理功能等的改善与修复作用。以开展"体卫融合"戒毒项目为契机,创新人才培养机制,通过研讨交流、基地实践、岗位轮换等联合培养方式,培养复合型人才,夯实理论基础,强化实践技能,为康复训练工作的深入开展提供人才保障。

(三)延伸所内康复训练成效链条

教育引导戒毒人员养成终身运动的习惯,培养健康的生活方式,对康复训练的效果评价及时反馈,实现医疗监护、膳食营养、运动心理的有效融合。加强解除离所戒毒人员的后续跟踪回访,通过电话、微信等方式保持畅通联络,鼓励戒毒人员保持良好的运动习惯,探索戒治期与后续照管康复训练一体化的新路径,做好强制隔离戒毒与后续照管无缝衔接的结合工作,巩固所内康复训练成效。

案例编号:SDJDKX1645684400
山东省女子强制隔离戒毒所　赵晓婷

以传统导引术为手段的康复训练对戒毒人员体质改善的研究

【案例背景】

吸毒人员长期吸食毒品后,身体机能差,普遍不适应高强度、爆发性的康复训练项目,传统导引术具有轻柔灵便的特点,有利于戒毒人员提升康复训练效能。现随机选取康复巩固区男性戒毒人员样本 N=40,参与以传统导引术为方式的康复训练,进行传统导引术对戒毒人员体质改善影响的研究。

样本筛选:排除残障样本;排除患有心脑血管、高血压等疾病样本;排除目前或既往曾患有神经系统疾病样本;排除反社会性人格障碍和边缘性人格障碍样本;排除不愿意参加随机分配和依从性差样本;排除其他不适合开展康复训练样本。

人口学特征:平均年龄 33.6 岁,年龄范围 18~38 岁。受教育水平以初中为主,占 55%;小学学历占 16%;高中学历占 14.7%;大专及以上学历占 14.3%。民族构成全部为汉族。毒品使用情况:使用甲基苯丙胺(冰毒)者占总人数的 95%,海洛因占 5%。平均吸毒年限 7.9 年,每周使用 5.1 次,每次使用约 0.76g。其中,首次使用毒品平均年龄 23.5 岁。其他物质成瘾情况:吸烟习惯者 97.5%,平均吸烟年限约为 14.6 年,平均每天约吸烟 19.7 支。

戒治表现:受试戒毒人员身体素质存在一定差异,参试戒毒人员完成整套导引术的质量不同,表现出肌肉耐力差、易疲劳,神经系统对肢体控制能力差,动作精准度较差,表现出一定的僵硬、迟缓,心理上对彻底戒除毒瘾缺乏信心,戒治积极性不高。

【案例基本情况】

(一)身体健康分析

1. 身体机能。此次受试戒毒人员普遍为甲基苯丙胺(冰毒)成瘾,该毒品直接作用于神经中枢,具有兴奋和致幻双重作用,使用后产生精神兴奋、性欲亢进,对食物和睡眠要求降低,使用者生物钟紊乱、激素分泌失调,严重耗损身体机能。

2. 体质健康。参照《国民体质测定标准》(2003 年),对样本戒毒人员运动测试后发现,戒毒人员身体素质普遍不如常人,具体表现在肺活量、身体柔软度、肌肉最大用力能力、肌肉在无疲劳状态下的连续运动能力、持续体力活动中循环和呼吸系统供氧能力、平衡能力、选择反应时等方面均低于同年龄阶段最低水平。

(二)文献综述

导引,意为"导气令和,引体令柔",是指以肢体运动为主的锻炼方法,作用是促使脏腑经络气机和畅、身体轻柔灵便,并有助健康;不断融入、运用医学理论,结合呼吸吐纳调节方法,是中国传统体育的优秀代表。在本案例中,选取施教的导引术参考图书为国家体育总局健身气功管理中心编写的《健身气功·五禽戏》。

毒瘾的本质是由于毒品引起的多巴胺耗竭性释放。长时间使用毒品损害中脑多巴胺神经元,进入戒毒阶段,毒品减少造成多巴胺释放突降,出现戒断症状,体现为愉悦感缺乏、负性情感出现、对毒品的渴望等。

运动可以通过增加多巴胺浓度和提高多巴胺受体结合率的方式,激活与毒品类似的奖赏途径,增加吸毒者戒毒期间的愉悦感。

(三)实验方法

本案例采取自身对照实验法,选取《国民体质测定标准》(2003 年)中肺活量、二次台阶实验、俯卧撑、闭眼单脚站立、纵跳、坐位体前屈、选择反应时 7 项测试为标准,经必要筛查后,选取戒毒人员样本 N=40,施加为期 108 课时的以传统导引术为手段的康复训练。

(四)实验流程(见图3－2)

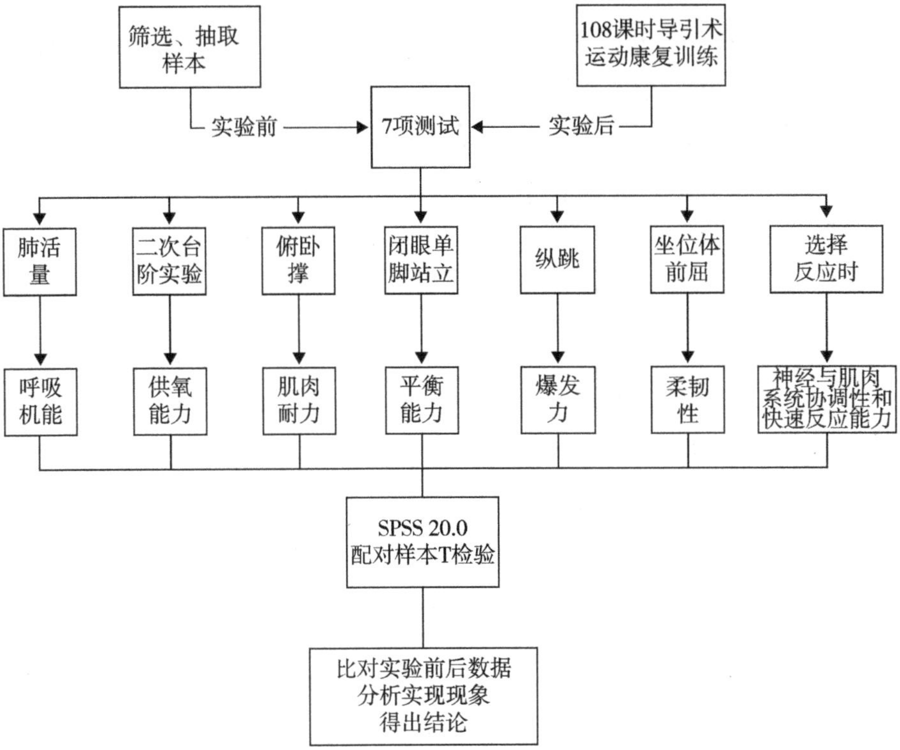

图3－2 实验流程

(五)具体实施方案

1. 实验前

将选出的40名戒毒人员在天津市板桥强制隔离戒毒所康复训练中心进行7项测试并记录实验数据。

2. 实验中

施加以五禽戏为主的运动康复训练,每周二、四、六,09:30～10:00、15:00～15:30,为期12周,共计108课时。课的结构:开始部分5分钟,组织戒毒人员进行热身活动;基本部分20分钟,主要进行动作分解教学、成套练习、个别辅导、集体纠错等教学活动;结束部分5分钟,组织戒毒人员进行放松活动。

3. 实验后

再次组织戒毒人员在天津市板桥强制隔离戒毒所康复训练中心进行7项测试并记录实验数据。将实验前后两组数据进行筛选,剔除无效数据,采用配对样本T检验,SPSS 20.0(统计分析软件)进行数据检验分析。

(六)实验结果与分析

1. 受试40名戒毒人员,实验前后肺活量、二次台阶实验(VO2max)、俯卧撑均无显著性差异(P>0.05)。

2. 实验前、后爆发力对比分析(见表3-1)。

表3-1 实验前、后爆发力对比分析

纵跳/cm	实验前		实验后		平均增长	最大增长	t	P值	相关系数
	平均值	标准差	平均值	标准差					
N=40	12.396	3.389	15.961	4.661	3.565	5	13.978	0.000	0.988

纵跳反映人体爆发能力。通过对表3-1中实验结果的数据分析得出,实验前、后纵跳测试结果发生了高度显著性变化(P<0.01)。这表明,经过12周的五禽戏康复训练,戒毒人员的爆发力有了较显著的提升。

3. 实验前、后柔韧性对比分析(见表3-2)。

表3-2 实验前、后柔韧性对比分析

坐位体前屈/cm	实验前		实验后		平均增长	最大增长	t	P值	相关系数
	平均值	标准差	平均值	标准差					
N=40	9.843	3.045	12.967	3.715	3.123	7	7.205	0.000	0.845

坐位体前屈反映人体柔韧性。通过对表3-2中实验结果的数据分析得出,实验前、后坐位体前屈测试结果发生了高度显著性变化(P<0.01)。这表明,经过12周的五禽戏康复训练,戒毒人员的柔韧性有了较显著的提升。

4. 实验前、后选择反应时对比分析(见表3-3)。

表3-3 实验前、后选择反应时对比分析

选择反应时/s	实验前		实验后		平均增长	最大增长	t	P值	相关系数
	平均值	标准差	平均值	标准差					
N=40	0.875	0.202	0.708	0.210	-0.167	-0.368	7.205	0.000	0.845

选择反应时反映人体神经与肌肉系统的协调性和快速反应能力。通过对表3-3中实验结果的数据分析得出,实验前、后选择反应时测试结果发生了高度显著性变化(P<0.01)。这表明,经过12周的五禽戏康复训练,戒毒人员的神经与肌肉系统的协调性和快速反应能力有了较显著的提升。

5. 实验前、后应平衡能力对比分析(见表3-4)。

表3-4　实验前、后平衡能力对比分析

闭眼单脚站立/s	实验前		实验后		平均增长	最大增长	t	P值	相关系数
	平均值	标准差	平均值	标准差					
N=40	2.56	1.232	10.21	2.850	7.65	9.34	8.465	0.000	0.988

闭眼单脚站立反映人体平衡能力。通过对表3-4中实验结果的数据分析得出,实验前、后闭眼单脚站立测试结果发生了高度显著性变化($P<0.01$),表明经过12周的五禽戏康复训练,戒毒人员的平衡能力有了较显著的提升。

【案例思考】

一是戒毒人员经过12周的以五禽戏为手段的康复训练后,在肌肉最大用力能力、身体柔软度、选择反应时、平衡能力等方面具有较显著的提升,但训练并未对戒毒人员的呼吸机能、持续体力活动中循环和呼吸系统供氧能力、肌肉无疲劳状态下的连续运动能力产生显著影响。

结合五禽戏的动作特点综合分析认为:五禽戏动作整体较轻柔缓慢,属于低强度有氧运动,因此对于肺活量、最大摄氧量等反应呼吸机能和供养能力的提升并不明显。

五禽戏中,多有展体拉伸、弓虚马步、单脚支撑等动作,是戒毒人员身体柔软度、肌肉最大用力能力、平衡能力得以显著提升的根本所在,且五禽戏仿生学动作蕴含"五禽"之神韵,因此五禽戏的动作模式非常复杂,将复杂的动作模式做到精准到位,需要人体神经系统与肌肉系统的高度协调配合,对"五禽"神韵的模仿需要注意力高度集中,使戒毒人员的选择反应时得以降低,反应速度得以提高。

二是在实验后期与戒毒人员的交流中,戒毒人员普遍反映自觉呼吸更加顺畅、悠长,具体表现为往返操场和宿舍之间的三层楼梯时,明显比以往呼吸频率要低,很少有人会出现实验前上下楼梯气喘吁吁的表现,这种现象往往代表着肺活量和最大摄氧量的提高。但戒毒人员的肺活量和最大摄氧量并没有提高,笔者认为是五禽戏对呼吸与动作之间的配合要求,以及起式和收式时的吐纳调息,改善了戒毒人员呼吸模式,使呼吸更深更长更利于气体交换,在肺活量不变的前提下氧的利用率得到提高,原本上下楼梯气喘吁吁程度的得以减轻。

三是笔者认识到,中国传统导引术能从心理、生理、意识、思维、精、气、神等多个层面促进身心健康、增强戒治信心,具备全面性。其动作柔而不弱,强而不烈,具备安全性。传统导引术对场地的要求低,具备可行性。

案例编号:TJJDKX1618799511
天津市板桥强制隔离戒毒所　王　赫

戒毒人员严某运动干预康复训练案例

【案例背景】

运动戒毒作为全国统一的司法行政戒毒工作基本模式中规定的重要戒治手段,其绿色、经济、时尚、无副作用的优点越来越受到人们的青睐,在戒毒工作实践中发挥的作用也越来越显著。浙江省十里坪强制隔离戒毒所是司法部首批运动戒毒试点单位,建有国内首家运动戒毒研究基地,承担运动戒毒国家级课题3项,省部级课题多项,在运动戒毒领域成效显著。

【案件基本情况】

戒毒人员严某,男,35岁,原跆拳道项目国家队队员,曾获得跆拳道世界公开赛54公斤级冠军。该学员于20××年被投送至浙江省十里坪强制隔离戒毒所执行强制隔离戒毒。入所后,该员在生理脱毒区戒治期间,纪律观念淡薄,不愿与人交流,沉默寡言,有暴力倾向,又因其有跆拳道特长,可能造成潜在人身伤害或脱逃危险被列为所级重点人员。同时鉴于其有运动特长,戒毒所决定成立以康复训练中心领衔的教育转化攻坚小组,对其进行以康复训练为突破口,以运动戒毒为主要手段的攻坚转化。康复训练中心接到任务后,当日就对该员开展了个别谈话,从跆拳道运动文化入手,该学员表示很有兴趣,也非常配合。一天后,康复训练中心对该学员进行了运动筛查和体质测试,结果如表3-5所示。

表3-5　基本情况

项目	结果
谈话情况	该员意志消沉,根本不相信毒可以戒掉,对未来失去希望
身体形态	身高168cm,体重80kg,BMI指数28.34
身体机能	台阶指数45,肺活量2305ml
身体素质	握力35公斤力,坐位体前屈1.20cm,闭眼单脚站立3秒,俯卧撑15个,反应时0.650秒,纵跳15cm

（一）方案制定

具有专业资质的康复训练师对其体质测试成绩进行分析，发现该学员不管是身体形态还是机能素质，都与国民健康标准存在着较大差距，结合戒毒人员严某的基本情况和体检结果，征得该学员的同意，根据 FITT 训练原则[运动频率(Frequency)、运动强度(Intensity)、运动时间(Time)和运动类型(Type)]、动态体质测试结果、该学员的运动状态和自我身体评价，在全国统一戒毒模式四区流转的过程中，康复训练中心为该学员量身定制了一套运动处方，并及时进行动态调整。处方内容如表3－6、表3－7、表3－8、表3－9所示。

表3－6　生理脱毒区运动处方

类别	内容
训练目标	配合生理脱毒工作的实施，逐步恢复生理机能
训练内容	快走、徒手操、拉伸等
训练强度	最大心率的25%～40%
训练频率	1次/天
训练时间	10～50分钟/次

表3－7　教育适应区运动处方

类别	内容
训练目标	学习训练技能，进一步恢复体能
训练内容	队列、广播操、太极拳等
训练强度	最大心率的30%～45%
训练频率	1次/天
训练时间	30～60分钟/次

表3－8　康复巩固区运动处方

训练类别	训练内容	训练强度	训练频率	训练时间	训练目标
力量训练	俯卧撑、平板支撑、收腹举腿、深蹲、器械等	2～4组/肌群,8～12次/组	3次/周	可专项训练,也可组合训练,30～90分钟/天	改善体质,锻炼意志,培养运动习惯,激发运动热情
耐力训练	中速往返跑、竞走追逐、慢跑等	最大心率的50%～65%	3～5次/周		
柔韧训练	肩部伸展、胸部伸展、股后肌群伸展等	合理控制	3次/周		
平衡训练	单脚站立、脚尖站立、顶物走等	合理控制	2～3次/周		
灵敏训练	障碍跑、模仿跑、快速折返跑、打地鼠等	最大心率的60%～75%	2～3次每周		
协调训练	跳绳、单腿深蹲起立、康复操、球类等	最大心率的50%～65%	3次/周		
速度训练	起跑游戏、加速跑、变速跑等	最大心率的60%～75%	2次/周		

表3－9　回归指导区运动处方

类别	内容
训练目标	在身体康复的基础上,进一步培养运动习惯
训练内容	巩固训练效果;体育游戏、拓展训练
训练强度	最大心率的50%～65%
训练频率	4～5次/周
训练时间	30～60分钟/次

(二)实施情况

根据运动处方,康复训练中心和各区大队,密切协作,合理分工,组织指导康复训练有序进行。

1. 分区康复训练

严格按照全国统一戒毒基本模式的期区特点，合理安排运动内容，即生理脱毒区、教育适应区、康复巩固区、回归指导区，每个区都配备康复训练师，在康复训练中心的统一安排下，有计划、针对性地对该员进行康复训练。大队康复训练师负责日常训练，康复训练中心安排专管民警全程跟踪指导。

2. 定期测试评估

为及时监测该员的训练效果，分别在收治时，满一年时和解除前3个阶段，按照《国民体质测定标准》进行3次测试，并且针对差异及时调整运动处方。运用科学的方法对该员的身体形态、机能和素质等进行测试与评定，科学指导康复训练的开展和效果评价。具体测试安排如表3－10所示。

表3－10 体质测试安排

测试	测试时间	测试目的
第一次	收治时	对该员的体质状况进行排查摸底，制定个性化运动处方
第二次	满一年时	检验一年来的康复训练效果，及时调整运动处方
第三次	解除前	为戒毒人员回归社会后提出健身指导方案

3. 心理康复介入

在康复训练的过程中，及时介入心理辅导，从心理矫治专业层面了解该学员的心理动态，针对性谈话教育，帮助其重塑信心，确定目标，制定戒治规划。该学员的心理状态经历了从入所到出所“要我戒毒—我要戒毒—我能戒毒”的巨大转变。同时，大队根据该学员的运动特长，让其担任大队康复训练辅助小教员，协助民警组织本大队戒毒人员的康复训练，极大地调动了该学员的康复训练积极性，表现更为活跃。

4. 康复效果展示

为展示戒毒人员体能康复训练的效果，促进康复训练常态化发展，营造康复训练氛围，该戒毒所还每半年组织开展一次全所性的康复训练竞赛和成果展示活动。该学员在所期间，积极参加各类康复运动会和展示活动，不仅自己参加，更是大队民警的好帮手，协助大队带领其他戒毒人员参加各项团体赛事等。在这些活动中，该学员不仅收获了掌声和鼓励，重新激发出在运动员时期不怕苦不怕累的精神意志，更加坚定了“我能戒毒”的理想信念，支持着他勇敢地走下去，所在大队在各项竞赛和康复训练成果展示活动中均获得好名次。

【效果与思考】

(一)效果

经过戒毒所针对性的运动戒毒康复训练,该学员的身心健康水平得到了明显改善和提高。

1. 体质成绩明显提高(见表3-11)

表3-11 体测成绩

项目	结果
身体形态	身高168cm,体重60kg,BMI指数21.26
身体机能	台阶指数70,肺活量4506ml
身体素质	握力60公斤力,坐位体前屈21.20cm,闭眼单脚站立105秒,俯卧撑42个,反应时0.410秒,纵跳46cm

2. 戒治期间收获众多荣誉

在所期间,在局、所级运动会中,共收获3个单项第一,2个团体第一,并连续6次获得月度康复训练积极分子称号,1次年度局级康复训练积极分子和1次年度所级康复训练积极分子称号。

3. 心理状态明显改善

该学员从刚入所时,意志消沉、态度迷茫,到出所时的戒毒态度明确、信念坚定,对未来美好生活充满憧憬。

4. 跟踪回访效果明显

出所后戒毒所利用社区康复指导站定期开展延伸帮扶,跟踪指导,鼓励其考取了体适能教练资格证书。1年后,回访民警看到的是阳光帅气、对未来充满希望的戒毒成功人士。该学员现已成家立业,自己经营了一个跆拳道馆和一家自由搏击俱乐部,并定期到附近幼儿园和学校开展跆拳道志愿教学等。在社会延伸衔接帮扶回访中,回归人员严某告诉民警,"我的成功戒毒离不开戒毒所的民警们,特别是我在戒毒所的帮助下走向运动康复新的人生起点,是戒毒所给了我第二次生命"。

(二)思考

1. 运动戒毒是戒毒矫治工作的重要手段

戒毒是世界性难题,需要多学科的交叉研究、多行业的共同努力。运动戒毒作为近年来司法部重点推广应用的戒治手段,呈现了良好的发展趋势,在实践中取得了较明显的成绩。运动戒毒工作的最终突破,从根本上在于供给侧的深化改革,在于科学技术和方法的创新应用,在于工作思维、工作方式由“大水漫灌”转变到“精准滴灌”,从无差异的普遍适用到个性化的精准矫治。

2. 运动处方是运动戒毒成效的关键要素

运动处方作为指导戒毒人员训练的具体方案,是运动戒毒取得效果的关键所在。处方的出具必须以戒毒人员的身心状况为依据,切实根据其身体特点和运动史等情况,全面评估,凸显个性化、针对性,量身定制运动处方,做到精准康复,科学训练;同时要根据生理脱毒期、教育适应期、康复巩固期、回归指导期不同戒毒阶段的身心变化,及时根据体质测评情况调整运动处方。

3. 综合治疗和精准矫治是提高戒毒成效的重要途径

吸毒成瘾是一种需要综合治疗的、反复发作的脑疾病,脑功能康复是毒瘾戒除的核心靶向,心瘾戒除、运动康复、心理疏导、行为训练等手段必须紧密结合,共同发力,戒治效果才会更加明显;研究和实践证明,中高强度的运动可明显增强愉快和兴奋情绪、减缓毒品渴求度,有助于心理健康,心理健康的戒毒人员参与康复训练的主动性和积极性也会大大提升。同时,必须坚持因人施策,不同的戒毒技术和方法要根据不同的情况具体分析适用,不搞“一刀切”,不搞“大水漫灌”,使运动戒毒不仅起到改善戒毒人员体质,提高身心健康水平的作用,还可激发戒毒人员戒毒信心,增强戒毒意志力。

4. 衔接帮扶是延伸戒治效果的重要环节

延伸帮扶作为全国统一的司法行政戒毒工作基本模式的重要环节,发挥的作用举足轻重、不可替代,戒毒人员出所后,往往会经历一段迷茫期,迷茫期的一端连着黑暗的过去,一端连着光明的未来,跟踪指导迷茫期的戒毒人员在社区衔接、职业引导、技能培训、就业推荐等方面多给予关心支持,将有效巩固戒毒所内良好的戒治效果,从而让戒毒人员真正重新融入社会。

案例编号:BJJDKX1529855317

浙江省十里坪强制隔离戒毒所 王 克

第五节 综合性教育戒治案例

针对回归人员实施社会化延伸帮扶的综合性教育戒治案例

【案例背景】

延伸帮扶是统一戒毒模式的重要组成部分,是帮助戒毒人员回归社会的重要举措。针对当前强制隔离戒毒人员出所后就业困难、社会融入困难的问题,四川司法行政戒毒系统践行“三个融入”的工作理念,戒毒康复场所立足司法行政戒毒工作“新思路”;探索实践“社会化延伸帮扶”方式,积极搭建社会志愿力量参与戒毒工作的“新桥梁”;帮助安置解戒人员王某就业康复,开辟戒毒人员就业帮扶、顺利回归的“新通道”;与地方政府建设优势互补、资源共享的“新平台”等四个方面的工作实绩,打通了解除强制隔离戒毒人员回归社会“最后一公里”,有效帮助回归人员王某就业康复,实现了融入社会的目标。

【案例基本情况】

(一)个案情况分析

王某,男,29岁,小学毕业,未婚,吸毒史8年,于2018年8月第2次被公安机关决定强制隔离戒毒,被送往四川省眉山强戒所戒毒。因在强戒所表现良好,主管民警安排他担任习艺组长。

王某是家中长子,因交友不慎、吸毒成瘾,长期游手好闲,养成好逸恶劳的习惯。其父身体残疾,妈妈不懂汉语,弟妹尚在读书,家庭人口众多,但劳动力稀少,一家人的生活主要依靠当地低保维持。

王某出所后就业困难,由于其个人、家庭及社会不良环境的影响因素,戒除心瘾困难,具有复吸的高危性。针对王某内外因素的特点,回访民警寻找教育矫治的切入点。根据内外因辩证原理,一方面,寻找王某吸毒的个人原因;另一方面,需要掌握王某复吸的客观因素,从而精准制定戒治方案,激发王某个体内生动力,构建起独立自体;同时改善外部不良环境,解决影响王某内外因的问题。

(二)方案制定

考虑到王某出所后复吸的高危性,在强戒所的戒治效果将会功亏一篑。回访民警针对王某生理、心理和观念行为等问题,结合他的就业意愿,制定了支持戒毒延伸帮扶的四个步骤:第一步,深入调研,找准问题;第二步,远离毒友,净化环境;第三步,所地联合,就业康复;第四步,综合戒治,融入社会。

(三)实施情况

1.深入调研,找准问题

2020年9月初的一天上午,王某的父亲找到四川省眉山强戒所在凉山综合帮扶的戒毒民警,他忧愁地诉说道:儿子王某反反复复地多次戒毒和复吸,因家里居住环境问题,回家后断绝不了与社会毒友圈子的往来。王某的父亲怕王某又一次复吸,因家庭贫困,前来请求戒毒民警对王某进行就业帮助,以减轻家庭负担。

回访民警高度重视王某父亲反映的问题,入户走访掌握了王某在个人和家庭方面存在的问题:一是王某在个人性格方面,他存在爱面子、好交友而无独立人格的问题,自己直言不能与毒友断绝往来;王某在身体素质方面存在的问题,他患有慢性肾炎等疾病,解戒回家后就病倒住院了,出院后身体虚弱;在生存能力方面的问题,他文化程度低,无一技之长,出所后就业困难;在生活上存在的问题,他习惯于游手好闲的生活,生活起居无规律;在思想上存在的问题,平时小钱看不起、大钱赚不了,总梦想着轻松赚大钱的机会,有好逸恶劳、不劳而获的错误思想观念,一旦受到毒友的蛊惑,极易走上复吸甚至贩毒的违法之路;王某当前的处境问题,王某回到家里因患肾炎住院,花掉家里将近两万元的医药费,出院后身体虚弱,陷于就业焦虑、毒友纠缠的困境之中。二是王某父亲思想观念存在的问题,王某父亲诉说家庭人口多,但劳动力少,自己残疾的问题,一家人主要依靠当地低保维持生计,要求王某立即打工挣钱偿还债务,减轻家庭经济负担和相亲成家。但王某父亲作为一家之主,只是一味想到挣钱的事,他并未考虑到只有先解决了王某在身体、思想、环境等方面的不利因素,才能实现他们父子的愿望。三是不良环境影响因素的问题,王某出所后,虽然居住在县城里,但无生存技能、就业困难,并且涉毒朋友进县城,都会去找王某玩耍。依据王某的性格,以及王某自己直言跟社会毒友无法断绝来往的现实,王某具有复吸的高危性。他本人虽也有打工挣钱、成家立业的愿望,但苦于就业无门。

回访民警针对王某的个人、家庭和环境问题,帮助王某父亲综合分析问题,取得了一致帮教意见,并针对王某个人思想的及时享乐、好逸恶劳等观念行为,给予了法律法规、戒毒常识的回访帮教,纠正其错误认知;分析其内在因素,指出王某需完成个体生命的自主构建,建立正确观念。通过回访和深入调研,确立了王某在异地社区戒康复防复吸的终极目标:一是就业创业康复身心,二是戒除心瘾保持操守。

2. 远离毒友,净化环境

为帮助王某摆脱社会毒友圈,达到净化生活环境、保持操守目的,主要采取的措施与方法如下。

一是争取社会力量参与戒毒的方式。根据四川省戒毒管理局"积极搭建社会志愿力量参与戒毒工作'新桥梁'"的理念与方法,回访民警积极争取到了雅安市石棉县社会志愿者杨某收留身体虚弱的王某,王某初到异地他乡无生存技能,加之社会歧视,在就业困难的情况下,志愿者杨某免费解决了王某居住和吃饭的问题,并帮助照管着他的生活起居和负责他的安全问题,助其成功地远离了不良环境,脱离了毒友圈子,开启了保持操守、戒毒脱贫的全新生活。

二是采取所地联动管控措施。根据四川省戒毒管理局"所地联合"延伸帮扶的理念和办法,回访民警积极联合异地石棉县的政法委、禁毒办、社戒社康站等部门取得了管控支持,对王某采取了定期在当地派出所、社戒社康站接受报到、谈话、尿检等的有效管控。

三是运用"心理咨询+运动训练"的创新戒毒模式。王某主诉:自己平时活动量少,走不了几步路就要休息;只要爬山,就感觉心累;感觉孤独、心累、饮食差、入睡难等症状。

回访心理咨询师进行SCL—90量表、戒毒人员复吸高危量表(DRRS)等施测,分析结果显示:焦虑分68分,抑郁分55分,躯体疾病、高危复吸因子偏高。心理方面:针对王某的不良心理状态,心理咨询师及时给予内观、正念等心理疗法,帮助缓解了王某的焦虑紧张情绪。生理方面:王某外表瘦弱,内体虚弱,做不了体力活。回访心理咨询师针对王某的身体情况,积极运用"心理咨询+运动训练"的戒毒模式,并联合了高校运动戒毒专家和教授,为其设计体育活动,制定了运动戒毒的方案,进行心理运动干预,加强了康复锻炼,增强了身体机能。

3. 所地联合,就业康复

帮助王某就业创业的主要措施,一是通过职业技能培训,掌握一技之长、提高生存能力。回访民警根据"所地联合协作"的延伸帮扶方式,积极联系异地的劳动就业部门,安排王某参加技能培训。二是通过社会志愿者杨某教会王某掌握了酿酒和养殖的技术。三是帮助解决资金困难的问题。2021 年 10 月,王某学会了酿酒和养殖的技术,他决定走酿酒和养殖业的勤劳致富之路,但苦于资金短缺。王某向眉山强戒所申请 3000 元的困难帮扶资金,省眉山强戒所组织了教育矫正中心、心理咨询中心、康复训练中心、管理科等多部门联合对出所戒毒人员王某进行会诊,评估结论:生理、心理的康复状况良好,王某身体机能提高了,保持操守良好,可持续异地就业创业戒断心瘾,并帮助王某落实了延伸帮扶资金 3000 元。2021 年冬季,眉山强戒所委派回访民警送去棉衣、棉被等物资予以关心关注。回访民警杨某又根据王某面临的困难情况,个人借出资金 3 万多元帮助搭建了养殖圈舍,个人借出资金 3 万元购买了 13 条小猪和酿酒的粮食等物资,个人出资共计:6 万多元予以资助,使王某按时开始了酿酒和养殖的劳动。

4. 综合戒治,融入社会

王某欲掌握酿酒技术但遇烦恼又借酒浇愁的性格特征,心理咨询师针对这一矛盾冲突问题,积极运用"内观疗法 + 冲击疗法"的综合心理疗法,将王某充分暴露于酒产品中实施冲击行为治疗,督导他在安静环境里学会内省反思、建构自我主体,使他虽处于酿酒环境里,但一改此前见酒就喝、遇烦心事就滥酒和醉酒的坏习惯,收到了在烦恼孤独时仍然做到滴酒不沾的自律效果。定期的心理辅导和运动戒毒干预,极大地激发了王某的内生动力,看见自己亲手酿造出来一坛一坛香醇的粮食酒和自己一天一天喂养长大的纯粮食猪,王某眉开眼笑;社会志愿者杨某还教会他一项建筑装饰的技术,增加了他的固定收入,王某用自己的劳动获得了报酬,还给家里寄钱,为家庭减轻了经济负担,王某在劳动中找到了自己的存在感和价值感,劳动快乐正逐渐替代王某的吸毒心瘾。

王某已身体康复,之前的小病小痛消失不见了;生活上,学会了做饭照顾自己,这在男子不会做饭不做家务事的彝族文化风俗中,已实属不易;心理也越来越健康,学会了独处反思。

(四)实施效果

在回访帮教、帮助就业、融入社会等社会化延伸帮扶的过程中,积极实践运用"心理咨询 + 康复训练 + 社会融入"社会心理服务的戒毒模式,起到了良好的预防复吸和康复身心的效果,达到了顺利融入社会的长远目标。

经再次进行 SCL—90 量表、戒毒人员复吸高危量表等施测,结果显示:焦虑分 55 分、抑郁分 53 分,复吸高危性已明显降低。心理测试结果分析:焦虑和抑郁情绪已基本消失,高危复吸的危险性已降低,其生理、心理和社会功能都基本达到正常。戒毒回访民警持续给予后续照管,帮助王某从认知、情绪和行为等方面改变,有效预防复吸,助其顺利融入社会。

社会志愿者杨某说:“已教他学会两三项劳动技术了,提高了他的生活能力。他的身体比刚来时好多了,他本人做事也变勤快了,每次带他去尿检、谈话也都配合、准时,表现不错!”王某与当地人交往,得到了一致的好评价:“这个小伙子很勤快,做事认真!”当地的社戒社康站工作人员评价说:“王某很配合我们的工作,按时报到和尿检,很不错!”

他的父亲及家人看到他的可喜变化和巨大进步,脸上露出了满意的笑容。王某的改变是明显的,他的精神状态越来越好,饮食、睡眠都恢复正常,并且养成了良好的生活习惯和生活规律,有效地降低了吸毒心瘾。这一系列综合性教育戒治工作,促进了王某个体生命的自主构建过程,达到了综合教育戒治的终极目标。

【案例思考】

这一典型案例是四川司法行政戒毒延伸帮扶工作中的真实事件。案例通过对强戒回归人员王某实施针对性的衔接帮扶为延伸,积极运用“心理咨询+康复训练+社会融入”的综合社会心理服务模式,制定符合实际的回访帮教、就业康复等综合戒治措施,将康复过程与心理矫治社会化延伸工作紧密结合,激发了王某内生动力,坚定了戒治决心,提升了戒治质量,取得了王某成功融入社会的戒治成效。

这一案例的理念方法和戒毒模式,经实践检验是切实可行的,对于类似社区戒毒工作的开展具有指导性和推广性。此类典型案例更具有时代性,反映当前对戒毒工作的新要求和新特点,以及反映了戒毒工作的发展趋势。不足之处,对于如何构建“心理咨询+康复训练+社会融入”的体系,从法律层面来讲,司法行政强戒所如何发挥社会延伸帮扶专业职能,社会相关部门协作配合缺乏相关制度层面的支撑,亟待提高和不断完善特殊人群社会综合治理管控制度予以解决,便于从个例向社区戒毒推广复制。

案例编号:SCJDJJ1625558164

四川省眉山强制隔离戒毒所　杨晓萍

回避型人格的青年戒毒人员综合性教育戒治案例

【案例背景】

韦某,20岁,初中肄业,家中长子,14岁开始吸食海洛因。入所后一直表现内向,与人沟通较少,大队的教学、训练活动参与度低。韦某对自己没信心,与人交往容易自卑,自尊心强,敏感多疑,封闭自己。一次与父亲通电话后,韦某心情抑郁,人际关系、情绪及睡眠问题突出,不参加集体活动,常一人呆坐,已严重影响在所戒治活动。在警察的鼓励下,韦某主动寻求心理咨询师的帮助。

【案例基本情况】

(一)全面掌握韦某基本情况

咨询师首先向韦某同村的戒毒人员了解韦某的成长经历。韦某年幼时其父染上毒瘾,对韦某经常打骂,其母忙于生计对韦某疏于照料,使韦某时常一人独处。韦某14岁时被父亲的毒友教唆吸毒。此后,韦某更加内向自卑,不会处理人际关系,学习难以继续以致放弃学业。

咨询师与韦某进行摄入性谈话,以关心韦某身体状况为切入点,询问其最近睡眠、饮食情况以拉近距离。在征得韦某同意后,咨询师以社交回避及苦恼量表(SAD)进行施测。结果显示,韦某社交回避得分13分,社交苦恼焦虑得分11分,总得分24分。量表显示,韦某存在主观上的苦恼及行为上的回避,主要表现在以下几个方面:一是容易因他人的批评或不赞同而受伤害;二是行为退缩,对需要人际交往的社会活动或工作选择回避;三是心理自卑,在社交场合总是缄默无言,怕别人笑话;四是敏感羞涩,害怕在别人面前露出窘态;五是夸大潜在的困难和危险。综合韦某的表现,其倾向于回避型人格。

回避型人格以社交抑制、夸大困难、行为退缩、心理自卑、面对挑战采取回避态度、对别人的评价过分敏感、不善于人际交往为主要特征,这类特征在戒毒人员中多少都有体现,尤其是自卑心理、敏感多疑、人际交往困难等。回避型人格障碍的戒治措施通常以心理咨询提高自信、消除自卑为主,以克服人际交往障碍。在个体咨询的基础上,通过创设团体情景,利用团体动力学理念,以团体的能量影响个体的行为,促使个体定期完成社交任务,提升交往能力。

(二)制定综合戒治方案

韦某主动寻求咨询师的帮助,说明他有改变现状的意愿。20岁的韦某,对生活还有期待,内心也希望获得别人的认可;同时,韦某学习能力、接受能力都比较强,只是不知如何改变自己。

心理咨询师针对韦某的特点,确立“心理咨询、抗复吸‘十步脱瘾法’训练、亲情修复”循序渐进的三步走综合性教育戒治方案。

心理咨询的目的是帮助韦某克服焦虑情绪,缓解失眠症状,建立自信,走出封闭自我的状态。

抗复吸“十步脱瘾法”训练可以帮助韦某认识毒品的危害,接纳不完美的自己,克服回避型人格造成的各种障碍,增强自信从而走出心理困境。

亲情修复有助于韦某缓解家庭关系,搭建亲情互助桥梁,获得家人的支持,勇敢面对戒毒道路上的各种困难。

(三)教育戒治实施过程

1. 心理咨询

咨询持续四周,每周一次,每次 40 ~ 50 分钟。

(1)第一周,建立咨询关系

咨询初期,以建立和谐、信任的咨询关系为主要目的。咨询师运用来访者中心疗法,该疗法认为人具有自我实现和成长的能力,有很大的潜能理解自己的问题,相信来访者有自我治愈的能力。咨询开始后,咨询师以一杯改善睡眠的雪菊茶拉近与韦某的距离,韦某神态明显放松,咨询师引导韦某表达并逐渐进入正题。韦某对咨询师建立初步信任关系,主要讲述他的成长经历,倾诉父亲吸毒以及自己吸毒的悲惨教训。咨询师引导他把自己失眠时忧虑的事情说出来,对已经发生过的事不要过度纠结,勇敢接受。此次咨询使韦某对咨询师的信任更进一步。咨询结束两天后,通过询问韦某所在大队,发现韦某在团体社交中的回避表现没有明显改善。

(2)第二周,改变封闭状态

为了让韦某迈出自己的封闭圈子,学会沟通与接纳,咨询师安排他参加主题团体辅导——“七巧团队”。所有成员分成 7 个小组,每组 2 人。1 ~ 6 组按顺序围坐成一个圆圈,安排韦某作为第 7 组成员,坐在圆圈的中央。每个小组将会得到一个文件袋,里面有任务书,图形,5 块七巧板,任务书不能够交换,其他东西可以传递和交换。所有的材料传递必须要经过第 7 组传递给其他小组。小组每完成任务书上的一个任务需举手向教练示意以确认得分,游戏时间 20 分钟。在这个活动中,第 7 组实际担当的是领导者的角色,隐藏任务是 1 ~ 6 组为一个整体,而不是各自为政,最后综合整个团队的得分考评获胜与否,而不是单独考量每一小组的得分。

韦某作为第7组领导组的成员,很快就明白了这个游戏的真正用意,但是他没有进行下一步的号召或者解释,只是完成传递物品的工作,而韦某的队友在最后站出来向大家解释:我们是一个团体,团体完成任务才是得分最高的。而此时临近结束时间,最后大家还是没有完成团体任务。

在团辅的分享环节中,1～6组的成员都觉得自己不知道游戏隐藏任务,抱怨第7组不提前告知,此时韦某情绪失落低头沉默。咨询师引导成员换位思考:如果你在第7组,真的会第一时间告知大家游戏隐藏任务吗?咨询师向大家解释:在以往的活动中,第7组十有八九是错过告知时间的。陌生的团体环境、对自己的怀疑、不确定是否有号召力等,都会让第7组犹豫,这是正常表现。1～6组成员表示认同,如果自己在第7组,也可能不会站起来告诉大家隐藏任务。此时咨询师询问韦某的感受,鼓励他说出自己的想法。韦某感觉自己很遗憾,开始就明白了游戏规则,但是不知道应该如何向大家解释清楚,也不知道别人会不会相信自己。咨询师给韦某一次向大家解释清楚真正的规则的机会,韦某站起来,其他参与者给予掌声鼓励。团辅结束后,韦某表示自己收获很大,感觉像打开了新世界的大门,明白自己也很重要,需要多跟周围的人沟通,表达自己的感受。团辅结束后,咨询师给韦某布置作业,让他每天完成一件与人合作的工作,并简单记录。团辅结束几天后,韦某所在大队反馈其封闭状态有所改变,不再一味回避集体活动。

(3)第三周,正确看待评价

本次咨询要巩固韦某不退缩的意识,正确认识他人评价,对抗严重的自卑感。以上周的"七巧团队"引入,咨询师与韦某一起探讨正确的思维方式。错误的思维容易使人看待问题片面、消极,对别人的评价的行为往往只盯住消极面,忽视积极面。咨询师运用认知行为ABC理论,这个理论认为:人的情绪来自人对所遭遇的事情的信念、评价、解释或哲学观点,而非来自事情本身。咨询师引导韦某学会反驳自己的错误思维,如以前的戒毒一点作用也没有,我觉得自己没有希望;过去吸毒的经历决定了我现在的生活,而且是永远无法改变的;别人都看不起我,我再也没办法融入他们了;等等。韦某表示能够理解反驳错误思维的方法,自己会尝试将这个方法运用到生活中去。咨询师布置家庭作业,让韦某记录下自己能够意识到的错误思维,及反驳的方式。

(4)第四周,巩固咨询效果

此次咨询中,韦某表示在自己的成长过程中,从来没有人以咨询师的方式去了解、鼓励自己,感觉收获很大,现在能够把自己的想法表达出来。一对一的咨询无法创设团体环境,且人格的修复是一个长期动态的过程。咨询师肯定韦某为改变自己作出的努力,并鼓励他参加所内抗复吸“十步脱瘾法”训练班,在团体环境中学习毒品危害,重塑健康的人格状态。

2. 抗复吸训练

抗复吸“十步脱瘾法”训练班由心理咨询师作为任课老师,在90个课时、8~12名戒毒人员的团体小组中,运用心理学、教育学的方法,帮助戒毒人员正确认识毒品危害、完善人格个性、改变生活方式,从而达到远离毒品、回归社会的目的。

课程分10个步骤:认识毒品、毒害识别;改变现状、立志戒毒;列出清单、个性修复;忏悔道歉、伤害补偿;制订计划、改变生活;提高警觉、感知毒瘾;解戒后巧妙回避、避免高危情形;果断避开、拒绝毒品;后续照管、团体互助。

咨询师安排韦某作为辅导员的小助手,协助准备教学材料,同时在课堂上对韦某的表现和反应多加关注,鼓励韦某发表看法,提升韦某的课堂参与度。韦某逐渐融入课堂环境中。在“忏悔道歉、伤害补偿”的课程中,韦某主动谈到父亲吸毒对自己的影响,其他戒毒人员纷纷表示理解,也鼓励韦某勇敢面对父亲,与父亲共同防毒拒毒。在“一封家书”活动中,咨询师安排韦某给父亲写一封信,信中有对父亲的抱怨,也有他自己吸毒以后的悔恨。韦某在训练班收获了知识,也得到了来自其他戒毒人员的认可和鼓励,状态越发积极阳光。

3. 亲情帮扶

(1)亲情电话。鼓励韦某拨打亲情电话,主动关心家人情况。

(2)电话沟通。咨询师主动联系韦某的母亲,告知她韦某现在的改变,获得母亲的信任。

(3)适时家访。咨询师到韦某家中开展家访活动。将韦某的家书带给韦某父亲,并向韦某的家人展示韦某在所参加篮球活动的视频。韦某的家人很是欣慰,承诺要来所接见韦某。

(4)主动接见。韦某的父母、姑姑来所接见,其父主动向韦某承认错误,他希望韦某解戒以后能监督他,父子二人相互提醒,共同抗毒。咨询师与韦某的父母和姑姑交谈,告诉他们遇事多与韦某沟通,听听韦某的想法,少些武断和强势,给韦某改变的空间。

(四)实施效果

自我评价:睡眠和精神状态改善了很多,人多的场合也不觉得害怕,跟家人的关系变好了，对戒毒也更加有信心。

同戒评价：韦某比以前活泼多了，也跟别人聊天，不再独来独往了。

警察评价：韦某所内戒治活动的参与度提高，并且在活动中的存在感和自信心都明显增强。

亲属评价：韦某比以前懂事、好沟通了，遇到问题也可以交流了，跟家人的关系亲近了不少。

回访调查：韦某解戒后，在县城做建筑工作，生活状况良好。

【案例思考】

（一）寻求团体动力，获取心理能量

回避型人格的完善只采用一对一的咨询难以达到目的，需要教育戒治对象在团体活动里获取改变自己的能量。本案例中，韦某年纪轻、接受能力强，对游戏有兴趣，咨询过程引入团体辅导，也是基于咨询目标及韦某自身情况的综合考量。但“七巧团队”活动仅引导韦某迈出封闭圈子，没有持续多次进行从而发挥帮助韦某树立自信的作用，这也是本案例需要完善和改进的地方。

（二）以家庭为单位，筑牢心理防线

强制隔离戒毒所面对的往往不是单独的个体，需要教育戒治的对象很多时候是一个家庭，如本案例中，韦某和其父均为吸毒人员，针对这部分戒毒人员的综合教育显得尤其重要。重要家庭成员之间影响力大，一个人的思想、行为直接影响另一个人的选择。对韦某的综合戒治，以他自身的认识为切入点，以他与父亲的关系为关键点，父子二人共同进步，从而提高整个家庭的防毒拒毒能力。

（三）中期长期课程，塑造完善人格

抗复吸“十步脱瘾法”训练班的90个课时能够深入探讨有关毒品、人格、生活习惯、家庭关系等问题，对戒毒人员影响深刻，在戒毒人员中好评度高。但训练班也存在开班时间固定，人数限制参加比例低等局限。如何将时间灵活的心理咨询与训练课程相结合，或将课程内容提炼推广，进而提升综合教育戒治质量，是需要思考的课题。

案例编号：GXJDJJ1594000768

广西壮族自治区第一强制隔离戒毒所　孙冰冰

水某依靠生猪养殖项目戒毒成功案例

【案例背景】

水某,男,河南省南阳市淅川县人,36岁,初中文化程度,离异,有一子由其父母养育。2014年水某在广州打工期间首次因好奇吸食冰毒,2017年因多次吸毒成瘾被送至河南省第三强制隔离戒毒所戒毒。水某戒毒之前长期在南方混迹,没有正当职业,水某父母生活在农村,身体多病还要照顾年幼孙子,家庭经济困难,是当地扶贫的帮扶对象。水某自从来到戒毒所后,积极参加所内组织的技能培训,利用所内数字化图书课堂学习养殖技术。水某提前解除强戒后,在管教民警和当地政府的对接下,由当地政府帮扶水某在老宅基地上建立养殖场,现已养殖生猪100多头。水某不但实现了就业发家,还戒除了毒瘾。

【案例基本情况】

(一)入所情况

2017年2月水某被南阳市公安局移交到河南省第三强制隔离戒毒所(以下简称省三所)进行强制隔离戒毒。水某刚来时对戒毒没有信心,加上家境困难,家人很少探视,因此刚入所时精神萎靡、浮躁易怒、士气低落,时常和其他戒毒人员因一些小事产生摩擦,甚至破罐子破摔,对未来的人生失去希望。俗话说"春风化雨融坚冰",省三所三大队在入所教育时开展了一系列有针对性的毒品认知、法律讲堂、感恩教育课程,让戒毒学员深受教育。在大队民警的细致观察、贴心关怀、积极引导下,水某逐渐认识到吸毒的危害性并重拾对生活的信心。

(二)制定方案

管教民警认为水某等吸毒人员复吸的重要原因之一是没有正当职业。为此,河南省第三强制隔离戒毒所与许昌市人力资源和社会保障局于2017年合作开展戒毒人员职业技能培训,动员水某等戒毒人员积极报名。有关人员对水某进行了综合评估,指导水某选择了生猪养殖技术培训。所教育科与许昌市人力资源和社会保障局为期15天集中的"职业技能培训"和三个月实践的教育矫治方案如下:

1. 技培选择指导。由教育科民警和许昌市人力资源和社会保障局的就业指导人员组成的评估咨询小组对戒毒人员就业意向、择业状况进行统计和分析,依据个人文化程度、身体状况、生活环境、个人意愿等多种因素指导戒毒人员选择职业技能培训，水某依据自身的各种条件选择养殖技能培训。

2. 多方技术支撑。由教育科制订职业技能培训计划，由市人力资源和社会保障局提供视频和培训教材，依托互联网数字化课堂进行教学。

3. 颁发结业证书。依据《劳动法》及人力资源和社会保障部的《职业技能鉴定规定》，对经过3个月培训的戒毒人员进行认真严格的考核，为考核合格的戒毒人员颁发相关职业等级证书。

4. 法律政策帮扶。帮助戒毒人员学习相关创业、就业法律政策，促使戒毒人员回到原籍后一方面能得到社区的有效监督，另一方面也能够得到相应的创业就业政策支持，使戒毒人员在强制隔离戒毒期间学到的职业技能在创业中得到实践并实现就业。

5. 定期追踪回访。建立戒毒人员强戒期满回归社会后定期回访追踪档案，与当地乡镇司法所基层组织、亲属建立有效联系。

（三）实施情况

水某只是众多学习职业技能的学员之一。水某学习的是生猪养殖技术，由教育科民警及许昌市人力资源和社会保障局的工作人员授课。授课内容分为面授学习部分和数字网络课堂两部分。

1. 了解国家帮扶政策。通过4个课时对水某等戒毒人员进行就业政策培训，水某等戒毒人员对国家补贴、脱贫帮扶等政策有了初步了解。通过对政策的了解，增强了学习养殖技术戒毒人员的创业就业信心。

2. 学习专业理论知识。通过教育科建成的现代化数字网络课堂，水某学习生猪养殖的技术。课程分为60课时：(1)实用简易养猪技术；(2)生猪养殖技术方案，工艺流程与技术参数；(3)生猪繁育；(4)无公害生猪养殖技术；(5)常见猪病防治的5个药方。课程由许昌市人力资源和保障局提供。培训之外水某勤学好问，利用图书阅览室查阅有关生猪养殖的知识，通过不断的学习，水某增强了对生猪养殖了解。

3. 理论与实践相结合。在经过15天的培训后，水某初步在理论上学习了生猪养殖的技术，在接下来3个月的实践阶段，大队民警积极与老所区的生猪养殖基地联系和协调，水某得到了多次实践提升的机会，在近30个课时的实践中，水某的理论在实践的加持下进一步得到巩固。实践课结束后，水某和其他戒毒人员参加了许昌市人力资源与社会保障局组织的职业技能资格鉴定考试，水某顺利地通过了考试，也说明水某在民警的帮助下已恢复生活的信心。

(四)持续追踪帮扶

1. 对接帮扶实现成功创业。2018 年 5 月,因水某百分考核和身体各项指标达到了提前解除的标准,6 月 22 日水某被提前解除强制隔离戒毒。解除强戒后,水某被戒毒所民警送回到原籍,省三所教育科及管理科把水某的情况反馈给了水某居住的大石桥乡司法所。省三所民警多次探访水某家庭,对其年迈的父母和未成年儿子进行物质上的慰问,这为水某创业伊始家庭稳定打下基础。在慰问过程中,民警对水某依托自家老宅基地的条件建立生猪养殖场进行了法律程序援助。经过多方协调和审批,水某的养殖场终于建立起来,前期存栏 18 头,经过半年的发展壮大已发展到了 50 多头。水某依靠过硬的技术和防范顺利地度过了“非洲猪瘟”疫情。2019 年生猪价格上涨,水某实现了盈利并结清了亲戚朋友的借款,顺利脱贫,养殖事业逐步走上正轨。下一步,水某计划稳步扩大养殖规模和引进恒温养殖技术,预计 2020 年年中生猪存栏可突破 100 头以上。

2. 多方联动监督强化戒毒成果。在近十几个月的持续追踪回访中,水某结合自身条件在戒毒所学得生猪养殖技术,在戒毒所民警的帮扶下实现了创业。水某所在的大石桥乡司法所定期为其尿检,社区康复中心未发现水某有复吸现象。河南省第三强制隔离戒毒所对水某的追踪回访也将继续进行。

【案例思考】

《禁毒法》第 34 条规定城市街道办事处、乡镇人民政府负责社区戒毒工作。城市街道办事处、乡镇人民政府可以指定有关基层组织,根据戒毒人员本人和家庭情况,与戒毒人员签订社区戒毒协议,落实有针对性的社区戒毒措施。公安机关和司法行政、卫生行政、民政等部门应当对社区戒毒工作提供指导和协助。城市街道办事处、乡镇人民政府,以及县级人民政府劳动行政部门对无职业且缺乏就业能力的戒毒人员,应当提供必要的职业技能培训、就业指导和就业援助。

事实上,戒毒人员在经过强制隔离回归社会后的就业一直是个老大难问题,长期困扰着从事禁毒事业的工作者们。有数据表明,戒毒人员被强戒后的就业率在 30% 左右,甚至还要更低。导致戒毒人员复吸的因素跟就业困难有着很大的关系。虽然在强制隔离戒毒期间毒瘾的身体反应可以得到有效的戒断,但是“心瘾”难除;而且强制戒毒后戒毒人员的身份发生了变化,身份证信息也被打上了吸毒的烙印,因此在强戒期满以后无论是乘坐交通工具还是住宿、务工等都会受到“特殊照顾”。多数企业一般都会拒绝吸纳吸毒人员就业,因此戒毒康复人员就业就成了一大社会难题,更是需要社会的包容及多部门多行业的支持。

综上,在戒毒人员强制隔离戒毒期间,应对戒毒人员进行有效的就业评估,依据其自身和生存环境的特点因材施教,让戒毒人员得到职业技能方面的培训。戒毒人员通过掌握一定谋生技能唤起人生信心,可有效提高其就业生存的能力,减少再次流浪社会聚群扎堆行不法之事的可能性。唯有实现正常就业才能充实戒毒人员的生活,帮助戒毒人员回归正常的生活环境,从而减少复吸率,避免因吸毒而诱发违法犯罪。戒毒人员回归社会的就业是一个综合性的社会难题,也是构建难度超乎想象的系统工程,需要政府多部门联动和互补,这对于禁毒工作者而言依然任重道远。

案例编号:HNYJDJJ1599387150

河南省第三强制隔离戒毒所　牛　彪

通过多种措施调动长期患病戒毒人员田某某戒治积极性的案例

【案例背景】

戒毒人员田某某,男,43 岁,高中学历,第二次被执行强制隔离戒毒,患有高血压、糖尿病等慢性病,体质较差。进入戒毒所后,田某某经常因为身体原因在所戒毒医疗中心就诊,有时还会外出就诊。田某某本人戒治态度较为消极,总认为自己的身体不好,对所内开展的各项教育矫治活动提不起兴趣,平时经常情绪低落,很少与民警主动交流,也不喜欢与其他戒毒人员来往。在与其他戒毒人员发生冲突或民警批评时,田某某情绪容易不稳定。

【案例基本情况】

根据戒毒人员田某某的基本情况和实际戒治表现,田某某所在大队经研究提出针对性强的一套综合性教育戒治方案,主要把深入戒毒人员内心、转变其心态作为根本出发点,落实大队包教民警责任。所在大队的兼职教师、心理咨询师及康复训练师联合起来,通过教育矫正、心理矫治及康复训练等多种措施,帮助戒毒人员逐步化解焦虑、抑郁等不良情绪,促使其培养健康、积极、向上的良好心态,并能主动配合民警,积极参与戒毒所内各项教育矫治活动。具体做法如下。

(一)深入戒毒人员内心,搭建起信任的桥梁

针对戒毒人员田某某戒治积极性不高、自暴自弃的情况,民警一开始并没有批评、指责或惩罚他,而是采取个别谈话、与其家人沟通、查看田某某档案、周记等资料的方法,深入了解他的内心世界,掌握他的真实想法。这让田某某真正感受到民警想要帮助和挽救他的真诚,也让田某某撕下平日里伪装的“面具”,与民警之间搭建起信任的桥梁,为后期更好地开展各项教育矫治工作奠定良好的基础。

(二)从兴趣爱好着手,帮助戒毒人员转变消极心态

民警了解到,田某某从小就对绘画有着强烈的兴趣。小时候因为家庭条件不太好,父母并不支持他的爱好,所以田某某没有经过任何专业学习和培训。但他一直未放弃这种爱好,平时一有时间就练习,尤其偏爱风景、山水等静态画,能画得像模像样。民警把握住他的这个特点,在进行个别谈话时,经常引入与绘画相关的话题,引起戒毒人员田某某的兴趣。民警还为田某某提供展现自我的平台,提高自我认同感。例如,在戒毒场所春节期间开展的“家国情”优秀传统文化教育周活动中,民警鼓励戒毒人员田某某以“歌颂祖国大好河山”为主题作画并参加主题书画展。在田某某完成画作后,民警将其画作在管理区展出,供民警和戒毒人员参观、鉴赏,这极大地增强了田某某的自信心,使他从对自己身体的过度关注中解脱出来,把更多的时间和精力放在提高自己的绘画水平上,慢慢地转变心态。同时,民警鼓励田某某在大队组建绘画兴趣班,带动其他戒毒人员利用业余时间培养健康积极的兴趣爱好。通过这一系列举措,田某某的心态逐渐发生变化,慢慢开始变得积极向上。

(三)配合适当的运动方式,逐渐增强戒毒人员体质

针对田某某总是以自己身体不好为由,抗拒日常康复训练,有时还装病的情况,民警在进行个别谈话过程中,有意识地对其进行教育引导,向他讲述体育运动对于提高身体素质、恢复身体机能以及增强身体免疫力、抵抗力的诸多益处。在日常康复训练中,康复训练师引导田某某根据自己身体实际情况,选择一些动作舒缓、运动量适中的康复项目,循序渐进增加运动量和运动强度。田某某最初选择快走、慢跑等运动项目,后又增加了太极拳、八段锦等中国传统健身项目。在有规律性地参加康复训练活动后,田某某反映自己的睡眠质量明显提升,胃口也比之前好许多。田某某通过自己的实践,体会到了运动的好处。加之戒毒所大力提倡“运动戒毒”理念,经常性开展一些符合戒毒人员身体实际情况的体育

活动,对戒毒人员田某某有效地释放焦虑、抑郁等不良情绪,树立正确的运动观念,培养良好的运动习惯起到了促进作用。田某某对日常康复训练的态度从以前的抗拒、被动接受转变为积极主动地参与。

(四)感受亲情力量,增强回归社会和家庭的信心

民警了解到,田某某之所以产生一些不良情绪,还有一个重要的原因是他觉得自己身体不好拖累了家人。田某某父母已经年迈,身体不好,妻子担负起整个家庭的主要责任,家中还有一个儿子,还在上小学。田某某自己身为儿子、丈夫和父亲,没能尽到应尽的责任和义务,心理矛盾较为突出。田某某一方面对家人充满了愧疚和自责,觉得对不起家人,想要洗心革面重新过上正常人的生活;另一方面又觉得彻底戒断戒瘾的难度很大。尤其是经历过多次戒毒失败后,田某某抱着"破罐子破摔"的想法,开始自暴自弃。民警意识到田某某对家庭和亲人仍有责任意识,只是落实到实际行动上的意志薄弱。民警建议田某某多与家人交流,对家人敞开心扉,说出自己内心的真实想法与感受,也可以把想对家人说的话记录下来,通过拨打亲情电话或书写家信的方式,向亲人表达自己对过往的悔恨愧疚以及今后重新生活的信心和力量,让家人能够感受到他的诚意,也能够真正理解他、支持他。民警在与其家人进行电话交流时,对田某某在戒毒所内的戒治表现给予了充分肯定,也努力做好其家人的思想工作,希望他们给予田某某更多的关怀和支持,让田某某真正感受到亲情的慰藉和强大的精神力量。在此过程中,戒毒所心理咨询师也及时介入,对其进行心理疏导及危机干预,引导他走向积极健康的一面。这些措施有效地增强了田某某回归社会、回归家庭的信心和决心。

经过一系列综合戒治措施,田某某逐渐卸下了心理包袱,思想压力减轻许多,最显著的是心态变得积极向上了,不良情绪明显减少,开始积极参与所内开展的各项教育矫治活动。在家庭中获得更多支持后,田某某对未来开始有了明确的规划,重新回归家庭和社会的信心大增,对新生活的向往与渴求也更加强烈。

【案例思考】

(一)通过表面现象去深入挖掘戒毒人员内心世界

民警一定要正确看待戒毒人员,将每名戒毒人员都视为一个独特的个体来对待。要运用心理学当中的"萨提亚冰山理论",通过戒毒人员外在的言行举止

或一些表面现象,去深入挖掘内在隐藏着的真实世界,发现问题的真实根源,从而寻找适当的解决办法,真正起到教育、转化戒毒人员的作用。

(二)善于发现戒毒人员身上的"闪光点"

戒毒人员由于各种原因走上了吸毒这条违法道路。在吸食毒品且被强制隔离戒毒后,由于亲人失望、朋友远离,有时候甚至众叛亲离,戒毒人员容易对自己失去信心,自我认同感普遍较低;尤其是反复吸毒、戒毒后,戒毒人员更容易对自己失去信心,从而自暴自弃。民警一定要善于观察和了解,深入挖掘戒毒人员身上的闪光点,这些"闪光点"既可以是戒毒人员擅长的方面,也可以是他们的兴趣爱好,还可以是他们性格当中健康、积极向上的因素,只要是正向的都可以。民警通过认可、肯定和鼓励这些"闪光点",引导戒毒人员正视和客观地评价自己,不因为吸毒这一件事情就彻底否定和放弃自己,增强他们的自我认同感、价值感,重拾信心,这对他们彻底戒断毒瘾至关重要。

(三)打造稳固的亲情支持系统

戒毒人员这一特殊群体处于封闭的环境之中,面对陌生的环境和人群,较之普通人对于亲情的渴求更加强烈和迫切。结合他们对亲情的这种本能需求,通过开展亲情帮教活动、组织拨打亲情电话及书写家信等方式,拉近戒毒人员与亲人之间心灵的距离,修复破碎的亲情,帮助他们感受亲情的温暖和巨大的感化力量,打造戒毒人员稳定的亲情支持系统,为他们增强戒治的精神"动力源",这是帮助戒毒人员增强戒毒信心、巩固戒毒效果的重要方法。

(四)戒毒民警要学会平衡自己的"多重身份"

与戒毒人员"违法者""病人""受害者"三重身份相对应的,是戒毒民警"执法者""医生""老师"的三重角色,民警要从内心深处放下"管理者""教育者"的心态,扮演好戒毒人员"朋友"的角色,走进戒毒人员内心,这样才能从根本上了解戒毒人员内心的真实想法和意图。唯有如此,才能"对症下药",找到真正适合戒毒人员的戒治方法和措施。对任何一名戒毒人员,戒毒民警都不能轻言放弃,应怀着一颗包容理解的心去对待他们存在的问题,给予他们真正的关怀和帮助。

案例编号:SXSJDJJ1584636095

陕西省汉中强制隔离戒毒所　赵　娜

第四章　行政复议与应诉类

王某不服某市公安局交通警察支队某大队行政处罚决定复议案

【案件基本情况】

申请人：王某

被申请人：某市公安局交通警察支队某大队

2020 年 9 月 3 日 20 时 40 分许，申请人驾驶某小型新能源汽车沿某市烟台路由南向北行驶至聊城路路口向西左转时，驶入聊城路对向左转车道，被该处的监控设备抓拍记录为违法。2020 年 9 月 15 日，被申请人对申请人在上述路口实施机动车逆向行驶违法行为，适用公安交通管理简易程序作出罚款 200 元的处罚决定。后申请人不服，向某市人民政府申请行政复议。

申请人认为，涉案路段路面标线磨损严重，清晰度欠佳，且部分标线存在缺失；道路分隔线并非施划在道路中央，路面也没有中央隔离护栏或者路口导向线引导车辆行驶，导致申请人在夜间驾驶时难以看清标线位置。因此，逆向行驶不能归责于申请人，对申请人予以处罚明显不合理，请求撤销上述行政处罚决定。

被申请人认为，涉案路段路面标志标线齐全，且符合国家标准，申请人所称的设置隔离护栏、反光标线等并非法律法规的强制性规定，因此交通管理部门相应的法律义务已经履行到位。违法照片显示申请人确实存在逆向行驶行为，且其碾压的并非一角，而是几乎一整个车道，可见申请人没有认真履行谨慎驾驶、注意观察的义务是发生本次违法行为的主要原因。因此，申请人违法事实清楚，被申请人处罚适当，应当予以维持。

【案件办理情况】

案件办理过程中，复议机关办案人员根据申请人提出的事实和理由，对涉案路口的标志标线设置是否适当存有疑问，经查阅有关国家标准、与被申请人沟通了解后，又多次会同有关民警、案件协办人、法律顾问到现场进行实地勘察、亲身体验。经现场勘查发现，烟台路西侧的聊城路上，靠近烟台路路口处，道路中间偏北施划有分隔对向车道的单黄实线（不在道路中心线上），因长时间压行磨损等原因导致清晰度欠佳。单黄实线北侧为由东向西行驶的两车道，南侧为由西向东行驶的三车道(由南向北依次为右转直行车道、直行车道、左转车道),各车道宽度均为3米。南侧三车道进入路口处划有白色停止线,与道路中间单黄实线相交处附近,部分白色停止线因长时间压行磨损而缺失。该路口未设置其他标志标线或交通设施引导左转车辆行驶,影响驾驶人作出合理判断,是导致申请人违法行为发生的主要原因。本案中,被申请人作出涉案行政处罚决定时仅考虑逆向行驶这一事实,未考虑造成逆向行驶的客观因素,不符合行政合理性原则。同时,申请人在驾驶过程中应负有谨慎驾驶的义务,行经交叉路口,应当减速慢行,注意观察交通标志标线,故对涉案违法行为的发生,申请人亦具有一定过错。复议机关经审理认为,被申请人适用公安交通管理简易程序作出处罚决定,对案件事实认定不清,且适用依据错误,最终作出撤销涉案行政处罚的复议决定;同时,对申请人的不规范驾驶行为,在复议决定中一并予以指正。

【案件评析】

因行政管理不到位导致的违法行为,其不利后果不应由行政相对人承担。道路交通标志标线应当符合"保持清晰、醒目、准确、完好"的要求,体现便民利民原则。清晰和明确的道路交通标志标线,会让驾驶员、行人更加准确轻松识别,可以有效促进广大交通参与者遵守交通法规,文明出行。当道路交通标志标线发生损毁、磨损、缺失等严重影响驾驶人和行人辨识的情况时,主管部门应当及时予以重新施划,以方便群众按照标志标线的指引正确通行。本案中,路面标线磨损严重,清晰度欠佳,夜间可视度更低,且部分标线缺失,未能起到有效的提醒和警示作用,系涉案交通违法行为发生的主要原因,不应由行政相对人承担不利后果。涉案行政处罚决定违反了行政处罚公正原则,不仅不利于交通行政管理目的的实现,还有损交通执法部门的公信力。

胡某不服某市人力资源和社会保障局不予认定工伤决定复议案

【案件基本情况】

申请人:胡某(工伤职工杨某之子)

被申请人:某市人力资源和社会保障局

第三人:某生物工程有限公司

死者杨某系第三人职工，与申请人系父子关系。2019 年 9 月 29 日 7 时许，杨某在上班途中无证驾驶二轮摩托车沿某市某路由东向西行驶至某大桥西侧时摔倒受伤，后经市中医院抢救无效于当日死亡。2019 年 10 月 11 日，市交警大队出具《道路交通事故证明》，认为现有证据无法判定杨某摔倒原因，根据尸表检验情况难以确定死因。2020 年 1 月 17 日，申请人提出工伤认定申请，3 月 10 日被申请人作出《不予认定工伤决定书》，并向第三人和申请人的委托代理人依法送达。后申请人对此不服提出行政复议申请，请求撤销该《不予认定工伤决定书》。

申请人认为，申请人是在上班途中发生交通事故，应当认定为工伤。

被申请人认为，《最高人民法院行政审判庭关于职工在上下班途中因无证驾驶机动车导致伤亡的，应否认定为工伤问题的答复》（〔2010〕行他字第 182 号）规定，职工在上下班途中因无证驾驶机动车、驾驶无牌机动车或者饮酒后驾驶机动车发生事故导致死亡的，不应认定为工伤。据此，杨某之死不应认定为工伤。

【案件办理情况】

2004 年 1 月 1 日起施行的《工伤保险条例》第 16 条第 1 项规定，因犯罪或者违反治安管理伤亡的不得认定为工伤。《最高人民法院行政审判庭关于职工在上下班途中因无证驾驶机动车导致伤亡的，应否认定为工伤问题的答复》正是针对该条规定，对无证、无牌驾驶机动车是否属于违反治安管理行为所作的答复。2010 年 12 月，《工伤保险条例》进行了修订，已将“违反治安管理伤亡的”这一项从不得认定为工伤的条款中删除。此外，修改前的《工伤保险条例》第 14 条第 6 项规定，职工在上下班途中受到机动车事故伤害的应当认定为工伤。复议机关认为，无证、无牌驾驶机动车是作为交警部门确定交通事故责任分担的一项考量因素，但对杨某能否认定为工伤，除上述因素外还应考虑杨某驾驶过程中有无其他违法行为，不能简单认定事故责任。市道路交通事故复核部门专家亦就无牌、无证、未佩戴头盔等情节进行了论证，认为该案不能直接简单适用相关法律，建议当事人进行调解化解纠纷，让当事人明白存在的潜在风险和可能遭受的损失，降低各自心理预期，以有利于实现双方利益最大化。后在复议办案人员的主持下，死者家属与死者生前单位通过和解，就补偿款分配事宜签订《协议书》。经复议机关准许，申请人自愿撤回了行政复议申请，行政复议终止。同时,办案人员通过耐心细致解答企业咨询的规范用工和保障职工合法权益等有关法律问题,帮助企业预防因不当用工可能引发的额外损失。

【案件评析】

实践中,工伤保险部门和司法机关对类似案件的事实认定和法律适用标准并不一致,甚至认定结论完全相反。如果复议机关简单地径行作出行政复议决定,可能任何一方都不会服法息判,这容易导致旷日持久的诉讼,不利于实质性化解矛盾纠纷。同时,本案中的第三人为招商引资的重点科技企业,受疫情影响,生产效益下降。因死者未参保,如果认定死者为工伤,第三人将赔付巨额补偿金,这不仅严重影响其生产经营,第三人也难以及时足额履行补偿义务。争取双方和解不仅有利于死者家属及时获得一定的经济补偿,也有利于企业克服疫情影响,从烦琐的行政纠纷中解脱出来,集中精力聚焦生产经营。为推动实质性化解行政争议,在复议机关办案人员的主持下,通过多方努力,申请人和第三人就补偿问题达成和解,实现案结事了,案件办理取得良好效果。

某公司不服某市某区人民政府国有土地上房屋征收决定复议案

【案件基本情况】

申请人:某市某公司

被申请人:某市某区人民政府

2020 年 10 月 17 日,被申请人作出《关于某区某镇某屯某村棚户区改造和环境整治安置房项目范围内房屋征收决定》(以下简称《房屋征收决定》),决定对涉案棚改项目范围内的房屋及附属物实施征收,同时收回涉案地块的国有土地使用权。申请人的房屋位于被征收范围内。后申请人对被申请人作出的上述《房屋征收决定》不服,向某市人民政府申请行政复议。

申请人认为,被申请人并非为公共利益征收房屋,且其作出的《房屋征收决定》违反法定程序,要求予以撤销。

被申请人认为,为推动棚改项目而征收国有土地应当被认定为符合公共利益需要。同时,被申请人严格按照国家和地方的有关规定组织征收工作,程序合法,请求维持《房屋征收决定》。

【案件办理情况】

复议机关经审理认为，被申请人作为某市的区人民政府，具有负责该区房屋征收与补偿工作的法定职责。《国有土地上房屋征收与补偿条例》（以下简称《房屋征收与补偿条例》）第4条规定，市、县级人民政府负责本行政区域的房屋征收与补偿工作；市、县级人民政府确定的房屋征收部门组织实施本行政区域的房屋征收与补偿工作。第8条第1款规定，确需征收房屋的，由市县级政府作出房屋征收与补偿决定。据此，被申请人作出本行政区域内的房屋征收决定，符合其法定权限。《房屋征收与补偿条例》第9条规定，确需征收房屋的各项建设活动，应当符合国民经济和社会发展规划、土地利用总体规划、城乡规划和专项规划；保障性安居工程建设、旧城区改建，应当纳入市、县级国民经济和社会发展年度计划。涉案地块拟用于棚户区改造和环境整治安置房项目，且被纳入某市有关保障性住房建设计划，以及某区国民经济和社会发展计划。据此，被申请人作出的房屋征收决定，符合公共利益的需要。《房屋征收与补偿条例》第3条规定，房屋征收与补偿应当遵循程序正当的原则。本案中，房屋征收部门在征收范围内发布了公告，对房屋情况组织了调查登记并公布调查结果。在涉案棚改项目资金足额到位情况下，房屋征收部门拟定征收补偿方案报送被申请人，被申请人召开区政府专题会议，同意该方案。房屋征收部门就该方案公开征求意见，经被申请人同意后，将征求的公众意见及修改情况在被申请人网站上公告，并组织进行了社会稳定风险评估。此后，房屋征收部门呈报征收请示。据此，被申请人作出《房屋征收决定》并在被申请人网站上进行公示，程序合法。根据上述审理情况，复议机关最终作出维持被申请人《房屋征收决定》的复议决定。

【案件评析】

在工业化、城镇化进程中，国有土地房屋征收和补偿属于涉及民生领域的工程，不仅社会关注度高，而且是引发行政争议的重点领域。本案中，行政复议办案人员对涉案地块上房屋被征收的全过程作了深入细致的审查，在复议决定中对被申请人作出征收决定的各个环节作了清晰准确的梳理，并针对各项事实逐一核查相应证据。在案件办理过程中，办案人员并未局限于申请人的复议请求，而是从征收的权限、条件、程序各方面对涉案房屋征收决定进行全面审查，进而作出维持决定，赢得各方当事人的信服，实现了案件办理的法律效果和社会效果的有机统一。

第五章　法治宣传类

第一节　以案释法案例

从某采石场破坏生态环境案看民事公益诉讼

【案情简介】

2020 年 8 月,某区规划和自然资源局向重庆市人民检察院第四分院移送某采石场自 2013 年停止开采以来未对矿区进行生态恢复治理,矿区处于岩石裸露状态,无植物生长的相关线索。采石场严重破坏了矿区林业生态环境,在矿山关闭后未及时履行对受损生态环境进行修复治理的义务,损害了社会公共利益。检察院将某采石场作为民事公益诉讼案件的被告立案调查并起诉到重庆市第四中级人民法院,法院判决该采石场法定代表人刘某对采石场进行生态恢复治理。

【调查与处理】

2004 年 7 月 30 日,刘某申请注册登记"重庆市黔江区某采石场";2005 年刘某向农户租用涉案矿区林地,在未办理使用林地手续的情况下开始露天开采建筑石料用石灰岩,所使用林地系地方重点公益林;2011 年 6 月采矿权到期后刘某继续开采至 2013 年;自 2013 年停止开采以来,该采石场未对矿区进行生态恢复治理,矿区处于岩石裸露状态,无植物生长。检察院通过多方调查及广泛收集证据资料,确认了生态环境损害事实,对被损毁林地进行生态修复治理需要费用 32.454 万元。

检察院于 2020 年 10 月 26 日向重庆市第四中级人民法院提起了民事公益诉讼,重庆市第四中级人民法院于 2020 年 11 月 17 日审理终结后判决某采石场在本判决生效后 15 日内开始按照重庆市中正司法鉴定中心编制的《重庆市黔江区某采石场生态恢复治理方案》对采石场进行生态恢复治理,限在开始实施之日起 8 个月内完成生态恢复治理义务并报经有关行政主管部门组织验收合格。若该采石场未履行上述确定的生态恢复治理义务,则应在期满之日起 10 日内赔偿生态恢复治理费用 32.454 万元。

【法律分析】

根据《民事诉讼法》第58条第2款“人民检察院在履行职责中发现破坏生态环境和资源保护、食品药品安全领域侵害众多消费者合法权益等损害社会公共利益的行为,在没有前款规定的机关和组织或者前款规定的机关和组织不提起诉讼的情况下,可以向人民法院提起诉讼”的规定,重庆市人民检察院第四分院在履行监管职责过程中发现被告有破坏生态环境的行为,有权进行立案调查并提起环境民事公益诉讼。

本案采石场的采矿行为及未对矿区进行生态恢复治理的行为,造成了该地生态环境损害的事实。因采矿行为与生态环境受到损害存在直接因果关系,根据原《侵权责任法》第6条、第15条,《民法典》第1229条“因污染环境、破坏生态造成他人损害的,侵权人应当承担侵权责任”的规定,采矿场应承担环境侵权责任,并承担相应矿山生态恢复治理的责任。根据《森林法》第37条“矿藏勘查、开采以及其他各类工程建设,应当不占或者少占林地;确需占用林地的,应当经县级以上人民政府林业主管部门审核同意,依法办理建设用地审批手续”的规定,本案被告在未办理占用林地审批和建设用地审批手续的情况下占用重点公益林进行采石,行为违法,主观存在过错。根据重庆市中正司法鉴定中心编制的《司法鉴定意见书》,采石场破坏林地面积12,380平方米,造成原有植被全部丧失,原始地形地貌发生改变,山体裸露,生态环境损害的事实存在。根据《矿山地质环境保护规定》第16条第1款“开采矿产资源造成矿山地质环境破坏的,由采矿权人负责治理恢复”的规定,采石场未经许可在重点公益林露天开采,严重破坏了矿区林业生态环境,停止开采后又未及时履行对受损生态环境进行修复治理的义务,损害了社会公共利益。

人民法院根据《最高人民法院关于审理环境民事公益诉讼案件适用法律若干问题的解释》第18条“对污染环境、破坏生态,已经损害社会公共利益或者具有损害社会公共利益重大风险的行为,原告可以请求被告承担停止侵害、排除妨碍、消除危险、恢复原状、赔偿损失、赔礼道歉等民事责任”、第20条“人民法院可以在判决被告修复生态环境的同时,确定被告不履行修复义务时应承担的生态环境修复费用;也可以直接判决被告承担生态环境费用。生态环境修复费用包括制定、实施修复方案的费用和监测、监管等费用”、第22条“原告请求被告承担检验、鉴定费用,合理的律师费以及为诉讼支出的其他合理费用的,人民法院可以依法予以支持”的规定，作出了支持公益诉讼起诉人诉讼请求的判决。法院要求采石场按照生态恢复治理方案的要求进行生态恢复治理，并需经有关部门验收合格；若未能履行生态恢复治理义务，则应赔偿相应的生态恢复治理费用；并要求采石场支付公益诉讼起诉人垫付的鉴定费、制定生态恢复治理方案费用。

【典型意义】

本案系重庆首例生态修复民事公益诉讼案件，对督促民事主体依法承担环境损害赔偿责任，促进行政机关依法、及时、全面履行法定职责，维护矿山生态环境安全、国家利益和社会公共利益具有积极作用。

该案的典型意义在于：一是有利于落实企业修复责任，破除企业污染、政府买单、群众受害的困境。实行生态环境损害赔偿制度，综合运用行政处罚、刑事制裁和民事赔偿，可以大大增强环境法律对于环境违法行为人的威慑力，从而有利于遏制环境违法。二是有利于生态环境保护。引入生态环境损害赔偿规则可以促使环境违法者承担环境损害的修复成本，支付生态修复的全部费用，有利于企业树立绿色生产的观念，保护生态环境。三是有利于营造多赢、共赢的局面。检察机关通过公益诉讼工作，不仅实现了该矿山生态修复，也推动了行政机关依法履职。公益诉讼是行政执法的有效助力，是实现行政机关、司法机关、社会公益多赢的有效途径，对环境生态修复起到积极的推动作用。

案例编号：CQFXSF1623987094

重庆市司法局　赵梦婕

涉及转租的租赁合同纠纷以案释法案例

【案情简介】

吴某某从江门市邑大产业有限公司（以下简称邑大公司）处承租了房屋经营，租赁期限自2001年5月10日至2015年6月30日。双方按合同约定履行至合同期满，其后未续签租赁合同，但仍继续按照原合同约定履行租赁事宜。其间，吴某某将其从邑大公司处租赁的房屋交由江门市纯自然装饰建材发展有限公司（以下简称纯自然公司）转租给苏某某经营，苏某某作为蓬江区丰乐江华足浴城(以下简称丰乐足浴城)经营者与纯自然公司多次签订《商铺租赁合同》,约定租赁期限至2020年7月9日止。合同签订后,丰乐足浴城仅向纯自然公司支付租金至2017年8月,并于2018年12月25日才将租赁商铺腾退给纯自然公司。据此,纯自然公司向法院提起诉讼要求丰乐足浴城、苏某某支付自2017年9月1日至2018年12月25日拖欠的租金1,080,868.52元。

另查明,广东省江门市蓬江区人民法院于2018年12月7日作出另案判决,认定吴某某与邑大公司租赁关系于2017年8月3日解除,自合同期满后至租赁合同关系解除期间双方存在不定期租赁关系。

【调查与处理】

广东省江门市蓬江区人民法院一审认为,根据《最高人民法院关于审理城镇房屋租赁合同纠纷案件具体应用法律若干问题的解释》(法释〔2009〕11号)第15条之规定,在吴某某与邑大公司于2017年8月3日解除不定期租赁关系后,纯自然公司已失去继续转租的权利,故纯自然公司与丰乐足浴城签订的商铺租赁合同的合同期限超出2017年8月3日的约定无效。基于丰乐足浴城实际占有使用租赁房屋至2018年12月25日,该期间造成纯自然公司须继续向邑大公司支付占有使用费的事实。据此,一审判决:(1)丰乐足浴城(经营者苏某某)应向纯自然公司支付占有使用费386,042元;(2)驳回纯自然公司的其他诉讼请求。判后,纯自然公司、丰乐足浴城均提起上诉。

江门市中级人民法院二审认为,根据《民法典》第717条的规定,转租期限超过承租人剩余租赁期限的事实并不影响合同效力。案涉《商铺租赁合同》应认定为有效,对本案双方当事人均具有约束力。故于2021年2月3日依法判决:(1)撤销一审判决第二项;(2)变更一审判决第一项为丰乐足浴城(经营者苏某某)应向纯自然公司支付租金900,868.52元;(3)驳回纯自然公司的其他诉讼请求。

【法律分析】

本案当事人的主要争议之处在于转租期限超过承租人剩余租赁期限部分是否有效。《最高人民法院关于审理城镇房屋租赁合同纠纷案件具体应用法律若干问题的解释》(法释〔2009〕11号)在《民法典》施行前是审理房屋租赁合同纠纷的重要裁判准据,其中关于转租合同效力的规则,为审理转租纠纷提供了统一的裁判尺度，对解决实务中因转租产生的纠纷具有积极的意义。根据该司法解释第 15 条关于“承租人经出租人同意将租赁房屋转租给第三人时，转租期限超过承租人剩余租赁期限的，人民法院应当认定超过部分的约定无效。但出租人与承租人另有约定的除外”以及第 18 条关于“房屋租赁合同无效、履行期限届满或者解除，出租人请求负有腾房义务的次承租人支付逾期腾房占有使用费的，人民法院应予支持”的规定，对于未取得出租人同意的转租合同，或虽经出租人同意，但超过租赁合同剩余期限的部分，认定无效。但是，上述司法解释的转租规则在实践中也带来了一定的困惑。实践中，发现有部分案件是：转租合同订立后，双方长期相安无事，但因次承租人经营不善或承租人为提高租金等事由，一方当事人意图提前终止合同，故而以出租人未同意或者转租合同期限超过租赁合同期限为由要求确认合同无效。虽然上述司法解释第 16 条对出租人的异议期进行了限定，但实务中查实出租人“知道或应当知道”却颇为困难。于是，法官在案件审理过程中，虽然通过案件事实的认定已经形成了提出确认合同无效的一方当事人恶意违约的心证，但囿于该规则，不得不判决确认合同无效；而合同无效的缔约过失责任显然又轻于合同有效的违约责任，因此该条规则无异于承认当事人有权拒绝履行合同义务并恶意毁约。

鉴于此，《民法典》在总结实践经验的基础上，对转租规则进行了较大的修正。《民法典》删除了原《合同法》第 51 条关于“无处分权的人处分他人财产，经权利人追认或者无处分权的人订立合同后取得处分权的，该合同有效”的规定，即不再将具有权利来源作为肯定合同效力的要件；同时，《民法典》对未经出租人同意的转租合同及转租期限超过租赁期限的情形进行了区分规定。《民法典》第 716 条第 2 款规定：“承租人未经出租人同意转租的，出租人可以解除合同。”第 717 条规定：“承租人经出租人同意将租赁物转租给第三人，转租期限超过承租人剩余租赁期限的，超过部分的约定对出租人不具有法律约束力，但是出租人与承租人另有约定的除外。”即在转租未经出租人同意的情形，合同有效，但同时赋予出租人以解除租赁合同的权利，从而兼顾了出租人、承租人和次承租人的利益；在转租期限超过租赁合同期限的情形，则因出租人并非转租合同的当事人而对其不发生法律效力，但对出租人不发生法律效力并不否定该转租合同在转租人和次承租人之间有效。由此可见，《民法典》并不认为仅因转租期限超过承租人剩余租赁期限即认定超过部分的合同约定无效。也就是说，转租期限超过承租人剩余租赁期限的事实并不影响合同效力。据此，根据《最高人民法院关于适用〈中华人民共和国民法典〉时间效力的若干规定》第 8 条关于“民法典施行前成立的合同,适用当时的法律、司法解释的规定合同无效而适用民法典的规定合同有效的,适用民法典的相关规定”之规定,本案应适用《民法典》的相关规定,即应依法认定转租期限超过承租人剩余租赁期限之约定有效。

综上所述,纯自然公司与丰乐足浴城签订的《商铺租赁合同》系其真实意思表示,且内容不违反法律、行政法规效力性强制性规定,不违背公序良俗,应当认定为有效,双方均应依约全面、适当履行合同义务。由于丰乐足浴城实际占有使用租赁房屋至 2018 年 12 月 25 日,而租金仅支付至 2017 年 8 月,故其仍应支付 2017 年 9 月至 2018 年 12 月 25 日的租金,而支付标准则应按照合同约定的标准计算。

【典型意义】

本案是《民法典》施行后审结的一宗涉及转租的租赁合同纠纷。该案体现出《民法典》有关转租的新规则对该类纠纷的审理思路产生了较大的影响。一审法院在作出本案一审判决时适用当时的《最高人民法院关于审理城镇房屋租赁合同纠纷案件具体应用法律若干问题的解释》(法释〔2009〕11 号)的规定及在先生效判决认定纯自然公司与丰乐足浴城签订的商铺租赁合同期限超出 2017 年 8 月 3 日的部分无效并无不当。在上述司法解释的规则下,该类案件一个重要的审查内容是次承租人是否审查了转租人的权利来源(是否经过出租人同意)以及转租合同的期限(是否超过剩余期限),以考察次承租人有无过错,从而影响转租合同确认无效后双方责任的分配。然而,在《民法典》的新规则下,次承租人的此项审查义务得以免除,转租期限超过承租人剩余租赁期限的事实并不影响合同效力。因此,次承租人应按照合同约定的标准支付其实际占有使用租赁房屋期间的租金给转租人;而对于转租人而言,保证有转租的合法权利来源并进而交付租赁物供次承租人使用,是转租人当然的义务,对该项义务的违反,应当承担违约责任。可以说,该案的判决,既能体现出审理法官对案件争议焦点的认定,也体现出对《民法典》第 717 条的理解和适用;同时,还能让人民群众认识到新旧法律衔接的适用问题以及《民法典》的进步之处。

案例编号:GDFXSF1619507685

广东省普法办　丘伟平

违法解除劳动合同以案释法案例

【案情简介】

2021 年 5 月 12 日,某企业员工牛某某在工作期间与其上级领导在工作上发生了分歧,双方进而产生口角不欢而散。一周后,牛某某接到单位人事部门的通知,称其因不服从领导安排已被解雇,并承诺会将剩余的工资结清。牛某某不服单位的处理结果,认为是领导挟私报复,单位没有开除他的正当理由,现在他准备离职但要求单位支付经济补偿,双方协商无果,遂到军垦街道司法行政工作室寻求帮助。

【调查与处理】

军垦街道司法行政工作室受理申请后,第一时间向牛某某和其所在企业了解情况。通过调查得知,牛某某在本企业已工作 3 年,签订无固定期限劳动合同,且工作过程中没有违反企业的规章制度,也没有《劳动合同法》规定用人单位可以解除劳动合同的几种情形。军垦街道司法行政工作室的工作人员与企业负责人也进行了深入沟通,给企业负责人宣讲了用人单位可以解除劳动合同的几种情形,此次企业单方面与牛某某解除劳动合同的做法违反了法律规定,牛某某有权解除劳动合同并要求经济补偿。经过军垦街道司法行政工作室工作人员的释法宣讲和耐心劝导,企业负责人也认识到此次事件是企业有错在先,同意牛某某辞职并向其支付经济补偿。

【法律分析】

结合案情具体分析用人单位单方解除劳动合同的相关问题。本纠纷涉及的即是劳动合同解除问题,用人单位是否可以单方解除劳动合同?答案是否定的。

根据《劳动合同法》第 39 条的规定,劳动者有下列情形之一的,用人单位可以单方解除劳动合同:(1)在试用期间被证明不符合录用条件的;(2)严重违反用人单位的规章制度的;(3)严重失职,营私舞弊,给用人单位造成重大损害的;(4)劳动者同时与其他用人单位建立劳动关系,对完成本单位的工作任务造成严重影响,或者经用人单位提出,拒不改正的;(5)因劳动者欺诈、胁迫、乘人之危签订劳动合同致使劳动合同无效的;(6)被依法追究刑事责任的。

《劳动合同法》明确规定了劳动者存在双重或多重劳动关系和因劳动者原因致使劳动合同无效情形下的单方解除权,保障了用人单位的权利,避免用人单位因劳动者的过错而遭受损失。同时,《劳动合同法》还规定用人单位行使过错性解除权无须向劳动者支付经济补偿金。不仅如此,根据原劳动部《违反〈劳动法〉有关劳动合同规定的赔偿办法》的规定,因劳动者过错给用人单位造成经济损失的,用人单位可以要求劳动者给予赔偿。

本纠纷中,某企业单方面解除劳动合同的做法违反了《劳动法》与《劳动合同法》中关于用人单位不得无故单方面解除劳动合同的规定。用人单位与劳动者均应严格按照相关法律、行政法规履行各自的权利和义务。用人单位无故单方面解除劳动合同的,劳动者依法可以要求继续履行合同,也可以要求解除劳动合同,并要求用人单位支付经济补偿金。经济补偿一般以劳动者在劳动合同解除或者终止前12个月的平均工资为标准;根据劳动者在本单位工作的年限,每满1年支付1个月;6个月以上不满1年的,按1年计算,支付1个月;不满6个月的,按半年计算,支付半个月。劳动者离职前12个月平均工资高于用人单位所在直辖市、设区的市级人民政府公布的本地区上年度职工月平均工资3倍的,向其支付经济补偿以职工月平均工资3倍为标准,支付经济补偿的年限最高不超过12年。

本案中,牛某某可以要求继续履行合同,也可以要求解除劳动合同并要求用人单位给予经济补偿。经过司法行政工作室工作人员的细心释法,某企业已经认识到自己的错误,并按规定给予牛某某经济补偿,也承诺在今后的用工过程中严格遵守法律法规的相关规定,确保员工的合法权益不受侵犯。

【典型意义】

用人单位单方解除劳动合同应当依法而行,法律严格限制用人单位单方解除劳动合同。劳动合同的解除分为法定解除和约定解除两种。根据《劳动法》和《劳动合同法》的规定,用人单位除可以与劳动者协商一致解除劳动合同外,依法享有单方解除权利,但仅在三种情况下:过错性解除、非过错性解除和经济性裁员。过错性解除是指劳动者有重大过错或有严重违约行为的情况下,用人单位可以行使单方解除劳动合同的权利。

案例编号:FXSF1628217667

新疆生产建设兵团第十师北屯市军垦街道司法行政工作室　王　琮

遭遇家暴导致离婚后该如何保护自己

【案情简介】

2015 年,赵女士机缘巧合遇到了自己的“白马王子”雷先生,两人迅速坠入爱河并登记结婚,结婚第 2 年儿子出生了。可让赵女士没想到的是,婚后的雷先生慢慢像变了一个人。两口子有点矛盾本也正常,可雷先生一生气就击打一个用白布包裹的篮球,上面写着“我要打死赵某某”。一天,两人因家庭琐事争吵起来,雷先生竟动了手,将赵女士殴打成轻微伤。赵女士忍无可忍,将雷先生诉至法院要求离婚,婚生男孩由赵女士抚养,并要求雷先生赔偿赵女士精神损失费人民币 30,000 元。

法院判决离婚后,雷先生坚持不搬出房子,还要求与赵女士一同生活,并限制赵女士的人身自由和社会交往,赵女士稍有不从,就是一顿毒打。在法院强制其搬离后,他仍然借探视子女为由,多次进入赵女士家中对其实施威胁,还经常尾随、监视赵女士的行踪,不仅使赵女士的身体受到伤害,还使其处于极度恐惧之中。后赵女士向法院提出了人身安全保护裁定的申请,并提交了报警证明、妇联的来访记录、被申请人威胁申请人的字条、被撕烂的衣物、照片等证明材料。

【调查与处理】

法院经审理认为,原告赵女士与被告雷先生婚前缺乏了解,草率结婚。婚后被告将一个裹着白布的篮球挂在家中的阳台上,且在白布上写着对原告具有攻击性和威胁性的字句,还经常击打篮球,从视觉上折磨原告,使原告产生恐惧感,该行为构成精神暴力。在夫妻发生矛盾时,被告对原告实施身体暴力致其轻微伤,最终导致了原、被告夫妻感情的完全破裂。因被告存在家庭暴力行为不宜直接抚养子女,且婚生男孩未满两周岁,随母亲生活更有利于其身心健康。被告对原告实施家庭暴力使原告遭受精神损害,被告应承担过错责任,故被告应酌情赔偿原告精神损害抚慰金。据此,法院依法判决准予原告赵女士与被告雷先生离婚,婚生男孩由原告赵女士抚养,被告雷先生赔偿原告赵女士精神损害抚慰金人民币 30,000 元。该判决已生效。

双方离婚后,雷先生仍然无理纠缠赵女士,并经常辱骂、殴打和威胁赵女士,是典型的控制型暴力行为施害者。为保护赵女士的人身安全,防止“分手暴力”

事件从民事转为刑事案件,根据其提交的申请,法院裁定:禁止被申请人雷先生骚扰、跟踪、威胁、殴打申请人赵女士,或与申请人赵女士及其未成年子女进行不受欢迎的接触;禁止被申请人雷先生在距离申请人赵女士的住所或工作场所200米内活动;被申请人雷先生探视子女时应征得子女的同意,并不得到申请人的家中进行探视。该保护令的有效期为6个月。经跟踪回访,申请人此后再没有受到被申请人的侵害或骚扰。

【法律分析】

根据原《婚姻法》第46条(现《民法典》第1097条,部分内容有变动)的规定:"有下列情形之一,导致离婚的,无过错方有权请求损害赔偿:(一)重婚的;(二)有配偶者与他人同居的;(三)实施家庭暴力的;(四)虐待、遗弃家庭成员的。"以及《最高人民法院关于适用〈中华人民共和国婚姻法〉若干问题的解释(一)》第28条规定,《婚姻法》第46条规定的"损害赔偿",包括物质损害赔偿和精神损害赔偿。涉及精神损害赔偿的,适用《最高人民法院关于确定民事侵权精神损害赔偿责任若干问题的解释》的有关规定。本案中,被告对夫妻感情破裂存在过错,原告请求赔偿精神抚慰金于法有据。关于精神抚慰金的数额,根据《最高人民法院关于确定民事侵权精神损害赔偿责任若干问题的解释》第10条的规定,需根据侵权人即本案原告的过错程度、侵害手段、侵权行为造成的后果及受诉法院所在地的平均生活水平等因素综合确定。法院结合现有证据、双方当事人在庭审的陈述、当地生活水平等因素,酌情确定被告支付精神损害抚慰金3万元。

《反家庭暴力法》第23条规定:"当事人因遭受家庭暴力或者面临家庭暴力的现实危险,向人民法院申请人身安全保护令的,人民法院应当受理。当事人是无民事行为能力人、限制民事行为能力人,或者因受到强制、威吓等原因无法申请人身安全保护令的,其近亲属、公安机关、妇女联合会、居民委员会、村民委员会、救助管理机构也可以代为申请。"

《反家庭暴力法》第29条规定:"人身安全保护令可以包括下列措施:(一)禁止被申请人实施家庭暴力;(二)禁止被申请人骚扰、跟踪、接触申请人及其相关近亲属;(三)责令被申请人迁出申请人住所;(四)保护申请人人身安全的其他措施。"需注意的是,该申请不受离婚纠纷案件审结的影响。

【典型意义】

本案中，赵女士婚后被丈夫雷先生殴打致轻微伤，她在离婚诉讼中提交了录音、报警记录、诊断证明、伤情鉴定等材料，法院认定雷先生对赵女士实施的殴打行为符合家庭暴力的构成要件，属于家庭暴力行为，确认了赵女士属于无过错方及遭受家庭暴力的事实。因此我们提示，在遇到家庭暴力时，受害人首先要第一时间报警，保护自己的人身安全，如果受伤要尽快就医治疗并验伤。此外，要注意留存录音、录像等证据材料，报警记录也可以作为证明家庭暴力事实的证据。同时，上述证据对于申请人身安全保护令也具有重要的作用。

本次判决支持家暴受害方因合法权益受到损害请求的精神损害赔偿，充分维护了受害人的合法权益，亦是对家暴行为的强烈抵制。家庭暴力损害赔偿一方面从经济上填补受害方的损害；另一方面抚慰受害人的精神痛苦，使受害人获得心理上的慰藉，平息其怨愤。家庭暴力侵害了受暴者的生命权、健康权、人格尊严，是违法行为，不是家务事，在此提醒在婚姻关系中处于弱势地位的女性朋友要对家庭暴力勇敢说“不”！遭遇家庭暴力要积极向相关部门求助，可拨打110 报警，也可以拨打妇联 12338 妇女维权热线，还可以向社区居委会反映情况寻求帮助，或者向人民法院申请人身保护令，寻求司法庇护，用法律武器保护自身人身安全，维护自身合法权益。

案例编号：BJFXSF1607927281

北京市海淀区司法局　王　颖

第二节 法治宣传教育活动案例

江苏省盐城市射阳县开展民法典村居和美行动

【活动概况】

为真正让《民法典》走到群众身边、走进群众心里,成为指导社会生活的“百科全书”,江苏省盐城市射阳县抓住广大农村群众这一学法群体,扎实开展“民法典村居和美”行动,进一步营造全民尊法学法守法用法的浓厚氛围,进一步引导群众在日常生活中养成自觉守法的意识、形成遇事找法的习惯、培养解决问题靠法的能力。

【重点宣传内容】

第一,充实法治书屋,打造学习阵地全县域。全县 238 个村居都配备了农家书屋,并专设了法治图书角,充分发挥其功用,为群众学法提供便利。县法治宣传教育工作领导小组办公室(以下简称法宣办)每年订购配发法治书籍,及时对法治图书角进行更新换代,安排专人管理,对法治图书种类、数目、借阅情况进行登记,方便群众查阅、借阅。县法宣办为全县 238 个村居购置了《民法典》《宪法》《人民调解法》《土地管理法》《禁毒法》《社区矫正法实施办法》等与群众生活密切相关的法律法规书籍 15 种 1 万余本,既是对法治书屋的充实,也为群众送去了丰盛的法治年货。

第二,利用法润民生群,打造宣传阵地微矩阵。充分发挥 238 个法润民生群作用,重点做好三个方面工作,一是由镇区司法所牵头,组织村居法律顾问开展《民法典》专题解读,238 个法润民生群坚持每日一更,发布推送民法典“抖”来学、每日一“典”、漫画版民法典等群众喜闻乐见的热门视频、案例剖析、释法漫画;二是 24 小时在线接受群众咨询,做群众“贴身不走”的民法典解答员;三是分析研判群众较关心的民法典知识与问题,及时调整信息推送内容。

第三,升级法治阵地,打造宣传载体多维度。对 238 个村居法治宣传阵地进行一次全面更新，建成各具特色的民法典学习苑、民法典长廊、民法典墙体，通过设置法治站牌、标语插牌、墙体宣传板、墙体绘画等，使民法典元素得到全方位、多角度展现。同时，依托各类法治宣传阵地开展集中设台咨询、法治文艺演出、法治微视频播放等活动，让群众在耳濡目染中学习法律知识，提高法治意识。

【活动特点和效果】

江苏省盐城市射阳县采用自大处着眼、从小处入手的精准普法方式，依托小书屋、小舞台、小平台、小网格宣传学习民法典，收获了书声、掌声、笑声、赞声四声合奏的基层治理和谐乐章。

小书屋读法典，群众学法书声琅琅。全县 238 个村居法治图书角上新《民法典》后，吸引了大批群众前来咨询、借阅。尤其是一些留守老人，经常来书屋读《民法典》，学习法律知识来充实休闲时间，87 岁的束兰英老人更是被称为全县最年长的民法典宣传员。2021 年开年以来，已有 2000 多人次借阅《民法典》，《民法典》借助书屋，迅速飞入普通百姓家。

小舞台演法典，法治文艺掌声阵阵。法治文艺巡演一直是射阳法治宣传的品牌项目，艺术团、快板队等每年都会根据最新法律法规宣传需要创作脍炙人口的作品。《民法典》通过后，精品佳作频出，既有与时代接轨的动漫作品《鹤小司解读民法典》，又有接地气的土味快板《百姓喜赞民法典》、方言小剧《冷静期的温暖》等，让群众在娱乐中接受法治熏陶。而常态化的文艺巡演依托的载体——法治舞台，则是为法治电影、法治书画展、法治文艺演出提供了场所，同时也成为群众心中学法“打卡地”。

小平台说法典，议事广场笑声连连。海河镇烈士村“有事好商量”基层民主协商议事平台广泛收集村民反映的急、难、热点问题，引导村民参与讨论村内事务，并常态化通过议事广场户外讨论形式，实现村民自治公开化。“我们设置这个平台不仅是将居民群众培育成村居的主人，一同参与到村居的管理中去，同时也是通过这样的方式引导他们尚法学法，真正实现基层共建共治共享目标。”烈士村书记万亚洲介绍说，“《民法典》通过后，我们还借助这个平台，每次学习一个典型案例，都是邀请普法志愿者来讲，讲得生动有趣，老百姓听得高兴，学得也认真”。

小网格宣法典，普法队伍赞声纷纷。为了实现民法典网格宣传全覆盖，全县 4246 名网格员奔赴田间地头，拉家常、聊家事，把民法典宣传与群众日常生活紧密相连。群众事,无小事。群众只要有需求,网格员第一时间帮助解决,既解决了群众所想所急,也宣传了民法典知识,深受群众好评。

案例编号:JSFXJH1613628796

江苏省司法厅　刘佩林

拉萨海关深入开展边境专项普法宣传活动

【活动概况】

为进一步加强海关普法工作力度,积极营造边境学法、用法、尊法、守法的法治氛围,2021 年拉萨海关紧紧围绕"防控疫情,法治同行,全力守护国门安全"职责任务,深入开展了边关特色的法治宣传活动,取得了良好效果。

【重点宣传内容】

(一)强化主题引领,做好重要节点的法治宣传

紧紧围绕"三月综治宣传月"、"4·26"知识产权宣传日、"8·8"海关法治宣传日、"9·16"平安西藏周、"12·4"国家宪法日等重要时间节点,充分发挥海关贴近边民的优势,积极拓宽法治宣传渠道。现场宣传以设置宣传栏,散发书籍、传单,发放宣传礼品、画报等为形式,线上宣传以《国门时报》、《西藏日报》、《日喀则日报》、微信平台为载体,在各边境口岸广泛宣传习近平法治思想、宪法、民法典、海关法、知识产权法、国门生物安全法、疫情防控政策法规等,增强边关干部群众法治意识,不断筑牢国门安全防线。普法边境行活动开展以来,累计开展法治宣传 40 余次,发放宣传资料 5000 余份,受教育群众达万余人。

(二)"进边镇进民家",开展农牧民法治宣传

专项普法宣传活动开展以来,以"我为群众办实事"活动为契机,结合海关系统开展的"国门利剑""龙腾行动""蓝天行动",充分发挥宜勃志愿服务队、"进帐篷"法治宣传队、"格桑花女子讲解队""海关爱国主义小院"等海关特色法治宣传队的优势,主动送法上门、走进民家,受到了辖区群众热烈欢迎,海关法治宣传取得了良好效果。同时,活动积极发动边境一线社区、乡镇、学校等单位,召集农牧民、学校师生开展集中法治宣传,结合中央第七次西藏工作座谈会和习近平总书记在藏考察时的重要讲话精神,宣传讲解中央治边稳藏重要战略思想和

海关法律法规，不断增强边镇居民爱国守边和尊法学法守法用法意识，积极营造边境地区良好的法治环境。

（三）“以案释法”，开展知产、打私法治宣传

一是深入开展“走万里、访百企、解千难”稳外贸促增长专项行动，通过定期走访企业制度、建立企业微信交流群、邮政部门寄递业务视频宣讲等活动，强化法治宣传的针对性，积极向注册备案企业解读政策、宣讲法律法规，在惠及企业的同时，普及进出口环节海关相关法律知识，提高法治宣传效果。

二是持续开展“龙腾行动”保护知识产权专项行动、打击走私“国门利剑”专项行动，采取“点对点”“面对面”“送法进企业”的宣传方式，坚持“以案释法”，选取影响海关监管秩序的有关典型案例和拉萨海关查办的危险化学品、侵权商品违规出口案件进行讲解，并发放宣传资料和宣传物品，切实提升企业对相关违规行为的认识，切实提高打击侵权、打击走私的法治宣传力度，进一步优化营商环境。

（四）“防控疫情、法治同行”，开展国门生物安全法治宣传

一是以普法“实战化”、考试“规范化”、学习“常态化”为引领，先后组织开展新冠肺炎疫情防控法律法规及业务知识专项测试6期，全力打造“全覆盖”考试模式，实现业务部门执法关警员全员参与、全员达标，着力推动广大关警员依法履职，坚决做到“外防输入、内防反弹”。

二是深入口岸边境村开展疫情防控法治宣传，通过悬挂横幅、发放宣传资料、现场解答、看望慰问等方式，重点对《国境卫生检疫法》《传染病防治法》《海关法》等相关法律法规进行专题普法，进一步提高边境一线群众对新冠肺炎疫情的认识，积极营造“疫情防控，人人有责”的良好法治氛围。

【活动特点和效果】

一是不断夯实强边固边根基。此次系列活动以边疆巩固、边境安全为目标，以提升边境民众国家意识、公民意识、法治意识为主线，大力加强以宪法为核心的中国特色社会主义法律体系的宣传教育，加强社会主义核心价值观的宣传教育，引导边境农牧民铸牢中华民族共同体意识。突出边境管理相关法律法规政策宣传教育，努力使法治成为边境农牧民社会共识和基本准则，为确保边防巩固和边境安全贡献法治力量。

二是突出热点难点进行普法。围绕边境市场的热点难点焦点问题，创新宣

传形式、丰富宣传内容,有针对性地开展法治宣传教育活动,教育引导边民农牧民依法表达利益诉求,维护合法权益,化解社会矛盾,切实服务经济社会高质量发展,优化边境营商环境,维护社会和谐稳定。

三是突出疫情防控专项普法。按照疫情防控“内防反弹、外防输入”要求,采取走村入户宣传疫情防控相关法律知识、政策方针、防控动态、防范知识和典型案例,正确引导社会舆论,使边境农牧民理性面对疫情、积极配合疫情防控各项措施。

案例编号:XZFXJH1637641709

拉萨海关　拉措卓玛

江苏省泰州市“五典五问”助推《民法典》宣传走深走实

【活动概况】

2021 年,在《民法典》颁布一周年之际,江苏省泰州市法治宣传教育领导小组办公室、市司法局组织三市三区党委政府、近 90 个市级机关“谁执法谁普法”“谁管理谁普法”“谁服务谁普法”部门,在全市发起“典学 · 问知”“典汇 · 问道”“典镜 · 问治”“典趣 · 问得”“典研 · 问思”五大行动,真正让法典走到群众身边、走进群众心里。

【重点宣传内容】

一是发起“典学 · 问知”行动。在全社会掀起学典用典新热潮,力争人人学有所思、思有所问、问有所答。推动全民来学《民法典》,形成学典、用典、崇典的良好法治氛围。抓好关键少数,形成“头雁效应”,将《民法典》纳入各级党委理论中心组必学内容,借助“主题党日”“机关单位学习日”“法治业务研习社”等载体,开设《民法典》系列讲座、研讨会、交流会。以考促学,把《民法典》纳入领导干部任前法律考试,并加大分值比重和实践应用思考,推动《民法典》成为国家工作人员尤其是领导干部的“必修课”。抓好关键时期,形成“小手拉大手”效应,按年龄分段征集创作《民法典》教育教学微课程、微视频及配套课件、教案等,依托市青少年法治宣传教育月、青少年法治宣传教育周等,组织中小学生开展《民法典》开学第一课、《民法典》主题班队会、“《民法典》我知道”手抄报、“我眼中的民法典”宣讲、法治微剧创客行动和“我是小小法典宣传员”等十大主题活动，真正把《民法典》宣贯落实到教育计划、教材、课时、师资、社会实践等具体环节，把法典以人为本、平等向善的立法精神融入青少年“八礼四仪”教育。抓好社会公众普法，以专家学者、“三官一律”、法律公益人、志愿者为主体，发起成立《民法典》宣讲团，采取“法律服务大集市”、“以案说典”、“入户讲典”、城区设点开课等方式开展“《民法典》六进”活动。同时，在全市所有的法治街区、广场、游园、橱窗、长廊、墙绘、道德礼堂、主题场馆等法治文化阵地开辟民法典宣传专区，点缀浓厚法典元素，推动法典精神上墙、法典案例入画、法典知识入景，并充分运用“报、网、端、微、屏”等各类媒体，开展法典图解、动漫、短视频、公益广告等多元化形式推送，形成“铺天盖地”的“普典”声势。

二是发起“典汇·问道”行动。汇聚市级机关部门、公益团体、社会组织、行业协会的最大合力，确保企业、群众问有所应、用典有道。为群众赋智，以“谁执法谁普法”责任部门为主体，组建“《民法典》释法维权联盟”，探索构建联席会议工作机制，紧紧围绕食品药品、安全生产、环境保护、劳动保障、医疗卫生等关系群众切身利益的重点问题，通过“现场观摩”“机关开放日”“融媒体云直播”等方式，在执法过程中普及法典知识，引导老百姓用典维护好自身食品安全、出行安全、头顶安全和脚下安全等身边的安全，让群众深切体会《民法典》的法律温度和人文关怀。为企业赋能，针对《民法典》新特色，以律师协会、法律志愿者团体、公证员和镇街、村居法律顾问为主体，设计调查问卷、梳理法律风险点，为民营企业提供以经营法治风险预估、营销合同审核、全生产周期风险自测等为内容的专项“法治体检”，并出具“法治诊断书”，常态化赠书送课、举办职工《民法典》“悦读会”、交流会。为创业者赋力，在行政审批大厅、行业商会、工业园区设立创业法律辅导站，以公益律师、司法干警、公证员为主体开展创业辅导，对照《民法典》新亮点，对创业者在经营路径、商业模式、签约履约风险等方面进行法律评估，列出创业风险事项清单，提出有效应对措施，尤其对电子商务等新型创业提出合法性论证和风险提示。

三是发起“典镜·问治”行动。以法典精神、法典规定为“镜”，为基层依法治理正衣冠、明得失、破“瓶颈”。为制度设计提质，紧扣打造法治化营商环境的主题主线，按“谁制定谁清理”“谁实施谁清理”原则，由市司法局牵头做好行政规范性文件的立改废，对主要内容与民法典的精神、原则和规定不一致的规范性文件，按程序予以废止或修改，重点梳理与《民法典》关于物权、合同、人格权、侵权责任等内容具体规定不一致的或者相抵触的规范性文件。为基层干部启智，策划举办“百场巡回民庭”“以案释典基层行”“笔谈学民法”等一系列基层党员先锋“学典促用”活动。同时,以村(居)“两委”、党员先锋、新乡贤为主力,结合实施“法律明白人”培育工程,在全市近60%的村(社区)组建“良法善治顾问团”、“定分止争和事团”、“和谐新风督导团”、“社情民意征集团”和“政策建议智囊团”,运用法典思维定分止争、破解“三治”难题、发起移风易俗、倡导绿色生活等,从而把基层善治推动者、实施者的智力、内力充分释放出来,让民事民议、民事民办、民事民管在基层一线蔚然成风。为百村百业改治,发起“典明乡村之治”“典亮公序良俗”行动,全市近90%的村(社区)修订了村规民约,65%的行业商会修订了自己的公约守则,“高空抛物共治理,头顶安全依法管”“山清水秀生态链,宜居环保省资源”等一些具有鲜明《民法典》特征的条款已悄然出现在自治公约、业主公约里,推动百村百业向善而治。

四是发起“典趣·问得”行动。发动全市60多个民间文艺团体、万余名文化能人,围绕《民法典》编纂意义、护佑全生命周期的主题,把市民大众学习《民法典》中的心得趣事、群众生活中的常见案例创作成为法治快板、法治小戏、法治小品等,在全市各街镇、村(社区)“新时代文明实践中心”、“道德讲堂”和“百姓大舞台”巡回演出。借力市文联,举办“幸福泰州　典亮生活”群众性法治文艺作品写生创作、评比巡展活动,创作一批具有泰州特色、富含法典精神的法治书画、摄影、公益广告等法治文化作品,让群众在潜移默化中接受法治熏陶。

五是发起“典研·问思”行动。鼓励发动“三官一律”、法学会、公证行业等群体,研究如何用好《民法典》推动治理能力和治理体系现代化建设,以所思所想不断推动法治泰州建设进程。实施“典亮泰州名片”工程,以各级法学会成员为主体,邀请国内知名专家、学者,依托中国(泰州)国际医药博览会,开办各类以“美好城市　法典相伴”为主题的城市治理高端论坛、良法善治沙龙、法律服务论坛等,共同研究如何运用《民法典》来提优城市治理、打造法治化营商环境。实施“典护企业成长”工程,以“三官一律”、公证员、调解行业为主体,紧扣“我为群众办实事”主题,通过打造“产业链+法律服务”平台、开展“法企同行”“律动风城　企盼未来”等法治实践活动,切实把《民法典》新规转变为惠企服务举措。实施“典育美好村(居)”工程,以全市105个律师事务所为主体,将律所挂钩到村(社区),实现“律社牵手联姻”,村(社区)两委与律所成员一起研究化解村(社区)治理“瓶颈”难题的对策方法,如老旧小区改造中的法治问题、拆迁安置农民变市民的法治导引、小区公共空间治理的法治实践、村(居)民依法办事的习惯养成等,真正把《民法典》精神转化为基层治理动能。

【活动特点和效果】

一是突出了法典宣贯执行的刚性要求。在泰州的“五典五问”行动中,无论是对照《民法典》启动新一轮的规范性文件立改废工作,还是硬性要求“谁执法谁普法”责任单位在各类媒体开设“民法典+职能”释法说案专栏;无论是“典明高度”抓好关键少数普典,还是“典润童心”抓好关键时期普典,抑或“典入万家”抓好绝大多数普典,都体现了将《民法典》贯彻实施落到实处细处,把《民法典》宣传普及到每个市民群众的刚性要求。

二是体现了法典关爱群众的人性温度。泰州法典普及的实践中,在“典汇·问道”行动里,汇聚“谁执法谁普法”“谁管辖谁普法”“谁服务谁普法”机关单位、群团组织的最大合力,守护群众的身边安全;在“典镜·问治”行动里,发起成立“良法善治顾问团”“定分止争和事团”等民事民办组织,推动基层“三治融合”提档升级,帮助创业者的法律评估、法律风险事项清单等,无一不体现《民法典》的人民立场、人性温暖。

三是展示了法典多元普及的弹性空间。泰州普典用典的实践则体现出了法典传播途径的多元化、传播载体的多样化、传播手段的多维化。综合运用法治讲座、法治研讨会、法治交流会、法治文化文艺作品创作、法治案例讲解等多种手段,精心创作了针对一般市民群众的法治小戏、法治摄影、法治书画,同时让“报、网、端、微、屏”等各类媒介都释放出普典潜能,推动全社会形成人人学典、用典、尚典的良好风尚。

案例编号:JSFXJH1628495118

江苏省司法厅 刘佩林

山东省滨州市司法局打出为民办实事民法典宣传“组合拳”

【活动概况】

在《民法典》颁布一周年之际,山东省滨州市紧密结合党史学习教育、政法队伍教育整顿工作,广泛深入持久开展“我为群众办实事”活动,全面深入开展《民法典》宣传教育工作,使这一部与群众生活密切相关的“百科全书”真正走到群众身边、走进群众心里。

【重点宣传内容】

(一)深化“十进”活动,推进民法典宣传教育全覆盖

作为全市政府工作报告确定的“12156”民生实事之一,滨州市制定下发了《关于在全市开展民法典宣传教育“十进”活动的实施方案》(滨法办发〔2021〕2号),深入开展《民法典》进机关、进乡村、进社区、进学校、进企业、进景区、进网络、进宗教场所、进家庭、进军营等“十进”活动,积极推进民法典宣传教育对全市所有机关单位、中小学校和村居(社区)实现全覆盖。截至2021年10月底,全市各级各部门共开展各类民法典宣传教育“十进”活动580余场次,发放各类民法典宣传资料10.5万册,解答法律咨询5.7万余人次,悬挂各类宣传横幅3500余条。

(二)突出重点对象,精准开展民法典宣传教育

紧抓领导干部“关键少数”模范带头作用。把民法典列入各级党委(党组)理论学习中心组年度学习计划和领导干部年度学法必修课,纳入干部教育培训规划和年度工作要点。组织安排市政府常务会议专题学习民法典,各地各部门将民法典作为党委理论中心组、各党支部学习的重要内容,依托“学习强国”、观看“民法典公开课”、举办专题讲座、机关夜学、个人自学等形式,实现了干部学法的全覆盖。截至2021年10月底,全市各级各部门党组中心组开展专题学习150余场。

强化青少年“关键群体”民法典学习教育。积极推动民法典学习宣传进学校,充分发挥法治副校长、法治辅导员职能,通过升旗仪式、主题班会、征文演讲、知识竞赛、模拟法庭等多种形式开展情景式教育。截至2021年10月底,全市478所中小学校,44万在校生通过不同形式开展民法典学习,进一步培养青少年的法治意识、规则意识、诚信意识。

不断加强企业法治宣传教育。结合打造法治化营商环境,持续开展“法律进企业”活动350余场,切实增强企业管理者和职工的法治观念。重点围绕企业负责人运用法治思维和法治方式管理经营企业开展法治宣传教育,引导企业树立合规意识。

(三)夯实普法责任,积极构建民法典大宣传格局

制定下发了《滨州市市级国家机关2021年“谁执法谁普法”普法责任清单和重点普法活动》(滨普法办〔2021〕3号),明确把民法典的宣传列入市直各部门共性普法责任清单内容。要求各级各部门结合本职工作,带头宣传、推进、保

障民法典实施，并将民法典宣传教育情况纳入国家机关“谁执法谁普法”履职评议重要内容之一。市退役军人局开展民法典进军营活动，市城管执法局开展民法典广场宣传活动，市教育局利用“教育云平台”开展“法律护航　快乐成长”法治进校园活动。截至2021年8月底，全市各级各部门利用各种宣传节点共开展民法典专题学习讲座、送法下乡、送法进社区、进学校、进广场等各类宣传活动360余场，发放各类宣传资料6.5万余份，在全市掀起民法典学习宣传新高潮。

（四）围绕主题宣传月，不断丰富民法典宣传内容

2021年5月28日，结合《民法典》颁布一周年时机，市委依法治市委员会办公室、市普法办公室联合下发《关于在全市组织开展“美好生活・民法典相伴”主题宣传的通知》（滨法办发〔2021〕3号），全面安排部署我市“美好生活・民法典相伴”主题宣传月活动。各县区及市直各部门积极开展以案普法、参与“中国普法”微信公众号民法典有奖竞答等活动，截至2021年6月底，全市共有500余万人次参与有奖竞答活动。市司法局作为全市普法工作组织协调部门，充分发挥普法带头作用，先后组织开展了民法典进政务大厅、民法典进社区、“美好生活・民法典相伴”环中海骑行、民法典趣味知识竞答等活动100余场，通过带领普法志愿者悬挂横幅、解答群众咨询、发放宣传资料等形式，向群众赠送法治手提袋、法治围裙、扇子等宣传品5000余册，将民法典送到群众身边、渗透进群众心里。

（五）融合线上线下，立体化推动民法典普及

滨州市创新普法形式，充分发挥“播、视、报、网、端、微”等媒体宣传作用，做到“报纸有文、电视有影、广播有声、社区有专栏、街道有标语、网络有阵地”，全力打造普法宣传矩阵。利用微博、微信、移动客户端等平台，积极运用图解、动漫、短视频等新媒体形式，设置民法典学习宣传专题、专栏，定期推送《民法典》相关法条解读，开展以案释法，充分发挥新媒体在普法工作中的独特优势。各级各部门依托每月“主题党日”，开展“民法典公开课”学习，市交通运输局在高速路口电子屏滚动播出“美好生活　民法典相伴”宣传标语，各级各部门利用本部门LED屏播放民法典宣传视频、公益广告等10万余条。发挥市县乡村四级法治文化阵地作用，将民法典宣传融入机关、广场、公园、社区、公交车站等法治文化阵地。邹平市黛溪街道张高村建设了民法典主题文化广场，让群众在休闲娱乐中学习通俗易懂的民法典知识，推动民法典在基层的宣传。

（六）着力普治结合，将民法典宣传融入基层治理

推动民法典学习宣传向基层延伸，将民法典学习宣传纳入民主法治示范村（社区）创建活动，与农村“法治带头人”“法律明白人”培养、民主法治示范村

(社区)创建等工作一体推进,提高基层干部群众运用民法典化解矛盾纠纷的能力和水平,促进法治乡村建设。滨城区、阳信县在“法律明白人”“法治带头人”学习培训中开设民法典专题学习,1200余名农村“法律明白人”“法治带头人”学习到民法典知识,博兴县结合村两委换届时机,组织法律顾问开展民法典知识讲解,不断提升村干部的法治水平。

【活动特点和效果】

“立善法于天下,则天下治。”让民法典走到群众身边、走进群众心里,这一切离不开全社会的努力。通过开展一系列民法典宣传教育活动,滨州市各级各部门自觉树立依法治国理念,积极主动学习宣传民法典,推动形成全社会尊法、学法、守法、用法的良好氛围,为推进法治滨州、富强滨州建设营造良好法治氛围。

案例编号:SDFXJH1623834936

山东省滨州市司法局　夏华玲

江苏省靖江市“五个一百”打造“靖善宜居”法治文化品牌

【活动概况】

2020年,江苏省靖江市法治宣传教育领导小组办公室以《民法典》颁布为契机,以帮助群众了解熟悉这部“社会生活的百科全书”为目的,以“五个一百”为主要内容,创新推出了“靖善宜居”法治文化品牌,在村(社区)策划实施了“百村修约”工程,在“谁执法　谁普法”“谁服务　谁普法”各条线模块推出了“百业用典”工程,在民营企业普法领域开启了“百企明典”工程,在青少年普法环节重点推进“百校学典”工程,同时也发起实施了法治文化作品“百戏说典”工程,真正让《民法典》走到群众身边、走进群众心里。

【重点宣传内容】

一是开启“百村修约”工程。以街镇为主体,依托《民法典》讲师团,组织辖区村(居)两委班子成员、人民调解员、法律明白人、网格员集中学习研究民法典与基层治理、百姓生活的关系，不断提升乡村治理者“学典用典”水平。结合《民法典》新规定，掀起新一轮的村规民约修订制定热潮，把法典精神充分落实到村（居）治理一线。

二是开启“百业用典”工程。充分落实“谁执法谁普法”“谁服务谁普法”责任制，依托普法大集市、送法进家门、企业职工普法大讲堂、律师公益日等载体，紧紧围绕食品药品、安全生产、环境保护、劳动保障和医疗卫生等关系群众切身利益、群众反映强烈的重点领域、重点行业加大法典普及力度，全力守护好老百姓的食品安全、出行安全、头顶安全、脚下安全等身边安全。

三是开启“百企明典”工程。针对《民法典》物权编、合同编等新亮点，以公益律师志愿服务团、企业属地村（社区）律师顾问为主体，设计调查问卷、梳理法律风险点，有针对性地为民营企业提供专项“法治体检”，定期提供《民法典》讲座、公益法律咨询、企业经营法治风险预估、劳资纠纷处置等服务。联合市总工会、市工商联对规模以上企业赠书送课，通过开辟厂报、厂刊、内部网络《民法典》学习版面等方式向企业职工普及民法典；通过发起职工“民法典悦读会”、举办企业职工民法典知识竞赛等方式，推动企业向资源节约型、环境友好型治理方式转化升级。

四是开启“百校学典”工程。在全市近百所学校，分大、中、小、幼四阶段征集创作《民法典》教育教学的微课程、微视频及配套课件、教案等，组织中小学生开展《民法典》主题班会、《民法典》晨读、《民法典》征文、模拟民庭活动、《民法典》心得交流和“《民法典》我知道”手抄报等六大活动，真正把《民法典》宣传贯彻落实到教育计划、教材、课时、师资等具体环节。策划开展大中小学生志愿者“我眼中的民法典”宣讲、法治微剧创客行动等社会实践，把民法典以人为本、平等向善的立法精神融入青少年“八礼四仪”教育。

五是开启“百戏说典”工程。紧扣民法典编纂意义的主题，围绕禁止高利放贷、物业对高空抛物负责、个人信息和网络虚拟财产受保护等亮点内容，指导发动市法治艺术团、民间演出团体、文艺能人等创排一批宣传“民法典”锡剧、讲经、小品等“法治小戏”，在全市各街镇、村居的“新时代文明实践中心”、“道德讲堂”和“百姓大舞台”巡回演出。

【活动特点和效果】

一是构筑起了《民法典》普及的“讲、学、演、用、践”链条。通过“百企明典”

“百校学典”在各类型的企业职工、大中小幼学生、教师直至学生家长中间讲述制定《民法典》的意义、《民法典》精神要义和特色亮点,推动全社会学典知典。通过“百业用典”引导各“谁执法谁普法”“谁服务谁普法”责任部门在普及好《民法典》细分章节的同时,做好用典维权工作。同时,号召村(社区)通过村规民约修订的方式,把法典精神落实落细到基层民主法治实践中去。

二是形成了《民法典》普及的多维度宣传模块。“横看成岭侧成峰,远近高低各不同”。《民法典》是一部综合性法律,涉及的内容方方面面,每个人从不同的角度去学习都会有不同的收获。因此,针对青少年的“百校学典”选择了法治课程、法治晨读、法治征文、法治微剧等宣传方式;针对民营企业的“百企明典”,侧重于“法治体检”学用结合的模式;而针对全体市民群众的“百戏说典”,则抓住了法治锡剧、小品、快板等法治小戏接受度高、受众面广的特点。

三是夯实了《民法典》普及运用的群众基础。明法于心,守法于行。只有在普法中真正重视群众的法治需要,才能让全社会更好养成自觉守法的意识。在靖江市的“靖善宜居”法治文化品牌内涵中,无论是“百村修约”“百业用典”“百企明典”,还是“百校学典”“百戏说典”,都是从普法的需求端发力,丰富宣传手段、拉长普法服务链条、精准供需对接,急群众所急、想群众所想,把《民法典》送到群众身边、讲到群众心里。

案例编号:JSFXJH1608077559

江苏省司法厅　刘佩林

安徽省阜阳市颍上县村嫂说法从厨房“小灶台”走向乡村振兴“大舞台”

【活动概况】

从厨房“小灶台”走向乡村振兴“大舞台”,她们是政策法规“宣传员”、村居环境“监督员”、乡风文明“引领员”、矛盾纠纷“调解员”、村居治理“信息员”、扶弱济困“服务员”,用亲情、邻情、乡情,化干戈为玉帛,化戾气为祥和,她们就是颍上村嫂。

微电影《村嫂说法》正是取材于颍上县村嫂在参与基层社会治理过程中发生的真实事件,经过改编摄制而成,由颍上县司法局、颍上县法宣办、颍上县法援中心投资拍摄。

影片讲述的是,某村“新车车主”赵坤为了展示自己新买的三轮车,因车速过快外加疏忽大意,在夜晚的乡村公路上撞倒一位老大爷后肇事逃逸,造成了老大爷的轻微伤。此时,村嫂刘姐发现端倪后,便充分发挥其政策法规“宣传员”作用,对赵坤进行法律法规知识宣传教育及多次登门耐心劝说、悉心协调,使得赵坤最终在法律层面上有了新的认知,勇于承认错误,并获得受害人及其家人的谅解。最终在刘姐的带领下,赵坤积极对老大爷进行赔偿,并向公安机关投案自首,得到公安机关从轻处罚。

【重点宣传内容】

2020 年 5 月,为充分发挥乡村善治的女性智慧,颍上县创新打造村嫂理事会,鼓励广大农村妇女参与政策法规宣传、矛盾纠纷化解等工作。2020 年 12 月,村嫂理事会依照民政注册程序登记备案,成为党组织领导、妇女联合会指导的基层社会组织,开始在全县乡村推广。截至 2021 年 5 月,全县 349 个行政村共计推选产生 4322 名村嫂,覆盖全县所有村居。年龄结构上以 30 ~50 周岁为主体,占比 89.9%;文化层次上初中以上学历为主体,占比 93.8%,其中高中学历人数占比约 8%,大学学历人数占比约 5%;村嫂队伍中有党员 418 人,占比约 9.7%。

颍上县司法局将法治宣传教育工作与村嫂职能紧密结合,同这支朝气蓬勃的娘子军一起,翻开了颍上县普法依法治理的新篇章。

一是“六员”定位,明确村嫂工作职责。根据《颍上县村嫂理事会试点工作实施方案(暂行)》《中共颍上县委颍上县人民政府关于进一步规范村嫂理事会工作的意见》,颍上县设立了县乡村三级村嫂理事会,明确了村嫂政策法规“宣传员”、村居环境“监督员”、乡风文明“引领员”、矛盾纠纷“调解员”、村居治理“信息员”、扶弱济困“服务员”的“六员”职责,为村嫂宣传党的政策和法律法规、化解基层矛盾纠纷提供坚强有力的制度保障。

二是分级培训,提升村嫂法治水平。建立村嫂分级培训制度,针对理事会会长、理事、村嫂骨干会员和普通会员开展分级培训。以“3·8”妇女节、《民法典》颁布一周年、“我为群众办实事”等重要时间节点为契机,组织普法讲师团成员、民法典微宣讲团成员、律师、基层司法所所长等专业人士相继开展村嫂“六员”服务集中培训、法治专题培训等活动,重点加强对与农村基层紧密结合、涉及老妇幼权益保护的法律法规知识培训,重点加强以身边人、身边事为主的以案释法,重点提升运用法治思维为群众化解矛盾纠纷的能力,切实提升她们宣传法律法规、参与风险化解、实现定分止争的能力和水平。

三是"宣"接地气,积极开展入户普法。在乡村道路、田间地头群众文化广场、孤寡老人的家中、留守儿童的身边、疫情防控的一线……村嫂们通过充分发挥政策法规"宣传员"的作用,她们热情与柔情兼具,耐心向身边群众广泛宣传党和政府的惠农利民政策与法律法规,自觉把党的声音和与群众密切相关的法律法规知识传入千家万户,普法之声处处可闻。正是这种进村入户的聊天式普法,使法的理念更加深入人心。2021 年上半年,颍上县共组织村嫂开展法治宣传教育活动共计 270 余场次,实现 30 个乡镇全覆盖,宣传教育人群达 50,000 余人次。

四是真"情"服务,深度参与风险隐患化解。村嫂是在本自然村的居民中推选出的,本身就熟悉农村街坊邻居的所思所盼,了解家长里短、矛盾症结,是天然的"网格信息员",既"报喜"又"报忧",发现先进典型,推荐身边好人,守护村居安全,排查各类隐患。村嫂是眼快腿勤的上心人,平时日常生活中、走亲串户时及时发现各类问题,小问题随手解决、大问题及时上报。路边的哪根电线杆歪了、哪个池塘坡陡水深了、谁家里乱占耕地建房了等,村嫂都及时通过微信群向镇村报告,畅通了信息渠道,实现村居治理一网多格,联动共建。

五是"调"有耐心,主动化解矛盾纠纷。村嫂主动做好矛盾纠纷"调解员",发挥自身独特优势,及时关注夫妻、婆媳、妯娌、姑嫂和邻里之间的小矛盾,田间地头的小纠纷,乡间邻里的小隔阂,生产生活的小问题,进院入户,通过拉家常、讲道理、话法治,积极协调邻里关系,主动调解家庭矛盾,助力自治、德治、法治相结合的社会基层治理体系的建设。截至 2021 年 2 月,全县村嫂成功参与调解矛盾纠纷 1291 件。

【活动特点和效果】

法治微电影《村嫂说法》的故事发生和发展在当前的社会背景下,以对大众进行普法教育和宣传为目的,以普通百姓日常生活中的利益为依托,以一起交通事故为主线,讲述村嫂刘姐在发现端倪后,经过不断的耐心讲解、劝说,探索着情与法的界限和平衡,为基层矛盾纠纷化解默默助力。法治微电影《村嫂说法》体现出以下特征:

一是极具生命力和感染力。电影选材贴近生活,聚焦农村法治宣传教育和矛盾纠纷化解，将讲述故事与宣传法律知识结合起来，将传播法治文化与弘扬公平正义的法治目标结合起来，通过影视手法进行普法宣传。小故事讲述大道理，无论是从故事情节，还是人物表现出的内心挣扎上，都引人入胜，触动人心，具有极强的生命力和感染力。

二是极具实用性和指导性。电影反映的交通事故是生活中最常见的法律问题，通过观看法治微电影，观众不仅可以学到处理法律问题的很多知识和技巧，还可以将作品中涉及的法律知识运用到生活中去；在遇到类似事件时，将法律作为武器更加理性地保护自己，具备实用性和指导性。

三是极具传播力和教育力。法治微电影符合现代快节奏的生活，是现代人乐于接受的艺术形式，更有利于网络空间传播和分享，且在传播的过程中普及法律知识，增强了公众的法律意识，通过法律的惩恶扬善和人性的光辉温暖，给观众正反两面的警示和启示，让群众在潜移默化中接受法治教育。《村嫂说法》在形式上和内容上都起到了较为广泛的宣传教育作用。

该片的播出被“新华网客户端”刊载报道，浏览量达4.4万多人次；并被“中国普法”“安徽普法”“阜阳司法”“阜阳普法”“法治颍上”微信公众号转发，同时还被学习强国“阜阳学习平台”采用。中央和省市县媒体的广泛刊播和转载，实现《村嫂说法》法治微电影在普法平台宣传推介的“大满贯”，使其在全社会取得良好的法治宣传效果。

案例编号：AHFXJH1628127140

安徽省阜阳市司法局　赵慧娟

第三节　法治创建案例

山东省积极开展“法治行为养成”试点工作

【基本情况】

为深入贯彻落实司法部，山东省委、省政府关于开展“法治行为养成”试点工作的重要指示，切实做好试点工作的宣传学习工作，山东省司法厅在全省组织开展“法治行为养成”试点工作，确立济南、枣庄、滨州等7个市县(市、区)和单位作为全省“法治行为养成工作试点”进行重点培育，在全社会广泛推动试点工作，取得良好的宣传效果。

【任务措施】

“法治行为养成”试点工作开展以来，各地各部门多措并举，从本地实际出发，力求实效，出台相关文件，坚持“三严三化”，通过各种不同法治行为养成工作的开展，由点及面、由个体到全体，在全社会营造了法治行为养成的良好氛围。

济南市交警紧抓全市创建全国文明城市的有力契机，以路口通行秩序整治作为塑造城市交通文明的突破口和着力点，确立“为民、靠民、不扰民”的工作原则，创新路口通行“三字经”、“四礼让”和“五个文明”的创建体系，实现“路口渠化精耕细作、路口管理全民参与、路口文明可视可感”三大核心创建目标，打造出“文化自律引领、科技支撑执法、多方参与共治、秩序塑造文明”的文明交通创建新模式，为济南市成功创建全国文明城市作出了重要贡献。截至2020年，全市已有183个路口实施了“路口革命”，启动“路口革命”2.0版，以“智、安、畅、美”为目标，创建“智安路口”，让路口更加智慧、安全、文明。

淄博市张店区推行“互联网＋明厨亮灶”模式，助力广大市民食品安全行为养成。针对社会频发热议的食品安全事件，如网上订餐卫生不合格、外卖黑作坊、无照经营以及学校食堂、企业食堂食品安全等，为了让百姓吃得放心，家长管得省心，张店区大力推进“互联网＋明厨亮灶”模式，加强食品消费者与食品经营者的互动,让消费者行使监督权、知情权,养成外出就餐关注食品安全的行为习惯。加快推进大中型餐饮单位及学校幼儿园食堂现场施工和设施设备的安装调试,对已完成 240 家餐饮单位进行了入网测试运行,学校幼儿园食堂已按计划完成施工,2020 年年底前实现了大中型餐饮单位入网率达标、生产企业入网率 30%、学校食堂入网率 100%。

枣庄市台儿庄区充分利用科技手段,投资建成“智慧古城”项目,突出“智慧监控、数据分析、应急救援、智能消防、指挥调度”五大功能,设置鹰眼系统、无人机巡航系统、客流监测系统、4G 单兵终端系统等 8 大系统,通过系统集成,打造“一个平台(综合管理平台)、两个中心(指挥中心、大数据中心)”,实现智慧旅游、智慧服务和智慧管理的智慧旅游形态。按照“基础工作信息化、信息工作基础化”的要求,全面采集景区内部重点文物、重点场所、重点部位的基础信息,纳入“智慧台城”系统,并在重点区域设置电子监控等设备,对乱涂乱画等破坏文物的违法行为及时发现并制止。

昌邑市将每年 6 月定为“法治家庭建设宣传月”,印发《关于开展好“法治家庭建设宣传月”活动的通知》,部署开展“复学法治第一课”“法治仲夏夜”“普法电影公益行”“守好钱袋子 护好幸福家”“法治下乡赶大集”五大主题宣传活动,围绕“弘扬法治家风 共筑幸福家庭”的主题,通过法治讲座、法治故事巡讲、法治电影、法治文艺演出等形式,为群众送去视听“法治盛宴”,引导广大群众自觉树立法治观念,维护法治权威,在全社会营造形成“百万家庭学法律,户户平安促和谐”的良好社会风尚。

肥城市通过基地引领,寓教于乐,形成普法教育常态化机制。发挥个税改革全民参与,改革红利全民共享的法治宣传作用,肥城市税务局联合赵庄社区建立“税法普法基地”,包括市民广场“税法文化长廊”、社区活动室的“税法驿站”“税法大讲堂”,以个人所得税申报为侧重点进行普法教育宣传。通过“图文道税”“以案说法”“个税改革如何守护我的钱袋子”“个税申报体验”多项内容号召依法纳税,在寓教于乐、潜移默化中根植法治思想,提高个人所得税申报成效,增强法治行为实践养成的效果。同时,借助普法基地广泛开展“税法普法大讲堂”,通过播放普法公益宣传片、个税改革宣传片,讲解纳税申报方式和优惠政策,切实提高广大纳税人知税法、懂税法、守税法的法治素养,形成征纳双方良性互动,巩固法治信仰、推动法治行为养成。

滨州市积极推进依法文明养犬意识法治行为实践养成广泛宣传活动 360 度无死角全覆盖。制发《滨州市城区城市养犬管理集中月宣传活动工作方案》,在全市范围内部署开展为期1个月的依法文明规范养犬宣传工作,统一印制了15万份《依法、规范、文明养犬告知书》《文明养犬手册》《关于文明养犬的通告》等相关宣传资料,迅速在全市范围内掀起宣传工作高潮。组织开展2次以"依法、规范、文明"养犬为主题的集中宣传日活动。与市委宣传部联合策划制作了文明养犬系列公益宣传片,通过形式多样的媒体平台予以播放。联合市电视台、电台等驻滨主流媒体,组织开展4次寻找"最美养犬人"活动。各主流媒体以及微信公众号、官方微博等均对第一张违法养犬罚单进行了广泛宣传报道,取得了良好的社会效果。

【特点和效果】

一是法治意识深入人心。省、市、县三级普法讲师团及各级各类公益普法组织普遍参与到法治行为养成教育活动中,各地、各部门、各单位充分利用法治文化广场、公园、普法宣传一条街、法律图书室和法治宣传教育基地、中心等社会普法宣传阵地,充分开展法治行为养成主题宣传教育,推动法律法规家喻户晓、深入人心。

二是"精准普法"养成"法治习惯"。将试点工作和《民法典》学习宣传紧密结合,以"普法宣传进家庭"为主要方式手段,开展法治乡村建设"精准普法",惠及全省各级各单位,在全社会掀起了"学用《民法典》,养成良好法治家庭行为的工作热潮,以家庭尊法守法学法用法养成整体"法治习惯",办事依法、遇事找法、解决问题用法、化解矛盾靠法日渐成为群众共识。

三是"法治礼包"接地气。打造"法治礼包",与群众日常生活贴合紧密,将法治思维和法治精神融入到家庭婚丧嫁娶,融入到乡村生活方方面面,构建特色"法治文化"。"法治礼包"中不仅包括各类法治宣传资料,还有"法治抽纸""法治日历""法治围裙""法治消夏扇"等"法治生活日用品",这些生活日用品将法治文化"输入"进家庭、"融入"到生活、"深入"到思想中,让法治文化更有生活气息。

案例编号:SDFXFC1613958132
山东省司法厅　程文静

江苏省淮安市建立“五机制”培育“法律明白人”

【基本情况】

2020年以来，江苏省淮安市加大村(社区)“法律明白人”培育力度，充分发挥市法治宣传教育领导小组办公室统筹协调职能，积极联动市委组织部、市委宣传部、市委政法委、市农业农村局、市民政局、市公安局、市法院、市检察院等市直部门，依托全市“党建+网格”两网融合优势，聚焦基层治理体系和治理能力现代化建设，发挥5368名“法律明白人”在坚定法治自信、引领法治生活、养成法治习惯、参与基层治理中的示范带动效应，积极打造共建共治共享的基层依法治理模式。

【任务措施】

(一)建立“法律明白人”管理的权责清单机制

融入基层网格，发挥“法律明白人”在网格党建工作站运行的宣传教育、便民服务、矛盾化解、社会治理四大功能中独特的“法治”穿针引线作用。明确管理环节，严格规范“法律明白人”的遴选、培训、实践、退出等管理各环节，加强技能提升和学习交流，完善激励和奖惩机制，强化日常动态管理。统一管理规范，制定《淮安市“法律明白人”管理制度(试行)》《淮安市“法律明白人”工作指引(试行)》《淮安市“法律明白人”评分办法(试行)》，确保“法律明白人”管理工作公开透明，可操作性强。

(二)完善“法律明白人”遴选的协同联动机制

区分遴选类型，一是岗位扎根一线的工作者，包括网格党组织书记、基层干部(党建工青妇)、村(社区)工作者、大学生村官、网格员、人民调解员、党员志愿者等；二是紧密联系群众的服务者，包括各行业志愿者、诗词书画文艺广场舞爱好者、水电气工作者、邮递员、物管员、个体经商户等；三是活跃群众身边的模范者，包括各行各业先进典型模范、道德模范、致富带头人、退伍军人、“五老”人员、乡贤等。明确遴选重点，结合实际积极推选一线骨干、行业能手和模范典型争当“法律明白人”，其中网格党组织书记、网格员、村(社区)干部等岗位扎根一线的工作者为“法律明白人”培育的第一梯队，优先参与遴选。突出培育目标，明确未当选的工作者也应以“懂法律常识、知法律途径、解法律问题”为本职工作要求,用法治思维和法治方式服务群众,以法治方式拓展服务群众新模式,让“法律明白人”变成“法治带头人”,激发群众参与基层法治实践的内生动力。

(三)打造“法律明白人”活动的社会运作机制

丰富活动平台,各乡镇(街道)司法所结合网格工作站,建立“法律明白人”工作站,负责日常管理和服务,打造“法律明白人”教、学、践一站式平台。鼓励“法律明白人”牵头组建或壮大服务乡村振兴的社会组织。明确运作路径,各县、区司法局会同相关部门,制定年度活动方案,为“法律明白人”提供经费、产品、资源和政策支持。发挥“三官一律”进网格、一村(社区)一法律顾问全覆盖、市县镇村公共法律服务实体平台等惠民举措的实效,与“法律明白人”建立常态指导帮扶对接机制。整合全市资源,深入推进“谁执法谁普法”普法责任制,各地各部门结合职能优势,找准业务工作与基层依法治理契合点,开展“百场法治文艺进基层”“法律七进”“宪法宣传周”“民法典宣讲”“法治化营商环境”等各类法治文化宣传活动,助力“法律明白人”开展法治宣传、法律咨询、法律服务、保障民生等法治实践活动。

(四)构建“法律明白人”评价的动态奖惩机制

明确考核内容,各级司法行政机关将“法律明白人”遵纪守法、业务培训、履职尽责等纳入考核评价内容,实行量化计分考核。明确奖惩措施,对工作实绩突出、广受群众好评的“法律明白人”进行适当激励,在普法先进表彰中为“法律明白人”预留适当比例。对不认真履职、发生违法违纪行为及其他不符合规定条件的,及时予以清退。挖掘选树先进典型,结合乡村治理试点县、试点镇、试点村、民主法治示范村(社区)等基层治理实践,突出宣传“法律明白人”投身法治建设、热心公益事业的先进事迹。

(五)加强“法律明白人”保障的资源共享机制

全面组织培训,各级司法行政机关要将“法律明白人”纳入普法骨干培训主体,将“法律明白人”培训作为“法治大讲堂”的重要内容,每年组织“法律明白人”进行法治培训不少于2次,为“法律明白人”提供必要的学习资料。全面提升水平,建立“法律明白人”交流学习机制,村(社区)内部定期集体学法、共享信息、摸排隐患,村(社区)之间加强经验交流、交叉体验、联防联控,增强“法律明白人”依法办事能力和业务水平。全面配备专家,组织“法律明白人”100%加入“法润民生”微信群,为“法律明白人”配备专职法律顾问,实行一对一实时指导。

【特点和效果】

一是内部外部联动提升培育工程推动力。通过整合全市资源,以党建为引领、以网格为基础、以惠民为根本、以考核为导向,打造"法律明白人"培育工程的内外联动大格局,实现司法行政普法依法治理、人民参与促进法治、律师工作、公共法律服务等内部联动,市法治宣传教育领导小组成员单位的外部互动,搭建全市"谁执法谁普法"普法责任单位服务基层依法治理的全新平台,凝聚市法宣办服务党委政府中心大局工作的向心力。

二是专业队伍加入提升法治实践创新力。通过激发"法律明白人"公益热情,用好"三官一律"师资送专题讲座到工作站、巾帼律师公益联盟等社会组织以及青年志愿者、大学生志愿者等送策划方案到工作站、普法责任单位按照节点节日送职能服务到工作站等丰富资源,带领身边群众参加学法活动,主动自觉学法。

三是资源有效整合提升法治惠民影响力。用好公共法律服务资源和"1+1"结对帮扶的法律专家,及时掌握、反映群众的法律服务需求,及时为当地群众的法律服务需求做好协调、联络工作,协助矛盾化解,推动村(社区)各项事务依法治理,为法治化营商环境营造、法律扶贫帮扶、生态环保建设等中心大局工作营造法治思维,养成用法习惯,真正实现用法治建设推动各项工作稳步发展的成效。

案例编号:JSFXFC1618815281

江苏省司法厅　刘佩林

广东省珠海市茂盛社区结合"珠澳共融治理"创建全国民主法治示范社区

【基本情况】

广东省珠海市拱北街道茂盛社区与我国澳门特别行政区一墙之隔,与香港特别行政区路桥相连,是"一国两制"的交汇点。辖区有港珠澳大桥珠海公路口岸、即将落成的24小时通关的青茂口岸以及1964年被国防部命名的荣誉单位"红色前哨连",紧邻全国第一大陆路口岸拱北口岸和珠海城轨站。茂盛社区辖区面积1.68平方公里,社区总户数1176户,总人口3569人,其中港澳居民1275人,占比36%。茂盛社区是展示大湾区建设背景下社区治理成效的重要窗口,先后获得广东省“六好”平安和谐社区、广东省宜居社区、广东省文明单位等荣誉称号。

2020年,茂盛社区坚持以社会主义核心价值观为引领,因地制宜,突出重点,注重实效,积极推进创建民主法治示范社区活动,不断提升基层治理法治化水平,构建共建共治共享的社会治理格局。

【任务措施】

(一)坚持对标对表,点面结合夯实基础

一是健全工作机制,成立了以社区党委书记为组长,辖区民警、社区公益律师为副组长,社区网格员、居民代表、辖区专业人员等为成员的民主法治示范社区领导小组,形成了齐抓共管、共创共建的良好局面;二是完善民主法治制度,加大党务、居务、财务公开力度,先后完善了民主议事决策制度、民主管理制度、重大事项决策议事制度、社区居民自治章程,及时调整人民调解委员会组织架构等,定期组织居民对社区居委会工作进行民主评议,不断加强民主监督;三是调动社区自治力量,构建“自治有主题、参与有平台、议事有规则、组织有骨干、成效有评估”的社区自治工作体系,探索“一个小区议事会”模式,建立社区、小区、楼栋三级议事协商,实现社区居民自我管理、自我服务,打造“红色业委会”,选优配强3名党员成立红色业委会党支部,引导粤港澳居民有效表达愿景和诉求,妥善解决粤海国际花园物业续聘问题。

(二)坚持“珠澳共融”,打造民主法治社区治理新局面

一是探索珠澳法治+社工服务联动机制。成立港澳义工服务站,6名骨干全部为港澳籍人士,为在内地兴业置业的港澳业主提供有关业主权益维护、纠纷调解、联谊交流服务等,同时,引入熟悉两地法律的公益律师服务团队,因地制宜开展面向港澳居民的普法活动,港澳义工站先后化解各类矛盾纠纷65宗,提供咨询服务近500宗。二是打造“湾区法治”,保障社区和谐稳定。把社区划分为3个网格,统筹网格内综合治理、调解、安置帮教、社区矫正、劳动保障等工作,成功化解澳门特别行政区鸭涌河污水排放不合规引发的珠澳两地住户环境污染投诉等问题。三是守好国门,抓好疫情防控工作。成立茂盛社区疫情防控临时党支部和港珠澳大桥先锋突击队,全力做好外防输入防疫工作,耐心解释国家防疫

政策,引导大量从境外返回的疫情重点地区旅客配合疫情防控措施。此外,发动港澳居民各显其能,千方百计联系全球华侨华人代购、捐赠防疫物资,以“蚂蚁搬家”形式及时将防疫物资分送一线工作人员,助力社区抗疫。

(三)坚持精准发力,多措并举弘扬法治文化

一是全方位建设、多层次普及法律知识。建立法治宣传阵地,设置公共法律服务工作室、人民调解室、普法宣传栏,建立社区法治微课堂,配置法律书角,在“智慧茂盛”“湾区茂盛”公众号设置“以案释法”专栏,利用党群中心红色影院播放法治微视频等,让居民学法、知法、用法、守法。二是法治与德治有机结合。经常性开展爱国主义教育活动,开展“拥抱湾区共成长”爱国主题亲子活动之走近港珠澳大桥,“法律在身边征文比赛”“好家风好家训”文明家庭争创等活动,积极推进法治元素进小区、进楼道。举办以“和谐共融”为主题的文化活动近百场,服务居民不胜其数,其中,港澳居民逾千人次。三是常年举办法律知识讲座。以“法治宣传月”“国家宪法日”为契机,大力宣传《宪法》《民法典》《治安管理处罚法》《物业管理条例》等法律法规,举办《国家安全法》和《民法典》视野下的物业管理公益讲座,通过组织观看专题片等开展普法活动。联合辖区民警深入辖区各个企业工地,开展禁毒宣传系列活动,利用每月第二个周六的“社区慈善日”活动以摊位普法形式把法律送进千家万户,打造法治社区。四是搭建珠澳文化自媒体平台,成立社区新媒体茂盛先锋站,培育一支 30 人的通讯员队伍,制作 16 期《芳邻》栏目,讲述珠澳居民在湾区背景下的幸福生活故事,充分展示珠澳社会治理合作成果。

(四)深化党群服务,提供服务港澳居民的“公共法律服务包”

一是依托澳门街坊总会、红色教育阵地、公共法律中心和党群服务中心开展各类公共服务,全面升级社区党群服务中心,打造集“党建 + 法治 + 文化 + 宣传 + 健身 + 休闲”多功能于一体的茂盛社区港澳居民服务中心,通过丰富使用功能、强化法治元素来不断完善服务功能;二是通过召开港澳居民座谈会、举办法律讲堂,引导带动港澳居民业主主动参与社区议事协商,畅通港澳居民参与社会治理的渠道,不断充实、提升港澳居民在珠海的生活质量,同时还积极探索将法律服务、养老服务、青少年服务、文化教育、志愿服务、协商议事等纳入港澳居民服务中心项目;三是结合目前珠海出台的各项便利港澳居民来珠发展的扶持政策,提供各类法律服务,加大宣传力度、细化政策落实,同时,还聚焦港澳居民关注热点、难点,深度挖掘港澳居民在生活、教育、医疗、法律等方面需求,为其提供有针对性的多元服务、量身定制 360 度全方位的“公共法律服务包”。

【特点和效果】

探索“珠澳共融治理”,是在粤港澳大湾区建设的时代背景下,茂盛社区带领居民探索社区治理的新思路、新模式。通过民主法治示范社区创建工作深入推进,不断规范基层民主建设,发挥议事协商作用,提高社区治理法治化水平,深化社区法律服务,把服务群众、造福群众作为基层治理的出发点和落脚点。2020年,茂盛社区被确认为“广东省民主法治示范社区”创建单位,2021 年 2 月被司法部、民政部命名为第八批“全国民主法治示范社区”。

案例编号:GDFXFC162087285

广东省珠海市司法局　谢　燕

山东省临沂市莒南县
探索建立领导干部学法清单制度

【基本情况】

2020 年,山东省司法厅在全省开展领导干部学法清单制度试点工作。临沂市莒南县按照“先行试点、以点带面、全面推开”的总体工作思路,以“法律六进”为抓手,扎实推进领导干部学法用法,研究制定了《莒南县领导干部学法清单试点工作方案》,明确规定了试点工作的总体要求、时间安排、工作任务、方法步骤,确保全县领导干部学法清单试点工作有人抓、有人干、以上率下,为工作开展划明了重点,逐步形成以“关键少数”带动全社会学法的新局面,掀起领导干部学法热潮,提升法治政府建设实效。

【任务措施】

一是带头讲法普法,把好学法用法“方向盘”。为提高领导干部依法决策、依法行政、依法管理的能力,莒南县制定了《莒南县领导干部带头讲法制度》,明确领导干部学法讲法时间表,强化每周 1 课时个人自学、每月一次党委(党组)理论中心组集体学习、每季度单位一把手、镇街主要负责人带头讲法、每年一次网上考法“4 个 1”学习模式。按照“谁执法、谁普法”的原则,开展领导干部带头讲法活动,对全县 16 个镇街,80 余个部门单位开展《用法治思维和法治方式解决问题》讲法活动。同时,开展"学法小书包"送法活动,向县委宣传部等部门配送《宪法精神》《领导干部法治思维》《行政典型案例选编》等法治图书和法治笔记本,切实保障领导干部学法质效。

二是聚焦制度创新,驱动学法用法"主引擎"。领导干部任前考法制度是对学法用法试点成效的集中检阅。创新领导干部任前考法制度,组织专门工作人员筹备建立领导干部学法考试题库,内容涵盖习近平法治思想及法治理论、领导干部必学选学科目、时下法律热点、典型案例等内容,使考法成为任前、选拔必经程序。全县拟提拔任用的科级领导干部均要参加任前法律知识考试,考试成绩作为领导干部任职的重要依据,提高各级领导干部运用法治思维和法治方式化解矛盾、推动发展、维护社会稳定的能力。

三是打造教育阵地,常亮学法用法"一盏灯"。以"规范化建设"为主线,以创建"莒南普法"品牌为目标,积极筹备成立"中共莒南县委党校县司法局法治分校",打造领导干部学法样板阵地,为系统化开展全县党员领导干部法治教育培训创造条件。依托县委党校人才资源库,积极整合、引入县内外在经济社会发展中居于多个领域、拥有众多舞台的法治人才资源,建立高水准、高质量的法治讲师队伍,为法治分校建设引智献力,搭桥铺路,创造环境。同时,制定领导干部法治讲座及领导干部法律知识培训制度,组织引导全县领导干部主动上台讲法,提升领导干部学法用法实效。

四是在丰富学法形式上"多点发力"。以全面提高全县领导干部的法治思维和法治能力为目标,以解决领导干部学法用法问题为导向,制定"3 + X"学习清单,涵盖"宪法、党内基本法规、国家基本法律"三项应知应会的公共基本知识及与各部门、机关履职相关的"一般法律、行政法规、地方法规、规章等"部门、行业自选法律知识,着力解决"针对性不强""实效性不够""学用脱节""法治能力不强"等领导干部学法用法难题。同时,领导干部按照理论学习与法治实践相结合、集中学习和自主学习相结合、线上学习和线下学习相结合的原则,充分利用学习强国、普法网站、微信公众号、在线题库等学习平台,拓宽领导干部学法渠道,强化领导干部学法用法的趣味性、实用性和实效性。

五是在创新体制机制上"聚焦聚力"。健全试点工作领导和协调推进机制,成立了以县委书记、县长为组长,县委副书记、县委常委等为副组长,各成员单位主要负责人、16 个镇街负责人为成员的全县领导干部学法清单试点工作领导小组,全面领导我县领导干部学法清单制度试点工作。完善六项学法用法基本制度,建立健全党委(党组)中心组学法、领导干部带头讲法、领导干部法治培训、领导干部年度述法、重大决策法律咨询和行政机关负责人出庭应诉等制度,把领导干部学法用法情况纳入年度考核整体工作中,突出领导干部带头学法用法。创新经验做法《试点先行以点带面——莒南县司法局探索建立领导干部学法清单制度》《莒南县司法局:抓好"关键少数"掀起领导干部学法热潮》《依托党校力量突出法治特色——莒南县积极打造领导干部学法样板阵地》《山东省莒南县创新领导干部任前考法制度,驱动学法用法"主引擎"》等被人民日报、学习强国平台、"山东司法"、"山东政法"公众号等给予刊发和推广,为沂蒙大地开遍法治之花注入了新的生机与活力。

六是在强化考述结合上"用心用力"。树立依法办事的导向和标杆,落实领导干部履职述法考评,依托"12·4"国家宪法宣传日普法考试平台"网上学习、模拟考试、年度考试"模块,对全县副科级及以上领导干部年度学法情况进行考试,把法治观念、法治素养作为干部德才鉴定的重要内容,把能不能遵守法律、依法办事作为考察干部的重要依据,把学法用法成效作为考核干部的重要指标。通过全县领导干部带头讲法学法,充分发挥了领导干部的模范带头作用,进一步调动全县干部职工学法积极性、实效性,推进法治建设,促进经济社会持续和谐稳定。

【特点和效果】

莒南县作为全省15个推进领导干部学法清单试点工作重点培养单位之一,全市唯一一个试点培育县,突出抓好领导干部这个"关键少数",制定学法清单,创新学法形式,让学法更规范、考核更精细、管理更科学,为领导干部学法用法提供更多莒南样板经验。莒南县通过开展领导干部学法清单制度试点工作,构建了"以点带面、以上率下,全员学法"试点大格局,取得了以"关键少数"带动全社会学法的显著效果。莒南县在法治建设方面多措并举,政府依法行政水平不断提升,营商环境不断优化,法治莒南建设稳步推进。

案例编号:SDFXFC1610696133

山东省临沂市莒南县司法局　孟祥满

重庆市黔江区城西街道迎宾社区全力打造山清水秀人更美的法治示范区

【基本情况】

重庆市黔江区城西街道迎宾社区位于黔江老城区西北部，是原黔江土家族苗族自治县和黔江开发区撤销设立黔江区时，在2002年9月由原白家村、石峡村合并成立。社区辐员面积7.96平方公里，下辖10个居民小组，3268户，常住人口9086人，常年流动人口4000余人。社区“两委”成员10名，辖3个党支部，有正式党员73名。

迎宾社区距离区委、区政府所在的大众广场步行距离1.3公里，为典型的城乡融合发展社区，既有大量果蔬、畜牧养殖等第一产业，又有汽车销售维修、宾馆餐饮、副食批发等第三产业。辖区高山、森林、河流较多，为城区天然氧吧，承担了城区供水职能。由于经济发展建设需要，社区土地流转、征地搬迁等工作多，社情民意复杂，2019年列入全区社会治安重点地区。社区党委和居委会以加强居民法治宣传教育为切入点，以“民主法治示范社区”创建为载体，各类治安突出问题得到了有效控制，治安面貌明显改观，群众安全感、满意度明显提升。

【任务措施】

（一）发挥党组织堡垒作用，打开法治宣传新局面

一直以来，社区高度重视法治工作，成立了以党委书记为首的法治创建小组，严格对标对表，将法治精神融入日常各方面工作中，真正做到了用党风带民风。

1.坚持学习，使法治使命牢记心间。一是认真学习党内法规。组织党员认真学习基层党组织落实支部工作条例、党员教育管理工作条例、基层党组织选举工作条例等，以法治思维和法治方式开展党建工作，提升党的建设制度化水平，充分发挥基层党组织的战斗堡垒作用和党员的先锋模范作用。二是组织开展各类专题学法活动。充分利用重庆市各类大学和远程教育平台等优质资源，聘请专业法律讲师团授课，组织党员学习各类常用法律知识和法律常识，培养法治观念，树立对社会主义法治体系的信仰。

2.深入社区，用法治精神浸润群众。一是分片负责。将社区划分为12个网

格,由街道派驻党员、社区两委人员蹲点驻守,密切联系群众,解决存在的问题,引导群众合理合法反映诉求,依律依法化解纠纷。二是依法办事。社区将各项服务职能做成清单对全体居民公开,每天安排至少两名同志在前台值守,既方便了群众办事,也便于群众监督,做到了公平公正公开。

3. 鱼水情深,让法治活动成果丰硕。一是团结一心战疫情。疫情期间,社区严守重庆主城方向入黔江核心区域最后一道防线,与90多名志愿者一道在5个重要卡点24小时值守,为一线守卡人员捐款近2万元,各类物资500余公斤,组织热心居民编写并制作卫生防疫相关视听资料并每日传唱。二是众志成城保平安。认真开展"扫黑除恶"专项治理,坚决做到"有黑扫黑、无黑除恶、无恶治乱";按期发动群众开展道路交通劝导、巡查农房施工、禁毒反邪、食品安全、监控地质滑坡等工作,做到全年无重大安全事件。三是一心为民整环境。按照"边整治、边宣传、边引导"的工作思路,坚持不懈地做抓好人居环境整治的宣传引导工作。2020年以来,社区共争取资金1000余万元,与居民一道在进山通道设立防火警告,宣传文明祭祀;在开展水源地保护、入河排污调查、河道保洁等巡河工作的同时改造饮水排污的水网;购买环卫服务,由环卫工和垃圾车定时定点清理生活垃圾;硬化和修整村组公路,安装太阳能路灯。社区做实干家也做好宣传家,得到了居民的一致拥护,形成了山清水秀人更美的良好生态文明和法治文化环境。

(二)打造普法载体,营造良好法治氛围

1. 打造普法核心区域。社区近年来投资300余万元建成了居民活动中心,将法治橱窗、市民学校、青年之家、四点半课堂、双拥放学时光学校、志愿者服务队工作室、党员远程教育室、图书室、科普活动室、电子阅览室、日间照料室和健身中心集中在一起,为社区居民提供法治文化、教育科普、体育锻炼等多功能服务,为社区普法和居民学法提供了合适的场地。

2. 建成特色普法区域。重点打造了一圈一带的普法廊道,因地制宜开展有特色的法治宣传教育,实现普法阵地多点开花。一是西山公园步道普法圈。社区向街道争取资金做好步道路灯和法治宣传牌建设,将森林防火、水资源保护等融入其中。二是打造滨河健身步道普法带。让居民在健身锻炼时能感受到社会主义核心价值观、健康生活常识等法治元素。三是建好法治宣传点。为12个法治大院配备农家书屋,为居民送去法治文化书籍;打造3个坝坝舞场,并作为居民日常文化活动场地和法治宣传阵地。

(三)建成普法队伍,带动法治文化发展

1. 有奉献的志愿服务。迎宾社区创建13支志愿者队伍,共计1800人,每年参加志愿服务近千场次。社区建立了志愿者服务制度,社区干部每年带头参加至少12次志愿者活动;法治志愿者定期在社区利用“市民学校”和“四点半课堂”等载体平台分类实施法治宣传教育,向居民和学生讲解基础法律知识。社区在全市参加“最美志愿服务社区”评选中荣获第一名。

2. 有特色的文艺表演。自2016年以来,社区共建成业余文艺团队3支,组织进行下乡普法文艺演出、播放露天法治电影共6场次/年。

3. 有威望的“五老”乡贤。近年来,迎宾社区创新发展由老干部、老党员、老教师等“五老”组成的地方乡贤力量,通过乡贤们“贤”的引领、“能”的带动、“德”的滋润、“善”的教化、“敬”的尊崇,凝聚起基层治理和乡村振兴的强大合力。在“五老乡贤”的支援和推动下,迎宾社区矛盾调解室充分发挥基层调解职能,把邻里矛盾化解在萌芽状态,辖区未再发生一起居民上访案件。

4. 有示范的文明家庭。社区每季度召开居民代表大会评选“十星级”文明户,经过实地走访和公示程序,选上的“十星级”文明户会获得季度小奖品。通过文明示范户的评选,社区人人争做卫生示范户,创文先行者,净化了风气,带动全社会崇德向善、遵法守法。

【特点和效果】

迎宾社区通过法治创建工作,满足群众不断增长的法治需求,以群众喜闻乐见、易于接受的方式开展法治宣传教育,增强全社会尊法学法守法用法意识,扎实推进民族团结,凝心聚力同谋发展,社区基础设施建设水平大幅提高。2020年该社区居民信访满意率、调解成功率达100%,城镇居民人均可支配收入达到3.03万元、农民人均纯收入达到1.83万元,同比均增长13%,顺利解决了黔恩高速、绕城北线征地纠纷、白家湾水果批发市场搬迁遗留问题,支持了全区重点项目工程建设。近年来,该社区被评为“重庆市优秀妇女之家”“重庆市退役军人工作模范单位”“重庆市民主法治示范社区”,其中多名社区干部获得重庆市“优秀人民调解员”“巾帼文明社区”“最美消防志愿者”“优秀城乡社区工作者”等荣誉称号。

案例编号:CQFXFC1621586750

重庆市黔江区司法局　赵梦婕

第六章　人民调解类

第一节 行业性、专业性人民调解案例

广东省佛山市南海区李某某家属与某公司劳动争议纠纷调解案

【案情简介】

李某某为广东省佛山市南海区某公司员工。2019 年 7 月某日凌晨，李某某在工作期间意外受伤，后被送往附近的医院治疗，经抢救无效死亡。事故发生后，死者家属 10 多人从老家赶到事发地，要求公司赔偿。公司方一直没有明确回应。由于痛失亲人，家属们情绪十分激动，到公司哭闹、围堵追讨说法。双方代表多次协商，但一直没有实质进展。无奈之下，李某某家属在 2019 年 7 月某日到佛山市南海区某镇人民调解委员会（以下简称调委会）申请调解，请求公司方支付工亡赔偿，调委会征得公司同意后安排调解员进行调解。

【调解过程】

经过前期与李某某多名家属沟通，调解员了解到，李某某在某公司已工作多年，虽然签订了劳动合同，但一直没有购买社会保险。此次事故发生时间为上班时间，地点在工作单位内，李某某因工作原因受伤死亡。调解员认为，该案件属于劳动争议纠纷方面的工亡赔偿，并邀请相关当事人进行调解。

调解员首先宣读了调解纪律，明确双方当事人的权利义务，确认调解双方当事人身份。死者家属 10 多人，其中直系亲属 4 人，周某某是李某某的配偶。公司方则委托了一名律师到场参与调解。调解初期，周某某等人情绪十分激动，认为公司方故意回避家属，逃避责任。公司方代表则认为家属围堵生产车间，影响了公司的正常生产经营。为避免双方争吵激化矛盾，调解员规劝家属方把重点放在调解本身，提出具体诉求。周某某提出，公司没有为死者购买工伤保险，要求赔偿 200 万元；但公司方表示赔偿金额过高，只愿意赔偿 80 万元，双方就赔偿金额僵持不下。此时,家属方认为公司在拖延时间,并无诚意处理本次事件,提出要采取“拉横幅围堵工厂”等手段维护权益。调解员认为,此时双方坚持己见,“面对面”调解效果并不理想,决定中止调解,让双方各自回去冷静,并劝说双方不要采取过激行为。

由于家属从外地长途赶来,没有住宿保障,调解员建议公司为死者家属提供适当的食宿安排,以便后续调解工作的开展。起初公司方并不同意,后经调解员劝说,在得到家属作出不会围堵工厂的保证后,公司方同意为家属提供5天的食宿安排,家属的情绪得到了稳定。

在第一次调解中,调解员发现双方分歧较大,而且死者家属周某某的法律知识和语言表达能力不足,不利于面对面调解。但同行家属中,死者的叔叔李甲有一定的法律知识,可以起到桥梁作用,适合用“背靠背”方式进行调解。另外,调解员主动联系公司管理层,希望能派出有决定权的管理人员到场,不但可以回应家属的诉求,而且一旦达成一致,可以马上签署调解协议。经协商,公司方同意派人事主管陈某作为代表参与调解。

第二次调解中,调解员先与陈某面谈。陈某表示,赔偿100万元在法律规定范围内,是可以接受的,但是超出法律规定范围的赔偿金额,公司不会赔偿。有了公司的表态后,调解员又找到了周某某,同时又邀请了死者的叔叔李甲一同商谈。通过对《工伤保险条例》的讲解,调解员向当事人解释了员工因公死亡的赔偿责任主体、赔偿项目和赔偿标准。在调解员耐心讲解下,周某某等人开始回归理性,正视赔偿金额过高的问题,同意下调赔偿金额至120万元。但是公司方认为家属诉求依然过高,双方对于第二次调解仍然未能达成一致意见。

调解员来到公司找到了公司负责人陈某,通过说明利害关系,劝说公司方在赔偿问题上既要合法合理,又要情法结合;如果协商不成,调解员将会指引家属走劳动仲裁程序。劳动仲裁程序时间较长,公司也要支付律师费用,长时间的仲裁不仅不利于公司的正常生产经营,还将影响公司的形象和名誉。最终,陈某同意,只要家属保证收到赔偿后不再影响公司的经营,愿意赔偿110万元。调解员将具体情况再次与家属方沟通,从时间和金钱的消耗方面劝说,最终周某某等人同意与企业签订调解协议。

【调解结果】

在调委会的调解下,双方达成以下调解协议:

1. 公司一次性支付死者家属各项赔偿共计 110 万元;

2. 家属周某某等人收到赔偿金后不再影响公司的经营。

根据双方当事人意愿,调解员向法院申请了司法确认,以赋予调解协议的强制执行效力。

【案例点评】

本案中,由于企业没有购买社会保险致使员工权益受损。调解员从“面对面”调解转为“背靠背”调解,减少双方直接会面时产生摩擦的可能性。通过分别做思想工作,调解员既从法律上讲解,使死者家属回归理性,提出相对合理的诉求,又用以情入理的方式,劝说公司维护员工合法权益和自身商业名誉。调解员在面对此类纠纷时,应及时了解矛盾焦点,抓住双方共同关心的重点,同时讲解《劳动法》《劳动合同法》《工伤保险条例》等相关规定,采取不同的调解技巧解决问题,促成双方化解矛盾。

案例编号:GDRTHZ1576657987

广东省佛山市司法局　冯锦诚

浙江省宁波市海曙区张某与某甲平台合同纠纷调解案

【案情简介】

浙江省宁波市海曙区张某女儿张某甲 8 周岁,小学 2 年级,平时和奶奶共同居住。张某甲每天需要上网课,并用奶奶的手机做作业。2021 年 3 月某日,张某下班回家检查女儿张某甲在线作业完成情况时,发现十几条消费提醒短信,显示前一天晚上消费了 8 万余元。经反复询问,张某甲承认在 2 个知名直播软件甲平台、乙平台注册账号,并不时给主播点赞。事发当晚,张某甲做完作业后,趁奶奶做家务间歇打开了直播软件,见主播在索要礼物,觉得好玩就点击屏幕上的“嘉年华”“游轮”,充值“快币”赠送“厚礼”。

得知实情后,张某相继联系了 2 个平台的客服,乙平台根据其提供的资料退回 3 万余元,但甲平台却多次驳回其申请。一周后,张某来到某镇人民调解委员会寻求帮助。

【调解过程】

调解员对案情进行详细梳理后,明确该纠纷的矛盾焦点在于证明进行直播打赏的行为人是未成年人。调解员对当事人家庭情况作了全面调查,联合学校老师共同调查取证,通过连续几个晚上观看事发当晚甲平台直播视频取得关键证据。证据一:账号“小可爱小白兔”于事发当晚在甲平台的充值、消费后台账单。证据二:事发当晚甲平台主播“某乐学长”直播视频中的2段对话。直播视频总时长3个多小时,其中在13:44~13:57时段中,两个主播对话,一位主播问“某乐学长”:“你家那个‘小可爱’在吗?那个小学生。”在01:30:55~01:32:20时段中,两个主播对话说道:“小可爱当晚从1级刷到33级,大概花费了4万元至5万元。”这两段关键视频可证明两个主播明确知道“小可爱”的身份是小学生,第二段视频中所说的打赏金额与张某提供的甲平台消费账单相符。证据三:通过调解员实地调查,发现张某甲的奶奶是一位来自农村的文化水平较低的老人,注册网络平台账号并取名“小可爱小白兔”,向一个直播平台“打赏”近5万元,不符合其生活消费习惯;相反,该账号在平台上点赞的内容符合小学生的观看习惯和喜好。

调解员通过申诉平台向甲平台提供了上述证据,并追加了文字说明,却依旧被甲平台驳回申诉。调解员多次与客服沟通,要求与甲平台负责未成年人维权的工作人员一对一直接联系,也遭到拒绝。在多次沟通无效后,调解员重新调整调解方向,梳理调解思路。

《民法典》第19条规定:“八周岁以上的未成年人为限制民事行为能力人,实施民事法律行为由其法定代理人代理或者经其法定代理人同意、追认;但是,可以独立实施纯获利益的民事法律行为或者与其年龄、智力相适应的民事法律行为。”第145条第1款规定:“限制民事行为能力人实施的纯获利益的民事法律行为或者与其年龄、智力、精神健康状况相适应的民事法律行为有效;实施的其他民事法律行为经法定代理人同意或者追认后有效。”《最高人民法院关于依法妥善审理涉新冠肺炎疫情民事案件若干问题的指导意见(二)》明确规定:“限制民事行为能力人未经其监护人同意,参与网络付费游戏或者网络直播平台‘打赏’等方式支出与其年龄、智力不相适应的款项,监护人请求网络服务提供者返还该款项的,人民法院应予支持。”本案中,未成年人的监护人完全可以通过法律手段要求甲平台退回“打赏”。

同时,调解员也发现甲平台在管理上存在诸多问题。按照《国家广播电视总局关于加强网络秀场直播和电商直播管理的通知》的规定:“网络秀场直播平台要对网络主播和‘打赏’用户实行实名制管理。未实名制注册的用户不能打赏,未成年用户不能打赏。要通过实名验证、人脸识别、人工审核等措施,确保实名制要求落到实处,封禁未成年用户的打赏功能。平台应对用户每次、每日、每月最高打赏金额进行限制。在用户每日或每月累计‘打赏’达到限额一半时,平台应有消费提醒,经短信验证等方式确认后,才能进行下一步消费,达到‘打赏’每日或每月限额,应暂停相关用户的‘打赏’功能。”本案中,该账号所在平台未经实名认证就能使用“打赏”功能,严重违反了国家有关规定。

调解员调整与客服的沟通方案,从证据和普法的角度双管齐下,在对甲平台就上述法律法规进行释法明理的同时,指出了甲平台存在实名制管理不到位等问题,甲平台管理人员主动与调解员取得了联系,对调解员的释法表示认可,承认自身存在的问题,同意在 10 个工作日内退回包括打赏“某乐学长”主播在内的款项 48, 709 元,并通过电话与张某达成调解合意。

【调解结果】

经调解,双方达成如下调解协议:

甲平台在 10 个工作日内退回包括打赏“某乐学长”主播在内的款项 48, 709 元。

1 周后,调解员经回访得知,甲平台已退回全部金额,当事人表示感谢。

【案例点评】

本案的关键在于举证。出现此类事件后,家长要第一时间保全证据,尽量保存好录音、视频等相关信息,如孩子打赏的截屏、充值消费的账单等,如果能够证明“打赏”等行为系孩子个人行为,即有可能追回款项。

本案中,与平台建立起一对一的沟通渠道也是调解成功的重要步骤。起初,客服多次敷衍了事,对调解员提出的有力证据不予认可,反复以无法直接证明系小学生行为为由拒绝退款。调解员抓住网络直播平台并未遵守相关规定,没有设置“打赏冷静期,限制高额打赏”的问题,强调其应承担主体责任,为未成年人提供身心健康的网络环境。调解员全力以赴多次调解,最终使双方达成一致,为当事人挽回损失。

案例编号:ZJRTHZ1618969898

浙江省宁波市海曙区洞桥镇人民调解委员会　陈　杰

天津市红桥区何某某与某药店消费纠纷调解案

【案情简介】

2021 年 5 月某日晚,外地来津旅游人员何某某因身体不适,到位于自己居住宾馆附近的天津市红桥区某药店购药。何某某打开药品包装盒、阅读完药品说明书后,发现该药品与自己症状不符,不想购买该药。药店营业员姜某某认为药盒已拆,将影响该药品的销售,要求何某某买下已被拆开包装盒的药品。双方发生争执,姜某某拨打 110 报警。派出所民警到现场询问了具体情况后,经双方当事人同意,填写《公调对接公安派出所委托单》,将本案导入红桥区某街道人民调解委员会驻该派出所“公调对接”人民调解工作室进行调解。

【调解过程】

调解员迅速赶到现场后,首先对矛盾纠纷的起因和过程进行调查核实。经调查,何某某为外地来津旅游人员,2021 年 5 月某日晚上,因感觉身体不适,到姜某某所在药店购药。根据自身症状,何某某想购买名称为氟坦沙星的药物,但由于何某某为外地口音,姜某某误听成氟哌酸,并从柜台取出一盒氟哌酸交给何某某。何某某怀疑姜某某提供的药品与自己需要的药品不一致,但姜某某强调药品无误,于是何某某为了查看药品说明拆开了药物包装盒。何某某阅读完药物使用说明书后,指出该药品与自己症状不符,不想购买。但姜某某认为药品包装已被何某某拆开,会影响再次销售,便要求何某某将药品买下。双方发生争执。

调解员针对矛盾纠纷的争议焦点对双方进行疏导,指出何某某向营业员姜某某购买药品符合药品销售管理规定,但何某某在没有付款购买药品的情况下,未经允许擅自打开药品外包装盒,存在过错;营业员姜某某没有问清何某某所购买的药品名称,对此纠纷的发生也有一定责任,建议损失由双方共同承担。但考虑到该药品只是外包装拆封,内包装没有破坏,药品没有出店,影响销售的损失轻微，不宜让何某某买下不需要的药品。

为尽快化解矛盾，消除双方争议，调解员现场电话连线了市场监管所，就有关药品销售的规定和做法进行了咨询。随后，调解员向何某某指出，医院或药店的药品是从正规合法渠道购进的，一般情况下不退换药品，这是为了保证药品的质量，避免不合法的药品回流到正规的药店和医院。《药品经营质量管理规范》第 173 条规定："除药品质量原因外，药品一经售出，不得退换。"但由于此次纠纷产生于交易过程中，何某某尚未购买该药品，也未离开药店，按照行业惯例，药师错误推荐或发错药的，在购买者离开药店或医院药房窗口之前，发现药品有误时，经确认，药店可以退换药品。鉴于何某某本身也存在一定过错，调解员向纠纷双方建议，药品由药店收回，何某某对自己的疏忽过失给药店带来的销售不便予以道歉。双方表示，之前由于不了解药品退换的有关规定和做法才引发纠纷，现在经调解员讲明，愿意接受调解建议，达成调解协议。

【调解结果】

双方达成调解协议，协议内容如下：

1. 药品由药店收回。

2. 何某某对自己的疏忽过失给药店带来不便给予道歉。

调解员填写《公调对接人民调解反馈单》，及时将调解结果向派出所进行了反馈。

【案例点评】

因药品涉及人们的身体健康，作为一种特殊的商品，有关法律法规对售出药品的退换条件区别于普通商品，要求严格。本案的起因是作为药品行业管理规定的《药品经营质量管理规范》和药品销售行业纠纷的处理惯例不为广大群众所知。本案调解员及时联系市场监管部门了解相关规定和做法，运用法、理、情相结合的方式调解纠纷，成功消除了双方当事人的对立情绪，化解了纷争。

案例编号：TJRTHZ1627294128

天津市红桥区司法局西沽司法所　靳惠贞

河南省洛阳市西工区肖某与某物业公司物业纠纷调解案

【案情简介】

肖某是洛阳市西工区某老旧小区的业主,在该小区拥有2套房屋,房产证登记的总面积为68.8平方米。由于该小区已建成20余年,疫情防控期间,小区物业公司为加大对进出人员的管理,在小区大门处新安装了一套门禁设施,提出每户居民在登记居住信息并缴纳2020年物业费后,可为每户发放3张门禁卡。2020年2月,肖某前往小区物业申领门禁卡,物业公司以肖某未缴纳物业费为由拒绝发放。肖某认为物业公司将物业费和门禁卡捆绑的做法不合理,便与物业公司经理韩某发生争执。双方僵持不下,肖某来到社区人民调解委员会(以下简称调委会)请求调解其与物业公司之间的纠纷。

【调解过程】

在接到肖某的调解申请后,调委会委派调解员迅速开展前期的调查工作。调解员了解到,该小区平日外来人员进出频繁,为小区管理带来很大不便。当前正值疫情防控的关键时期,为了堵塞疫情防控漏洞,规范服务管理,物业公司为小区加装门禁,并提前1个月在各单元楼内张贴通知,告知业主需要在2020年3月1日前办理门禁卡。大多数业主已经按照物业公司的要求缴纳了物业费并领取了门禁卡,但也有一部分业主认为物业公司的做法不合理,拒绝将物业费与门禁卡捆绑。物业经理韩某告诉调解员,由于一些人是租住户,所以需要出示物业缴费单证明,物业公司也是迫于无奈才将物业费和门禁卡挂钩,以实现物业公司的正常服务管理。

掌握情况后,调解员对案件进行了分析,认为这起纠纷表面上看是门禁卡的发放问题,实际上涉及两个法律关系的处理:一是业主未按照《物业服务合同》的约定及时足额缴纳物业管理费,涉及合同违约的问题;二是物业公司将小区物业费与门禁卡发放进行捆绑,侵犯了小区业主的房屋居住权。在查阅了相关法律条文后,调解员再次找到物业经理韩某,指出物业公司催缴物业费情有可原,但小区业主也有自由出入本小区的权利,利用门禁卡限制业主自由出入小区是违法行为。根据《物权法》第35条(现《民法典》第236条)的规定:“妨害物权或者可能妨害物权的,权利人可以请求排除妨害或者消除危险。”在法律规定面前,物业公司认识到自身的错误,表示愿意免费为小区所有业主提供门禁卡,但是希望调解员能帮忙和肖某沟通,督促其及时足额缴纳物业费。

为了尽快解决纠纷,调解员来到肖某家中,告知肖某物业公司已经同意免费为所有业主发放门禁卡,但业主在享受物业服务的同时,也要按时缴纳物业费用。肖某与物业公司签订的《物业服务合同》中约定:“乙方(业主)应当在每年12月底前,及时足额缴纳下年度物业管理费用。”根据《合同法》第107条(现《民法典》第577条)的规定:“当事人一方不履行合同义务或者履行合同义务不符合约定的,应当承担继续履行、采取补救措施或者赔偿损失等违约责任。”同时根据《物业服务收费管理办法》第15条第3款规定:“业主应当按照物业服务合同的约定按时足额缴纳物业服务费用或者物业服务资金。业主违反物业服务合同约定逾期不缴纳服务费用或者物业服务资金的,业主委员会应当督促其限期缴纳;逾期仍不缴纳的,物业管理企业可以依法追缴。”调解员劝告肖某,如果长期拖缴物业费,影响物业公司正常服务活动的开展,自身也要承担相应的法律责任。通过调解员的释法明理,肖某明白权利与义务是相对应的,物业不再将门禁卡和物业费用挂钩,自身的合法权利得到了维护,自己也要积极履行缴纳物业费用的义务。最终双方在调解员的调解下达成一致意见。

【调解结果】

在调解员的主持下,双方签订调解协议如下:

1. 按照每平方米0.36元的物业收费标准,肖某一次性支付给物业公司2020年物业管理费297元;

2. 物业公司免费给肖某发放3个门禁卡,并承诺不再将门禁卡等相关设备与物业费用挂钩;

3. 此次纠纷处理后,双方不再因此事有其他纠纷和争议。

至此,纠纷得到圆满解决。经回访,双方当事人对调解结果非常满意。

【案例点评】

本案涉及的物业纠纷较为常见,虽看似简单,但极易引发业主与物业公司之间的矛盾升级,因此需要调解员妥善处理,谨慎对待。在这起纠纷中,调解员能够快速找准矛盾焦点,及时查找相关法律条文,迅速从纠纷中梳理出相关法律关系,并注重在调解过程中向双方当事人进行法律知识宣传教育,使双方当事人都能认识到自身错误,最终促成纠纷圆满解决。

案例编号:HNYRTHZ1600243020

河南省洛阳市西工区邙岭路街道中建社区人民调解委员会　杨宝宝

湖南省衡阳市侯某某与某银行金融纠纷调解案

【案情简介】

2020 年 3 月某日,侯某某在网上申请了某银行信用卡。网上初审通过后的第 6 日上午,侯某某前往某银行营业部进行身份核查及手续确认。因侯某某系盲人,无法本人签字,故无法按照一般信用卡申请流程办理。侯某某当即对该银行业务流程提出异议,且一度情绪激动。随后,侯某某至衡阳市某金融消费纠纷人民调解委员会(以下简称金调委)申请调解。

【调解过程】

金调委受理案件后,在征得某银行同意后开始调解。首先,调解员与侯某某进行沟通,详细了解案情,其次实地走访某银行,对案件情况调查核实。调解员经调查得知:因侯某某无法本人签字确认信用卡相关单据,故无法按照一般信用卡申请流程办理。该银行营业部大堂主管万某了解相关情况后,主动帮助侯某某联系某银行卡部、长沙某分行零售部以及总行信用卡中心,积极沟通特殊处理流程。总、分行相关部门在初步核实客户情况后,均表示按现行规章制度不签字则无法受理信用卡办卡申请。

查明基本事实后,2020 年 4 月某日,金调委组织双方当事人进行第一次面对面调解。考虑到侯某某是盲人,为了方便其参加调解,在征得双方当事人同意后,调解员将调解地点定在侯某某所在公司。某银行在调解中表示,信用卡办理的最终审批权限不在分行营业部,按现有流程,如无本人签字将很难申请。某银行已将侯某某的情况及其诉求上报省分行相关部门,且如果侯某某申领信用卡成功,每次刷卡均需要签字确认交易信息和交易金额,如果不能正常签字,在日常用卡过程中也会出现很多问题,更容易受到电信诈骗。侯某某表示无法接受,认为银行所说的安全风险根本不存在,其完全可以进行信用卡的相关操作,法律和中国银保监会出台的政策没有规定盲人不能激活使用信用卡。由于第一次调解双方未能达成一致,且侯某某情绪较为激动,调解员暂停调解。

2日后,金调委再次组织侯某某和某银行工作人员进行现场调解。为了方便沟通,维护侯某某的合法权益,金调委邀请了衡阳市残联肢残协会工作人员参加调解。此次调解中,调解员指出,《商业银行法》第5条规定:"商业银行与客户的业务往来,应当遵循平等、自愿、公平和诚实信用的原则。"《中国人民银行金融消费者权益保护实施办法》第14条规定:"银行、支付机构应当尊重社会公德,尊重金融消费者的人格尊严和民族风俗习惯,不得因金融消费者性别、年龄、种族、民族或者国籍等不同实行歧视性差别对待,不得使用歧视性或者违背公序良俗的表述。"盲人客户只是行为受到了限制,权利并没有丧失。银行设置的信用卡发卡规定只是从健康人的角度出发,没有考虑到盲人等特殊群体的需求。银行在为金融消费者办理金融业务时,应当平等对待每一位金融消费者,对于特殊人群,更加需要换位思考,站在他们的角度上为其提供便利。调解员建议某银行"特事特办",采取适合盲人的方式办理信用卡身份核查。某银行表示接受调解员的建议。

【调解结果】

经过近2小时的调解,双方达成调解协议:

1. 某银行经总行信用卡中心审核批准,为盲人客户侯某某采用录音录像的方式进行身份核查,由该银行的客户经理采用口述的方式对侯某某宣读了信用卡使用章程,并重点讲解了信用卡安全使用规程和注意事项;

2. 侯某某用口述的方式宣布了其申领信用卡是本人真实意愿的体现,愿意遵守相关规程,并履行安全用卡和按时还款的义务。

1周后,金调委对侯某某和某银行进行电话回访得知,侯某某已成功申领某银行信用卡,用卡情况正常。双方均对调解表示满意。

【案例点评】

根据《商业银行法》的有关规定,金融机构应遵守平等、公平原则,在交易活动中对所有金融消费者一视同仁,不应有歧视等侵犯人格尊严的行为。金融监管机构、金融机构在制定制度、程序以及研发系统、电子设备等活动中要考虑到金融消费者群体的多样性,既要考虑到多数人的利益,也要照顾特殊群体的利益。残障人士由于自身情况难以获取金融服务,金融机构应关注残障人士等特殊群体的金融需求,提高其金融服务的可获得性,在严格落实监管规定要求的同时,提供安全、便捷、优质、高效、人性化的金融服务。金融消费者在遇到不公平待遇时,应利用法律的武器保护自己的合法权益,也可向金融监管机构或者向人民调解组织寻求帮助。

案例编号:HNXRTHZ1621850620

湖南省衡阳市司法局　施　蓓

第二节　其他人民调解案例

上海市徐汇区沈某与某速运公司合同纠纷调解案

【案情简介】

2021年1月，沈某与手机卖家协商办理手机退货手续并约定货到退款，随后沈某委托上海市徐汇区某速运公司快递该手机。手机卖家验收时发现某速运公司送达的不是交易手机，而是一台旧手机，便以“未收到特定物”为由拒收并拒绝向沈某退款。沈某联系某速运公司了解情况，得知公司内部人员私自更换了包裹内手机，遂提起民事诉讼，要求某速运公司赔偿手机费用、交通费、误工费等共计7800元。经征得双方当事人同意后，法院将该案委派给某区联合人民调解委员会组织调解。

【调解过程】

调解员接到案件后，立即安排双方进行面对面调解。调解员了解到，双方当事人对托运手机丢失一事无异议，但对赔偿金额分歧较大。

沈某称，手机是交由该速运公司取件员当面验货并拍照后被取走，现由于其公司内部原因导致手机被调换，使自己无法完成退货并遭受损失，故应由速运公司赔偿手机原价5800元，以及因本次纠纷产生的额外支出2000元。某速运公司负责人提出，沈某在寄送贵重物品时未进行保价，应对物品丢失承担一定责任，对于未保价快件，应当按照行业惯例在7倍运费限额内进行赔偿。

经过初步的沟通，调解员了解到双方主要存在两个争议焦点：一是对物品丢失谁应承担责任；二是赔偿的具体数额。关于责任承担问题，调解员表示，根据《民法典》第832条规定：“承运人对运输过程中货物的毁损、灭失承担赔偿责任。”本案中，沈某在取件员面前验货并拍照存证，且按约定支付快递费用，履行了自己的付款义务。而速运公司在快件寄送过程中管理存在疏漏，导致物品被调换，应当承担赔偿责任。速运公司负责人承认公司的管理存在疏漏，也对于本次调换事件的发生表示歉意,但是不同意沈某提出的赔偿金额。

速运公司负责人指出,根据《邮政法》的相关规定,未保价的快件丢失最高赔偿额不超过3倍运费,而现在公司提出按照赔偿7倍运费的行业惯例来执行已经超出了法律规定。对于公司负责人的这一主张,调解员认真研读了相关法律规定。调解员指出,依据《邮政法》第47条第2款,未保价的给据邮件丢失、损毁或者内件短少的,按照实际损失赔偿,但最高赔偿额不超过所收取资费的3倍。该条款的适用范围为邮政服务业务中的"给据邮件",而本案中速运公司提供的是快递业务而非邮政业务,并不适用该法条,应适用《民法典》等相关规定。调解员还指出,速运公司负责人提出的行业习惯在适用上也有一定的限定范围。《最高人民法院关于适用〈中华人民共和国合同法〉若干问题的解释(二)》(已失效)第7条规定:"下列情形,不违反法律、行政法规强制性规定的,人民法院可以认定为合同法所称'交易习惯':(一)在交易行为当地或者某一领域、某一行业通常采用并为交易对方订立合同时所知道或者应当知道的做法;(二)当事人双方经常使用的习惯做法。对于交易习惯,由提出主张的一方当事人承担举证责任。"可见,速运公司提出适用的交易习惯沈某必须事先知悉,而事实上沈某事先并不知情,所以速运公司并不能仅仅按照7倍运费的交易习惯赔偿。

听完调解员的解释,速运公司负责人表示愿意积极配合调解。对于沈某的主张,调解员提出,《民法典》第833条规定:"货物的毁损、灭失的赔偿额,当事人有约定的,按照其约定;没有约定或者约定不明确,依据本法第五百一十条的规定仍不能确定的,按照交付或者应当交付时货物到达地的市场价格计算。"本纠纷中,沈某作为受害者理应获得赔偿,但是应当举证证明货物的市场价格,进而要求赔偿。如沈某难以举证,希望沈某能退一步。经过调解员的分析,沈某最终表示同意放弃部分赔偿要求。

【调解结果】

最终,在调解员的努力下,双方签订了调解协议书。协议内容如下:

1. 由某速运公司当场赔付沈某5000元;

2. 此案就此结束,双方均不再通过其他任何途径进行追究。

在调解员的帮助下,双方共同向法院申请了司法确认。对于调解结果,双方当事人均表示满意。

【案例点评】

随着我国快递行业的快速发展,难免发生包裹损毁丢失等事件。该类案件中通常双方当事人地位不平等,速运公司凭借自己的优势地位通常在调解中表现出强硬态度。这时,调解员需要借助法律条文明确双方的权利义务,从而推动调解进程。

调解员首先需要做的就是厘清双方当事人的争议焦点。本案中,调解员归纳了两大争议焦点:一是某速运公司是否应承担赔偿责任,二是关于赔偿金额的确定问题。通过向当事人合情合理地分析法律适用,从而达到案结事了的目的。本案中,调解员通过向当事人分析具体应当适用什么法律、"交易习惯"的适用以及调解的优势,调动了双方参与调解的积极性,最终促成了案件的圆满解决。

案例编号:SHRTQT1619967280

上海市徐汇区第二联合人民调解委员会　刘锦波

上海市崇明区陆某某与某培训机构合同纠纷调解案

【案情简介】

2019 年 2 月,陆某某在上海市崇明区某培训机构购买 55 节轮滑培训课程,签订了培训合同并支付培训费用 5000 元。同年 4 月,培训课程正式开课。同年 11 月,因消防整改,该培训机构暂停营业。2020 年年初,新冠肺炎疫情暴发,该机构亦受影响,迟迟未能开课。随着国内疫情得到控制,生产生活逐步恢复,该培训机构却仍未复课。其间,陆某某多次联系该机构老师询问,培训机构给出的答复都是等待复课通知。等待多月后,该培训机构仍未明确回复,陆某某认为培训机构的做法严重侵害了其合法权益,遂于 2020 年 10 月投诉至市场监管部门。市场监管部门接到投诉后联系某镇人民调解委员会(以下简称镇调委会)进行联合调解。调解员与陆某某联系,在征得其同意后,着手开展调解工作。

【调解过程】

调解员首先电话联系陆某某,仔细询问事情经过。陆某某称,其自 2019 年购买课程,其间一共上过 30 节课,后因消防整改、疫情等原因无法开课,自己都表示理解。但是现在疫情已得到控制,其他培训机构都在陆续复课,该培训机构却一直未能复课。为此,陆某某对该培训机构能否正常经营表示怀疑,故要求培训机构退款并赔偿损失。

随后,调解员电话联系了培训机构。工作人员表示,培训机构由两名老板共同出资合伙经营,其中老板李某现居国外,受疫情影响暂时无法回国,另一老板张某仍在国内。于是调解员联系张某,转述陆某某的诉求,张某表示愿意到镇调委会现场详谈。调解员与陆某某、张某约定进行现场调解。

现场调解一开始,陆某某就出示了 2019 年签订的培训合同。合同显示,陆某某报名的轮滑课程为 50 节课,共计 5000 元,同时赠送 5 节课。陆某某重申了自己的诉求,表示自己已支付培训费用,履行了合同约定的义务,现培训机构因自身问题导致课程无法开展,已构成违约,应当退还相应的培训费用,并给予赔偿。

张某认可合同的真实性,同时向其出示了培训机构的营业执照,表明培训机构属于普通合伙企业,而执行事务合伙人为李某。张某称自己虽和李某共同出资,但根据合伙协议,培训机构由李某对外行使执行权。而现在自己也联系不上李某,关于培训机构的一切事宜需待李某回国处理,自己无法向陆某某作出承诺。

对此陆某某表示不能理解。在陆某某看来,李某和张某都属于该培训机构的老板,这两人都有责任出面解决该问题。调解员向陆某某解释,《合伙企业法》第 26 条第 2 款规定:“按照合伙协议的约定或者经全体合伙人决定,可以委托一个或者数个合伙人对外代表合伙企业,执行合伙事务。”第 27 条第 1 款规定:“按照本法第二十六条第二款规定委托一个或者数个合伙人执行合伙事务的,其他合伙人不再执行合伙事务。”张某所述确有法律依据。但同时,调解员向张某表示,这不代表其可因此置身事外。《合伙企业法》第 2 条第 2 款规定:“合伙人对合伙企业债务承担无限连带责任。”第 39 条规定:“合伙企业不能清偿到期债务的,合伙人承担无限连带责任。”由此可见,张某虽不对外执行事务,但作为普通合伙人,其对债务应承担无限连带责任,陆某某有权向张某提出诉求。

调解员继续劝导张某,根据《合同法》第 107 条(现《民法典》第 577 条)规定:“当事人一方不履行合同义务或者履行合同义务不符合约定的,应当承担继续履行、采取补救措施或者赔偿损失等违约责任。”作为违约方,培训机构应当承担违约责任。经过调解员的分析释法,张某原先强硬的态度也渐渐缓和,但表示受疫情影响企业资金紧张，如要退款希望能再给一个缓冲期。同时张某提出了另一方案，可让第三方机构接手剩余课程，但课时会有所减少。基于此，调解员向陆某某表示，疫情对培训机构确实造成了巨大的冲击，希望其能够予以理解。若坚持退款，过程会较烦琐且耗时久，对自身维权不利。听了张某诚恳的表态和调解员的劝说后，陆某某表示愿意到第三方机构参加剩余的培训。

【调解结果】

陆某某和张某在镇调委会和市场监管部门的见证下，签订了人民调解协议书，达成如下协议：

1. 陆某某和该培训机构签订的培训合同当即解除。培训机构负责与第三方对接陆某某未完成的课程，并承诺课时为 15 小时以上；

2. 陆某某不再要求该培训机构承担违约责任。

经回访，培训机构已履行上述义务，双方当事人对调解结果均表示满意。

【案例点评】

本案能够调解成功，主要基于以下几点：一是查明事实。通过查看培训合同、营业执照等方式，掌握第一手资料，为进一步厘清纠纷事实打下基础。二是分清责任。在当事人对自己的法律责任有错误认知的时候，调解员需要援引相关法律规定，与案件事实相结合以明确责任。三是灵活处理。本案中违约方提供了新的解决方案，调解员需要灵活多变，帮助当事人选择最优的解决方案，维护当事人合法权利。

实践中，培训机构往往以“培训费交的越多优惠越大”来吸引消费者购买课程。但机构一旦倒闭，消费者往往会面临维权难的窘况。在此，也提醒广大消费者，对于预付式消费不要一次性支付较大数额的费用。另外，一定要妥善保管好与培训机构签订的合同、发票和消费凭证，便于维护自身合法权益。

案例编号：SHRTQT1623576052

上海市崇明区司法局长兴镇司法所　成　剑

西藏自治区那曲市嘉黎县次某与拉某婚姻家庭纠纷调解案

【案情简介】

西藏自治区那曲市嘉黎县的拉某与丈夫次某结婚多年,双方系自由恋爱。拉某婚前有一非婚生女,次某对此表示不介意,双方于2010年9月登记结婚,婚后两人育有一子。婚后,两人多次因次某不顾家、经常外出过夜而争吵,每次吵完后,次某都夜不归宿。双方家人也竭力劝说次某,希望唤醒次某对家庭和婚姻的责任,但家人的劝说并未对次某起到任何积极作用。拉某一直对次某不顾家的行为保持容忍,但次某并未因拉某的包容忍耐而有所改变,反而变本加厉,不仅对拉某进行家暴,还在生活上对两个孩子区别对待,经常恶意针对女儿,如无故辱骂女儿,要求女儿做过重的家务等。拉某发现这些行为后,感到很痛心,但顾及多年的夫妻情分,自己也希望孩子们能够有一个完整的家庭,并没有提出离婚。2020年3月,无奈之下的拉某向嘉黎县某乡人民调解委员会(以下简称调委会)申请调解,希望能通过调解让自己的家庭变得和睦美满。调委会随即指派经验丰富的调解员进行调解。

【调解过程】

调解员首先通过实地走访向双方当事人的邻里、亲友了解情况,了解到次某对拉某确有家暴行为,对儿女确有差别对待,且双方婚后一开始家庭和睦,此情况是近几年才出现的。调解员根据以上情况分析出,解决此纠纷的关键点在于找到男方近几年有如此大变化的原因,从原因入手,帮助双方当事人调解此纠纷。调解员联系了次某,向其询问是否同意调解,次某表示同意调解,并与调解员约好调解时间、地点。

次日,双方当事人来到调委会的调解室进行调解。一开始,拉某情绪激动地讲述了近几年次某对待家人的种种行为,调解员立即安抚了拉某的情绪。当调解员询问次某近几年发生改变的原因时,次某却对此闭口不谈,只表示自己家暴的行为确实不对,向拉某道了歉。针对次某的家暴行为,调解员向其普及了相关法律规定。原《婚姻法》第43条第3款规定:"实施家庭暴力或虐待家庭成员,受害人提出请求的,公安机关应当依照治安管理处罚的法律规定予以行政处罚。”《反家庭暴力法》第33条规定：“加害人实施家庭暴力，构成违反治安管理行为的，依法给予治安管理处罚；构成犯罪的，依法追究刑事责任。”通过调解员对有关法律的讲解，次某意识到了家暴的严重后果，当即表示自己很容易冲动，家暴后自己很后悔，对妻子很愧疚，今后会少喝酒，不与妻子争吵，双方友好沟通。

虽然，次某承诺不再家暴，但其近几年态度发生变化的原因还是没有找到。调解员决定调整调解方案，在与双方当事人约好二次调解的时间后，先让双方当事人回家单独沟通。调解员再次通过走访调查的方式，重点了解双方当事人女儿的情况。调查了解到，一部分邻居及次某的朋友，对拉某婚前有非婚生女的情况都有过一定程度的议论，甚至在次某面前议论过。调解员推测，邻居、朋友对此事的议论是导致次某心理不平衡从而对儿女区别对待的原因。调解员决定邀请双方当事人的一些邻居、朋友参与二次调解。调解员向他们说明情况以后，他们表示没有想到自己的无心之言会对他人造成伤害，愿意帮助双方当事人化解矛盾。

两天后，双方当事人来到调委会进行二次调解。与第一次调解相比，拉某的情绪较为平静。调解员向双方当事人询问了近期的生活状况，他们表示婚姻关系和睦了许多，这几天都没有争吵。调解员再次询问次某近几年态度发生变化的原因，或者是否对拉某存在不满，次某依旧闭口不谈。于是，调解员向次某询问是否是因为介意女儿，次某点头。拉某此时激动地表示，婚前次某承诺过并不介意女儿的存在，现在又出尔反尔。调解员立即安抚拉某的情绪，并告知拉某，邻居及朋友多次议论此事的情况，次某心理上会受到一定程度的影响。次某此时表示，自己因为此事在朋友面前丢脸，在外工作压力也大，无处宣泄。此时，调解员用电话联系了双方当事人的朋友，请他们现在到调解室。调解员表示“解铃还需系铃人”，此次调解也邀请了曾经议论过次某女儿的朋友们，希望能帮助他们解决纠纷。双方当事人的朋友表示平常的议论只是无心之举，他们心里没有瞧不起次某的意思，同时保证今后不会再议论此事，希望次某能够原谅他们的过错。调解员进一步劝导次某，既然误会解开了，次某也应该回归家庭，同时也向其普及了相关法律，希望唤起他对家庭的责任感。次某思考后表示，愿意改正自己曾经的错误。最终，此次婚姻家庭纠纷成功调解，双方达成一致意见，并签订了调解协议。

【调解结果】

纠纷双方当事人自愿签订了调解协议,内容如下:

1. 双方当事人自愿表示愿意继续一起生活;

2. 次某承诺不再对妻子拉某进行家暴,表示如有家暴愿意承担一切法律责任,同时表示愿意回归家庭,多照顾陪伴家人;

3. 日常生活中,次某对待儿女会一视同仁,确保两个孩子能够在健康的环境下快乐成长。

【案例点评】

调解员深入调查,在了解双方当事人诉求后发现,牧区群众法律知识缺乏,对待婚姻不够谨慎,也不明白婚姻所需承担的责任。针对两个年轻夫妻对待子女、对待婚姻的态度,调解员通过通俗易懂的方式对当事人重点开展普法教育,同时通过以案释法的方式来引导双方当事人树立正确的婚姻观,最终使该纠纷得以成功化解。

案例编号:XZRTQT1622604873

西藏自治区司法厅　嘎桑罗布　桑旦卓玛　旺　珠

浙江省温州市鹿城区某幼儿园与林某损害赔偿纠纷调解案

【案情简介】

2021 年 3 月某日,温州市鹿城区某幼儿园学生林某在上体育课时踩空木桩,导致下巴受伤,经医院治疗,手术缝合 8 针。2021 年 4 月某日,林某在课间玩耍时被棋盘划伤眼角,经医院治疗,手术缝合 3 针。因面部留下伤痕,第二次事故发生后,林某便没再去幼儿园上学,在家休养。

林某父亲林某某对其于连续两次意外受伤感到愤怒和不满,多次向区教育局投诉幼儿园,要求对相关责任人严肃处理。其间,幼儿园老师前往林某家中探望,并希望双方能够和解。林某某提出幼儿园赔偿 10 万元并登报道歉,同时为林某更换幼儿园。幼儿园对于赔偿金额、登报道歉两个要求无法接受,协商陷入僵局。后该幼儿园向某街道人民调解委员会(以下简称调委会)申请调解,调委会电话联系林某某,林某某表示同意调解。

【调解过程】

调委会受理该纠纷后,立即指派经验丰富的调解员负责调解。林某某认为,林某连续两次面部受伤,幼儿园必须为此承担管理责任,如果不能满足自己提出的要求,他会继续投诉幼儿园。幼儿园对林某在园内受伤感到非常抱歉,表示愿意给予相应的赔偿,但无法接受林某提出的赔偿要求。

双方对林某在幼儿园内两次受伤的事实无异议。调解员指出,《民法典》第1199条规定:“无民事行为能力人在幼儿园、学校或者其他教育机构学习、生活期间受到人身损害的,幼儿园、学校或者其他教育机构应当承担侵权责任;但是,能够证明尽到教育、管理职责的,不承担侵权责任。”本案中,某幼儿园无法提供已尽教育、管理职责的证明,因此应对林某的两次意外受伤承担侵权责任。在责任划分上双方均无异议。争议焦点主要在以下两方面:一是林某某提出的赔偿金额过高;二是幼儿园不同意采取登报的方式道歉。为了确保调解工作顺利进行,调解员以林某某为突破口对其进行劝导。调解员表示,对林某某因孩子接连两次受伤感到愤怒的情绪表示理解,调解员采用“共情”式的沟通方法,让林某某感受到了关怀和理解,双方由此拉近了距离,林某某也向调解员敞开了心扉。调解员表示,强硬的态度并不利于解决问题,长期僵持反而会影响林某的学习,也可能对日后就学带来负面影响,建议林某某从为孩子考虑的角度出发,回归理性解决问题。林某某深思熟虑后,接受了调解员的提议,表示不再执着于投诉,愿意与幼儿园调解。

在调解过程中,林某某坚持要求幼儿园登报道歉,认为这是对其管理存在过失而应当承担的后果。幼儿园提出,登报道歉会对幼儿园造成较大的负面影响,希望林某某能够让步。双方互不退让,调解陷入僵持。

见此,调解员迅速转变策略,采取背对背的方式分头做工作。调解员表示充分理解林某的愤怒,但登报道歉的方式会对幼儿园形象造成不良影响。既然幼儿园已经“知错”,更重要的是如何“纠错”,一味寻求对方公开认错,很可能偏离纠纷解决的目的。面对幼儿园,调解员指出,幼儿园管理人员需要换位思考,拿出诚恳的态度获得林某某的原谅,然后再与林某某谈解决方案。调解员建议,幼儿园不能只否定林某某的方案,要主动提出赔偿数额表达诚意。幼儿园方感谢调解员的建议。

第二次调解过程中,幼儿园主动道歉,对林某两次意外受伤表达歉意,对自身安全教育和管理存在的错误进行了深刻反省,承诺会立即全面排查、整修幼儿园的游乐设施,并对幼儿园全体教职工进行安全教育,避免类似情况发生。针对林某某提出的更换幼儿园事宜,幼儿园表示将会尽最大努力帮助协调,如果林某继续就学,幼儿园不会对其另眼相待。希望能得到林某某的谅解。

林某某感受到幼儿园真心改正的态度,表示愿意放弃登报道歉的要求,同意降低赔偿金额。调解员指出,《民法典》第1179条规定:"侵害他人造成人身损害的,应当赔偿医疗费、护理费、交通费、营养费、住院伙食补助费等为治疗和康复支出的合理费用,以及因误工减少的收入。"第1183条规定:"侵害自然人人身权益造成严重精神损害的,被侵权人有权请求精神损害赔偿。"结合林某某提供的医院诊治材料,调解员对本案赔偿金额包括先期医疗费、后续治疗费、护理费及两次受伤留疤的精神损害赔偿进行了核算,并参照辖区幼儿园类似人身损害赔偿纠纷,提出了赔偿金额的"合理区间"。双方商讨后,最终在赔偿数额上达成共识。就此,一起跨度长达一个月的纠纷得以圆满化解,双方当事人握手言和。

为了使林某能尽快恢复学习,林某某最终决定放弃更换幼儿园的要求,继续在该幼儿园就学。

【调解结果】

2021年5月某日,双方签订调解协议书:

1. 幼儿园支付林某某医疗费、护理费、留疤精神损失费等共计33,700元;

2. 协议签订并收到以上费用后,林某某不再就此事向幼儿园追究任何赔偿、补偿责任。

经回访,双方当事人均对调解员的调解结果表示满意,调委会收到当事人锦旗一面。

【案例点评】

这是一起典型的校园伤害纠纷。幼儿在幼儿园内受伤后,家长因疼爱和担忧,情绪往往较为激动是人之常情,容易导致矛盾激化也在所难免。此时调解组织及时介入,防止矛盾升级,依情理法稳控局面,最终化解了纠纷。此类案件成功调解的关键在于引导家属放下情绪，以幼儿为本，回归到法律框架内，理性解决问题。本案中，调解员首先通过“共情”式的沟通，快速拉近与当事人之间的心理距离，安抚当事人情绪并使之回归理性。然后，调解员以“剥茧”式的释法析理，向当事人详细讲解损害赔偿相关法律规定，综合平衡林某某的赔偿要求和园方的赔偿能力进行积极协调，促使双方达成调解协议，纠纷得到圆满解决。

案例编号：ZJRTQT1621997386

浙江省温州市鹿城区司法局　汪琳州

江苏省徐州市泉山区朱某某与王某某损害赔偿纠纷调解案

【案情简介】

2021 年 11 月某日，外卖员王某某要求进入徐州市泉山区某小区配送外卖，因其拒绝出示健康码和行程码，被安保人员朱某某阻拦在小区外。双方因此发生争吵和推搡，朱某某被王某某推倒在地，后经医院诊断，朱某某胸壁挫伤。因二人自行协商赔偿事宜无果，2021 年 12 月某日，朱某某向徐州市某公调对接人民调解委员会（以下简称调委会）提出调解申请。

【调解过程】

调委会首先联系到王某某，询问其是否同意调解，王某某表示其愿意调解。王某某称，事发当天，他着急送外卖，时间非常紧急，但朱某某坚持要求王某某出示健康码和行程码。王某某认为自己平时送外卖经常出入此小区，也曾多次见过朱某某，不想再为此事耽误时间，要求朱某某直接放行，但朱某某坚决不同意，于是双方发生争吵和推搡，他不小心将朱某某推倒在地。王某某还认为，之前双方在协商时，朱某某提出的赔偿数额过高，此次朱某某受伤，双方都有过错，自己不应承担全部责任。

随后，调解员又与朱某某进行沟通。针对王某某陈述的内容，朱某某表示，前几日徐州市出现一例新冠肺炎确诊病例，市里对此非常重视，对疫情防控提出严格要求。在此之前，其确实见过王某某，且知道他是外卖配送员，理解他的工作辛苦。但作为小区的安保人员,自己要求其出示健康码和行程码是工作职责所在,可王某某却与他争吵,甚至出言辱骂,又将他推倒在地,造成其胸壁挫伤。因此,朱某某要求王某某赔偿自己医疗费 30,000 元、后续治疗费 10,000 元、营养费 5000 元及误工费 5000 元,共计 50,000 元。

调解员与当事双方分别进行沟通后,初步了解了纠纷的过程和二人的诉求,并到小区物业调取了事发时间段的监控录像,分析纠纷焦点主要在于责任划分与赔偿数额,随即与双方约定调解时间。

2021 年 12 月某日,朱某某与王某某到达调解室。调解员首先与王某某单独进行沟通,表示他争分夺秒地配送外卖自然辛苦,但进出小区应配合安保人员的正常核查,更何况是疫情特殊时期,王某某理应配合防疫工作。事发前一日,徐州市疫情防控应急指挥部紧急发布《徐州市关于加强新冠肺炎疫情防控工作的通告》,通告第九项明确规定:"严格非封控区和非管控区的其他小区(村)出入管理,落实进出人员和车辆登记、体温检测、查验健康码和行程卡等措施。"因此,朱某某要求王某某出示健康码和行程码完全是出于疫情防控的要求。而王某某造成朱某某人身损害的行为,根据《民法典》第 1179 条规定:"侵害他人造成人身损害的,应当赔偿医疗费、护理费、交通费、营养费、住院伙食补助费等为治疗和康复支出的合理费用,以及因误工减少的收入。"王某某动手伤人,理应赔偿朱某某因此产生的各项损失。

王某某称,自己虽然先动手推了朱某某,但对方也有还手行为,因此仅愿意赔偿给对方 10,000 元医疗费。调解员给王某某播放了监控录像,视频中显示双方发生口角,后王某某出手推了朱某某,朱某某除了用手抵挡外,并未做出还手行为。见此,王某某不再有异议,表示认识到自己的过错,承认当时不够冷静,没有配合疫情防控要求,更不该冲动与朱某某发生争执。王某某与调解员恳切交谈,提出虽然错在自己,但朱某某提出的赔偿金额过高,与用于治疗实际花费的金额出入较大,希望调解员能够对此进行调和,他愿意诚恳地向朱某某赔礼道歉。

看到王某某的态度缓和,调解工作有了成效,调解员立即与朱某某交流,将王某某的歉意和赔偿意见转达给朱某某。调解员告知朱某某,依照他目前提供的各项收据和流水来看,要求的赔偿金额与票据金额相差甚远。朱某某称,自己之前因对方不肯认错的态度而恼怒,于是提高了赔偿诉求,既然王某某愿意诚恳道歉,自己也不再坚持过高赔偿。入院检查时王某某已经垫付了 5500 元医疗费,现在要求对方一次性赔偿剩余的医疗费 16,500 元、后续治疗费 5000 元、营养费2000元及误工费5000元，共计28,500元。

见到双方态度均有所缓和，调解员召集双方坐在一起进行协商。王某某称，当时因害怕耽误送外卖的时间被平台罚款，一时冲动才动了手，没想到造成了这么严重的后果，由于自己经济条件困难，对于赔偿款方面，王某某希望朱某某能够再次做出让步。王某某当场对其没有配合疫情防控的行为作出反思，保证今后遇事不再用冲动的方式处理问题，并诚恳地向朱某某赔礼道歉。感受到对方诚恳的态度，朱某某同意再次做出让步，要求王某某赔偿医疗费、后续治疗费、营养费及误工费共计25,500元。王某某同意了朱某某的赔偿要求，并对其表示感谢。

【调解结果】

经调解，双方自愿达成如下协议：

1. 王某某向朱某某赔礼道歉，双方和解；

2. 王某某一次性赔偿朱某某医疗费、后续治疗费、营养费及误工费共计25,500元；

3. 此事一次性了结，朱某某不再追究王某某的法律责任。

王某某当场按协议履行赔偿，双方对调解结果表示满意。

【案例点评】

本案中，外卖配送员为了节省时间免于平台的超时罚款，拒绝配合安保人员的防疫工作，甚至为此动手伤人，结果非但没有免于被平台罚款，反倒为此行为付出了更大的代价。最终经过多次调解，双方的矛盾得到化解，同时也向社会展示了人民调解在化解社会矛盾、维护社会稳定中起到的作用。

案例编号：JSRTQT1640140361

江苏省徐州市司法局　周小彤

广东省湛江市徐闻县高某与陈某邻里纠纷调解案

【案情简介】

2020年3月初，徐闻县某乡某村的陈某购买了一台渔网编织机安置于自家院子,运用电力进行机械化编织渔网,并出售渔网以增加经济收入。不久,陈某家隔壁的民宿房东高某找到陈某,表示近日接连有房客反映陈某家的渔网编织机噪音较大,干扰正常休息,晚上无法安睡。由于房客们意见很大,影响民宿经营,高某要求陈某将渔网编织机搬走,陈某不同意搬走。双方多次协商未果。2021年4月某日上午,高某到乡人民调解委员会(以下简称调委会)申请调解该纠纷。调委会征得陈某同意后受理了该纠纷。

【调解过程】

当天下午,调委会指派3名调解员走访双方当事人,了解基本情况,对高某的民宿、陈某家及周边环境实地观察。据了解,高某将村里的民房和庭院投资改造成具有海滨风情特色的民宿,为来观光的游客提供餐饮、住宿、游玩等服务。陈某于2020年3月初购买了一台电动渔网编织机安置在自家院内,机械化编织渔网并出售。陈某认为,自己在自家院子进行渔网编织机作业与高某无关,且安装渔网编织机时高某尚未建成民宿,故不同意将渔网编织机搬迁。

了解基本情况后,调解员建议高某免费让陈某在民宿住宿,实地体验后再进行下一步调解,高某表示同意。于是调解员邀请陈某当晚在民宿住宿,并让陈某家属通宵开机编织渔网。第二天上午,调解员询问陈某昨晚睡眠状况,陈某表示在机器噪声影响下心里烦躁,难以入睡。通过实地观察和陈某的体验,调解员对调解该纠纷有了进一步把握。

第二天下午,调解员再次组织双方当事人到调委会进行调解。在调解过程中,高某表示,村民房屋应该主要用于居住,不应作其他用途,如陈某不搬迁渔网编织机,不仅影响在民宿休息的游客,亦会影响其他村民。陈某表示,昨晚在民宿睡眠体验后,他已切身体会到渔网编织机制造的噪声对周边有较大影响,但由于未能找到合适地址搬迁渔网编织机,也没有资金投入建设厂房,不搬迁系无奈之举。

调解员决定采取“背靠背”的调解方式以缩小双方当事人的分歧。首先,调解员普及了有关噪音影响的法律规定,《民法典》第294条规定:“不动产权利人不得违反国家规定弃置固体废物,排放大气污染物、水污染物、土壤污染物、噪音、光辐射、电磁辐射等有害物质。”第1167条规定:“侵权行为危及他人身、财产安全的,被侵权人有权请求侵权人承担停止侵害、排除妨碍、消除危险等侵权责任。”《环境噪声污染防治法》(已失效)第61条规定:“受到环境噪音污染危害的单位和个人,有权要求加害人排除危害;造成损失的,依法赔偿损失。”调解员解释相关法律后,陈某认识到自己编织渔网过程中制造噪声的行为不妥当。

调解员劝导高某,表示能够理解噪声影响高某民宿经营的心情,陈某制造噪声确实不妥。调解员同时也向高某说明陈某家庭目前的困境:陈某家庭几乎用尽积蓄且向亲属借款后,购买了渔网编织机,编织渔网出售系陈某家庭目前唯一经济来源,如要求陈某搬迁渔网编织机或停止编织机工作,暂时难以实现。在调解员的耐心劝解下,高某的态度转变,表示陈某可以不搬迁渔网编织机,但须消除渔网编织机作业过程中产生的噪声。

见双方当事人的意见分歧逐步缩小,调解员趁热打铁提出解决方案:一是在高某的民宿与陈某家之间修建一道隔音围墙;二是在渔网编织机底部加装防震装置;三是中午和晚上及国家法定节假日期间停止渔网编织机工作。高某和陈某认为调解员提出的方案妥当,一致表示同意。

【调解结果】

双方当事人达成一致,签订了人民调解协议书,协议书主要内容如下:

1. 自签订本协议之日起,陈某必须在11:30至14:30、22:00至次日8:30及国家法定节假日期间停止渔网编织机工作;

2. 2021年4月15日前,陈某在渔网编织机底部加装防震装置,减少编织工作时的噪声;

3. 2021年4月30日前,陈某负责在高某的民宿与陈某家之间修建一道隔音围墙,费用、人工、材料等由陈某承担。

【案例点评】

调解员在开展调解工作过程中,始终坚持以人民为中心,将当事人的合法权益放在第一位,时刻为当事人着想,拉近了与当事人的距离,取得了当事人的信任,为成功调解纠纷打下了良好的基础。面对当事人不愿妥协的情况,调解员抓住矛盾纠纷的切入点,采取换位思考法,让当事人实地体验噪声的影响,使当事人改变了一切为自己利益考虑的错误想法,心平气和坐下来解决问题。同时,调解员认真落实“谁服务谁普法”的工作职责,以案释法,向当事人普及本纠纷的相关法律知识,说明噪声的危害性和法律规定,使当事人认识到自己的行为侵犯了他人的合法权益,最终不仅成功化解了纠纷,还增强了当事人的法律观念,起到了很好的示范作用。

案例编号:GDRTQT1639465424

广东省湛江市徐闻县角尾乡人民调解委员会　柯小杰

第七章　法律援助类

第一节　各类法律援助典型案例

上海市崇明区法律援助中心对范某某因工伤受到人身损害提供法律援助案

【案情简介】

船舶电焊二级技师范某某，于 1995 年 11 月进入上海某修船工程有限公司从事船舶电焊维修工作，在其工作环境内，因电焊修理过程中加热保温时需要使用石棉布，粉尘污染较为严重。2012 年 1 月 1 日起，单位与范某某签订了无固定期限劳动合同。2017 年 8 月 11 日，上海某修船工程有限公司清算关闭后，范某某的劳动关系转入上海某船舶公司，继续从事原工作。2018 年 12 月 26 日，该公司以生产不景气为由，与范某某签订了《解除劳动合同协议书》，约定解除劳动关系，并支付补偿金 195,473.50 元，但并未安排离职体检。之后，某船舶公司将范某某作为上海某劳务派遣有限公司劳务派遣员工，继续安排范某某在该公司原岗位从事原工作。2019 年 8 月 3 日，范某某经新华医院体检发现肺部有问题。2019 年 8 月 30 日，范某某经上海市肺科医院、上海市职业病防治院诊断为右肺下叶软组织结节，双肺弥漫小结节影，出具诊断结果：肺肿瘤，职业相关？职业性肿瘤待定。范某某要求某船舶公司向职业病防治院提供职业病诊断有关材料，双方因公司不予配合而产生纠纷。2020 年 6 月，范某某偶然发现，某船舶公司早在 2017 年 8 月 22 日委托上海沪东医院对自己进行职业健康体检时，就已经发现其肺纹理增多，但公司长期隐瞒，使范某某在不明真相的情况下与该公司解除了劳动合同。

2020 年 6 月，范某某来到上海市崇明区法律援助中心求助。崇明区法律援助中心经审查认为范某某符合法律援助条件，并指派了上海市海通律师事务所张某某律师为其提供法律援助。

接到指派后，援助律师及时会见范某某，并仔细分析了范某某现有的证据材料。援助律师告诉范某某可以先申请仲裁。在仲裁员和援助律师的共同努力下,公司向上海职业病诊断医院提供了范某某有关职业病鉴定活动必需的相关资料。2020 年 12 月 14 日,范某某经上海市浦东新区人社局认定为工伤。2021 年 1 月 28 日,范某某经上海市劳动能力鉴定委员会鉴定为职业病致残程度贰级,生活大部分不能自理。

此后,范某某要求某船舶公司支付工伤待遇。公司以范某某已经不是该公司员工为由予以拒绝。范某某再次向崇明区法律援助中心求助,援助中心指派张某某律师继续为其提供法律援助。

针对本案新的情况,援助律师分析认为,范某某的医疗费、住院伙食补助费、一次性伤残补助金、伤残津贴等待遇可通过社保理赔及要求用人单位进行赔偿。但因用人单位既不主动赔偿,也不配合办理社保理赔手续,援助律师便再次为范某某申请劳动仲裁。

劳动仲裁期间,援助律师会同仲裁员多次同某船舶公司的人事主管进行沟通,最终该公司与范某某、上海某劳务派遣有限公司签署了三方协议,确定与范某某恢复劳动关系,并同意为范某某办理社保、公积金等转入手续,同时办理工伤待遇社保理赔手续,至于应由用人单位负担的部分,该公司也表示会尽快予以支付。经过长达两年的努力,范某某终于享受到了职业病工伤保险待遇。

【案件点评】

本案是一起典型的因职业病引起的劳动纠纷案件。援助律师通过第一次仲裁,确认了范某某属于职业病,应当认定为工伤;通过第二次仲裁,范某某与某船舶公司达成和解,恢复了与范某某的劳动关系,使其能享受工伤保险待遇。援助律师在办案过程中,认真梳理案情,积极对接受援人、船舶公司、仲裁员等,制定维权策略,灵活处理维权过程中的各种问题,最大限度维护了其合法权益。

本案案情较为复杂,时间跨度长达 2 年之久,但通过援助律师的不懈努力,历经两次仲裁过程,援助律师最终与某船舶公司达成一致意见,依法保证了范某某享受职业病工伤保险待遇,达到了很好的法律效果和社会效果。

【推荐理由】

本案是一起典型的因职业病引起的劳动纠纷案件。本案双方虽约定解除劳动合同,但公司未组织离职体检,同时长期隐瞒受援人病情,使得受援人病情加重,严重侵犯了其合法权益,也不符合国家关于职业病防治有关规定。

职业病纠纷解决的关键是如何认定符合职业病危害接触史。本案援助律师接到指派后，一方面积极围绕受援人是否有职业病危害接触史、是否符合职业病等，通过协调医院提供职业病鉴定活动必须的材料，经过第一次仲裁，确认范某某属于职业病，应当认定为工伤；另一方面，围绕受援人构成职业病后能否享受工伤待遇，援助律师通过申请第二次仲裁，积极与该公司达成和解，恢复与范某某的劳动关系，使其能享受职业病工伤保险待遇。援助律师在办案过程中，认真梳理案情，积极对接受援人、船舶公司、仲裁员等，制定维权策略，灵活处理维权过程中的各种问题，最大限度地维护了受援人的合法权益。

【专家评析】

本案作为一起职业病维权典型案例，经过援助律师的不懈努力，取得了圆满结果，达到了很好的法律效果和社会效果。一方面该案援助律师认真负责，积极梳理案情，搜集证据，通过第二次仲裁为受援人据理力争，其敬业精神获得了受援人的肯定；另一方面，援助律师通过和解方式，即节省了时间，又提高了效率，最大限度地为受援人争取赔偿，使受援人享受到了职业病工伤保险待遇，有效维护了受援人的合法权益。

案例编号：SHFYGL1621844773

上海市崇明区法律援助中心　张贤能

北京市怀柔区法律援助中心对农民工李某等 14 人劳务合同纠纷提供法律援助案

【案情简介】

李某等 14 人自 2019 年开始在北京某花卉种植有限公司（以下简称花卉公司）打工，工作内容为翻地、种花、浇水等工作，14 人的日工资为 100～120 元/天不等。花卉公司位于北京市怀柔区郭家坞村，公司自郭家坞村村民流转土地，进行薰衣草种植。受疫情影响，花卉公司经营效益不佳，未能按月支付农民工劳务费，而是支付了部分月份的劳务费用。2021 年花卉公司与村民流转期限即将届满，部分村民欲将土地收回，导致花卉公司无法继续经营。

李某等 14 名农民工的劳务费存在不同的拖欠金额，李某等多次找到花卉公司,花卉公司向李某出具了加盖公章的工资表,称暂时没有给付能力。无奈,为维护自身的合法权益,2021 年 5 月 13 日、17 日、19 日和 21 日李某等 14 人分四批来到怀柔区法律援助中心申请法律援助。由于农民工请求支付劳动报酬符合《北京市法律援助条例》第 11 条不受法律援助经济困难条件限制的规定,怀柔区法律援助中心当日受理、当日指派,由北京平北律师事务所王某某律师承办此案。

王律师接受指派后约见受援人,了解案件情况认真分析。此案是一起典型的拖欠农民工薪酬案件,由于花卉公司即将自注册地搬离,案件有可能面临无法送达的情况,应尽快立案,通过诉讼手段依法维权让农民工拿到工资,及时解决现实问题,有效化解社会矛盾。

王律师根据案件提出法律援助思路和方案。一是快速立案。分别核算花卉公司拖欠 14 位农民工的薪酬金额,复印证据材料,书写起诉状,通过电子诉讼平台完成立案。二是及时沟通。北京市怀柔区人民法院通过立案申请后,援助律师第一时间与承办法官联系,告知花卉公司很快将要自注册地搬离,希望法院抓紧时间送达处理。因为涉及人员众多,法院对此案非常重视,随即联系花卉公司法定代表人。三是促成调解。花卉公司在收到法院通知后,提出了调解意见。首先是认可拖欠劳务费的事实,但表示由于公司受疫情影响,效益欠佳,故无法一次性支付全部劳务费。其次是表明态度。花卉公司当天向 14 位农民工支付了拖欠金额 1/3 的劳务费,对于拖欠较少劳务费的 4 人,花卉公司一次性支付完毕,剩余 10 人拖欠的劳务费,公司承诺分两次给付,在 7 月底之前给付一半,12 月之前全部支付完毕。14 位农民工与花卉公司就上述调解意见达成一致。四是确保履行。李某等人认为,鉴于已达成调解协议,向王律师咨询是否可以撤诉处理。王律师建议 4 名给付全额款项的人员可以撤诉,其余 10 位农民工的案件由调解委员会进行调解,由法院出具司法确认裁定,一旦花卉公司未能按照约定期限支付剩余劳务费,农民工可以依据裁定书到法院申请强制执行。

在北京市怀柔区人民法院的主持下,王律师代理 10 位农民工与花卉公司逐一达成了调解协议,约定花卉公司于 2021 年 7 月底、12 月底前分别向 10 名农民工支付款项,并进行司法确认。法院于 5 月 27 日、6 月 18 日和 6 月 21 日分别出具司法确认裁定书。王律师于 5 月 26 日、6 月 1 日和 6 月 2 日分别代理其余 4 名农民工办理撤诉手续。至此案件终结。

【案件点评】

本案是一起涉及人数众多、社会影响大的农民工讨薪案件。法律援助律师在提供法律帮助时，了解到花卉公司即将搬离，案件极有可能面临花卉公司搬离，案件面临无法送达的情况，接受指派后第一时间立案，既破解了案件可能无法送达的困境，又防止了矛盾易激化。在各方的积极努力下，双方达成调解，及时化解了矛盾。为确保农民工能拿到自己的辛苦钱，对调解结果进行司法确认，防止案件陷入不履行调解结果又无法申请强制执行的两难局面，做到案结事了，切实保障了农民工的合法权益。

【推荐理由】

本案是一起农民工讨薪案件。法律援助律师在提供法律帮助时，了解到花卉公司即将搬离，极有可能面临花卉公司搬离，案件面临无法送达的情况，接受指派后第一时间立案，既破解了案件可能无法送达的困境，又防止了矛盾易激化，在各方的积极努力下，促成双方达成调解，及时化解了矛盾。为确保农民工能拿到自己的辛苦钱，对调解结果进行司法确认，防止陷入不履行调解结果又无法申请强制执行的两难局面，做到案结事了，切实保障了农民工的合法权益。

【专家评析】

本案案情并不复杂，但人数较多、影响较大。援助律师积极提供法律帮助，认真分析案情及可能存在的各种风险，提出专业法律意见，不仅帮助当事人调解结案，还充分考虑后续执行问题，实现了案结事了。

案例编号：BJFYGL1626073346

北京市怀柔区法律援助中心　王越洋

吉林省吉林市丰满区法律援助中心为未成年人张某某等5人涉嫌盗窃罪提供法律援助案

【案情简介】

2020年10月11日,吉林省吉林市某职业学校学生张某某与同学薛某某在下课期间进入校内超市购物,张某某在薛某某不知情的情况下,故意将一块巧克力藏匿于自己包内,随即离开超市。回到寝室内,张某某将盗窃的手段和方式告知同班好友薛某某、王某某、牛某某、马某某(均为未成年人),并将盗窃所得巧克力与4人分食。经在场的牛某某提议,当晚牛某某与张某某来到校内的超市实施盗窃,到达超市后,二人因心理因素,主动放弃实施盗窃。二人回到寝室后,牛某某邀约另外寝室的马某某、王某某、薛某某到校内超市实施盗窃。第二日下课后晚7时,以上5人来到校内超市实施盗窃,将盗取的7块巧克力分食。10月14日,在张某某的提议下,以上5人再次决定对超市进行盗窃,并共同研究制定了专人拿购物筐、有人撑购物袋,假装5人将购买的食物全部汇总结账的计划,相互协同、掩护,将盗窃来的物品藏匿于衣、裤兜内,随即从超市入口离开。盗窃成功后,5人回到寝室将盗窃的香肠、牛奶分食。此次盗窃成功后,5人形成了稳定的团伙分工和盗窃犯意联络。截至2020年10月31日,其间5人分9天共盗窃作案9次(张某某分10天盗窃超市财物10次),盗得牛奶、巧克力、香肠、充电宝、蓝牙耳机等物品。经吉林市发展和改革委员会价格认定,上述超市被盗财物价值合计人民币892.86元。张某某、薛某某、牛某某、马某某、王某某5人因犯盗窃罪,于2020年11月4日被吉林市公安局高新分局取保候审。高新分局侦查终结后,以张某某、薛某某、牛某某、马某某、王某某涉嫌盗窃罪,于2020年12月14日向吉林市高新区人民检察院移送审查起诉。高新区人民检察院受案后向吉林市丰满区法律援助中心发出通知辩护函,请法律援助中心指派律师为上述5名嫌疑人提供法律援助。

自2020年始,丰满区法律援助中心承担了高新区未成年人法律援助工作。丰满区法律援助中心负责人接案后,根据起诉意见书内容,详细了解并研究了案情。因案件涉及未成年人且人数较多,负责人立即向丰满区司法局主要领导汇报。经与主要领导研究后,于收案当日,法律援助中心指派了吉林德北律师事务所姜某某律师、吉林远耀律师事务所温某某律师、吉林德北律师事务所张某某律师、吉林坤儒律师事务所唐某某律师、吉林公申律师事务所山某律师，为5名未成年人依法提供辩护，该5名律师均为熟悉未成年人身心特点且办案经验丰富的律师。经辩护律师调取卷宗及会见犯罪嫌疑人，了解到张某某、薛某某、牛某某、马某某、王某某5人的盗窃事实，有抓获经过、扣押清单、谅解协议书、学籍证明及退学手续、常住人口信息查询、现场指认照片、犯罪记录查询、被害人陈述、犯罪嫌疑人供述与辩解、吉林市发展和改革委员会价格认定书、视听资料、同步讯问光盘10张等证据。

在律师阅卷和会见完成后，丰满区法律援助中心负责人分别听取了律师的辩护方向和代理意见，了解了律师的办理思路，确定依法依规积极为当事人争取相对不起诉。2020年12月24日，山某律师向法律援助中心汇报，高新区检察院将于近日将案件移送到高新区人民法院。鉴于此种情况，丰满区法律援助中心负责人再次与5名辩护律师沟通和交换意见后，主动联系高新区检察院案件承办检察官，提出了鉴于犯罪情节较轻，是否可以对5名未成年人从教育和挽救的原则出发，作出不起诉决定的意见，同时，也听取了检察官的办案意见。经沟通了解，检察官表示最初也倾向于本案可以相对不诉。在案发后，吉林某职业学校对5名学生作出了劝退处理，5名学生分别办理了退学和转学手续，由于5名学生均不是吉林市本地生源，现分散居住在长春、松原、桦甸等地，检察院在办案过程中，提出希望5名犯罪嫌疑人留在吉林市继续上学，若作出不起诉决定，也有利于检察机关后续集中进行跟踪帮教，更不希望学生出现辍学失学情形。但部分学生家长因种种原因拒不配合工作，因此检察机关决定将案件移送法院审理。了解了情况后，丰满区法律援助中心负责人与办案检察官商定：法律援助中心与律师一起做学生和家长工作，争取家长同意将孩子留在吉林市上学，以便后续做帮教工作。检察官再与吉林某职业学校沟通协商，争取学校同意接收5名未成年人回校读书。商定后，法律援助中心负责人分别联系5名孩子的家长，互相加了微信，逐个沟通了解家长的想法与顾虑，同时释明法律规定，建议从孩子的一生长远考虑，权衡利弊，做出正确选择。经过逐个谈心谈话，最终所有家长表示同意配合检察机关工作，让孩子留在吉林市继续求学。同时，辩护律师指导5名未成年人的家长，到孩子就读学校及被盗超市进行沟通和赔偿，以期得到被害人和学校的谅解。辩护律师从《刑法》《人民检察院办理未成年人刑事案件的规定》《最高人民法院关于审理未成年人刑事案件具体应用法律若干问题的解释》《未成年人刑事检察工作指引(试行)》等法律、规定及其体现的精神出发，结合本案案情向检察机关提出建议相对不起诉的辩护意见。

检察机关经充分听取丰满区法援中心及辩护律师的意见,对5名未成年嫌疑人的就读学校进行了走访,并对嫌疑人做了社会背景调查,得到了有利于不起诉的反馈意见。

2020年12月30日,吉林市高新区检察院召开本案听证会,5名未成年嫌疑人及其家长、辩护律师及相关各界人士参会。检察机关认为,被不起诉人张某某等5人实施了《刑法》第264条规定的行为,但具有未成年人犯罪、犯罪情节轻微、认罪认罚、与被害人达成刑事和解、赔偿被害人全部损失等情节,根据《刑法》第37条的规定,可以免除刑罚。依据《刑事诉讼法》第290条、第177条第2款,《未成年人刑事检察工作指引(试行)》第176条第2款的规定,决定对张某某等5人不起诉。会后,承办检察官向张某某等5人及辩护律师分别送达了吉林高新技术产业开发区人民检察院不起诉决定书。

【案件点评】

在丰满区法律援助中心接案之初,检察机关本有提起公诉的考虑,经法律援助中心积极与检察机关沟通和与辩护律师交换意见,辩护律师对5名未成年嫌疑人及其家长进行了有效指导,并向检察机关充分表达辩护意见,最终达到理想效果。本案法律援助受援人对于案件结果表示满意,对法律援助中心及律师的尽心工作表示肯定和感谢。2020年,丰满区法律援助中心共为18名未成年人提供法律援助,案件涉及抚养费纠纷、人身损害赔偿纠纷以及刑事辩护等,有效维护了未成年人的合法权益。

【推荐理由】

本案法律援助律师从案外着手,同学校、家长不断沟通协调,让原本被退学的5名未成年嫌疑人得以重返校园,在避免了未成年人辍学的同时也有利于检察机关跟踪帮教,使检察机关从原本的起诉转化为不起诉,体现了法律援助律师灵活处理不同类型案件的能力和对未成年人的深切关爱。

【专家评析】

本案的特点是“功夫在案外”,主要通过法律援助律师与学校、家长及检察院的耐心沟通,体现了法律援助事业“法理”与“情理”兼顾的特点,建议作为典型案例推荐。

案例编号:JLFYGL1615949051

吉林省吉林市丰满区法律援助中心 车育林

四川省内江市市中区法律援助中心
对陈某某等69名农民工追索劳动报酬提供法律援助案

【案情简介】

2018年3月,邓某在包工头徐某处承包某工程后,召集老家的农民工陈某某等71人进入现场施工,但邓某并没有按时足额支付工人工资,至2019年1月27日共计拖欠71名农民工404,261元工资。工人们多次要求邓某支付工资未果,遂向四川省内江市市中区人力资源和社会保障局(以下简称人社局)劳动监察大队投诉。人社局多次联系邓某解决拖欠农民工工资问题,但邓某并未出面配合解决。经人社局协调,1月28日,徐某代邓某先向农民工支付20%工资,剩余工资并未支付。2020年1月2日,区人社局向邓某下达限期整改指令书,但邓某并未在规定时间内支付拖欠的剩余农民工工资。1月20日,区人社局劳动监察大队依法以涉嫌拒不支付劳动报酬罪将该案件移送公安机关立案侦查,并将其纳入失信黑名单。1月23日,发包方某建筑劳务公司向农民工垫付部分工资。包工头邓某被判处刑罚,但没有经济能力支付剩余拖欠的工资。至此,还有共计263,321元工资未向农民工支付。

2020年6月初,几名农民工代表在劳动监察大队的指引下来到四川省内江市市中区法律援助中心进行法律咨询并申请法律援助,想通过司法途径追索被拖欠的工资。经过初步分析,法律援助中心认为虽然欠薪人是邓某,但邓某属于不具备用工主体资格的自然人,根据2020年5月1日施行的《保障农民工工资支付条例》,可以要求施工总承包单位清偿拖欠的劳动报酬。为了帮助农民工尽快结清工资,市中区司法局得知情况后高度重视,市中区法律援助中心按照“对农民工讨薪案件优先受理、优先指派”的原则立即进行申请审查。根据《四川省法律援助条例》第9条、第15条和《四川省法律援助程序细则》第24条之规定,农民工请求给付劳动(劳务)报酬,没有委托诉讼代理人的,可以向法律援助机构申请法律援助,并免予审查经济困难条件。这是一起典型的拖欠农民工工资案件,符合法律援助条件,法律援助中心决定给予法律援助。

法律援助中心成立专项工作组迅速着手,争取一次性整体解决此次拖欠工资事宜,通过电话等各种途径联系其余被欠薪农民工办理申请手续,做好农民工的思想安抚工作,告知将通过法律援助无偿为他们讨薪维权提供法律支持、帮助。最终1人放弃主张权益、1人无法联系,法律援助中心总共为69名农民工办理法律援助手续,并立即指派四川沱江律师事务所、内江市市中区玉溪法律服务所联合承办案件。沱江律师事务所安排律师张某、张某甲、孟某,玉溪法律服务所安排基层法律工作者黄某某、罗某某、阳某组成农民工讨薪维权服务团,迅速介入案件办理。一是工作组积极与相关部门进行对接,采取联动机制,争取为本案提供快速便捷服务。工作组主动与法院对接,就诉讼事项提前做好必要的沟通。二是承办律师到区人社局、区法院调取收集工程施工承包合同以及邓某拒不支付劳动报酬罪的案件材料等相关证据,确保证据的合法性、完整性。三是确定诉讼方案,及时诉讼至人民法院。陈某某等农民工讨薪一直处于追索过程中,仍在诉讼时效内,根据《保障农民工工资支付条例》第30条第4款之规定:"工程建设项目转包,拖欠农民工工资的,由施工总承包单位先行清偿,再依法进行追偿。"因此,工作组确定该工程的总承包单位为被告,要求该总承包单位对拖欠的工资承担清偿责任。

在多次向总承包单位对《保障农民工工资支付条例》中支付农民工工资的法定主体责任以及企业的担当等进行释法解释后,在法院调解人员以及承办律师的积极努力下,最终为农民工追回欠薪,案件撤回起诉,这起历经两年多的拖欠农民工工资纠纷画上圆满的句号。2020年12月23日,承办律师在市中区司法局对26万余元的农民工欠薪进行了集中兑付。

【案件点评】

这是一起典型的涉及人数众多、跨度时间长、标的额较大的拖欠农民工工资案件。在建筑领域,"包工头"大都没有承揽工程所必需的《营业执照》和相关资质,也缺乏承担相应风险责任的能力。一旦"工程干赔",即使劳动监察部门处理或法院判决"包工头"支付农民工工资,由于其没有相应的支付能力,又无可供执行的财产,农民工的工资也就化为泡影。《保障农民工工资支付条例》的生效实施明确了拖欠农民工工资行为的法律责任,促使用人单位履行主体责任。该条例第30条第4款规定:工程建设项目转包,拖欠农民工工资的,由施工总承包单位先行清偿,再依法进行追偿。“总包代发”“专用账户”“实名制”等条款保障了农民工工资的支付,解决了“由谁发”“怎么发”等问题。

【推荐理由】

在涉及人数多、跨度时间长、标的额较大的农民工欠薪案件中,尤其是在施工单位转包给“包工头”的情形下,包工头大都没有相关资质,缺乏承担相应风险的能力,如何确保众多农民工最终拿到工资,是要解决的主要问题。本案最终众多农民工工资得到偿付,取得了较好效果。

【专家评析】

本案中法律援助中心针对案情成立的专项工作组迅速着手,争取一次性整体解决此次拖欠工资事宜。最终专项工作组利用《保障农民工工资支付条例》的规定,保障了众多农民工的合法权益,彰显了法律援助保障困难群众合法权益的制度优势。

案例编号:SCFYGL1612863356

四川省内江市市中区法律援助中心 卢 慧

四川省宜宾市屏山县法律援助中心为杨某超劳动争议纠纷提供法律援助案

【案情简介】

杨某超系退役军人,2012 年 12 月起进入四川省宜宾市某运业有限公司(以下简称运业公司)工作,担任公交车驾驶员。2013 年 2 月 22 日,运业公司与杨某超签订书面劳动合同,约定合同期限为 2013 年 2 月 22 日至 2017 年 1 月 31 日,其中试用期 3 个月。劳动合同对工作内容、任务和工作地点、工作时间和休息休假等进行了约定,但未对社会保险缴纳、运业公司解除劳动合同等内容进行明确。运业公司自 2013 年 8 月开始为杨某超缴纳社会保险,但一直未缴纳工伤保险费用。劳动合同到期后,运业公司与杨某超于 2017 年 2 月 1 日再次签订书面劳动合同,但合同文本全部被运业公司收回保存。

2020 年 12 月,运业公司单方口头宣布将于 12 月底歇业,将解除包括杨某超在内的全体员工的劳动合同,但拒绝对单方解除劳动合同的经济补偿金、社会保险关系转移等后续问题进行处理。杨某超等人一边继续上班,一边与运业公司反复协调,但均未果。2021 年 1 月,为维护自身的合法权益,杨某超前往四川省宜宾市屏山县法律援助中心申请法律援助,以解决与运业公司之间解除劳动合同相关事宜。法律援助中心依据《四川省法律援助条例》审查受理了杨某超的申请,指派四川静江律师事务所律师李某某承办该案。

承办律师接受指派后,通过阅卷了解基本案情,会见受援人核实案件细节。根据杨某超提供的信息,承办律师收集了杨某超于 2013 年签订的书面劳动合同,申请调取了 2017 年签订的劳动合同以及近年来银行工资发放记录,用以证明杨某超与运业公司自 2012 年 12 月起建立了劳动合同关系以及劳动合同解除前杨某超的平均工资;同时,承办律师又向当地社保机构调取了运业公司为杨某超投保社会保险的记录,证实杨某超的执业年限和运业公司欠缴杨某超部分社会保险的事实;承办律师还对杨某超的同事进行调查,证实用人单位因经营不善,单方违法解除劳动关系。结合调查取证的材料和案件事实,承办律师再次会见杨某超,逐一确定诉求,共同研究确定劳动争议仲裁申请书,于 2021 年 3 月 26 日代理杨某超向屏山县劳动人事争议仲裁委员会(以下简称仲裁委)提起劳动仲裁,请求裁决运业公司依法支付杨某超违法解除劳动合同的赔偿金、2021 年 1 月劳动报酬共计 74,233.05 元。

仲裁委依法受理了杨某超的申请,组成合议庭对案件进行了开庭审理。承办律师抓住运业公司违法解除劳动合同这一核心问题,使运业公司认识到自身错误,最终主动和解。2021 年 4 月 12 日,杨某超与运业公司达成和解,约定运业公司于 2021 年 4 月 20 日前一次性支付杨某超人民币 26,000 元,杨某超在收到运业公司支付的 26,000 元款项后,双方再无任何争议。至此,该起因违法解除劳动合同损害退役军人合法权益的劳动争议纠纷在屏山县中心和承办律师的帮助下,得以圆满解决。

【案件点评】

本案属退役军人劳动权益保护典型案件。本案中,杨某超退役后与运业公司签订了书面劳动合同,但受限于自身法律知识的欠缺,就劳动合同内容、时间、文本管理、社会保险缴存、劳动合同关系的解除等没有充分理解和重视,致后期被动维权。杨某超在协商无果的情况下,及时申请法律援助,将纠纷处理引入法律途径，最终在承办律师的帮助下援调对接，获得了应得的赔偿金，有效地维护了自身合法权益。

【推荐理由】

本案属退役军人劳动权益保护典型案件。

【专家评析】

本案当事人在协商无果的情况下，及时申请法律援助，将纠纷处理引入法律途径，最终在承办律师的帮助下援调对接，获得了应得的赔偿金，有效地维护了自身合法权益。

案例编号：SCFYGL1628494610

四川省宜宾市屏山县法律援助中心　何丽英

宁夏回族自治区银川市西夏区法律援助中心对王某工伤待遇赔偿提供法律援助案

【案情简介】

2017年11月1日，王某与大连某公司银川分公司签订劳动合同，在该公司从事环卫工作，劳动合同期限为2017年11月1日至2019年3月31日。但公司在此期间未为王某缴纳社保。2018年11月11日，王某因交通事故导致工伤，经鉴定伤残等级为七级，无护理依赖，停工留薪期6个月。2019年5月22日，该公司与王某进行协商，公司在不解除劳动合同的前提下赔偿王某5.6万元，含所有工伤赔偿项目，并签订《工伤赔偿协议》。但实际上，公司却在协议中约定解除了双方之间的劳动关系，并办理解除备案。公司实际支付给王某的赔偿金额仅4.2万元，剩余部分一直未支付，双方就此发生纠纷。

王某到银川市西夏区法律援助中心申请法律援助，因王某无经济来源，符合法律援助条件，西夏区法律援助中心审查通过后，指派宁夏方和圆律师事务所袁律师为王某提供法律援助。

袁律师接到指派后，及时与王某办理了法律援助手续，深入了解案件的详细情况，并仔细核对了王某提供的证据及相关材料。由于王某与公司已经签订过

《工伤赔偿协议》,因此,撤销《工伤赔偿协议》成为本案关键,决定了能否帮助王某获取赔偿。袁律师多次与王某进行沟通并结合相关证据材料发现,王某与公司签订的赔偿协议存在重大违法之处:其一,双方在协商并签订协议过程中,在是否解除劳动关系问题上,王某是坚决不同意的,但《工伤赔偿协议》却约定解除了劳动关系。因此,王某对于《工伤赔偿协议》关于解除劳动关系的内容存在重大误解。其二,根据王某的伤残等级以及停工留薪期等情况,根据法律规定,王某应当获得的工伤待遇赔偿金额为16万元左右。但实际上,公司在王某不了解工伤赔偿待遇标准,也未详细向王某陈述具体赔偿项目以及应有的权利义务的情况下,在《工伤赔偿协议》中约定全部赔偿金额仅为5.6万元,其赔偿金额远远低于法定赔偿标准,对于王某而言显失公平。

承办律师建议王某先行起诉,撤销双方签订的《工伤赔偿协议》。西夏区人民法院审理后认为该协议内容确实存在显失公平之处,并依法撤销了《工伤赔偿协议》。后该公司不服提起上诉,二审法院审理后依法驳回了上诉,维持原判。

待《工伤赔偿协议》撤销后,承办律师根据王某的情况以及相关证据向西夏区劳动仲裁委员会提交了仲裁申请,主张相应的工伤赔偿。仲裁委审理后,裁决用人单位再向王某支付12.6万余元赔偿款,加上此前已支付的4.2万元,合计16.8万元。

【案件点评】

本案属于典型的劳动者与用人单位因协商处理工伤赔偿待遇所引发的纠纷。劳动者本身对法律的理解存在缺失,而用人单位利用劳动者不懂法,在不向劳动者详细讲解赔偿项目、赔偿标准等内容的情况下,与劳动者签署不公平不公正的赔偿协议,进而损害劳动者的合法权益。本案通过撤销劳动者与用人单位签订的《工伤赔偿协议》,进而重新主张工伤赔偿,维护劳动者的合法权益,在一定意义上,可以给用人单位以警示,警示用人单位在以后发生类似事件时,应按照法律规定在公平、公正的基础上与劳动者协商赔偿项目、赔偿标准等内容。

同时,本案例对于普通劳动者而言,也具有一定借鉴意义。即便劳动者在不知情的情况下签订损害其合法权益的协议,也可以通过撤销合同的方式将存在显失公平、重大误解的协议撤销,重新主张相应的权益。

本案在法律援助中心及法律援助律师的全力帮助下,依法维护了王某作为劳动者的合法权益,充分体现了法律援助"救济弱者、匡扶正义"的意义。

【推荐理由】

本案属于典型的劳动者与用人单位因协商处理工伤赔偿待遇所引发的纠纷。劳动者本身对法律的理解存在缺失，而用人单位利用劳动者不懂法，在不向劳动者详细讲解赔偿项目、赔偿标准等内容的情况下，与劳动者签署不公平不公正的赔偿协议，进而损害劳动者的合法权益。本案通过撤销劳动者与用人单位签订的《工伤赔偿协议》，进而重新主张工伤赔偿，维护劳动者的合法权益，在一定意义上，可以给用人单位以警示，警示用人单位在以后发生类似事件时，应按照法律规定在公平、公正的基础上与劳动者协商赔偿项目、赔偿标准等内容。同时，本案例对于普通劳动者而言，也具有一定借鉴意义，即便劳动者在不知情的情况下签订损害其合法权益的协议，也可以通过撤销合同的方式将存在显失公平、重大误解的协议撤销，重新主张相应的权益。本案在法律援助中心及法律援助律师的全力帮助下，依法维护了王某作为劳动者的合法权益，充分体现了法律援助“救济弱者、匡扶正义”的意义。

【专家评析】

工伤赔偿案件在法律援助案例中占比较多，而本案具有典型性和借鉴意义。少数企业、单位利用劳动者缺乏法律意识等情况，在劳动者受到伤害时，签订明显不公平、不公正的赔偿协议。而本案采取起诉撤销协议的方式维护了劳动者的合法权益。该案件是在用人单位不予支付赔偿尾款的情况下，由劳动者申请法律援助起诉到法院的。最终劳动者不仅拿到了尾款，还争取到少给的赔偿款，该案从一定意义上给用人单位以警示，在生产生活中要切实维护合同的严肃性，加强诚信建设，促进社会和谐稳定。

案例编号：NXFYGL1612251101

宁夏回族自治区银川市西夏区法律援助中心　袁　浪

山东省日照市莒县法律援助中心
对刘某等农民工讨薪提供法律援助案

【案情简介】

刘某等10余名村民,2016年年初受雇于山东省日照市莒县某建设工程有限公司到新疆修建水渠,后按公司安排辗转到安徽省等地从事路面铺沥青工作。工程完工后,该公司仅支付了部分工资,剩余大部分工资一直不予支付。刘某等人多次索要,该公司最终向刘某等人出具书面借据,并约定7%的年息,由公司加盖公司公章。拖欠工资数额合计14.5万元。刘某等人手持"借据",多次到该公司索要剩余工资,无奈公司一直以各种理由拖延支付,严重侵害了当事人的合法权益。

2020年6月12日,该村法律顾问王晶晶律师进村入户进行法律宣传时,刘某等村民向王律师咨询讨薪。王律师经初步了解,认为这些被拖欠工资的村民符合法律援助条件,向莒县法律援助中心做了汇报。莒县法律援助中心经过审查后,认为刘某等符合法律援助条件,决定给予法律援助,指派山东方慧律师事务所律师王某某、孙某某承办该案。

接受指派后,两名承办律师多次会见受援人,了解到这十几名农民工为公司在多地提供劳动,后期进行了统一的结算。公司本应及时足额支付工资用,但公司将本应支付给农民工的工资用用于资金周转,只是出具了借据,未能足额支付农民工工资。

承办律师检索了该建设工程有限公司在莒县人民法院的其他案件,了解到该公司拖欠工资较多,已有多人起诉该公司。2020年6月15日,承办律师接受委托到莒县人民法院立案。承办律师担心因该案涉及数额较大,且已有多人对该公司申请强制执行,如果案件通过法院判决,然后申请强制执行程序,将会经过较长时间,具体什么时间能执行到位不能确定。而该案的受援人大部分为老年人,有的都快70岁了,平时没什么经济收入,缺乏劳动能力,急需工资维持日常生活。鉴于此,承办律师多措并举,决定采用诉讼加调解的手段。承办律师多次与受援人沟通案情,详细向受援人告知该公司的现状,向受援人分析案件调解和判决的利弊。同时与该公司多次沟通,向其讲解了相关法律规定以及国务院最新出台的《保障农民工工资支付条例》,告知拖欠农民工工资的法律后果。最终,该案在承办律师的努力下,在县人民法院庭前调解,双方达成调解协议,该公司同意分期支付拖欠的工资及利息。

【案件点评】

本案是典型的农民工讨薪案件。该案中被告公司拖欠工资长达 4 年之久,拖欠总额 14 余万元,但农民工没有通过法律途径维护自己的合法权益,而是采取多人去公司一次次索要,向公司施压的方式索薪。对农村村民来说,尤其是对文化程度普遍并不高而且法律知识匮乏的村民来说,去法院打官司对他们来说是一件特别困难的事情。法律援助工作的开展为农民工等弱势群体带来了法律帮助。本案中,承办律师结合实际,考虑到维权成本,采取诉调结合的办法,使双方达成调解协议。公司同意分期支付拖欠的工资及利息,使案件得以快速调解结案,农民工的合法权益得到了保障。

【推荐理由】

本案是典型的农民工讨薪案件。该案中被告公司拖欠工资长达 4 年之久,农民工一直没找到合适途径维权,法律援助工作的开展,为农民工等弱势群体带来了法律帮助。本案中,承办律师结合实际,考虑到维权成本,采取诉调结合的办法,使案件得以快速调解结案,农民工的合法权益得到了保障。

【专家评析】

本案中被告公司拖欠工资长达 4 年之久,拖欠总额 14 余万元,但农民工没有通过法律途径维护自己的合法权益,而是采取多人去公司一次次索要,向公司施压的方式索薪。对文化程度普遍并不高而且法律知识匮乏的农民工来说,去法院打官司是一件特别困难的事情。法律援助工作的开展、承办律师采取诉调结合的办法使案件得以快速调解结案,农民工的合法权益得到了保障,也进一步维护了社会和谐,充分凸显了法律援助制度的价值。

案例编号:SDFYGL1611201296

山东省莒县法律援助中心　梁作升

山西省晋城市法律援助中心
对侯某劳动争议提供法律援助案

【案情简介】

侯某于2013年1月入职山西省晋城市某县公安局交通警察大队(以下简称县交警大队),从事警务辅助工作,在职期间未签订劳动合同。2020年4月24日下午2时10分许,侯某钉钉打卡签到后,于2时25分锁上办公室门并驾车离开。其间,晋城市"12345"市长热线接到投诉,某县交警大队在上班时间没有工作人员,请相关部门调查处理。根据这一投诉,县交警大队将侯某辞退。

侯某对该处理决定不服,向某县劳动人事争议仲裁委员会申请仲裁,请求裁决:(1)支付2013年2月到2014年1月的双倍工资19,800元;(2)赔偿未给侯某缴纳失业保险的损失20,000元;(3)为侯某补交养老、医疗、工伤、生育和失业等各项社会保险;(4)支付侯某经济补偿金13,500元。某县劳动人事争议仲裁委员会受理后,裁决:(1)某县交警大队10日内支付侯某未签订书面劳动合同的双倍工资19,800元;(2)某县交警大队30日内为侯某补办养老、医疗等各项社会保险;(3)驳回侯某其他仲裁请求。

某县交警大队不服该仲裁决定,将侯某诉至某县人民法院。一审法院经审理后,于2020年9月29日判决:某县交警大队于判决生效之日起15日内支付侯某2019年5月到2020年4月未签订书面劳动合同双倍工资19,800元。某县交警大队不服一审判决,2020年10月13日向晋城市中级人民法院提起上诉。

为维护自身合法权益,2020年11月5日,侯某到晋城市法律援助中心申请法律援助。法律援助中心工作人员审核后认为侯某符合法律援助条件,遂受理了侯某的申请,指派山西泽州律师事务所律师李某为其代理。

承办律师接受指派后,积极开展代理工作,对案件事实及相关证据进行深入分析,查阅了大量司法判例,认为县交警大队始终未与侯某签订书面无固定期限劳动合同,劳动行为处于持续状态,双倍工资的请求未超过仲裁时效和诉讼时效,本案的诉讼时效应从劳动者主张之日起计算。承办律师针对县交警大队的上诉理由拟写了答辩状,并代理侯某向法院提交。

2020年11月10日,本案正式开庭。庭审中,上诉人仍辩称,被上诉人关于双倍工资的请求超过了仲裁时效;虽然上诉人未与被上诉人签订书面劳动合同,但被上诉人在上诉人单位工作满1年,即自2014年2月起,就视为双方订立了无固定期限劳动合同,不存在需要签订书面劳动合同的情形。对此,承办律师明确指出,尽管《劳动合同法》等法律未明确规定,但是北京、四川、天津等地高级人民法院对类似问题均有明确的意见。《北京市高级人民法院、北京市劳动争议仲裁委员会关于劳动争议案件法律适用问题研讨会会议纪要(二)》第28条规定,2倍工资适用时效的计算方法为:在劳动者主张2倍工资时,因未签劳动合同行为处于持续状态,故时效可从其主张权利之日起向前计算1年,据此实际给付的2倍工资不超过12个月,2倍工资按未订立劳动合同所对应时间用人单位应当正常支付的工资为标准计算。《四川省高级人民法院民一庭关于审理劳动争议案件若干疑难问题的解答》第31条规定,对于补签无固定期限劳动合同的,劳动者主张自应当签订无固定期限劳动合同之日至补签无固定期限劳动合同的前1日的2倍工资差额,应予支持。承办律师的代理意见得到了法庭的采纳。2020年11月23日,晋城市中级人民法院作出(2020)晋05民终1278号民事判决,认定原审认定事实清楚,适用法律正确,判决:驳回上诉,维持原判。

【案件点评】

双倍工资纠纷是劳动争议案件中的常见纠纷。司法实践普遍认为,双倍工资是惩罚性规定,但同时具有工资属性,因此要受到《劳动争议调解仲裁法》规定的1年时效限制,劳动者维权时常因为1年的时效问题而败诉,也因此成为难点问题。本案的关键点就是劳动者的请求是否超过1年的仲裁时效决定用人单位是否应支付劳动者双倍工资。援助律师提出,仲裁时效应从劳动者主张之日起计算,并且向法院提交了其他省份的典型案例和相关解释,最终援助律师的代理意见得到法庭的认可。

本案是当地基层人民法院判决的第一起因未签劳动合同支付劳动者双倍工资的典型案件,在当地反响较大,本案的成功办理在当地具有明显的示范效应。法律援助律师代理案件的胜诉有利于推动当地合法用工、规范用工,这也正是法律援助在促进地方法治建设方面发挥的导向作用。

【推荐理由】

本案属于机关单位雇用人员但未签订劳动合同,导致支付双倍工资的案件。目前社会上用工不签订劳动合同的情况时有发生,故建议作为典型案例推荐。

【专家评析】

本案涉及仲裁和未签订劳动合同的处理方式,均是劳动者容易遇到的问题。同时,本案还是当地基层人民法院判决的第一起因未签劳动合同支付劳动者双倍工资的典型案件,在当地反响较大,建议作为典型案例推荐。

案例编号:SXJFYGL1616386638

山西省晋城市法律援助中心　李　红

广东省广州市法律援助处对赖某等3人海上人身损害责任纠纷提供法律援助案

【案情简介】

2019年6月6日,潜水员陈某、马某共同受青岛某船务公司(船舶承租公司,以下简称A公司)雇请,为其租赁的香港某航运公司(船舶所属公司,以下简称B公司)的轮船进行船底探摸作业。6月7日,广东某船务公司(船务代理公司,以下简称C公司)以其员工身份为陈某、马某办理了登轮许可证。当天,陈某在探摸作业过程中不幸溺水身亡。9月27日,阳江高新技术产业开发区安全生产监督管理局作出《事故调查报告》,认定陈某对事故负有主要责任,马某、C公司、A公司对事故负有责任。

2020年4月23日,赖某(陈某妻子)等3人向广州市法律援助处申请法律援助。经审查,广州市法律援助处认为赖某等3人符合经济困难标准,决定予以法律援助,并指派广东埔穗律师事务所唐某某、连某某两位律师承办本案。

承办律师详细了解案情后,归纳出本案三个关键点:(1)《事故调查报告》没有认定B公司是否应当承担责任;(2)陈某的人身损害赔偿金按照农村居民标准还是城镇居民标准计算;(3)陈某和各被告的责任比例分别是多少。

承办律师主张陈某人身损害赔偿待遇应按城镇居民标准计算,并搜集了陈某虽是农村户籍,但耕地、养殖水面被全部征收,生前在城镇消费、居住、工作等证据,并形成相应证据链。

2020年6月15日,承办律师以"海上人身损害责任纠纷"为案由,向广州市海事法院提起诉讼,要求B公司、A公司、C公司、共同作业潜水员马某4被告连带赔偿陈某死亡赔偿金630,990元、丧葬费41,940元、被扶养人生活费216,562.5元、处理丧葬事宜住宿费2250元、处理丧葬事宜伙食费750元、处理丧葬事宜交通费2250元、精神损害抚慰金100,000元,合计996,992.5元。

庭审时,承办律师详细阐述了4被告应该承担责任的依据:

1. 马某违反法定操作规程,违反潜水安全要求,并且在陈某遇险时,马某未履行适当的救助义务。

2. C公司规避海事部门安全监管,明知不具备安全作业条件,违规协助陈某和马某以普通员工身份办理登轮证,违反了《船舶港内安全作业管理办法》第4条规定,导致海事部门不知案发时段有潜水作业,对本次事故一系列违规作业未能实施监管,事发后也未能及时救援,对陈某的死亡负有不可推卸的责任。

3. A公司系陈某、马某雇主,从事故发生的原因及相关因素分析,A公司未尽到安全保障义务,应当对陈某的死亡承担责任。

4. B公司据陈某作业所拍的照片判断船舶是否触礁,陈某提供的劳务成果由B公司直接受益,并且船长出具《申明》承诺潜水员进行船底检查作业期间的一切后果由该轮承担责任。陈某出事后,B公司船员救援处置措施不到位,错过了专业救援时机。B公司应承担侵权责任、担保责任。

基于B公司、A公司为境外公司,为避免涉外案件审理周期长、执行难的情况出现,经综合考虑并征得受援人同意,承办律师向法院表达调解意愿。2020年12月31日,受援人与4被告签订了《和解协议》后,广州海事法院立即出具了(2020)粤72民初×××号民事调解书,主要条款如下:4被告在2021年1月4日前共向受援人方支付和解款73万元。和解款项已于2021年1月4日全部履行。

【案件点评】

本案是一起海上人身损害责任纠纷案件,承办律师围绕争议焦点开展了工作,搜集证据形成证据链,主张陈某的人身损害赔偿金应按照城镇居民标准计算,据理力争,合法合理确定各方责任比例,积极促成以调解方式解决纠纷,避免了诉累及执行难等问题的发生,有效维护了法律援助受授人的合法权益。

【推荐理由】

本案是比较典型的海上人身损害赔偿纠纷案件。因涉案主体较多,如何合理划分各方责任承担比例、确定人身损害赔偿标准,往往是此类案件的重点和难点问题。本案中,法律援助律师凭借丰富的工作经验、认真的工作态度,主动搜集相关证据形成证据链,通过促成和解有效维护了受援人的合法权益。本案对于此类案件的解决具有较好的借鉴意义。

【专家评析】

本案是一起海上人身损害责任纠纷案件,承办律师围绕争议焦点开展工作:(1)将《事故调查报告》中没有认定为事故责任主体的 B 公司(船舶所属公司)列为被告;(2)收集证据形成证据链,主张陈某的人身损害赔偿金应按照城镇居民标准计算;(3)据理力争,合法合理确定各方责任比例,减轻陈某的责任负担。承办律师积极促成以调解方式解决纠纷,避免了诉累及执行难等问题。

案例编号:GDFYGL1615168360

广东省广州市法律援助处　唐以明

江苏省无锡市法律援助中心对杨某某工伤补偿纠纷提供法律援助案

【案情简介】

杨某某,男,1984 年 8 月出生,系安徽来无锡务工人员。2015 年 8 月,杨某某在无锡某公司工作中被重物击中导致颅脑外伤并引起精神障碍,被鉴定为工伤六级伤残并认定为残疾二级,因补偿事宜与单位产生分歧。2019 年 12 月,其父亲杨某金作为儿子杨某某的法定代理人,就补偿事宜将某公司诉至法院。无锡市新吴区人民法院作出一审判决,判决公司一次性支付工伤医疗补助金等费用共计 14 余万元。杨某某因伤残生活无法自理,无收入,家中还有两个未成年子女需要抚养,14 余万元的补偿费用仅能支撑短时间内家庭基本支出。

2020 年 12 月 23 日,杨某某的父亲杨某金来到江苏省无锡市法律援助中心,抱着试试看的心态,咨询值班律师是否能通过上诉帮儿子多争取一些补偿款,以保障今后家庭的基本生活需要,并提出法律援助申请。经审查,无锡市法律援助中心按照《江苏省法律援助条例》第 10 条所列情形决定为杨某某提供法律援助,并指派江苏金匮律师事务所吴律师具体承办该案。

当天，承办律师就与受援人家属会面，认真听取案情陈述，了解整个案件情况，仔细研究一审庭审笔录及判决书内容，发现一审判决存在四个问题：(1)一审法院认为，无锡某公司在工伤发生后支付的生活费用于抵销停工留薪期的工资，承办律师认为一审法院不应支持生活费与工资相互抵充；(2)一审法院未支持受援人因受伤导致精神病申请经济补偿金的诉求；(3)用人单位提供的借条、收条等真实性存疑，需进一步查证，一审法院以此进行抵扣是不当的；(4)杨某某的精神病与旧颅脑损伤之间存在因果关系，一审法院却未支持相应诉求。综上所述，承办律师从四个角度拟写并递交上诉状至二审法院。

2021 年 3 月 18 日，二审法院开庭审理该案。承办律师与无锡某公司围绕在上诉状提出的四个问题展开激烈辩论。承办律师运用专业的法律知识，经过对案情梳理分析，提出本案争议焦点：(1)杨某某目前精神疾病跟工伤是否存在因果关系；(2)用于抵扣补偿金额的借条的相关签名是否真实；(3)公司方支付的“生活费”是否等同于停工留薪工资。在承办律师提供的大量证据和案例佐证面前，对方公司对补偿金额逐渐作出让步。至此，双方均有调解意向。二审法官在庭后联系双方进行调解，第一次调解因双方关于金额分歧太大陷入僵局。承办律师随即申请对借条、收条的签名进行笔迹鉴定。法院再次启动调解程序，双方又因 2 万元的金额差距未达成一致。承办律师考虑到鉴定笔迹的材料不充分，相关诉求有可能无法得到二审法院支持，因此主动找对方公司负责人深入沟通，动之以情、晓之以理，最终促使双方于 2021 年 4 月 19 日签订调解协议，由公司再行支付给杨某某经济补偿款 30 万元。

调解成功后，杨某某不顾身体病痛，本人坚持来到无锡市法律援助中心，用最简单的话语，真切表达了对法律援助中心和承办律师的感激之情。2021 年 4 月 29 日上午，30 万元经济补偿款全部支付到位。

【案件点评】

本案是一起涉及劳动合同纠纷的法律援助案件，且当事人为因工伤致残的残疾人。承办律师认真负责，以事实为根据、以法律为准绳，找准切入点，迅速找到一审判决中存在的三个被忽视的问题，并以证据材料的真实性为突破口，以及逻辑上是否成立的可能性，围绕焦点问题一一驳斥用人单位做法，最终为受援人争取到比一审判决数额翻倍的补偿金，使受援人今后的继续治疗和家庭生活得到有效保障。对于贫病交加的受援人一家来说，法律援助及时伸出的援手，为他们艰难的生活照进一缕阳光。

【推荐理由】

本案是一起涉及劳动合同纠纷的法律援助案件,且当事人为因工伤致残的残疾人。承办律师认真负责,以事实为根据、以法律为准绳,找准切入点,迅速找到一审判决中存在的三个被忽视的问题,并以证据材料的真实性为突破口,以及逻辑上是否成立的可能性,围绕焦点问题一一驳斥用人单位做法,最终为受援人争取到比一审判决数额翻倍的补偿金,使受援人今后的继续治疗和家庭生活得到有效保障。

【专家评析】

法律援助的意义在于让弱势群体得到法律的平等保护。本案受援人是家里的顶梁柱,因工致残,被认定为残疾二级,家庭生活陷入困难。援助律师充分了解案情,经过大量的调查和研究分析,找到正确的辩护点,最终使受援人得到了符合心理预期的工伤补偿,保障了当事人的正当权益。对于贫病交加的受援人一家来说,法律援助及时伸出的援手,为他们艰难的生活照进一缕阳光。

案例编号:JSFYGL1631262342
江苏省无锡市法律援助中心　吴　芳

浙江省丽水市青田县法律援助中心对杨某某夫妻劳动争议纠纷提供法律援助案

【案情简介】

2019 年 3 月 21 日,杨某某夫妻从湖北省潜江市来到浙江省丽水市青田县务工,在温溪某公司入职,双方未签订劳动合同,公司也没有为他们办理社会保险手续。2020 年 1 月 12 日,该公司停工,杨某某夫妻返乡过春节。后因疫情影响,公司于 2020 年 3 月 5 日开始陆续复工。由于疫情管控要求离开湖北省需要公司提供开工复厂的证明,得知某公司复工后,杨某某夫妻立即向公司提出了出具证明的请求,但公司一直没有出具相应的证明,且在公司工作微信群中表示湖北人可以延迟来上班。直到 2020 年 4 月 10 日,疫情好转,杨某某夫妻离开湖北,来到公司准备复工入职上班，但公司表示职工已经够了，不需要受援人夫妻继续上班，将杨某某夫妻辞退，且不肯支付相应的经济补偿金。

2020 年 9 月 6 日，杨某某夫妻向青田县法律援助中心申请法律援助，援助中心工作人员认真接待了受援人，在了解案情和审查案件材料后，确认本案属于法律援助范围，符合免予审查经济状况情形，遂受理了杨某某夫妻的法律援助申请，向其出具了《给予法律援助决定书》，指派浙江五洲律师事务所律师陈某某代理此案。案件办理过程中，法律援助中心也曾多次联系受援人、援助律师，了解案情进展，与援助律师商讨，争取最大限度地保护受援人的合法权益。

接受指派后，援助律师立即约见受援人，认真听取他们对事故经过的陈述以及对案件处理的要求。经过商谈之后，援助律师发现本案存在一定的风险：首先，公司登记的住所地在温州市瓯海区南白象街道凤凰工业区，而不是在受援人所说的温溪镇港头工业区；其次，在证明受援人与公司之间是否存在劳动关系这点上，证据比较欠缺，因受援人没有与公司签订劳动合同，公司也没有为其办理社会保险，工资发放情况也不能直接证实与公司之间存在劳动关系。援助律师在深入询问过程中发现，受援人提到 2019 年年初到公司上班时，有办理过暂住证。为证实该事实，援助律师前往温溪派出所了解相关情况，发现暂住证上登记的居住事由、从事职业、工作处所、居住地址均与受援人讲述的事实吻合，能够辅助证明双方之间存在劳动关系，且能够证实受援人的实际工作地就是在青田县温溪镇港头工业区雅登锁业左手边二楼，而非公司实际住所地温州。

证据材料收集完毕后，援助律师向青田县劳动人事争议仲裁委员会提出仲裁申请，仲裁委员会将案件移送至青田县社会矛盾纠纷调处化解中心先行调解。2020 年 10 月 21 日，调解员组织双方当事人及援助律师等到场调解。调解中，面对法律援助律师提出的未签合同、公司开除、未办理社保手续等事实，公司没有异议，愿意对受援人作出一定的补偿，但表示因为疫情的原因，公司效益不好，公司也有困难。最终，受援人对公司表示谅解，同时也在数额上做出让步，双方达成一致。经双方申请，法院于 2020 年 10 月 26 日出具民事裁定书：由公司支付给受援人双倍工资、经济补偿金、社会保险共计人民币共计 50，000 元，受援人放弃其他诉讼请求。10 月 28 日，援助律师回访受援人，了解案件后续情况，受援人已经收到了公司支付的全部补偿款。

【案件点评】

本案是一起典型的因疫情期间公司无故裁员而引发的劳动争议纠纷案件。首先,公司招聘受援人入职,却并未签订书面劳动合同;其次,公司既未提前30天通知受援人或额外支付1个月工资即解除劳动合同,同时未支付经济补偿金;最后,受援人在职工作时,公司未为其办理社会保险。法律援助律师认真办案,迅速梳理法律关系,积极收集证据,为保护受援人合法权益打下基础。最终在法律援助律师的帮助下,受援人积极参与调解,案件最终结案,化解了矛盾纠纷,取得了双方都较为满意的结果。

【推荐理由】

进城务工人员劳动争议纠纷是法律援助中比较常见的案件,但本案发生在新冠肺炎疫情期间,用工方和务工人员都有不得已之处。双方能够本着互谅互让、调解结案是亮点,减少了特殊时期双方的诉累,降低了受援人的维权成本,值得肯定。

【专家评析】

因疫情原因导致的劳动争议纠纷具有一定特殊性,接受指派后,法律援助律师认真办案,积极取证,提出专业法律意见,为后续调解结案争取了主动,对于案结事了、化解矛盾纠纷具有积极意义。

案例编号:ZJFYGL1612142276

浙江省丽水市青田县法律援助中心　陈晶晶

浙江省台州市天台县法律援助中心
对巴某等31人追索劳动报酬纠纷提供法律援助案

【案情简介】

2020年4月8日上午,来自河南的巴某带着单位法人签字确认的工资表来天台县法律援助中心咨询并请求法律援助。经过了解,因受新冠肺炎疫情影响,天台某足浴会所在2020年2月被迫关停,31位来自全国各地的农民工被欠薪。经多次催讨无果,春节又恰逢疫情,31位中大部分人员都已陆续回老家,不在天台。从提供的欠薪工资表中可以看出,欠薪多的上万元,少则几千元,合计13万余元。如何做到既维护他们的权益,又能节约他们的维权成本呢?

根据《浙江省法律援助条例》第9条第5项,请求支付劳动报酬的属于法律援助事项,根据中共台州市委办公室印发的台市委办发〔2016〕19号《市委办公室　市政府办公室关于进一步完善法律援助制度的实施意见》第1点第2项规定,农民工因劳动报酬提起法律援助申请的免予经济状况审查。因此,本案作为农民工追索劳动报酬案可直接受理。法律援助中心决定立即启动天台法援"全程代理制",告诉巴某法律援助中心同意受理且提供援助,并开展四项工作措施让另外30位分散在异地的农民工实现"零跑动"维权。第一,推选、确定集件欠薪案代表人。通过电话、微信等方式与其他30位农民工取得联系,并充分沟通,确定尚在天台的巴某为代表人。第二,预指定案件承办人。预指定浙江泉道律师事务所的汤律师为该案的承办律师。让承办律师提前介入,收集证据,确保证据充分全面,为今后胜诉铺平道路。第三,拟定特别授权代理委托书。让其他30位农民工特别授权委托代表人巴某和承办律师代为申请法律援助、代为起诉和参与诉讼、代为申请执行等,并将《特别授权代理委托书》用网上传输方式发送到各位农民工手中,由他们自己打印、签署后,以挂号信的方式邮寄到天台县法律援助中心。第四,提供银行账号和相关证据。受援方将欠薪的相关证据邮寄到天台县法律援助中心,并提供各自的银行账号,确保案件胜诉后执行款项能及时送到各位农民工的手中,真正实现"零跑动"维权。

该案在启动"全程代理制"后,不到一星期,信件如雪片一样从全国各地寄来。2020年4月15日上午,天台县法律援助中心在整理材料后马上进行了正式的受理和指派。承办律师也加班加点工作,通过电话、微信等一遍遍的核对、确认,确保材料准确无误。

接受指派当天下午,承办律师第一时间将诉讼材料提交至立案庭调解收案窗口,将本案特殊情况与法院进行沟通,请求尽快安排调解程序。在承办律师的沟通下,法院也是一路"绿灯",当天就安排案件调解人员联系公司法人并进行劝说。本案在立调第二天就组织公司方和受援方对欠薪事宜进行调解。在承办律师的全力争取下,法人在与公司各股东协商后,同意半月内支付所有员工工资,否则需支付违约金的调解方案。

本案从法律援助中心受理到办理委托诉讼程序,最后到收到法院司法确认裁定书,仅用了3天时间。巴某等31人对本案的处理结果非常满意,本案现已实际履行到位。

【案件点评】

集体讨薪在法律援助中是很常见的案子,在本案受援人人数多、人员分布广、路途遥远的情况下,天台县法律援助中心能站在受援人的立场上,想他们所想,急他们所急,创新援助举措,降低受援人的维权成本,切实维护弱势群体的权益,真正体现了法律援助人的热情、正义和正气。该案收到了来自各地的受援农民工的纷纷点赞,他们通过电话、微信留言等方式表示对天台县法律援助中心的感激之情。代表人巴某表示,天台县法律援助中心的这种"全程代理制"法援让他们的维权路少跑3万里。

【推荐理由】

农民工集体讨薪在法律援助中是比较常见的。在本案受援人人数多、分布广、路途远的情况下,天台县法律援助中心采取了一系列便民措施,实现异地受援人"零跑动"维权,最大限度维护了农民工的合法权益,这种竭诚为民服务的精神是值得点赞的。

【专家评析】

集体讨薪在法援中是很常见的案子。在本案受援人人数多、分布广、路途远的情况下,天台县法律援助中心能站在受援人的立场,想他们所想,急他们所急,创新举措,降低受援人的维权成本,切实维护弱势群体的权益,体现了法援人的热情、正义和正气。该案收到受援农民工的点赞,他们通过电话、微信留言表达感激之情。受援人代表巴某表示,天台县法律援助中心让他们的维权路少跑3万里。

案例编号:ZJFYGL1597037347

浙江省台州市天台县法律援助中心　曹柳燕

湖北省荆州市江陵县法律援助中心对精神病人廖某某扶养费纠纷提供法律援助案

【案情简介】

廖某某，女，1990 年 9 月生，与王某某于 2012 年登记结婚，2013 年 1 月生育一女。婚后夫妻二人一同前往广州务工。2015 年前后，廖某某开始出现反复孤僻懒散、多疑乱语等精神疾病的症状，王某某将廖某某送回其父母的家中，从此廖某某与父母共同生活。廖某某的父母一直在为廖某某进行治疗，王某某则在外省务工。2017 年 2 月，廖某某被父母送至荆州市精神病医院治疗 147 天，被诊断为精神分裂症，其父母支付医疗费 8315.71 元、伙食费 1674 元。2019 年 4 月，廖某某再次被送往荆州市精神卫生中心住院治疗，其父母支出医疗费 1259 元，后其父母又为廖某某支付检查费、药费等共计 4206.96 元。廖某某治病期间，其丈夫王某某除给付廖某某治疗费 9000 元外，对廖某某的生活起居、病情不管不问。

为维护自身合法权益，2020 年 4 月，廖某某的父亲作为监护人，来到湖北省荆州市江陵县司法局秦市司法所，就廖某某的扶养费事宜申请法律援助。秦市司法所接到申请后，经初审认为符合法律援助条件，于是将廖某某父亲的法律援助申请上报给江陵县法律援助中心。江陵县法律援助中心经审查后及时受理了申请，并指派江陵县熊河镇法律服务所法律服务工作者杨某某为廖某某提供法律援助。

承办人员接受指派后，多次与廖某某的父亲沟通了解案情。经过详细了解并分析后，承办人员梳理出此案关键问题。

此案核心问题在于：(1)廖某某 5 年来的扶养费承担问题；(2)廖某某 5 年来治病的医疗费承担问题；(3)廖某某以后的扶养费承担问题。

承办人员分析情况后认为，此案件为家庭矛盾，诉讼途径耗时耗力，最好以调解的方式来解决此案；如果无法通过调解解决此案，再着手代理廖某某提起诉讼。

承办人员多次拨打廖某某丈夫王某某的电话，但是一直未打通，其后又与王某某父亲取得联系，王某某父亲推脱近期太忙，等有时间再来参加调解，但一直未见其人。最后调解工作难以组织开展。

承办人员转变维权思路,为开展诉讼做准备工作。通过廖某某父亲,承办人员了解到王某某在广东某汽车零部件公司打工。考虑到从广东调取王某某的工作及工资证明援助成本太高,承办人员通过江陵县司法局秦市司法所工作人员的配合,通过网络查询到该公司的联系电话。经过电话与该公司人事部门联系,在王某某本人同意的情况下调取他的工作及收入证明。

承办人员在帮助受援人准备好立案材料及证据后,向湖北省江陵县人民法院提起诉讼。江陵县人民法院于2020年7月22日立案后,依法适用简易程序,于2020年8月27日公开开庭进行了审理。此案经人民法院审理作出判决:(1)被告向原告支付2015年7月至2020年7月的扶养费30,500元;并从2020年8月起,每月向原告支付扶养费500元;(2)驳回原告的其他诉讼请求。

【案件点评】

本案是一起追索扶养费案件。原告系精神病人,其监护人作为法定代理人,代替原告向法律援助中心申请了法律援助。夫妻之间有相互扶养的义务,原告廖某某在婚姻存续期间患上精神疾病,被告应当积极为原告治疗,在日常生活中给予关心和照顾,以使原告早日康复。现原告返居娘家居住,被告对其照顾不到位,生活上缺乏关心,5年来只为其支付9000元医疗费,并未尽到扶养义务。对于这样一起扶养费纠纷案件,援助律师通过对案情的把握,对法律、法理、情理的准确运用,最终取得了让受援人较为满意的处理结果,同时维护了受援人的合法权益。

【推荐理由】

本案是一起为精神病人追索扶养费的案件。依据法律规定,夫妻之间负有相互扶养的义务。本案中,在被告婚姻关系存续期间,妻子患有精神疾病,被告逃避扶养义务显然于情于法有悖。围绕案件核心,承办律师厘清办案思路,在调解难以开展的情况下,制定诉讼策略,积极准备诉讼,在调查收集证据过程中,创新思路,通过司法所工作人员的配合,利用网络查询方式,解决了异地调查取证时间长、难度大的问题,节省了大量的时间、费用成本。承办律师认真负责,最终维护了受援人的合法权益。

【专家评析】

本案是一起关于夫妻婚内扶养义务的案件。婚内扶养义务不仅仅是一个道德问题,更是夫妻之间的法定义务,有扶养能力的一方必须自觉履行这一义务,在对方患病,或是丧失劳动能力的情况下更应该做到这一点。如果一方不履行这一法定义务,另一方可通过法律途径实现自己的合法权益。本案通过为一位经济困难且精神残疾的妇女请求扶养费提供法律援助,很好地诠释了这一法律规定和法律义务的履行。

案例编号:HBFYGL1632295325

湖北省荆州市江陵县法律援助中心　杨光生　张兴宇

黑龙江省大兴安岭地区加格达奇区法律援助中心对妇女张某某交通事故责任纠纷提供法律援助案

【案情简介】

张某某的丈夫系肢体四级残疾,丧失劳动能力,长子系智力二级残疾,丧失劳动能力,长女 17 周岁,系在校高中生。张某某是家庭唯一的劳动力,全家靠低保和张某某打零工的微薄收入度日,生活极度困难。

2017 年 4 月,张某某被不具备劳务派遣资质的某物业公司派至某医院从事保洁工作。2017 年 5 月 6 日 17 时 35 分,张某某在从某医院下班回家路上被刘某某驾驶的车辆撞倒,张某某胸椎骨折,双下肢瘫痪。

肇事司机刘某某系受朋友李某某、张某红夫妻的邀请在李某某家中与田某某等另外 3 人饮酒娱乐。6 个人大量饮酒后,刘某某未经车主李某某、车辆管理人张某红的同意,将李某某停在院子里的车辆开走,送田某某等 3 人回家。张某红发现时刘某某已将车开走,张某红随即与刘某某通电话,同意刘某某半小时后将车辆送回。之后刘某某驾车发生交通事故。刘某某系酒后、无证驾驶,并在肇事后逃逸,车辆仅投保了交强险,交警部门认定刘某某全责,张某某无责。

物业公司与医院均未与张某某签订书面劳动合同,也未给张某某缴纳社会保险。发生交通事故后,物业公司仅向张某某支付了欠付的工资,肇事司机刘某某未支付任何医疗费用。截至 2017 年 6 月 16 日,张某某已支出医疗费用 20 余万元,均是向亲友举债而来,因无力继续支付医疗费,只能暂时保守治疗,后续治疗和康复的费用也非常高昂。

为维护自身合法权益,张某某向黑龙江省大兴安岭地区加格达奇区法律援助中心申请援助。2017年6月,法律援助中心指派黑龙江洪浩律师事务所王某某律师作为其法律援助律师介入此案。王律师接受指派后,前往张某某所在的医院,认真听取张某某对事故发生前后经过的陈述以及对案件处理的要求,并听取了其家属的意见。

经分析,本案的核心问题如下。一是如何能最大限度维护当事人合法权益。最初,张某某及家人只想到要追究肇事司机刘某某的交通事故赔偿责任,但经过承办律师对案情的详细分析和研判后认为,首先,张某某是下班回家途中发生的交通事故。依据《工伤保险条例》第14条第6项“在上下班途中,受到非本人主要责任的交通事故或者城市轨道交通、客运轮渡、火车事故伤害的”之规定,张某某应当认定为工伤,可以主张工伤待遇。其次,依据《侵权责任法》第48条“机动车发生交通事故造成损害的,依照道路交通安全法的有关规定承担赔偿责任”之规定,张某某可以主张交通事故赔偿。最后,依据《最高人民法院关于审理人身损害赔偿案件适用法律若干问题的解释》第3条第2款“因用人单位以外的第三人侵权造成劳动者人身损害,赔偿权利人请求第三人承担民事赔偿责任的,人民法院应予支持”之规定,当交通事故赔偿与工伤待遇发生竞合时,职工可以依照不同的法律规定分别获得救济。因此,援助律师认为本案张某某可以同时主张交通事故赔偿及工伤待遇以最大限度保护其合法权益。二是如何确保张某某能获得实际赔偿。肇事司机刘某某系无业人员,名下无财产,无赔偿能力,车主李某某、张某红赔偿能力有限。用人单位某物业公司注册资本仅50万元,没有给张某某缴纳社会保险,该公司赔偿能力极低。用工单位某医院系三甲医院,有很强的赔偿能力。如果交通事故仅支持刘某某赔偿,工伤待遇仅支持物业公司承担支付责任,相关判决(裁决)可能就是一纸空文,不能保证张某某获得实际赔偿。承办律师为此查阅了大量法律规定和案例后认为,首先,依据《劳动合同法》第92条第2款“用工单位给被派遣劳动者造成损害的,劳务派遣单位与用工单位承担连带赔偿责任”之规定,某医院在未对张某某缴纳社会保险事宜进行约定和有效监督的情况下,就接受了不具备派遣资质的某物业公司对张某某的派遣,对张某某的损害存在过错,应承担连带赔偿责任。其次,依据《侵权责任法》第49条“因租赁、借用等情形机动车所有人与使用人不是同一人时……机动车所有人对损害的发生有过错的,承担相应的赔偿责任”之规定,车辆实际管理者张某红替车主李某某管理车辆时，在得知刘某某酒后驾驶车辆时未采取有效制止措施，而是同意刘某某半小时后将车送回存在过错，应承担相应的赔偿责任。因此，援助律师经与张某某及其家属充分沟通，确定了交通事故赔偿追加车主、工伤待遇追加用工单位某医院承担赔偿责任，以确保张某某能获得实际赔偿。

本案历经四次刑事附带民事诉讼、两次劳动仲裁、一次工伤认定，一次劳动能力鉴定，三次行政诉讼，一次特别程序民事诉讼，两次强制执行，历时 3 年零 9 个月。最终，交通事故赔偿判处刘某某赔偿张某某各项损失 227.25 万元的 70%，即 159.08 万元，肇事车辆实际管理者张某红替车主李某某管理车辆时，存在过错，判决李某某、张某红赔偿张某某各项损失 227.25 万元的 30%，即 68.17 万元，并与刘某某互负连带赔偿责任。判决生效后，保险公司主动理赔 12 万元。在执行过程中张某某自愿与张某红、李某某达成和解协议，二人一次性赔偿给张某某 15 万元。工伤待遇认定物业公司与某医院共同支付张某某护理费、停工留薪期工资，一次性伤残补助金等合计 13.17 万元，并按月支付伤残津贴、生活护理费及残疾器具费 3950.22 元。经强制执行，某医院已一次性给付张某某工伤待遇 23.06 万元，也同意自 2021 年 2 月起按月向张某某支付伤残津贴、生活护理费等合计 4447.62 元，并随地区上年度职工月平均工资变化而调整，至张某某丧失待遇领取条件时为止。因按月支付的主体为某医院，张某某今后的生活有了很好的保障，基本能满足其生活、康复的需求，本案于 2021 年 2 月 22 日结案。

【案件点评】

本案是典型的交通事故赔偿与工伤待遇竞合案件，同时在交通事故赔偿中涉及肇事司机、车主、车辆管理人的责任认定，工伤待遇中涉及劳动关系确认，非法劳务派遣视同工伤，用人单位、用工单位责任划分等，法律关系复杂，事实认定难度大，经历诉讼程序之多，时间跨度之长，在全国也较为少见。

本案中，援助律师在明确“双赔”的诉讼思路，确定车主应为侵权主体及医院应承担工伤连带赔偿等事项上，没有简单听从受援人的意见，而是在充分了解案件事实的基础上，结合国家现行法律、法规，为受援人选择了最优诉讼思路，并在与受援人意见不一致时充分说法示理，获得受援人的支持。在具体诉讼或仲裁过程中，承办律师高度认真负责，努力做好每一细节，不仅关注每个诉讼程序的胜诉，更关注是否能让受援人获得有效赔偿，充分维护了受援人的合法权益。

最终通过工伤待遇及交通事故赔偿,张某某获得了总数约 50 万元的赔偿款,并可以按月领取 4400 余元的工伤待遇。该案充分体现了我国法律援助制度的优越性,将张某某及其家庭从绝境中挽回,满足了人民群众的法律援助需求,维护了受援群众合法权益,促进了社会和谐稳定。

【推荐理由】

本案是交通事故赔偿与工伤待遇竞合案件,同时在交通事故赔偿中涉及肇事司机、车主、车辆管理人、保险公司等多方的责任,法律援助律师厘清了复杂的法律关系,分别确定各责任人应负的赔偿责任,建议作为典型案例推荐。

【专家评析】

本案的特点是在交通事故案件中,法律关系复杂,多个责任主体相互交织,对于处理具有同类复杂案情的交通事故责任纠纷案件具有典型意义,建议作为典型案例推荐。

案例编号:HLJFYGL1623120294

黑龙江省大兴安岭地区加格达奇区法律援助中心　王伟华

第二节　决定不予法律援助的案例

安徽省亳州市蒙城县法律援助中心对王某华工程款纠纷不予法律援助案

【案情简介】

2021 年 7 月，安徽省亳州市蒙城县王集乡村民王某华通过中国法律服务网“农民工 · 欠薪”求助绿色通道反映某电建集团公司承建的国源蒙城 50 兆瓦风电项目拖欠 45 名农民工工资 150 余万元，请求给予法律援助。经上级部门转交，安徽省亳州市蒙城县法律援助中心及时与王某华取得联系，了解案件具体情况。2021 年 7 月 15 日，王某华来到县法律援助中心申请法律援助，中心负责人接待并审查了相关案件材料。

据王某华陈述，其于 2020 年 4 月从山东某电气有限公司蒙城项目部承包了风力发电升压站建设工程项目，双方未签订书面合同。2020 年 4 月双方口头约定施工款为 600 余万元，2020 年 8 月双方又再次口头约定施工款为 800 余万元。工程建设期间，山东某电气有限公司陆续支付其材料、工资等费用约 500 万元，剩余约 300 余万元的工程款迟迟不与王某华结算，也不愿意进行项目审计。王某华承包的工程项目系山东某电气有限公司从许某电气公司分包，许某电气公司从某电建集团公司承包，因某电建集团公司未支付工程款，造成山东某电气有限公司未能及时与王某华结算，拖欠的 300 余万元工程款中有 150 余万元是农民工工资，拖欠工资的农民工人数为 45 人。王某华向县法律援助中心提供的一份协议书显示，王某华以山东某电气有限公司蒙城项目部代表的身份与许某电气公司、某电建集团公司签订了工程款支付协议，王某华应为项目的实际承包人。

掌握上述情况后，县法律援助中心又与县人力资源与社会保障局劳动监察大队取得联系，了解王某华反映的拖欠 45 名农民工工资的受理及调查情况。劳动监察大队反馈，未接到过该项目 45 名农民工反映拖欠农民工工资问题，王某华反映的问题属于工程款纠纷。

王某华是工程项目的实际承包人,应为支付农民工工资的责任主体。为此,根据《安徽省法律援助条例》的规定,王某华不属于法律援助的对象,所请求解决的是工程款纠纷,也不属于法律援助的事项范围,因此法律援助中心不能为王某华提供法律援助。县法律援助中心考虑到工程款中包含农民工工资,为维护社会稳定,预防群体性信访案件的发生,及时为王某华释明了维权途径,建议王某华可以对45名农民工的工资进行统计和确认,由该45名农民工作为申请人向县法律援助中心申请法律援助,起诉王某华及上述公司。县法律援助中心将协助做好45名农民工的委托及诉讼代表人推荐等工作,引导农民工依法维权。

【不予法律援助原因】

本案中,王某华本人虽然也是农民工,但他同时又是项目包工头,不符合家庭经济困难标准;其法律诉求是工程款纠纷,也不符合《安徽省法律援助条例》及亳州市法律援助补充事项规定,故决定不予法律援助。

【法律依据】

《安徽省法律援助条例》第13条规定:“公民对下列需要代理事项,因经济困难没有委托代理人的,可以申请法律援助:(一)依法请求国家赔偿或者行政补偿的;(二)请求给予社会保险待遇或者最低生活保障待遇的;(三)请求发给抚恤金、救济金的;(四)请求给付赡养费、抚养费、扶养费的;(五)请求支付劳动报酬或者因劳动争议请求给付经济补偿、赔偿金的;(六)请求赔偿与交通、工伤、医疗、食品药品安全、环境污染、产品质量等相关的人身损害、财产损失的;(七)请求赔偿因高危作业造成损害的;(八)请求赔偿因使用假劣农药、种子、化肥等农业生产资料造成农业生产损失的;(九)因遭受家庭暴力、虐待、遗弃,主张民事权益的;(十)因见义勇为自身权益受到损害,主张民事权益的;(十一)因农村土地承包经营权及其流转中合法权益受到侵害,主张民事权益的。”

本案中,王某华申请的法律援助事项不在以上11种情形之列,也不符合亳州市人民政府补充法律援助事项的规定,因此,蒙城县法律援助中心给予王某华法律咨询、提供法律建议后,不予提供法律援助。

案例编号:AHFYBY1627010359

安徽省亳州市蒙城县法律援助中心　李淑丽

第八章　司法鉴定类

湖北崇新司法鉴定中心对受害人蝮蛇蛇毒中毒后死亡与陈某非法行医关联性进行法医病理鉴定案

【案情简介】

2019年8月18日19时许,赵某在家门口田地里疑似不慎被蛇咬伤,后找到固城镇桥头村的土郎中陈某(无医师执业证书)医治。当晚,陈某将南瓜藤、野辣椒、烂眼马叶、五爪龙混合在一起捣烂,然后浸泡在白酒里,之后敷在赵某的右内踝伤口处,另外将五爪龙的根煮水并加白糖给予赵某喝。第二天赵某右下肢明显肿胀,换服与第一次相同的药后仍不见好转,于2019年8月20日凌晨3时不治身亡。

【鉴定过程】

(一)法医学检验

1. 检验日期:2019年8月22日

2. 检验地点:某某市公安局解剖室

3. 在场人员:记录人　王荣帅

4. 检验方法:按照中华人民共和国公共安全行业标准GA/T 149－1996《法医学尸表检验》、GA/T 147－1996《法医学尸体解剖》、GA/T 148－1996《法医病理学检材的提取、固定、包装及送检方法》、GA/T 1198－2014《法庭科学尸体检验照相规范》及本中心HBCX/OP-BL－1《法医病理学尸体解剖作业指导书》、HBCX/OP-BL－2《法医病理学尸表检验作业指导书》、HBCX/OP-BL－8《法医病理学检材的提取、固定及取材作业指导书》进行检验。

(二)法医学检查

1. 法医学尸表检查:成年女性解冻尸体,尸长155cm,发育正常,营养中等,尸斑呈暗红色,位于腰背部未受压处,指压不褪色。发长18.0cm,双侧球睑结膜苍白,双侧角膜重度浑浊,瞳孔无法透视,双侧外耳道、鼻腔及口腔内干净,牙齿整齐无脱落。左大腿上段背侧见6.5cm×1.4cm擦伤,左腘窝3.0cm×2.5cm范围内见散在皮下出血。右下肢明显肿胀,皮肤青紫,以踝部及足背为重,右内踝下见4处针尖样出血点,呈方形排列,伴周围5.0cm×5.0cm皮下青紫,挤压可见血液流出。双手指甲发绀,双足趾甲均苍白。

2. 法医学尸体解剖:自两耳后冠状切开头皮,前后分离,头皮及帽状腱膜无损伤及出血,左、右颞肌无出血,颅骨无骨折。环状锯开颅骨,打开颅腔,见硬脑膜外无异常,剪开硬脑膜,硬脑膜下无异常,蛛网膜下腔未见出血。取出脑组织,剥离颅底硬脑膜,颅底未见骨折。脑重1301g,表面未见异常,切开脑组织,脑各切面及脑室内无异常。

切开颈部,颈部皮下及各肌群无出血,食管中段见两段浅黄色菜茎,剪开喉头,喉头未见异常,舌骨、甲状软骨及环状软骨无骨折。双侧扁桃体及甲状腺肉眼观未见异常。

正中切开胸腹部皮肤,胸骨及肋骨无骨折。打开胸腔,左侧胸膜与胸廓内壁粘连,双侧胸腔内未见异常,气管及左、右主支气管腔内未见异常。心包膜完整无破裂,"人"字形打开心包,心包腔内未见异常。心重318g,左、右心室壁分别厚0.9cm、0.3cm。心外膜、心内膜及各瓣膜检查未见异常,冠状动脉检查:左冠状动脉旋支距分支口1.5cm处见长0.5cm的Ⅰ级粥样硬化斑块,右冠状动脉距开口2.0cm处见长1.0cm的Ⅰ~Ⅱ级粥样硬化斑块。左、右肺分别重400g、480g,右肺表面未见明显异常,左肺体积稍萎缩,表面多发囊状凸起,切面见多发囊腔及白色乳状物。

打开腹腔,皮下脂肪厚度为4.0cm,腹腔内干净,各器官位置未见异常,左、右侧膈肌高度分别位于第5肋间、第4肋间,双髂区后腹壁浆膜下出血。肝重1000g,大小为20.0cm×17.0cm×10.0cm,表面光滑,切面淤血。脾重121g,大小为11.0cm×6.5cm×3.5cm,表面光滑,切面淤血。双肾共重187g,包膜易剥离,切面皮、髓质分界清楚,皮质厚0.4cm。肾上腺肉眼观未见异常。胰重74g,表面及各切面肉眼观未见异常。打开胃,胃内见约800ml胃内容物,可见米粒及菜叶、菜茎等成分,胃壁、各段小肠及大肠肉眼观未见异常。子宫及双侧附件共重106g,子宫及卵巢表面及切面肉眼观未及异常。

切开双下肢皮肤,右下肢皮下软组织及肌肉呈暗红色改变,挤压可见大量暗红色血性液体流出,内踝部较为明显;左侧下肢皮下软组织及肌肉未见明显异常。

3. 法医学病理检查:镜下见脑蛛网膜下腔及脑实质小血管扩张、淤血,各部脑组织水肿,部分小血管内炎细胞比例升高。

喉头黏膜脱落、自溶,黏膜下少量单核淋巴细胞浸润,未检见嗜酸性粒细胞浸润。

乳头肌小灶性心肌纤维化，片状心肌纤维断裂，右心室壁重度脂肪组织浸润，心肌间质小血管内炎细胞比例升高。

肺淤血，片状肺水肿、灶性肺气肿，小血管内炎细胞比例升高，间质炭末颗粒沉积，左肺部分间质纤维结缔组织增生，肺实变，其内见灶性单核、淋巴细胞浸润，局部肺大疱形成，部分小支气管上皮细胞脱落自溶，管腔内见少量以中性粒细胞为主的炎细胞浸润及炎性渗出物，小支气管黏膜下灶性出血，未检见嗜酸性粒细胞浸润。

肝窦扩张、淤血，轻度肝细胞水样变，未检见嗜酸性粒细胞浸润。脾窦扩张、淤血。

部分肾小球纤维化、玻璃样变，少量肾小管内管型形成。

胰组织弥漫性自溶，未检见嗜酸性粒细胞浸润。

胃、肠黏膜上皮自溶，肠黏膜下灶性单核、淋巴细胞浸润，未检见嗜酸性粒细胞浸润。

甲状腺、肾上腺、子宫及卵巢镜下未见异常。

右内踝伤口处真皮层、肌层弥漫性出血及大量以中心粒细胞为主的炎细胞浸润，小血管内炎细胞比例升高；右大腿真皮层弥漫性出血及散在的炎细胞浸润。

4. 免疫组化检测结果：

免疫组化抗体：兔抗蝮蛇蛇毒抗体。

检测器官：脑、心、肺、肝、脾、肾、胰、右内踝伤口处皮肤及左内踝皮肤。

阴性对照：其他死因人体下肢皮肤、肝、肾。

肝、肾及右内踝伤口处皮肤兔抗蝮蛇蛇毒抗体免疫组化反应阳性：

(1)肝：部分肝细胞胞浆内见小团片状黄褐色颗粒。

(2)肾：部分肾小管上皮细胞胞浆内见小团片状黄褐色颗粒。

(3)右内踝伤口处皮肤：部分皮下组织骨骼肌纤维胞浆内见小团片状黄褐色颗粒。

5. 法医病理学诊断：

右内踝咬痕，右下肢软组织出血、炎症及水肿。

冠状动脉粥样硬化症（心重318g，右冠状动脉病变Ⅱ级，左冠状动脉旋支病变Ⅰ级，乳头肌小灶性心肌纤维化，片状心肌纤维断裂），右心室壁重度脂肪组织浸润。

左肺肺大疱，左肺实变，片状肺水肿，灶性肺气肿。

轻度肝细胞水样变。

部分肾小球硬化,少量肾小管内管型形成。

脑、肺、肝、脾淤血。

脑、心、肺、右下肢小血管内炎细胞比例升高。

肺、肾、胰及喉头、胃肠黏膜自溶。

6. 毒化检测结果:

据湖北崇新司法鉴定中心〔崇新司法鉴定中心[2019]毒物鉴字第665号〕鉴定意见摘要:

(1)送检赵某血液中检出乙醇成分,含量为21.34mg/100mL;

(2)送检赵某血液中检出正丙醇成分,含量为2.47mg/100mL;

(3)送检赵某血液中均未检出苯甲酰爱康宁、劳拉西泮、灭多威、呋喃丹、乐果、马拉硫磷、甲基苯丙胺、3,4-亚甲基二氧基苯丙胺(MDA)、哌替啶、O6-单乙酰吗啡、可待因、美沙酮、四氢大麻酚、地西泮、咪达唑仑、硝基西泮、氯硝西泮、阿普唑仑、艾司唑仑、三唑仑、氟硝西泮、氯氮平、氯丙嗪、异丙嗪、利多卡因、吗啡、苯丙胺、3,4-亚甲基二氧基甲基苯丙胺(MDMA)、氯胺酮、可卡因毒药物成分;

(4)送检赵某血液中未检出乌头碱、士的宁和马钱子碱成分。

【分析说明】

1. 根据对死者赵某的尸检及主要器官的法医病理学检查结果,其全身体表及主要器官未检见致死性机械性损伤及机械性窒息征象,结合送检案情资料及其死亡经过分析,认为可排除赵某因机械性损伤及机械性窒息所致的死亡。

2. 根据对死者赵某的主要器官的法医病理学检查结果,联系病历资料及原尸检所见,未检见喉头明显水肿及体表皮肤斑疹等过敏性休克的病理改变,喉头、肠、肝、胰及肺等重要器官镜下未见嗜酸性粒细胞浸润,结合送检案情资料及其死亡经过分析,认为赵某因过敏性休克死亡的依据不足。

3. 根据毒化检测结果,死者赵某血液中均未检出苯甲酰爱康宁、劳拉西泮、灭多威、呋喃丹、乐果、马拉硫磷、甲基苯丙胺、3,4-亚甲基二氧基苯丙胺(MDA)、哌替啶、O6-单乙酰吗啡、可待因、美沙酮、四氢大麻酚、地西泮、咪达唑仑、硝基西泮、氯硝西泮、阿普唑仑、艾司唑仑、三唑仑、氟硝西泮、氯氮平、氯丙嗪、异丙嗪、利多卡因、吗啡、苯丙胺、3,4-亚甲基二氧基甲基苯丙胺(MDMA)、氯胺酮、可卡因毒药物成分及乌头碱、士的宁和马钱子碱成分;赵某血液中检出乙醇成分,含量为21.34mg/100mL,赵某血液中检出正丙醇成分,含量为

2.47mg/100mL；血中乙醇浓度/正丙醇浓度值约为8.64（小于20），分析认为血中所检出乙醇及正丙醇符合尸体腐败后产生所致；结合送检案情资料及其死亡经过分析，认为可排除赵某因上述毒（药）物中毒所致的死亡。

4. 根据对死者赵某的尸检及主要器官的法医病理学检查结果，其生前存在右内踝咬痕，右下肢软组织出血、炎症及水肿，冠状动脉粥样硬化症，右心室壁重度脂肪组织浸润，脑水肿，左肺肺大疱，左肺实变，片状肺水肿，灶性肺气肿，脑、心、肺、右下肢小血管内炎细胞比例升高，多器官淤血，免疫组化检测结果示肝、肾及右内踝伤口处皮肤兔抗蝮蛇蛇毒抗体免疫组化反应阳性，联系送检案情资料，2019年8月18日19时许赵某疑似被蛇咬伤，在使用了陈某给的土药方后不见好转，于2019年8月20日3时不治身亡，结合毒化检测结果及其死亡经过综合分析，认为赵某符合因蝮蛇蛇毒中毒死亡特征。

5. 根据送检案情资料，2019年8月18日19时许赵某疑似被蛇咬伤，当晚陈某将南瓜藤、野辣椒、烂眼马叶、五爪龙混合在一起捣烂，然后浸泡在白酒里，之后敷在赵某的右内踝伤口处，另外将五爪龙的根煮水并加白糖给予赵某喝，第二天赵某右下肢明显肿胀，换服与第一次相同的药后仍不见好转，于2019年8月20日凌晨3时赵某不治身亡；临床上被蛇咬后，要立即进行急救并规范使用抗蛇毒血清治疗，并进行严密的观测，分析认为，陈某的不规范行医用药行为在一定程度上丧失了被鉴定人选择其他治疗措施的机会和降低了其生存概率；被鉴定人赵某的根本死因为蝮蛇蛇毒中毒，陈某的行医用药行为使被鉴定人丧失了治疗的机会，考虑到蝮蛇中毒致死率较高，综合分析认为，建议参与度为21%～40%。（上述建议供委托单位参考）

【鉴定意见】

根据对死者赵某的尸检及主要器官的法医病理学检查结果，结合送检案情、毒化检测结果、免疫组化检测结果及其死亡经过综合分析，认为被鉴定人赵某符合在冠状动脉粥样硬化症的基础上，因蝮蛇蛇毒中毒而死亡，陈某的行医不当用药行为使被鉴定人丧失了治疗机会，建议参与度为21%～40%。（上述建议供委托单位参考）

案例编号：HBSJYW1600753471

湖北崇新司法鉴定中心　屈国强　王荣帅

西南政法大学司法鉴定中心对合同纠纷录音证据语音真实性进行声像资料鉴定案

【案情简介】

委托人某省某市某区人民法院办理“原告鄂某某与被告侯某某合同纠纷”案,因证据调查活动涉及视听资料领域的专门性问题,依法委托我中心对上述委托事项中注明的专门性问题进行司法鉴定。

【鉴定过程】

(一)检材

序列号为“ebe5a6c”、型号为“T&F-96”的8GB现代之音数字录音笔一个(以下简称送检录音笔)。送检录音笔“rootRECORDVOICE”目录下保存的文件名为“2016-02-09-22-30-01.WAV”的音频文件(MD5:fb276a754bbb17efd030cbbd8b634a3f)(以下简称检材音频)。

(二)样本

保存于送检录音笔之中、与检材音频同目录下的音频文件3段,具体信息如表8-1所示。

表8-1 样本音频文件信息

序号	文件名	哈希值(MD5)	名称
1	2016-02-09-09-05-28.WAV	46fbcddff58ab8dae6355cc16840962a	样本音频1
2	2016-02-09-09-06-10.WAV	0f5fbd7f51acf5e8488ef51269a88080	样本音频2
3	2016-02-09-09-07-51.WAV	6d2d3a418998523768abb91fba005cbf	样本音频3

(三)鉴定过程

本案鉴定人依据录音设备鉴定、数字音频真实性(完整性)鉴定基本原理,遵照SF/Z JD0300002-2018《数字声像资料提取与固定技术规范》、SF/Z JD0301002-2015《录音设备鉴定技术规范》、SF/Z JD0301001-2010《录音资料鉴定规范》等的技术规范,在西南政法大学司法鉴定中心实施鉴定。

1.对送检录音笔的检验

(1)机身检验。送检录音笔系序列号为“ebe5a6c”的现代之音数字录音笔,被密封于贴有"哈尔滨市香坊区人民法院"密封条的纸质证物袋之中,机身正面呈黑色、两侧及背面呈香槟色。机身正面有"播放"机械按键;左侧从上至下依次分布有"菜单""音量切换""上一曲""下一曲"机械按键;右侧有"录音、保存""开、关"机械按键。

(2)系统时间检验。正常启动送检录音笔,依次点击"系统设置""系统时间"菜单,得到送检录音笔当时的系统时间。将该时间与标准北京时间进行比对,发现二者时间显示不一致(相差两年余)。

(3)系统功能检验。再行检查送检录音笔系统功能,发现系统共有3个一级菜单,分别是"音乐模式"、"语音模式"以及"系统设置"。经逐一点击各一级菜单,结果发现:

①点击"音乐模式"菜单并确认,发现其中无文件。

②点击"语音模式"并确定,直接显示为检材音频,且录音计数器显示为"0021"。

③在"系统设置"一级菜单下,有"录音设置""密码开关""密码修改""系统时间""背光时间""语言选择""关机设定""对比调节""存储状况""格式化设备""固件版本""恢复出厂设置""退出"13个二级菜单。

④调出"系统设置"一级菜单下的相关二级、三级菜单,得到:送检录音笔的固件版本为"2016/10/19 1.1.00. 2016/01/27 YXW299V2";已用空间"7882MB"、存储空间占用率"99%";录音分割长度设置为"0"(不分割);经启用录音功能,发现系统出现"空间满"告警,提示不能新增录音。

(4)存储介质检验。送检录音笔存储介质为内置方式,不支持扩展存储。标称容量"8GB",实际容量为"7889 MB",文件系统"FAT32",扇区数"8079104",剩余空间"184KB"。

(5)存储介质中存储的文件的检验。经对本次鉴定用计算机系统进行杀毒处理后,在写保护状态下,将送检录音笔线连至计算机系统。使用FTK Imager,挂载送检录音笔,结果发现其内存根目录下共有两个文件夹,分别是"MUSIC"和"RECORD",其中:"MUSIC"有两个已删除文件;"RECORDVOICE"目录下检出数字音频文件39个(正常文件21个,已删除文件18个)。

(6)文件命名规律分析。已检出的如前所述的39个音频文件,文件均采用"年(四位数字)-月(两位数字)-日(两位数字)-时(两位数字)-分(两位数字)-秒(两位数字).容器格式"命名;最早显示的文件为"2016-01-01-00-00-02.WAV"(已删除);最晚的文件为"2016-02-09-22-30-01.WAV"

(检材音频)。

2. 数据备份及检材音频真实性(完整性)检验

(1)数据备份。继续在写保护状态下,使用 FTK Imager 制作送检录音笔内存的物理备份(数据镜像),并对应计算保存于其中的文件的散列值。基于备份数据,将包含检材音频、样本音频 1 至 3 在内的 39 个音频文件一并导出后继续下述检验。

(2)文件属性检验。使用 MediaInfo 检测并进行相应计算,得到:检材音频时长“20 分 13 秒 781 毫秒”,大小“27.8 MB”,码率恒定为“192 kb/s”,以“48.0kHz”采样率、单声道录制,采用“ADPCM”编码,最后修改时间显示为“UTC 2016 - 02 - 09 22:44:54”。以检材音频文件名显示的“2016 - 02 - 09 - 22 - 30 - 01”为基点,与检材音频最后修改时间求差,所得的文件应有时长 < 实际时长。

(3)文件头、尾检验。检材音频文件头、尾未检见相应的音视频编辑软件编辑修改痕迹。

(4)听觉检验。检材音频主要记录的是在一相对安静的环境下,两男一女 3 人主要讨论给付钱款事宜的现场谈话内容,大部分语音信号信噪比较高。经多次审听发现:

①检材音频中,一名为中年男子,另一男子年纪稍长。年纪稍长的男子在现场有走动。三人对话语音内容前后衔接过渡正常,语义及逻辑、背景音未检见异常。

②检材音频结束位置,说话人说话内容不完整,语音信号突然终止;检材音频其余位置,未检见异常启、停信号。

③检材音频第“9 分 15 秒 ~ 9 分 18 秒”时间段内,另一男声说“加上我地工”中的“工”字音节不完整;第“9 分 53 秒 ~ 9 分 57 秒”时间段内,一男声说“出个公证两年之内”后语音信号突然终止。但在该两个时刻,两男声间的对话内容上下衔接正常。

(5)图谱检验。检材音频第“9 分 15 秒 ~ 9 分 18 秒”时间段以及第“9 分 53 秒 ~ 9 分 57 秒”时间段内,本底噪声未检见异常;结束位置处图谱突然终止;其余时间段内,音频信号未发现剪辑、拼接等所可能形成的语音片段重复或能量跳变、异常中断痕迹,背景声也未检出异常。

(6)比较检验。将检材音频与其同目录下保存的样本音频 1 至 3 进行比较检验,结果发现:

①检材音频与样本音频 1 至 3 文件属性、文件头结构高度相同。

②检材音频与样本音频 1 至 3 均表现出“文件应有时长 < 实际时长”之特点。

3. 录音设备检验

(1)根据前文检验所见,39 个音频文件的命名方式相同;文件名所显示的时间均为“UTC +0”时间;检材音频与其他未被删除的正常文件之间的文件编码器、录音参数、文件头结构相同。

(2)送检录音笔内存中未被删除的正常显示的文件数与送检录音笔系统标记的文件数(0021)一致,且“0021”号文件恰为检材音频。

(3)检材音频与样本音频 1 至 3 均表现出“文件应有时长 < 实际时长”的规律性特点。

(4)因送检录音笔存储空间无法满足进一步存储数据的需要,检材音频突然终止录制。

(5)经图谱比对,发现检材音频本底噪声与样本音频 1 至 3 符合度高。

【分析说明】

1. 数据备份及检材音频真实性(完整性)检验的分析说明

依据上述检验结果,检材音频存储位置、文件命名方式未检出异常,文件主要属性特征与样本音频 1 至 3 高度相同;文件头、尾未检见相应音视频编辑软件编辑修改痕;“文件应有时长 < 实际时长”的现象,在样本音频中有对应反映,可由音频编码所引发;音频结束位置语音信号突然终止,可在存储介质空间无法满足存储更多的数据的情景下形成;中间特定时刻虽然语音音节不完整、语音信号突然终止,但是本底噪声未检见异常,且对话内容上下衔接正常。就此问题,录音采集过程中因录制设备系统任务调度可以导致。综合上述分析,按现行鉴定技术规范,符合“未发现检材录音经过剪辑处理”鉴定意见的出具条件。

2. 录音设备检验的分析说明

综上检验结果,虽然送检录音笔系统时间与标准北京时间存在偏差,且因送检录音笔存储空间即将被占满而无法录制相应的实验样本,但是,所检出的 39 个音频文件之间时间具有延续性,相互之间在文件命名方式、编码器、录音参数、文件头结构上表现出稳定、相同的特点。结合检材音频在应有时长与实际时长关系、突然终止录制之成因、本底噪声等方面的检验结果,总体充分表明检材音频应系送检录音笔录制形成。

【鉴定意见】

1. 送检的序列号为“ebe5a6c”、型号为“T&F－96”的8GB现代之音数字录音笔“rootRECORDVOICE”目录下保存的文件名为“2016－02－09－22－30－01. WAV”的音频文件,未发现剪辑处理痕迹。

2. 上述文件名为“2016－02－09－22－30－01. WAV”的音频文件,是序列号为“ebe5a6c”、型号为“T&F－96”的8GB现代之音数字录音笔录制形成的原始音频。

案例编号:CQSJYW1611042451

西南政法大学司法鉴定中心　王　俊　易　旻　袁红照

温州医科大学司法鉴定中心对冠心病患者杨某胆囊炎累及心脏引起心肌炎死亡死因进行法医病理鉴定案

【案情简介】

2019年8月24日下午,杨某因“上腹痛数小时”在某医院就诊,考虑胆囊结石伴感染,查体血压120/80mmHg,上腹压痛(＋);予以B超及血常规检查,血常规WBC明显升高,为10. 29×109/L,超声提示:胆囊肿大、胆总管上段扩张;胆囊胆泥淤积;予以抗感染治疗。当日晚上因腹痛仍明显,杨某在急诊接受止痛对症治疗后自行离院。

8月25日下午,杨某再次来院继续输液抗感染治疗,晚上19:19再次在急诊就诊,测体温38. 7℃,上腹部压痛(＋),予以抗感染、止痛、退热治疗,杨某自行离院。8月26日14:43,杨某因腹痛再次来急诊,予以异帕米星0. 4＋654－2 7. 5mg＋NS250mL静脉点滴输液治疗,输液中杨某因腹痛无明显缓解而要求“打止痛针”,16:26予以止痛治疗,17:27输液即将完毕时家属发现杨某呼之不应、神志不清,予心肺复苏无效,20:37宣布死亡。尸检提取杨某的心血及胃内容物进行毒物检验,检验结果:杨某心血和胃内容物均未检出常规毒品(可待因、吗啡、单乙酰吗啡、哌替啶、氯胺酮、MDMA、甲基苯丙胺、美沙酮);均未检出镇静催眠药(硝西泮、地西泮、艾司唑仑、阿普唑仑、咪达唑仑、氯硝西泮、三唑仑);均未检出农药(敌敌畏、乐果、氧化乐果、二嗪农、马拉硫磷、喹硫磷)。

【鉴定过程】

(一)尸表检查

尸长170.0cm,体型中等偏胖,发育正常,营养良好。尸表未见高、低温损伤痕迹,未见电击痕迹。双眼睑淤血,未见明显出血点;双侧睑结膜轻度黄染,球结膜淤血,未见明显出血点;双侧瞳孔等大等圆,直径均为0.5cm;口唇青紫,口腔黏膜未见溃疡,下唇淤血,舌尖可见咬痕,舌左侧边缘可见齿痕及出血,牙列整齐,未见缺失。颈项部其他皮肤未见扼、勒、压痕,未见明显损伤、出血。气管位置居中。前胸壁可见抢救形成表皮损伤,已发生皮革样化,大小为10.0cm×7.0cm,胸廓对称,未见明显的损伤、出血。左右肘窝皮肤可见注射针孔;右侧前臂内侧可见皮试检验痕迹;双上肢对称,未见骨折或畸形改变,未见新鲜损伤。双下肢未见明显异常及畸形改变。会阴部未见损伤、疾病。

(二)尸体解剖检查

分层解剖皮下组织及肌肉检查,头皮未见出血,颞肌未见出血,颅骨未见骨折。按常规冠状打开颅腔检查,脑垂体位置、形态、大小均正常;硬脑膜外、下均未见出血;全脑蛛网膜下腔未见出血,全脑皮质均未见挫伤、出血灶;大脑前、中、后动脉未见明显的动脉粥样硬化斑块,管腔未见明显狭窄,脑基底动脉环未见血管畸形,未见动脉瘤形成。全脑重1495.0g,大小为21.0cm×14.0cm×12.0cm,切开大脑、小脑以及脑干检查,各个切面均未见挫伤、出血、血肿及明显的软化灶等,双侧侧脑室及第三、四脑室未见明显扩张,未见肿瘤、挫伤、积血等。分层解剖颈部皮下组织及肌肉检查,未见挫伤、出血,甲状软骨、舌骨未见骨折;甲状腺位置、大小、形态正常;喉头轻度水肿;会厌未见损伤;双侧扁桃体均肿大,双侧大小均为1.8cm×1.0cm×1.0cm;咽喉内未见异物阻塞;气管内未见异物阻塞、出血,食管黏膜光滑,未见静脉曲张,未见肿瘤、出血等。分层解剖胸部皮下及肌肉检查,未见损伤、出血;胸骨、肋骨未见骨折。按常规打开胸腔检查,左侧胸腔见清亮淡黄色积液340.0mL,右侧胸腔见清亮淡黄色积液350.0mL,未见积血,各器官均在原位。剪开气管、支气管检查,气管腔未见异物阻塞。双肺位置正常,双侧肺膜增厚,稍粗糙;肺动脉内未见栓子;左肺重788.2g,大小为22.0cm×16.0cm×8.0cm,右肺重952.8g,大小为21.0cm×14.0cm×8.0cm,双肺饱满,表面可见一些少许黑色炭末沉着;切开肺组织检查,切面呈暗红色,挤压后可见较多泡沫状液体流出,未见明显肿块、肿瘤、血肿等。心包腔内见较多的淡黄色清亮积液70.0mL;心外膜光滑,未见心脏破裂,可见细小的出血点;心脏重459.2g,大小为13.0cm×11.0cm×7.0cm,心脏肥大,剪开各心腔检查,心瓣膜未见粘连、狭窄;测三尖瓣周径12.5cm,肺动脉瓣周径7.0cm,二尖瓣周径10.0cm,主动脉瓣周径7.5cm,左心室室壁厚1.8cm,右心室室壁厚0.4cm,室间隔厚1.7cm;左、右心室腔均稍扩张;未见房间隔缺损、室间隔缺损等先天性心脏病的病理改变。左、右冠状动脉开口位置正常,分段切开左、右冠状动脉主干及各主要分支检查,左冠状动脉主干Ⅱ-Ⅲ级狭窄,左冠状动脉左旋支及右冠状动脉主干Ⅱ级狭窄,左冠动脉前降支Ⅱ-Ⅲ级,管腔内未见血栓形成。窦房结、房室结区未见挫伤、出血、肿瘤、脂肪浸润等。分层解剖皮下及肌肉,腹部皮下、脂肪、肌肉未见出血,见黄色的皮下脂肪,厚2.9cm,按常规打开腹腔检查,腹腔可见淡黄色清亮液体,约200.0mL,腹膜未见脓性物质覆盖,大网膜自然下垂。肝脏位置正常,重1567.2g,大小为26.0cm×17.0cm×13.0cm,其形态、大小基本正常,肝表面光滑,未见破裂、出血,切开肝组织检查,切面未见出血、血肿等。胆囊肿大,浆膜表面可见少许灰白色脓性物质覆盖,大小为15.0cm×7.0cm×7.0cm,胆囊扩张直径约5.0cm,胆囊壁因为高度扩张而变薄,胆总管扩张,胆总管直径约4.0cm,胆囊内充盈可见大约9.0mL胆汁,胆汁呈灰黄色浑浊,可见脓性物漂浮,其内含有少许黑色泥沙样结石,胆囊黏膜欠光滑,各部胆管内未见结石、肿瘤,胆囊未见穿孔。脾重350.6g,大小为14.0cm×10.0cm×6.0cm,脾明显肿大,包膜光滑,未见破裂、出血,切面明显淤血。一侧肾重181.8g,大小为11.0cm×6.0cm×5.0cm,另外一侧肾重199.0g,大小为11.0cm×6.5cm×5.2cm,包膜易剥离,切面皮髓质分界清楚,未见破裂、出血,皮质厚均为0.7cm,双肾位置、形态、大小正常。双侧肾上腺位置、形态、大小正常,切面未见出血、坏死。胰腺重128.0g,大小为17.0cm×6.0cm×3.0cm,其位置、大小、形态正常,未见出血、坏死、肿瘤等。胃大弯长32.0cm,胃小弯长22.0cm,胃黏膜光滑,未见穿孔、溃疡、肿瘤等,胃腔内见少许已消化食糜,约5.0mL,胃壁重322.0g,未能闻及大蒜味、酒精等异味,幽门及贲门开口形态、大小正常。大、小肠位置、大小、形态均正常,阑尾大小为10.0cm×0.8cm×0.8cm,其位置、大小、形态正常,其黏膜光滑,肠腔内较空虚,未见梗阻、出血、溃疡。盆腔未见损伤、积血、积液。膀胱空虚,黏膜光滑,未见出血、溃疡、肿瘤等。前列腺大小、形态未见明显异常,其位置未见异常。双侧睾丸、附睾等未见损伤、出血、肿瘤等。

(三)组织病理学检查

各组织器官血管内中性粒细胞数量明显增高,实质细胞自溶,间质血管扩张、淤血。脑神经元细胞胞浆内尼氏小体消失，呈急慢性性缺血、缺氧性改变，血管周围腔隙增宽，可见漏出的红细胞。心外膜光滑，局部区域见自溶的红细胞，见少许淋巴细胞浸润。心内膜未见明显增厚，偶见炎症细胞浸润。心肌间质淤血，见自溶红细胞，部分区域心肌间质见较多的炎细胞浸润，以中性粒细胞为主，夹杂一些淋巴细胞，纤维结缔组织增生；部分心肌纤维化，部分心肌纤维断裂或呈波浪状改变，呈急慢性缺血、缺氧性改变；冠状动脉部分内膜可见典型的泡沫细胞，内膜节段性增厚，粥样斑块形成，管腔局部狭窄，狭窄程度Ⅱ－Ⅲ级。窦房结、房室结未见挫伤、出血、肿瘤等病变。双侧扁桃体见较多淋巴细胞浸润；咽喉黏膜、气管、支气管黏膜层、黏膜下层部分区域见较多淋巴细胞浸润；部分支气管及细支气管管腔见脱落的黏膜上皮，管壁见较多淋巴细胞浸润；肺间质血管扩张、淤血，部分区域纤维结缔组织增生；部分肺泡腔可见较多粉红色水肿液，部分肺泡腔扩张、肺泡隔断裂；肺膜部分区域稍增厚，见少许淋巴细胞浸润。部分肝细胞水肿，部分肝细胞脂肪变性，肝窦淤血，汇管区见较多淋巴细胞浸润，小胆管内可见淤胆。胆囊黏膜自溶，胆囊壁纤维结缔组织增生，胆囊的黏膜层、黏膜下层、肌层、浆膜层均可见大量的炎症细胞呈蜂窝状浸润，以中性粒细胞为主，夹杂一些淋巴细胞，间质明显水肿，胆囊壁组织可见早期坏死。其他内脏器官未见明显的组织病理改变。

（四）法医病理学诊断

慢性胆囊炎伴泥沙样结石继发严重的急性发作、胆囊蜂窝组织炎、胆囊壁水肿及早期坏死，胆囊局部炎症扩散全身、累及心脏，引起多灶性心肌炎，心包腔积液（70.0mL）。冠状动脉粥样硬化性心脏病：心脏明显肥大（459.2g，正常成年男性250.0～270.0g），左冠状动脉主干以及前降支Ⅱ－Ⅲ级、左冠状动脉左旋支以及右冠状动脉主干Ⅱ级，心室壁肥厚，乳头肌肥大，灶性心肌纤维化，心肌间质纤维组织增生。上呼吸道慢性炎症：慢性咽喉炎，慢性扁桃体炎，支气管黏膜慢性炎。肾上腺、胰、胃肠黏膜腺体等组织器官自溶。脑、心、肺、肝、脾、肾、甲状腺等多器官淤血。

【分析说明】

1. 根据系统尸体解剖结果，杨某尸表检查未见烧伤、冻伤、电击伤，内脏器官未见致命损伤，不支持高低温、电击以及机械性损伤死亡。口、鼻无损伤，颈部未见扼、勒痕及明显损伤，不支持捂压口、鼻或扼、勒颈等机械性窒息方式致死。根据杨某心血和胃内容物毒化检验阴性结果,不支持中毒死亡。尸表检查右侧前臂内侧可见皮试检验痕迹,未能检见典型的过敏的病理特征,因此,不支持因用药导致的过敏性休克死亡。

2. 根据系统尸体解剖以及组织病理学检查结果,杨某患有慢性胆囊炎伴泥沙样结石,此次发生严重的急性发作,出现胆囊蜂窝组织炎伴胆囊壁水肿及早期坏死(见图8-1),胆囊局部炎症扩散至全身,累及心脏,并引起多灶性心肌炎(见图8-2),还检出杨某患有冠状动脉粥样硬化性心脏病的慢性心脏疾病的基础(见图8-3),其心脏明显肥大,达459.2g,而正常成年男性心脏为250.0~270.0g,在冠心病的基础上又发生多灶性心肌炎,其程度已经非常严重,达到致死程度,最终导致杨某发生急性心功能衰竭而快速死亡,此为杨某主要死因。

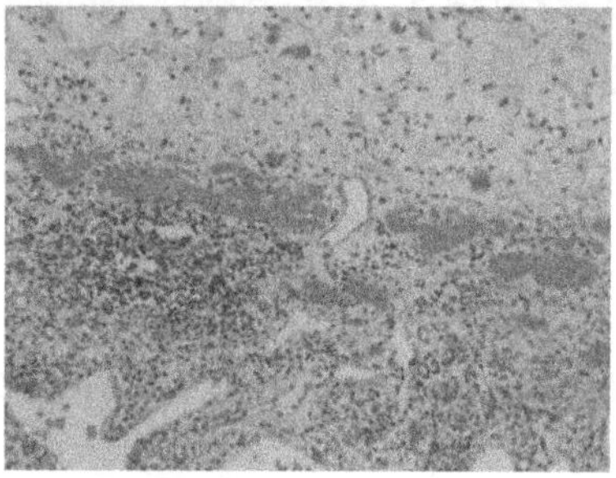

图8-1　蜂窝组织炎性胆囊炎,胆囊壁水肿、早期坏死(HE 10×10)

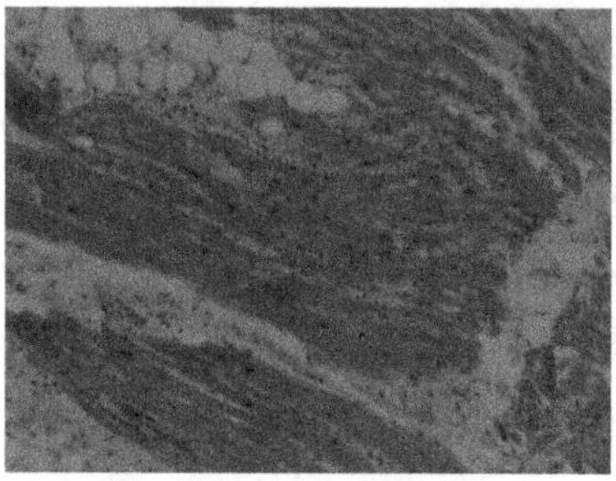

图8-2　灶性心肌炎(HE 10×10)

图 8-3　冠状动脉粥样硬化(HE 10×10)

【鉴定意见】

根据案情、系统尸体解剖检查、法医病理组织学检查、毒化检验结果,综合分析认为,杨某系因在冠心病的基础上,慢性胆囊炎急性发作累及心脏,引起多灶性心肌炎,最终发生急性心功能衰竭而死亡。

案例编号:ZJSJYW1614674963

温州医科大学司法鉴定中心　叶光华　喻林升　范琰琰

徐州医科大学司法鉴定所对某大学生运动中猝死死因进行法医病理鉴定案

【案情简介】

2020 年 1 月 4 日,李某某跑步运动过程中突然倒地,后至某某市中医院经抢救无效后于 2020 年 1 月 4 日 18:11 死亡。

为明确李某某的死亡原因,当地法院委托徐州医科大学司法鉴定所对李某某的死亡原因进行法医病理鉴定。

【鉴定过程】

(一)病历摘要

2020 年 1 月 4 日 18:12,某某市中医院门诊病历:

主诉:突发意识丧失 10 分钟余。抢救记录:患者 17:05 由 120 送至我院急诊,来时意识丧失,对外界刺激无反应,颈动脉搏动消失,瞳孔散大,直径5.0mm,对光反射消失,四肢湿冷,立即行CPR……至18:11,患者心率仍呈一条直线,宣布死亡。

(二)法医学检验

1.检验方法

按照《法医学尸体解剖规范》(SF/Z JD0101002－2015)对被鉴定人进行检验,按照《法医学病理检材的提取、固定、取材及保存规范》(GA/T 148－2019)进行病理组织学检验。

2.尸表检验

青少年男性尸体;发育正常,营养良好,尸斑位于腰背部未受压处,尸长181.0cm,顶部发长6.5cm,黑发;双侧睑、球结膜苍白,瞳孔不可透视,角膜高度混浊;鼻腔及双侧外耳道未见明显异常,口唇轻度皮革样化,口腔黏膜略苍白,牙齿无新鲜松动、脱落;颈项部未见异常;右肘部正中处见2.0cm×1.5cm皮下出血,左手背侧见4.0cm×1.0cm、3.0cm×1.0cm皮下出血,右手背侧见4.0cm×1.0cm皮下出血,左手指甲青紫,右手指甲苍白;腹部尸绿形成。

3.解剖检验

按解剖常规剖开颈、胸腔、腹腔、盆腔及颅腔。舌骨、甲状软骨、环状软骨未见骨折,喉头未见明显异常。胸骨及肋骨未及骨折;胸腹腔诸脏器位置正常,左侧胸腔见250ml、右侧见250ml淡红色积液,左侧腹腔见50ml、右侧见100ml淡红色积液;气管内见少量黑褐色食物残渣及多量泡沫。双肺表面及叶间裂见较多出血点,双肺气胸实验阴性。双肺主支气管及叶支气管内见大量灰黑色食物残渣填充,左肺重545g,大小为19.0cm×12.0cm×8.0cm,右肺重660g,大小为19.0cm×13.0cm×8.0cm。心包腔内见少量淡红色积液约5.0ml,心脏重330g,心脏外膜表面可见较多脂肪组织,沿血流方向剪开心脏,可见冠状动脉起源及走行异常,左、右冠状动脉均起源于主动脉右窦,左、右冠状动脉开口直径均为0.2cm,并高出于右冠状动脉半月瓣边缘0.8cm,随后左冠状动脉主干垂直向左走行于主动脉与肺动脉之间,距左冠状动脉开口1.2cm处可见管腔狭窄Ⅲ级,并于室间隔表面分为左前降支及左旋支。左室侧壁厚1.2cm,室间隔厚1.2cm,右室侧壁厚0.5cm,三尖瓣周径8.0cm,肺动脉瓣周径6.0cm,二尖瓣周径6.5cm,主动脉瓣周径6.0cm,左室后壁见6.0cm×4.0cm灰白区域。胃内见200ml黑褐色食物残渣,其间见金针菇等成型物;肝脏重1180g,大小为25.0cm×17.0cm×6.0cm;脾重210g,大小为11cm×6cm×5cm;左肾重150g,大小为

11.0cm×5.5cm×4.5cm；右肾重140g，大小为9.0cm×6.0cm×4.5cm；胰腺重130g，大小为15.0cm×4.0cm×4.0cm，各切面未见出血。头皮下未见明显异常，颅骨无骨折，硬脑膜未见破损，硬膜下及蛛网膜下腔未见出血，脑组织未见挫伤出血，侧脑室未检见出血，全脑重1390g，脑质地软，各切面未见出血。

4. 组织病理学检验

心脏：左冠状动脉主干局部管腔狭窄Ⅲ级，管壁厚薄不均，局部中膜可见弹性纤维及平滑肌细胞大量增生，其余各分支未见明显异常；心肌间质散在纤维化，水肿明显，乳头肌局部可见片状心肌细胞纤维化；局部心肌浅层可见脂肪浸润，部分心肌细胞萎缩；部分心肌纤维波浪样变，局部心肌纤维断裂；心肌间质小血管扩张、淤血。

肺脏：部分大气道及细小支气管内可见大量异物填充，其间可见较多植物细胞成分；肺泡间隔及间质小血管扩张、淤血，局部肺泡间隔断裂，肺泡腔融合；部分肺泡腔内见均质粉染的水肿液；散在灶性肺出血。

脑：脑实质及蛛网膜下腔内小血管淤血，脑内小血管周围间隙增大，神经元周围间隙增大，可见较多嗜神经现象，未见挫伤、出血。

肾：肾小球毛细血管和肾间质毛细血管扩张、淤血，近曲小管上皮自溶。

肝脏：部分肝细胞水肿，间质血管扩张、淤血。

脾脏：脾窦扩张、淤血，自溶。

胰腺：自溶。

【分析说明】

根据尸体解剖检验，检见心脏外膜表面可见较多脂肪组织，冠状动脉起源及走行异常，左、右冠状动脉均起源于主动脉右窦，左、右冠状动脉开口直径均为0.2cm，并高出于右冠状动脉半月瓣边缘0.8cm，随后左冠状动脉主干垂直向左走行于主动脉与肺动脉之间，距左冠状动脉开口1.2cm处可见管腔狭窄Ⅲ级，并于室间隔表面分为左前降支及左旋支。根据组织病理学检验，检见左冠状动脉主干局部管腔狭窄Ⅲ级，管壁厚薄不均，局部中膜可见弹性纤维及平滑肌细胞大量增生，其余各分支未见明显异常；心肌间质散在纤维化，水肿明显，乳头肌局部可见片状心肌细胞纤维化；局部心肌浅层可见脂肪浸润，部分心肌细胞萎缩；部分心肌纤维波浪样变，局部心肌纤维断裂等。分析认为，上述符合冠状动脉畸形、狭窄致心脏病发作、急性循环功能衰竭表现。

根据尸体解剖检验,检见双肺主支气管及叶支气管内见大量灰黑色食物残渣填充,双肺表面及叶间裂见较多出血点。根据组织病理学检验,检见部分大气道及细小支气管内可见大量异物填充,其间可见较多植物细胞成分、肺气肿、肺淤血、灶性肺出血等,上述符合异物吸入表现。根据资料记载,内源性异物吸入多见于麻醉、醉酒或意识昏迷者,将呕吐物或返流的胃内容物误吸入呼吸道,分析认为,被鉴定人李某某符合心脏病发作、急性循环功能衰竭过程中致异物吸入。

综上所述,结合现有送检资料,被鉴定人李某某死亡过程迅速,符合冠状动脉畸形、狭窄致心脏病发作、急性循环功能衰竭死亡。剧烈运动为心脏病发作、急性循环功能衰竭的诱发因素。

【鉴定意见】

被鉴定人李某某符合冠状动脉畸形、狭窄致心脏病发作、急性循环功能衰竭死亡特征。

案例编号:JSSJYW1620967398

徐州医科大学司法鉴定所　包海军　殷文江　李周儒

南京东南司法鉴定中心对工伤受害人脾脏出血时间进行法医病理鉴定案

【案情简介】

被鉴定人余某于 2019 年 10 月 11 日在接电线时被电击摔倒,在家休养,之后腹部日感不适,10 月 22 日被鉴定人因腹部疼痛加剧入住某县人民医院,诊断为外伤性脾破裂(延迟性)等,予以完整切除脾脏后出院。

在医院出院记录中,在被鉴定人"入院时主要症状及体征"部分,有描述"患者于 11 天前在高处工作时不幸从高处摔下致不慎摔倒"内容,与 2019 年 10 月 11 日电击摔倒史基本相符,但入院病历记载"主诉:摔倒致伤左侧胸腹部及全身多处 4 天",故被告某电力维修工程有限责任公司对原告余某脾脏出血时间以及与 2019 年 10 月 11 日的外伤之间的因果关系存疑。原被告双方起诉至法院,经诉前调解由原被告双方共同委托我中心进行法医学鉴定。

【鉴定过程】

（一）病历摘要

1. 2019年10月22日12时4分入院记录摘要：

主诉：摔倒致伤左侧胸腹部及全身多处4天。

现病史：患者于4天前不慎摔倒，导致左侧胸腹部及全身多处受伤，当时感伤处疼痛不适……今日上午突然出现腹部疼痛加剧，现来我院欲求进一步诊疗……

体格检查：视诊：腹部平坦，未见胃肠型及蠕动波。腹壁未见手术瘢痕，脐部正常。触诊：腹部柔软，上腹部压痛（+），反跳痛不明显，Murphy（-），无液波震颤，无震水音，未触及腹部肿块。肝脏肋下未触及。胆囊肋下未触及。脾脏未触及。肾未触及。

2. 2019年10月22日至11月5日住院病历摘要：

入院日期：2019年10月22日

出院日期：2019年11月5日

诊断：（1）外伤性脾破裂（延迟性）；（2）腹腔内出血；（3）失血性休克；（4）右侧多发性肋骨骨折（3.4.6.10）。

入院时主要症状及体征：摔倒致伤右侧胸腹部及全身多处11天。患者于11天前在高处工作时不幸从高处摔下致不慎摔倒，导致右侧胸腹部及全身多处受伤，当时感伤处疼痛不适，无胸闷气促，无昏迷及四肢抽搐，无腹痛腹胀，无恶心呕吐等症，在当地医院给予胸片未见明显异常，未做B超。今日上午突然出现腹部疼痛加剧，急来我院就诊，腹部CT示：（1）外伤性脾破裂（延迟性）；（2）腹腔内出血；（3）右侧多发性肋骨骨折（3.4.6.10）。

主要化验结果：血常规：白细胞23.9×10^9/L，嗜酸性粒细胞百分比0.1%，中性粒细胞数21.8×10^9/L，淋巴细胞数1.1×10^9/L，单核细胞数1.0×10^9/L，血红蛋白107.0g/L，红细胞压积33.7%，血小板计数161.0×10^9/L。

住院治疗简要过程及主要治疗措施：入院后急诊在全麻下行“剖腹探查术”，术中见脾脏包膜破裂，脾脏明显增大，脾脏内有大量黑色凝血块，脾脏有2处裂口。予以完整切除脾脏，术中给予回输自体血液约1000ml，输血4个单位。

出院情况：现患者一般情况尚可，进食流质、睡眠可，切口对合好，已拆线。

(二)法医学检验

1. 检验方法

依据《法医学病理检材的提取、固定、取材及保存规范》(GA/T 148-2019)等标准进行检验。

2. 检验过程

法院调取了由某县人民医院制作的病理切片 2 张及蜡块 2 个,经与法院、原被告双方以及某县人民医院确认同意后,对送检的蜡块重新进行处理和连续切片,HE 染色,共制作切片 10 张(每蜡块连续切片 5 张),病理组织学观察。

3. 病理检验

两个蜡块切片均有新旧不一的出血灶,部分出血灶有明显的纤维包裹,陈旧出血灶内大部分红细胞崩解,呈碎屑状,部分区域内见小灶新鲜出血。陈旧出血区伴有较多的炎细胞浸润,浸润的炎细胞核固缩,胞浆消失,呈老化改变。包裹的纤维组织由大量的新增生的纤维母细胞组成,部分纤维母细胞有胶原纤维的形成,部分包裹区见新生的毛细血管和血窦生成,与新生的纤维母细胞一起形成肉芽组织,并向出血区内生长。非出血区脾脏结构正常,脾窦呈空虚改变。

4. 病理诊断

(1)外伤性迟发性脾脏破裂;

(2)脾破裂出血的时间符合 7 天以上的病理组织学改变。

【分析说明】

(一)关于余某脾脏出血时间的病理分析

根据病理检验,两个蜡块切片均有纤维包裹的出血灶,红细胞已崩解,浸润的炎细肥也已老化坏死,上述改变至少应在 3~4 天以上,此外纤母细胞已大量增生并包裹,有些已形成胶原纤维,且增生纤母细胞内有毛细血管生成,形成肉芽向出血区内生长,上述病理改变至少应在 5~7 天以上,故从病理形态上分析,上述各种病理变化均不可能在 4 天内形成,故符合 7 天以上的病理变化规律。

(二)脾脏出血与外伤之间的因果关系

迟发性脾破裂是指腹部损伤 48 小时以后出现对应症状,早期一般只会出现左上腹部的隐痛,当真性破裂发生,血液会对患者腹膜产生刺激,进而引发患者出现对应症状,往往出现腹痛、腹胀等表现。被鉴定人余某于 2019 年 10 月 11 日在接电线时被电击摔倒致左侧胸腹部及全身多处损伤,之后腹部日感不适,10

月22日因腹部疼痛加剧至某县人民医院就诊,行CT检查示:(1)外伤性脾破裂(延迟性);(2)腹腔内出血;(3)右侧多发性肋骨骨折(3.4.6.10)。另根据本次病理检验所见,被鉴定人余某脾脏出血符合迟发性脾破裂,病理检验脾破裂出血的时间不符合4天内形成。综上所述,根据现有鉴定资料,分析认为被鉴定人余某的脾破裂与2019年10月11日的外伤之间存在因果关系。

【鉴定意见】

根据现有鉴定资料,分析认为被鉴定人余某脾脏出血符合迟发性脾破裂,脾破裂出血的时间应在7天以上,与2019年10月11日的外伤之间存在因果关系。

案例编号:JSSJYW162383047

南京东南司法鉴定中心 刘宁生,孙 研 高友祥

司法鉴定科学研究院对涉嫌电信诈骗案涉录音语音进行同一性声像资料鉴定案

【案情简介】

2021年3月,上海市公安局某分局接到报案,受害人称自己在一款名为"××大宗交易"平台上购买了价值近200万元虚拟货物。这些虚拟货物增值后,该平台却以各种理由拒绝兑现。警方接到报案后,通过受害人手机微信中和该平台工作人员的联系记录迅速锁定嫌疑人龚某。然而,龚某否认其参与该起电信诈骗。因此,为证明对受害人施诈的嫌疑人是否为龚某,特委托司法鉴定科学研究院对该案件受害人手机微信中的施诈人语音与龚某语音是否同一人所说进行语音同一性鉴定。

【鉴定过程】

本鉴定依据《声像资料鉴定通用规范》(SF/Z JD0300001－2010)、《录音资料鉴定规范》(SF/Z JD0301001－2010)、《录音资料处理技术规范》(SF/Z JD0301003－2015)、《电子数据司法鉴定通用实施规范》(SF/Z JD0400001－2014)和《手机电子数据提取操作规范》(SF/Z JD0401002－2015)进行。

本鉴定使用手机大师－并行版 V3(V2.7.16401)、MediaInfo 19.09、WinMD52.0.7、Adobe Audition 12.1.3.10、智能声纹鉴定工作站 V7.0.4 和国音智能声纹鉴定专家系统 V2.0(2.9.7)等设备和工具进行。

1.分别检验

在信号屏蔽环境下,对送检手机中的检材微信语音进行提取。

经检验,10 段检材微信语音的文件名、发送时间和 MD5 哈希值如表 8－2 所示。

检验发现,10 段检材微信语音为男声语音,普通话较标准、略带方言口音。10 段检材微信语音较清晰,语音特征能得到反映且表现一致,具备鉴定条件。

表 8－2 10 段检材微信语音的相关信息

序号	文件名	发送时间	MD5 哈希值
1	msg_431434113020db9446d6bd8106.amr	2020－11－30 14:34:43	60a0e0af04964c0bc82b71046b3440e6
2	msg_261906113020db9446d2e3a100.amr	2020－11－30 18:24:07	4da5b815cbe4f6d36e47b3e9bc926178
3	msg_161441120120db9446dcc4d104.amr	2020－12－01 14:41:17	6b770cb4fa0a0d35c8c06aedc1bbad1e
4	msg_451443120120db9446d10fc104.amr	2020－12－01 14:43:46	0cea7e298b95014ed8f9b8a72d2f93d9
5	msg_571332120320db9446dffc8100.amr	2020－12－03 13:32:57	7df64ef0de10aed9ca9a11e009d40ec4
6	msg_101355120320db9446d5a1d102.amr	2020－12－03 13:55:07	dc3f45305c3ceee7f7958f0b0f4560c0
7	msg_171355120320db9446d73f5103.amr	2020－12－03 13:55:17	2a08e78bce5a6b3caf264b3430bf8a98
8	msg_441626120320db9446d1cb7105.amr	2020－12－03 16:26:44	6a8852ca639c41b75e18e8e7a807cc4b
9	msg_202020120420db9446d5ea4104.amr	2020－12－04 20:15:11	c7b68830c84ec70c0ff35b9e142f6f44
10	msg_521520120920db9446d178f104.amr	2020－12－09 15:20:51	cfb952f3468a849d6abb4c8dc63e0371

3段样本录音的文件名分别为“龚某分段1. m4a”“龚某分段2. m4a”“龚某分段3. m4a”，录音时长分别为27分1秒、2分18秒、35秒968毫秒，文件大小分别为30, 368, 800字节、2, 604, 502字节、678, 279字节，MD5哈希值分别为764ebdf74181d42fd18d8ee616152064、7fac321cb38b66cfa98d01768bcdb15c、219eea121df1287a0a42645b4088881a。样本录音格式为MPEG－4，采样率为48. 0kHz，2声道录制。

经检验，“龚某分段1. m4a”中的龚某语音为自然交谈样本，“龚某分段2. m4a”和“龚某分段3. m4a”中的龚某语音为读说样本。3段样本录音中的龚某语音普通话较标准、略带方言口音，语音较清晰，语音特征能得到反映，具备比对条件。

2. 比较检验

（1）听觉检验

对10段检材微信语音和样本录音中的龚某语音进行听觉检验。

检验发现，10段检材微信语音和样本录音中的龚某语音在音质特征上表现较为一致，具体表现为喉头较松弛，嗓音伴随嘎裂，鼻音较重，n、l不分（“灵芝”读/ning2 zhi1/）。

检验还发现，10段检材微信语音和样本录音中的龚某语音在超音质特征（也称韵律特征）上表现较为一致，具体表现为音高低、语速中等、停顿短、音强中等、声调模式一致（“不能”读/bu2 neng2/，“快递”读/kuai2 di4/）。

进一步检验发现，10段检材微信语音和样本录音中的龚某语音对“资料”一词中“资”的发音均伴有特殊现象，即发/z/音时咬舌。

（2）声谱检验

对10段检材微信语音和样本录音中的龚某语音进行声谱检验。

检验发现，10段检材微信语音和样本录音中的龚某语音在单元音的瞬时共振峰频率上表现较为一致，如“打电话”中的“打”/a/、“老叶”中的“叶”/ε/、“灵芝”中的“芝”/ε/；在复合元音的长时共振峰频率上表现较为一致，如“牡丹”中的“丹”/an/、“收快递”中的“快”/uai/。

此外，检验发现，10段检材微信语音和样本录音中的龚某语音在复合元音的过渡音段形态上表现较为一致，如“肉桂”中的“肉”/ou/、“水仙”中的“水”/uei/、“现在”中的“现”/ian/。

进一步检验发现，10段检材微信语音和样本录音中的龚某语音在句子层面的共振峰频率和走势上表现较为一致，如“我知道他怎么有你电话”“灵芝要大跌下去才行啊”。

检验还发现,10段检材微信语音和样本录音中的龚某语音在声调模式及韵律特征上表现较为一致,如“不能”中“不”字的声调曲线均呈上升趋势,而非其原本声调(4声降调);“都在找人要水仙要牡丹这种行情吗”的基频和振幅曲线的高低起伏呈相似趋势。

【分析说明】

将10段检材微信语音与样本录音中的龚某语音进行比较检验发现:两者在口音、音质、韵律等语音听觉特征上相符,且在相同语音段的共振峰频率和走势、过渡音段形态、声调模式和韵律特征等语音声学特征上存在较好符合。

经综合评断,10段检材微信语音与样本录音中的龚某语音,两者语音特征的符合点价值高,特征总和反映了同一人的发声特点。

【鉴定意见】

10段检材微信语音与样本录音中的龚某语音是同一人所说。

案例编号:SHSJYW1634802516

司法鉴定科学研究院　奚建华　卢启萌　施少培

天津迪安司法鉴定中心对交通事故受害人孙某死亡死因及与交通事故所致外伤参与度进行法医病理鉴定案

【案情简介】

20××年××月××日谭某某驾驶小型轿车与苏某某驾驶电动三轮车驮带孙某发生交通事故,孙某受伤,经医院抢救治疗后于20××年××月××日死亡。

【鉴定过程】

(一)病历摘要

20××年××月××日至××月××日住院病历

入院情况：患者主因“头面部、颈部撞伤，疼痛、出血四肢不能活动4.5小时”而入院。查体：T：36℃，P：63次/分，R：16次/分，Bp：151/64mmHg，SPO2 99%。神志清楚，查体合作。专科情况：平车送入病房，无法检查站立位及坐位。四肢肌力0级，四肢肌张力低。侧卧位：脊柱外观无畸形，颈后部广泛压痛，无明显放射痛，鞍区皮肤针刺感觉消失。辅助检查：颈椎DR：颈椎生理曲度存在，未见明确骨折，椎体前后缘可见骨赘形成，以颈4、5、6椎体前缘为著，颈3～7椎管矢状径/椎体矢状径比值小于0.75。

入院诊断：无骨折脱位型颈脊髓损伤（Frankel A）；发育性颈椎管狭窄。

诊疗经过：予ICU重症监护，持续心电及血氧监测，持续吸氧，祛痰，促进下肢血液循环，抑酸、预防应激性溃疡，营养神经，补充电解质、激素，脱水，格力松牵引，改善凝血机制等治疗。予补钾治疗。

出院诊断：无骨折脱位型颈脊髓损伤（Frankel A）；发育性颈椎管狭窄；右侧侧脑室旁腔隙性脑梗塞；颈椎椎体及椎小关节退变；颈3/4、4/5、5/6椎间盘突出；呼吸衰竭（Ⅱ型）……

出院情况：患者目前气管插管保留，呼吸机支持呼吸。查体：P：59次/分，R：10次/分，Bp：121/47mmHg，SPO2 100%。胃管保留。双肺听诊呼吸音清，未闻及干湿性啰音。腹软，肠鸣音正常。神经系统查体较前无改变。尿管保留，尿色清亮。

（二）法医学检验

1. 检验方法

按照《道路交通事故尸体检验》（GA/T 268－2019）标准、《法医学　尸体检验技术总则》（GA/T 147－2019）、《机械性损伤尸体检验规范》（GA/T 168－2019）、《机械性窒息尸体检验规范》（GA/T 150－2019）、《法医学　检材提取、固定、取材及保存规范》（GA/T148－2019）对被鉴定人进行检验。

2. 尸表检验所见

尸表检验（基本情况）：女性解冻尸体一具，尸长157.0cm，发育正常，营养中等，黑发夹杂白发，顶部发长约0.3cm，尸斑呈暗紫红色，位于尸体背侧未受压部位，指压不褪色。双侧球、睑结膜苍白，双侧角膜重度混浊，瞳孔不可窥入。口腔内见食物残渣。上、下唇黏膜皮革样变。双侧外耳道、双侧鼻腔及口腔未见明显异常。

3. 解剖检验所见

颈部：颈部皮下组织及颈部肌群未见损伤。甲状软骨、环状软骨、舌骨等无骨折。沿颈4、5、6椎体两侧由上向下垂直锯开骨质,切开颈3、4及颈6、7椎间盘,椎间盘机化,取出椎体骨质,椎体未见骨折,颈4、5、6椎体融合,其椎体前缘见骨赘形成,椎体后缘见椎间盘丘状凸向椎管内,对应硬膜囊受压,其周围软组织未见明显出血改变;横断并取出相应脊髓节段,可见脊髓节段软化、坏死。

其余部位未见明显异常。

4. 病理组织学检验

脑:组织细胞自溶,脑组织结构疏松呈空网状改变,神经细胞肿胀,小脑颗粒层细胞变性坏死,细胞数量减少,蒲肯野细胞呈红色神经元改变,部分出现嗜神经元现象。

颈髓:脊髓灰质神经细胞变性、坏死,神经细胞肿胀、突起消失、纤维髓鞘脱落坏死、轴索碎裂崩解以及炎性细胞浸润。脊髓组织结构疏松呈空网状改变。软脊膜及蛛网膜增厚,其下可见大量中性粒细胞浸润。

心脏:心肌细胞轻度自溶,心肌断裂、排列紊乱,心肌呈波浪样及嗜酸性改变。心肌间质见大量空泡脂肪组织浸润,截断心肌纤维。局灶性心肌间质纤维化,心肌细胞肥大、深染。左冠状动脉前降支动脉见粥样硬化,管壁增厚,管腔狭窄,狭窄程度Ⅱ级。

肝:组织自溶,肝索断裂、结构破坏,肝小叶结构消失,肝细胞核固缩,肝汇管区动脉玻璃样改变。

脾:组织自溶,脾小动脉玻璃样变。

肺:肺间质血管扩张淤血、少量炎性细胞浸润,肺泡腔内见大量粉红色液体。

肾:肾小球毛细血管袢皱褶、增厚,肾小球固缩、硬化,肾小管萎缩、肾间质纤维化,肾小动脉透明样变、管壁增厚、管腔狭窄。肾小管上皮细胞核大部分消失,有的胞浆溶解脱落,基底膜显得清晰。

胃肠及胰腺:组织细胞自溶,余未见明显异常。

5. 病理学诊断

(1)无骨折脱位型颈脊髓损伤;

(2)颈椎椎体退行性变、颈椎间盘突出、发育性颈椎管狭窄;

(3)脑水肿、脑软化、缺血缺氧性脑病;

(4)肺水肿;

(5)冠状动脉粥样硬化性心脏病、高血压病;

(6)心肌脂肪浸润、心肌缺血性改变;

(7)多器官自溶。

【分析说明】

1. 根据尸检及法医病理学检查结果，被鉴定人孙某体表及内部脏器未见致死性损伤，故可以排除其因机械性损伤直接作用导致死亡。

2. 根据尸检及法医病理学检查结果，被鉴定人孙某某口鼻部无捂、压痕迹，舌骨、甲状软骨未见骨折，咽喉腔通畅无异物，气管腔通畅无异物，胸腹部未见压迫痕迹，故可以排除其因机械性窒息直接导致的死亡。

3. 被鉴定人孙某于20××年××月××日因交通事故致伤，伤后就诊于唐山市某医院。入院时四肢主要肌肉肌力0级，颈后部广泛压痛，无明显放射痛，鞍区皮肤针刺感觉消失，辅助检查示椎体前后缘可见骨赘形成，以颈4、5、6椎体前缘为著，颈3～7椎管矢状径/椎体矢状径比值小于0.75。依据现有病史资料记载情况，可明确被鉴定人孙某因交通事故致无骨折脱位型颈脊髓损伤且存在发育性颈椎管狭窄、颈椎椎体及椎小关节退变、颈椎间盘突出等自身颈椎疾病。

4. 根据尸检及法医病理学检查结果，被鉴定人孙某椎间盘机化，椎体未见骨折，颈4、5、6椎体融合，其椎体前缘见骨赘形成，椎体后缘见椎间盘丘状凸向椎管内，对应硬膜囊受压，其周围软组织未见明显出血改变，镜下见脊髓灰质神经细胞变性、坏死，神经细胞肿胀、突起消失、纤维髓鞘脱落坏死、轴索碎裂崩解以及炎性细胞浸润，脊髓组织结构疏松呈空网状改变，软脊膜及蛛网膜增厚，其下可见大量中性粒细胞浸润。综合分析，可进一步明确被鉴定人孙某存在无骨折脱位型颈脊髓损伤。

5. 无骨折脱位性脊髓损伤是指损伤暴力造成了脊髓损伤而X线及CT等放射学检查没有可见的脊柱骨折、脱位等异常发现，属于脊髓的间接暴力损伤，继发于原有颈椎退变，或先天性、发育性或退变性颈椎管狭窄、先天性颈椎畸形等原有颈椎病变者，无骨折脱位型颈髓损伤外伤的暴力程度较轻。

6. 被鉴定人孙某因交通事故致右侧眉弓软组织挫裂伤、上唇软组织挫裂伤及牙外伤，上述损伤虽程度轻微，但可造成颈部曲度改变，进而造成颈部脊髓在发育性颈椎管狭窄、颈椎间盘突的基础上产生压迫，出现颈部脊髓压迫性损伤，最终导致脊髓损伤。综合分析，被鉴定人孙某虽非交通事故所致损伤直接导致死亡，但与交通事故所致外伤时导致颈部曲度改变间存在间接因果关系。

7. 被鉴定人孙某颈脊髓损伤后不仅肋间肌瘫痪，同时受颈3至颈5支配的膈肌及呼吸辅助肌如胸锁乳头肌、斜角肌功能亦会减弱，呼吸时胸廓呈反向运动,致胸腔负压下降,从而造成肺容积和肺通气与换气功能严重障碍,以致不能进行有效的气体交换,终致呼吸功能衰竭死亡。

综上所述,被鉴定人孙某符合在发育性颈椎管狭窄、颈椎间盘突出等自身颈椎疾病的基础上,因交通事故外伤致颈部曲度改变引发无骨折脱位型颈脊髓损伤,终致呼吸衰竭死亡特征;其死亡与此次交通事故所致外伤之间存在间接因果关系,原因力大小为次要作用。

【鉴定意见】

1. 被鉴定人孙某符合在发育性颈椎管狭窄、颈椎间盘突出等自身颈椎疾病的基础上,因交通事故外伤致颈部曲度改变引发无骨折脱位型颈脊髓损伤,终致呼吸衰竭死亡。

2. 被鉴定人孙某的死亡与此次交通事故所致外伤之间存在间接因果关系,原因力大小为次要作用。

案例编号:TJSJYW1631861542

天津迪安司法鉴定中心　翟志成　王彦明

河北医科大学法医鉴定中心对受害人争吵中主动脉夹层破裂、心包填塞猝死死因进行法医病理鉴定案

【案情简介】

白某,女,65岁。某年某月某日,刘某、于某因琐事与白某发生争吵,并辱骂白某,白某倒地,“120”到达时已无生命体征,经抢救无效死亡。

【鉴定过程】

(一)检验方法

依据《法医学尸表检查》(GA/T 149 - 1996)、《法医学尸体解剖》(GA/T 147 - 1996)、《法医学尸体解剖规范》(SF/Z JD0101002 - 2015)、《法医病理学检材的提取、固定、包装及送检》(GA/T 148 - 1996),对白某进行法医学尸体解剖、脏器检验及组织病理学检查。

（二）尸表检验

老年女性冷冻缓解尸体。尸长160cm，黑色染发，头顶发长13cm。发育正常，营养中等。尸斑色红，位于尸体背侧未受压部位，指压不褪色。胸部及四肢可见腐败静脉网，腹部尸绿形成。左颧部可见6.2cm×5.5cm擦伤，局部干燥。双侧眼睑无出血，双侧球睑结膜无出血，双侧角膜重度混浊，双侧瞳孔不可透视。鼻无损伤。口唇黏膜干燥，牙齿未触及新鲜脱落，舌尖位于齿列内。双侧鼻腔、双侧耳廓及双侧外耳道未见损伤及出血。颈部皮肤无损伤。胸腹部未见损伤。右肘窝可见针刺痕；左手背掌指关节外侧可见1.2cm×0.3cm表皮剥脱。肛门及外生殖器未见损伤。

（三）尸体解剖

冠状切开头皮，头皮下及双侧颞肌无出血，颅骨未见骨折；打开颅腔，硬膜外、硬膜下及蛛网膜下腔未见出血，脑组织腐败，全脑重1244g，脑表面、脑实质及脑室内无出血；颅底无骨折。自下颌下至耻骨联合切开颈部、胸腹壁软组织，颈部肌肉未见出血，舌骨、甲状软骨及环状软骨未见骨折。喉头未见异物，打开气管，气管内无异物。胸骨及双侧肋骨无骨折；双侧气胸试验阴性，双侧胸腔少量红色液体；打开心包，心包内可见105ml血液及190g血凝块；主动脉根部外膜可见一长2.0cm横行破口，探查主动脉，距主动脉瓣6.0cm处主动脉内膜可见一长7.0cm横行破裂口，主动脉夹层形成，夹层内可见出血，主动脉内膜可见粥样硬化斑块，沿主动脉走行方向探查，可见夹层起自升主动脉向下延伸至腹主动脉及左右髂总动脉。心脏重340g，左冠状动脉前降支可见硬化，左冠状动脉旋支、右冠状动脉未见硬化；各瓣膜周径：主动脉瓣4.9cm，肺动脉瓣6.1cm，二尖瓣8.5cm，三尖瓣10.0cm；左心室壁厚1.4cm，右心室壁厚0.4cm，室间隔厚1.5cm。左肺重412g，右肺重501g，双肺质韧，切面蜂窝样结构欠清。腹部皮下脂肪厚1.5cm，横膈高度左侧位于第5～6肋间，右侧位于第4～5肋间。大网膜在位，双侧腹腔内见少量淡红色液体，各脏器位置正常，未见出血，肝脏膈面与膈肌部分粘连，肝脏重1365g，被膜欠光滑，切面苍黄。脾脏重157g，被膜光滑，切面色浅。左肾重138g，右肾重118g，双肾表面光滑，切面皮髓质界限不清。胰腺表面、切面未见出血。胃内可见少量褐色内容物，胃黏膜未见出血。

（四）组织病理学检查

主动脉外膜破口处：外膜周围多量出血。主动脉内膜破口处：主动脉中膜分离形成夹层，夹层内出血。主动脉：主动脉中膜分离形成夹层，夹层内出血，局部内膜粥样斑块形成。腹主动脉：中膜分离形成夹层，局部管壁见钙化斑块。心脏:左冠状动脉前降支粥样硬化Ⅱ级,右冠状动脉及左冠状动脉未见硬化,心肌冻存自溶改变,片状心肌纤维断裂,灶性心肌纤维化。大脑、小脑、脑干:蛛网膜下腔未见出血,脑内可见冻存裂隙,局部脑内血管周围可见含铁血黄素沉积,脑内血管充盈差,神经元自溶改变,脑内可见淀粉样小体,脑实质未见出血及炎症。垂体:自溶,未见出血及炎症。肝脏:自溶冻存改变,灶性肝细胞脂肪变性,汇管区无明显炎症。脾脏:自溶,脾小动脉硬化明显,脾窦淤血改变。肾脏:自溶,肾小球毛细血管及间质小静脉淤血,肾内小动脉硬化,偶见硬化肾小球,肾小管内可见蛋白管型。胰腺:自溶明显,未见出血及炎症。胃、肠:黏膜自溶,未见出血及炎症。肾上腺:自溶,未见出血及炎症。

【分析说明】

主动脉夹层是主动脉瘤中的一种类型,是指主动脉的血流通过主动脉内膜破口进入主动脉壁的中层,形成中层内血肿,血肿在血流压力作用下沿着主动脉壁不断延伸,并向外隆起形成夹层动脉瘤。主动脉夹层常因缺乏明显的临床症状或体征而突然破裂致人死亡。有报道发病机制与高血压、动脉粥样硬化、遗传缺陷等因素有关。

尸体检验见心包内可见105ml血液及190g血凝块;主动脉根部外膜可见一长2.0cm横行破口,探查主动脉,距主动脉瓣6.0cm处主动脉内膜可见一长7.0cm横行破裂口,主动脉夹层形成,夹层内可见出血,主动脉内膜可见粥样硬化斑块,沿主动脉走行方向探查,可见夹层起自升主动脉向下延伸至腹主动脉及左右髂总动脉。组织病理学检查见:主动脉粥样硬化,左冠状动脉前降支粥样硬化Ⅱ级,心肌纤维断裂;脾小动脉明显硬化,脾脏淤血;肾小动脉硬化,肾内见硬化肾小球,肾脏淤血;肺水肿,肺淤血,局部肺出血。上述所见说明白某主动脉夹层破裂出血致心包填塞。主动脉粥样硬化为主动脉夹层形成的病理基础,争吵时情绪激动引起血压升高等因素对主动脉夹层破裂有诱发作用。

另检见左颧部擦伤,左手背表皮剥脱,损伤较轻,未检见致死性机械性损伤和机械性窒息的法医病理学改变。

综上所述,白某系主动脉夹层破裂致心包填塞死亡,争吵对主动脉夹层破裂有诱发作用。

【鉴定意见】

白某系主动脉夹层破裂致心包填塞死亡,争吵对主动脉夹层破裂有诱发作用。

案例编号:HBSJYW1630909857

河北医科大学法医鉴定中心 赵国婷 左 敏 张国忠

司法鉴定科学研究院对患者涉嫌河豚毒素中毒死亡死因进行法医毒物鉴定案

【案情简介】

2018 年 7 月 20 日 19 时 30 分左右王某一家四口食用圆尾鲎,饭后出现恶心、呕吐等症状,至某甲人民医院救治。

据其家属所述:王某一家四口均食用了圆尾鲎所做的食物,其中小儿子食用最多,小儿子饭后约 1 小时出现呕吐,22 时 20 分至医院就诊,21 日 0 时 37 分再次出现呕吐,哭闹明显,反应稍差,四肢无力,于 21 日 1 时突然出现呼吸、心跳骤停,口唇、四肢紫绀,抢救至当日 3 时 30 分,一直无心跳呼吸,瞳孔散大,无对光反射,全身紫绀加重,抢救无效死亡。随后另 3 名患者转院至某乙医院救治。王某及其大儿子经过救治脱离危险康复出院。王某妻子张某在某甲人民医院治疗后呼吸困难及乏力症状无明显好转,转院后查体显示嗜睡,对光反射稍迟钝,肌张力减低,入院诊断:(1)鲎中毒;(2)呼吸衰竭;(3)肺部感染。张某在治疗过程中出现多次心跳骤停,病情十分危重。于 7 月 27 日 9 时 20 分再次出现心跳骤停,血压测不出,血氧饱和度测不出,神志仍深昏迷,双侧瞳孔散大,对光反射消失,颈动脉未及搏动,听诊心音消失,抢救至当日 10 时 1 分,患者始终未恢复自主呼吸及心跳,行心电图检查呈一直线,无心电活动,抢救无效死亡。死亡原因:(1)鲎中毒;(2)多器官功能衰竭。

委托方将王某的血液和尿液,张某的血液、尿液和肺组织,王某大儿子的血液和尿液,王某小儿子的血液和尿液,熟鲎食品残留物送至司法鉴定科学研究院进行河豚毒素成分分析。经分析,在王某的尿液,王某大儿子的尿液,王某小儿子的血液、尿液和熟鲎食品残留物中均检出河豚毒素成分,其余样品均未检出河豚毒素成分。

委托方采信了司法鉴定科学研究院出具的鉴定意见,认为王某小儿子的死亡原因为河豚毒素中毒;张某血液、尿液和肺组织中虽未检测出河豚毒素,但其与家人同食鲎,发病时临床症状与小儿子相似,且其是经过6天抢救后才采样送检,因此不排除张某由于河豚毒素中毒死亡;王某及其大儿子均为河豚毒素中毒。

【鉴定过程】

本鉴定送检的所有样品参照技术规范《生物检材中河豚毒素的测定 液相色谱-串联质谱法》(SF/Z JD0107011-2011)分析,王某的尿液,王某大儿子的尿液,王某小儿子的血液、尿液和熟鲎食品残留物中均出现河豚毒素的特征色谱峰和特征碎片离子。经空白实验和同步添加标准品河豚毒素进行比对,确认阳性结果可靠。

【分析说明】

圆尾鲎因体内有共生海洋细菌,能产生河豚毒素(TTX)。河豚毒素一度被称为自然界中毒性最高的非蛋白性神经毒素,它对动物的致死量比剧毒的氰化钠还强1250倍,只要1/50000000浓度的毒素,即可引起动物神经麻痹,对人的致死量为6~7μg/kg,最小急性中毒量和最小致死量分别为0.2mg和2mg。河豚毒素进入人体后产生类似箭毒样作用,是细胞膜钠离子通道选择性阻断剂,主要表现为神经中枢和神经末梢的麻痹。一般先是感觉神经麻痹,继而运动神经麻痹,使肢体无力甚至不能运动。血管中枢麻痹引起血压下降、脉搏迟缓、呼吸中枢麻痹导致呼吸停止而死亡。中毒症状表现为:舌尖及嘴唇发麻,进一步经上肢到足尖以致全身麻痹,并感到身体疲倦、眼睑沉重、视觉模糊、听力减退、恶心呕吐、腹痛、头痛、面色苍白、瞳孔对光线无反应,周身麻木、四肢冰冷、语言不清、血压下降、脉搏微弱,最后呼吸麻痹死亡。河豚毒素中毒的潜伏期与进食量、胃的充盈度及机体状态有关,一般麻痹症状出现在食用含有河豚毒素食物后20min~3h,死亡时间为1.5~8h。

本案例中,王某一家四口食用鲎后一开始出现的恶心呕吐、乏力、口唇发麻等症状,与河豚毒素中毒的症状相符。王某小儿子食用了较多的鲎,大约于9h后抢救无效死亡。张某病情危重,抢救6天后死亡。王某和大儿子经救治康复出院。司法鉴定科学研究院在王某的尿液、王某大儿子的尿液、王某小儿子的血液、尿液和熟鲎食品残留物中检出河豚毒素。结合四人的中毒症状和司法鉴定科学研究院的鉴定意见，认为王某小儿子的死亡原因为河豚毒素中毒，张某的死亡原因不排除河豚毒素中毒，王某和王某大儿子均为河豚毒素中毒。

圆尾鲎属节肢动物门，肢口纲，剑尾目，鲎科，蝎鲎属。北部湾沿海将圆尾鲎叫作鬼仔鲎或鬼鲎，即这种鲎含有剧毒，一旦误食，有性命之忧。因此建议不要吃鲎，即使是无毒的中华鲎也不要食用，因无毒的中华鲎中时常会混入有毒的圆尾鲎，并且中华鲎也是国家二级保护动物，禁止任何单位和个人非法捕杀、收购、加工携带。

此外，对于疑似摄入河豚毒素中毒者，可收集现场吃剩的鱼汤、鱼肉、鱼片干等；中毒或死亡者的呕吐物、洗胃液等也是分析河豚毒素的较佳检材。而对中毒者的体内检材，在中毒早期（短于 12h）可收集血液样品；治疗时间较长者，可选择留取 24h 的尿液进行分析。尿液是检验是否河豚毒素中毒或死亡的首选检材，其次可选择肺、肝、肾等组织进行检测。

【鉴定意见】

所送王某的尿液、王某大儿子的尿液、王某小儿子的血液、尿液和熟鲎食品残留物中均检出河豚毒素成分，王某的血液、张某的血液、尿液和肺组织、王某大儿子的血液中均未检出河豚毒素成分。

案例编号：SHSJYW1599609688

司法鉴定科学研究院　卜　俊　张素静　刘　伟

江西南昌司法鉴定中心对交通事故受害人祝某某膝关节半月板损伤伤残等级重新进行法医临床鉴定案

【案情简介】

被鉴定人祝某某于 2019 年 8 月 11 日上午 8 时 10 分许，骑电动车途经某路段时不慎与另一辆摩托车发生交通事故致伤，伤后入江西省抚州市崇仁县某医院住院治疗。2020 年 1 月 7 日抚州某鉴定所评定为十级伤残。因被告提出异议，现法院委托江西南昌司法鉴定中心对原告祝某某的伤残等级重新鉴定、原告祝某某伤情与本次事故的关联性进行鉴定。

【鉴定过程】

(一)病历摘要

1.2019 年 8 月 11 日至 28 日崇仁县某医院住院治疗

祝某某因车祸致右膝部疼痛不适 4 小时入院。专科情况:右膝部稍肿胀,胫骨结节触痛明显,右膝关节活动尚可,右膝内侧皮肤青紫,局部触痛明显。于 2019-08-16 在连硬外麻下行关节镜下右膝关节腔探查半月板成形术+缝合术。出院诊断:右膝内侧半月板损伤。

2.2019 年 8 月 16 日崇仁县某医院手术记录单

手术名称:关节镜下右膝关节腔探查半月板成形术+缝合术。

术前诊断:右膝内侧半月板损伤。

手术经过:麻醉成功后分别于右膝内外侧膝眼处作一纵行切口,长约 0.5cm,于外侧置入 30°关节镜镜头探查关节腔,前后交叉韧带完整,内侧半月板体部及后角撕裂,行滑膜清理,半月板成形后缝合……手术顺利。

(二)法医学鉴定

按照《法医临床检验规范》(SF/Z JD0103003-2011)及《法医临床影像学检验实施规范》(SF/Z JD103006-2014)对被鉴定人进行检验。

(三)鉴定标准

2017 年 1 月 1 日起实施的《人体损伤致残程度分级》。

(四)检验所见

1. 被鉴定人祝某某步入检查室,神清,问答切题,查体合作。

2. 右膝内、外侧分别见两处 0.4cm×0.4cm 瘢痕。

3. 双膝关节活动功能检测见表 8-3。

表 8-3 双膝关节活动功能检测情况

关节部位	伸	屈曲
左膝(健侧)	0°	130°
右膝(伤侧)	0°	120°

(1)2019 年 8 月 11 日崇仁县某医院 MRI 片(10106)示:右膝内侧半月板后角损伤(Ⅲ级异常信号);外侧半月板前、后角退变(Ⅰ级异常信号);右膝髌上囊及关节腔内少量积液。

(2)2020 年 3 月 18 日司法鉴定中心委托南昌某医院人身伤害司法医学鉴定专家咨询意见书：

专家意见：从现有资料无法判断 MRI 所示内侧半月板损伤与 2019 年 8 月 11 日交通事故存在关联，但从病史看，伤后症状与本次事故有关。

【分析说明】

根据委托单位提供鉴定材料，结合体格检查、阅片所见及人身伤害司法医学鉴定专家咨询意见书，综合分析如下：

1. 被鉴定人祝某某右膝内侧半月板损伤，已行手术治疗，现遗留右膝关节活动功能障碍，经计算，右膝关节活动功能丧失 7.69%，其损伤遗留关节活动功能丧失程度依据《人体损伤致残程度分级》相关条款之规定，不构成伤残。

2. 依据 2019 年 8 月 11 日崇仁县某医院入院时病历记载，被鉴定人祝某某因车祸致右膝部疼痛不适 4 小时入院，体格检查：右膝部稍肿胀，胫骨结节触痛明显，右膝内侧皮肤青紫，局部触痛明显等周围软组织外伤后生活反应提示新鲜型损伤，与本次事故存在关联性。

3. 审阅 2019 年 8 月 11 日 MRI 片提示右侧半月板损伤是否属新鲜型和 2019 年 8 月 16 日崇仁县某医院手术记录单。因未记录其新鲜型损伤特征，故无法认定半月板损伤系新鲜型或陈旧型损伤。

4. 被鉴定人祝某某因无外伤前膝关节影像片进行对比，仅就入院时病历材料记载右膝有新鲜型损伤和阳性体征，右膝内侧半月板损伤应与本次事故存在关联性。

5. 综上所述，被鉴定人祝某某右膝内侧半月板损伤与本次事故存在关联性。

【鉴定意见】

1. 被鉴定人祝某某右膝损伤不构成伤残；

2. 被鉴定人祝某某右膝内侧半月板损伤与本次事故存在关联性。

案例编号：JXSJYW1597981984

江西南昌司法鉴定中心 龚 霞 丁龙斐 龚仁水

山西光大司法鉴定所对高坠伤受害人牛某某伤残等级及因果关系进行法医临床鉴定案

【案情简介】

根据委托方提供的资料,2019 年6 月17 日牛某某在干活时从2 米高处摔下受伤,后入院治疗。某某人民法院委托我所对牛某某的损伤进行伤残等级及因果关系司法鉴定。

【鉴定过程】

(一)病历摘要

根据委托方提供的病历资料,被鉴定人牛某某在晋城某某医院住院病案(病案号:2812 × × ×)记载:主诉:四肢不全瘫、头面部出血6 小时。入院日期:2019 年6 月17 日。

现病史:患者于2019 年6 月17 日14 时,于2 米高处摔下致四肢不全瘫、头面部出血,约有10 分钟昏迷,急就诊于当地医院,行X 线及CT 检查之后,为求进一步诊治来我院,入住我科。

专科检查:左肩部轻度肿胀,肩后部压痛阳性,肩部无皮肤破损,肩关节主被动活动受限,肘、腕、手运动良好,左桡动脉搏动良好。颈部主被动活动可,双侧上肢肌力1 级,双侧上肢皮肤感觉麻木,霍夫曼征无反应,右侧躯干感觉麻木,会阴部感觉正常,左下肢感觉基本正常,左下肢肌力4 级,右下肢感觉麻木,右下肢肌力2 级。双侧足背动脉搏动可,双侧巴彬斯基征(-)。辅助检查:X 片显示(2019 年6 月17 日本院):颈椎所见骨质未见明显异常,心、肺、膈未见明显异常。CT 显示:头颅未见明显异常。

诊疗经过:入院积极完善相关检查,于2019 年6 月21 日在全麻下行颈椎后路单开门减压术,术后给予对症治疗。

出院诊断:颈部脊髓损伤,头皮裂伤,颈椎病,脑震荡,左肩锁关节半脱位。

出院日期:2019 年7 月5 日,共住院18 天。

被鉴定人牛某某在山西某某医院肌电图诱发电位报告单(日期:2021 年6 月22 日)记载:检查所见针极肌电:所检肌双三角肌可见失神经电位,MUP 可检出且双上肢主动MUP 呈高波幅变。传导速度:所测周围神经MCV,SCV 大致正常。波幅大致正常(皮温偏低)。神经电图:右尺神经,正中神经 F 波大致正常。诱发电位:双下肢 SEP 出波尚可,波幅偏低,P40PL 延长,N8 大致正常,双上肢 SEP 右侧出波欠佳,N20PL 延长,N9 大致正常。

结论:中枢性损害(颈段脊髓并根性损害)。

(二)法医学检验

1. 检验方法

依据《司法鉴定程序通则》规定,查阅委托方所提交全部鉴定材料,按照司法鉴定技术规范《法医临床检验规范》(SF/Z JD0103003 - 2011)、中华人民共和国公共安全行业标准《法医学　关节活动度检验规范》(GA/T1661 - 2019)对被鉴定人进行询问和体格检查,依据司法鉴定技术规范《法医临床影像学检验实施规范》(SF/Z JD0103006 - 2014)进行法医学阅片,按照《人体损伤致残程度分级》标准对被鉴定人的伤残等级、因果关系及参与度进行司法鉴定。经过鉴定人分析、讨论后,形成一致结论,出具本鉴定意见。

2. 体格检查

检查日期:2021 年 6 月 18 日

被鉴定人牛某某:神清语利,查体合作,对答切题,缓行步入室内。自诉:右胳膊抬举困难,右下肢走路不适。查体:头颅外形无畸形,双眼眼位正,双侧眼裂等宽,双侧眼睑无下垂,双侧眼各向活动自如,未见眼震。双侧瞳孔等大等圆,对光反射灵敏。鼻及双侧外耳廓无畸形,鼻腔及双侧外耳道通畅,无异常分泌物渗出。双侧额纹、鼻唇沟对称,口角无歪斜。气管居中,颈软无抵抗,耸肩有力。胸廓对称无畸形,胸廓挤压试验(-)。脊柱生理曲度存在。颈后部可见一处手术愈合瘢痕,长 12.0cm。距该损伤下方有长 1.0cm 手术愈合瘢痕。右上肢肌力下降,肌力 4 - 级,肌张力较高。左上肢肌力下降,肌力 3 级,肌张力适中。双下肢肌力下降,肌力 5 - 级,肌张力适中。左肩关节主动活动功能部分受限。右上肢及双下肢各大关节被动活动功能未见明显异常,肌力、肌张力正常,生理反射存在,病理反射未引出。

(三)阅片所见

阅 2019 年 6 月 18 日晋城某某医院 CT 片(号 CT00024 × × ×)见:颈椎病,颈 3/4、4/5、5/6、6/7 椎间盘水平椎间盘向后突出,相应水平硬膜囊受压,并骨性椎管狭窄。阅 2019 年 6 月 18 日 MR 片(号 MR00024 × × ×)见:颈 3 ~ 5 椎体水平颈髓内异常信号影,颈脊髓损伤。颈 3/4、4/5、5/6、6/7 椎间盘向后突出伴椎管狭窄。颈椎反曲,颈椎体前后缘变尖,呈骨质增生改变。颈椎退行性改变。阅

2019 年 6 月 19 日 X 片(号 DX00049×××)见:左肩锁关节半脱位。阅 2019 年 6 月 27 日 X 片(号 DX00051×××)见:颈 3~7 椎板及关节突处可见小钛板及螺钉影,颈椎减压术后改变。颈椎退行性病变。

【分析说明】

根据委托方提供的现有资料,结合被鉴定人法医临床检验所见及阅片所见就委托事项分析如下:

(一)被鉴定人牛某某已临床治疗结束,其损伤情况基本稳定,具备进行伤残等级司法鉴定评定的条件

(二)损伤后果伤病关系分析

被鉴定人牛某某在晋城某某医院出院诊断记载,其中"颈部脊髓损伤,头皮裂伤,脑震荡,左肩锁关节半脱位"上述损伤均系原发损伤;其中"颈椎病"等系自身疾病,与外伤无因果关系。经住院行颈椎后路单开门减压术等相关对症治疗,现临床治疗终结。被鉴定人有颈部外伤史,可能导致其损伤不良结果的发生;同时自身存在的疾病等因素,可以使外伤导致的损害后果加重,增加了损伤后果发生的概率和不良后果扩大的的因素。

《外科学》(人民卫生出版社第 9 版)记载,颈椎病是指因颈椎间盘退变及其继发性改变,刺激或压迫相邻脊髓、神经、血管等组织而出现一系列症状和体征的综合征,急性损伤可使原已退变的颈椎和椎间盘损害加重而诱发颈椎病。阅 2019 年 6 月 18 日晋城煤业集团总医院 MR 片(号 MR00024×××)见:颈 3~5 椎体水平颈髓内异常信号影,颈脊髓损伤。颈 3/4、4/5、5/6、6/7 椎间盘向后突出伴椎管狭窄。颈椎反曲,颈椎体前后缘变尖,呈骨质增生改变。颈椎退行性改变,说明被鉴定人存在颈椎反曲、颈椎退行性改变。上述疾病系被鉴定人自身疾病,与不良后果之间存在一定因果关系,且由于被鉴定人年龄因素及后期功能锻炼等多种因素,伤后恢复缓慢。从受伤机制看,被鉴定人既有颈椎退行性改变,又有颈脊髓损伤的影像表现及临床体征,且脊髓损伤与椎间盘向后突出部位一致,考虑是颈椎退行病变导致椎间盘突出,在外力作用下导致脊髓损伤,导致出现损害后果。单纯病变不会立即产生相对严重的病变表现,单纯外力损伤也通常不会产生如此严重的损害后果,因此被鉴定人原有自身基础疾病与外伤共同作用,导致被鉴定人损害后果发生,自身基础疾病与损害后果之间作用力大小为同等作用,参与度大小为 45%~55%。

（三）伤残等级鉴定

被鉴定人有明确的外伤史，所受损伤致伤原因可以导致其损伤结果产生，被鉴定人病历资料、医学影像资料及鉴定查体均可确证其损伤存在，现其颈脊髓损伤后遗右上肢肌力下降，肌力 4－级，肌张力较高。左上肢肌力下降，肌力 3 级，肌张力适中，经行肌电图检查示：中枢性损害（颈段脊髓并根性损害），并遗留一些主观不适感。依据《人体损伤致残程度分级》标准，被鉴定人颈脊髓损伤致双上肢截瘫符合该标准第 5.7.1 条 5）项"截瘫（肌力 4 级以下）"之规定，构成七级（柒级）伤残一处。被鉴定人其余部位所受损伤均未达到该标准等级伤残程度。

【鉴定意见】

牛某某所受损伤构成七级（柒级）伤残一处，自身基础疾病与损伤后果之间有一定因果关系，参与度大小为 45%～55%。

案例编号：SXJSJYW1631873976

山西光大司法鉴定所　光喜荣　闫　强

新疆生产建设兵团第七师医院司法鉴定所对交通事故受害人胸部损伤伤残等级进行法医临床鉴定案

【案情简介】

2021 年 5 月 7 日，被鉴定人苏某（女，58 岁）乘三轮电动车在路上行驶时与一小型普通客车发生碰撞肇事，三轮电动车驾驶员及乘车人苏某受伤。苏某伤及左侧胸部及头部，感左侧胸痛，右眼肿胀并逐渐加重，有短暂意识不清情况，急送至某三甲医院急诊科行 CT 检查：左侧第 7～9 肋骨骨折伴左侧气胸，胸壁下积气，双肺下叶轻微挫伤，左侧第 4～6 肋骨骨板局部稍凹陷，建议短期复查，右侧眶周软组织肿胀并皮下血肿。急诊科以"肋骨骨折"将苏某收治入院，结合临床，给予抗感染、止痛、固定对症治疗，于 2021 年 5 月 20 日出院。2021 年 8 月 23 日，为赔偿事宜苏某来司法鉴定所进行法医学临床鉴定。

【鉴定过程】

按照《法医临床检验规范》（SF/Z JD0103003－2011）及《法医临床影像学检

验实施规范》(SF/Z JD0103006－2014)对被鉴定人进行检验。

被鉴定人步入检室,神志清,胸部外固定。述:左侧胸部疼痛,活动时疼痛加重。

2021年5月7日CT片检查诊断:左侧第7～9肋骨骨折伴左侧少量气胸、胸壁下积气,双肺下叶轻微挫伤,左侧第4～6内板局部稍凹陷,右侧眶周软组织肿胀并皮下血肿。CT片示:骨窗及肋骨三维重建示左侧第4前肋,第5、6肋弓骨内板稍凹陷,左侧第7～9后肋骨质不连续,其中第8后肋断端错位明显,邻近胸壁见多发积气。

2021年5月14日CT片检查诊断:左侧第7～9肋骨骨折伴左侧少量气胸、胸壁下积气,双肺下叶轻微挫伤,左侧第4～6肋骨骨折可能。CT片示:骨窗及肋骨三维重建示左侧第4前肋,第5、6肋弓骨内板稍凹陷,左侧第7～9后肋骨质不连续,其中第8后肋断端错位明显,邻近胸壁见多发积气。

2021年6月22日CT检查诊断:左侧第4～9肋骨骨折复查,肋骨断端骨痂形成。CT片示:骨窗及肋骨三维重建示左侧第4～6前肋骨质密度不均见少量骨痂形成,左侧第7～9后肋骨质不连续,边缘见骨痂形成。

【分析说明】

根据委托人提供的现有材料,结合本所鉴定人检验所见,分析如下:

1.被鉴定人因外伤致左侧肋骨多发性骨折,创伤性皮下气肿,脑震荡,右眼眼眶出血、水肿、软组织伤。结合体格检查,查阅病历记录、影像学检查记录,该诊断成立。

2.被鉴定人因外伤致左侧第4、5、6、7、8、9共6根肋骨骨折。审阅CT片检查:左侧第7～9肋骨骨折,左侧第4～6肋骨内板局部凹陷。审阅CT片三维重建扫描检查:左侧第4～6前肋见骨痂形成,左侧第7～9后肋骨质不连续,边缘见骨痂形成。由于肋骨解剖特点的复杂性,其肋骨走行的特殊性且环绕呈圆桶形,肋弓弯曲大前后互相重叠,CT片三维成像技术对肋骨完整立体再现,旋转观察,定位效果好,对肋骨骨折的显示具有重要意义,肋骨骨折的根数、骨折的类型对法医学鉴定结果的影响尤其重要。被鉴定人肋骨骨折45天后复查,采用CT片三维重建成像技术诊断:左侧第4～6前肋密度不均见少量骨痂形成,左侧第7～9后肋骨质不连续,边缘见骨痂形成。左侧第4、5、6、7、8、9共6根肋骨骨折给予认定,其损伤程度依据《人体损伤致残程度分级》第5.10.3.7款,该损伤应评定为十(拾)级伤残。

【鉴定意见】

被鉴定人苏某因外伤致左侧第4、5、6、7、8、9共6根肋骨骨折,该损伤评定为十(拾)级伤残。

案例编号:SJYW1631094582

新疆生产建设兵团第七师医院司法鉴定所　薛建昌

法大法庭科学技术鉴定研究所对涉嫌交通事故肇事车辆气囊上脱落细胞与被害人进行DNA个体识别法医物证鉴定案

【案情简介】

鉴定委托书载:2019年3月25日7时20分,在北京市海淀区北坞村路太和妇产医院门前路口,京N2U×××号牌小型轿车(内乘:高某、裴某某)与道路中心绿化隔离护栏相撞,后与其他3辆车相撞,造成裴某某、高某、贾某、李某4人受伤,刘某当场死亡。办案机关为查明案件事实,从京N2U×××号牌车辆上提取了方向盘气囊和副驾驶气囊,委托我所进行DNA检验,并与高某和裴某某进行个人识别。

【鉴定过程】

(一)检材描述

1. 方向盘气囊1个,呈圆形,淡蓝色,大小约55cm×55cm。采用脱落细胞提取仪吸取气囊表面,标记为"2019-138-气囊1"。

2. 副驾驶气囊1个,类似柱体,白色,两底面为类椭圆形,65cm×55cm。采用脱落细胞提取仪,吸取气囊的上底面和侧面,标记为"2019-138-气囊2a";吸取气囊的下底面,标记为"2019-138-气囊2b"。

(二)DNA检验

按照GA/T 383-2014《法庭科学DNA实验室检验规范》中的方法进行检验。

用 Chelex 法提取“2019－138－气囊 1”、“2019－138－气囊 2a”和“2019－138－气囊 2b”的 DNA,采用 GSTAR™ 25 试剂扩增样本 DNA。采用 GSTAR™ 25 试剂直接扩增高某和裴某某血样卡 DNA。上述扩增产物经 ABI PRISM－3130 型基因分析仪检测、GeneMapper™ ID-X 1.4 软件分析,得到各基因座的基因型。

检验结果显示,阳性对照分型正确,阴性对照未检见特异性峰,各检材及样本分型省略。

【分析说明】

本次检验使用的 DNA 扩增试剂,其遗传标记的引物是针对人基因组设计的,故检测具有种属特异性。

“2019－138－气囊 1”检出了 23 个常染色体 STR、1 个 Y 染色体 InDel(Yindel)和 1 个性别(AMEL)遗传标记的 DNA 型,故方向盘气囊上检出了人的 DNA。

“2019－138－气囊 2a”和“2019－138－气囊 2b”检出少部分常染色体 STR 和 1 个性别(AMEL)遗传标记的 DNA 型,故副驾驶气囊检出了人的 DNA 型。

如果现场检材得到的 DNA 分型与某人分型不一致(不匹配),则该检材不是某人所留;如果现场检材得到的 DNA 分型与某人分型一致(匹配),则不能排除该检材系某人所留,需通过统计学处理以评价这一证据支持现场检材系源于该个体的强度。本次检验的 23 个常染色体 STR,采用中国汉族群体遗传学数据进行统计学分析,累积个体识别率达 0.9999999999 以上。

观察本次检验结果,“2019－138－气囊 1”检出一名男性的 DNA 型,与高某在每一个基因座上的分型均一致。采用中国汉族群体遗传学数据对 23 个常染色体 STR 的检验结果进行统计学分析,似然率为 1.1078 ×1032,该检验结果支持方向盘气囊上的 DNA 为高某所留,不支持为其他随机个体所留。

观察本次检验结果,“2019－138－气囊 2a”和“2019－138－气囊 2b”仅检出少量遗传标记的部分等位基因,不能满足个人识别的要求,故无法给出明确鉴定意见。

【鉴定意见】

1. 方向盘气囊上有人的DNA,检验结果支持该DNA为高某所留;
2. 副驾驶气囊上有人的DNA,无法给出个人识别的鉴定意见。

案例编号:BJSJYW1651134521

法大法庭科学技术鉴定研究所 袁 丽 刘革新 鲁 涤

第九章　仲裁工作类

佛山仲裁委员会就申请人对被申请人计算机软件开发合同纠纷进行仲裁案

【案情简介】

申请人和被申请人先后签订 3 份《小程序开发服务合同》,申请人委托被申请人开发 4 个小程序,约定费用为 54,000 元。

签订上述合同后,申请人依约支付费用 54,000 元。但被申请人未能依约将小程序交付给申请人使用且费用拒不退还,还拒绝与申请人沟通。申请人为维护合法权益,依据仲裁条款于 2021 年 3 月 23 日向佛山仲裁委员会申请仲裁,并提出如下仲裁请求:(1)解除申请人与被申请人签订的 3 份《小程序开发服务合同》;(2)被申请人向申请人返还支付的开发费用 54,000 元及利息(利息自 2017 年 8 月 5 日起至实际清偿之日止,以 54,000 元为基数按银行同期利率标准计算);(3)被申请人承担本案仲裁受理费 2415 元。

被申请人答辩称,首先,被申请人已将案涉 3 份合同涉及的 5 个小程序全部交付给申请人,且申请人已实际操作使用。该 3 份《小程序开发服务合同》服务年限均为 1 年,早已到期。申请人在享受服务后,无权再要求退还开发费用。其次,被申请人之所以告知申请人小程序开发不了,系因申请人另外又与被申请人协商开发新的小程序,并非被申请人不按合同履行义务。综上所述,申请人的仲裁申请无事实和法律依据,应依法驳回其全部仲裁请求。

【争议焦点】

1. 案涉合同双方当事人履行合同义务的情况?

2. 案涉《小程序开发服务合同》解除条件是否已成就,若成就,合同于何时解除?

3. 被申请人应否向申请人返还支付的开发费用 54,000 元及支付利息?

【裁决结果】

1. 确认申请人与被申请人签订的 3 份《小程序开发服务合同》于本裁决书

生效之日解除。

2. 被申请人向申请人退还小程序开发款54,000元。

3. 本案仲裁受理费2415元由被申请人承担。

【相关法律法规解读】

原《合同法》第94条(现《民法典》第563条第1款)规定:“有下列情形之一的,当事人可以解除合同:(一)因不可抗力致使不能实现合同目的;(二)在履行期限届满之前,当事人一方明确表示或者以自己的行为表明不履行主要债务;(三)当事人一方迟延履行主要债务,经催告后在合理期限内仍未履行;(四)当事人一方迟延履行债务或者有其他违约行为致使不能实现合同目的;(五)法律规定的其他情形。”

原《合同法》第97条(现《民法典》第566条)规定:“合同解除后,尚未履行的,终止履行;已经履行的,根据履行情况和合同性质,当事人可以要求恢复原状、采取其他补救措施,并有权要求赔偿损失。”

本案双方当事人在《小程序开发服务合同》服务条款第2条第3款、第4款分别约定,被申请人应在收到申请人全部合同款项及相应资料后21个工作日内完成合同约定的小程序基本系统功能框架;被申请人在完成合同约定的统一模块内容和功能后,应当通知申请人。

【结语和建议】

(一)关于双方当事人履行义务的认定问题

申请人提交了相关支付凭证主张已依约支付了3份合同的全部款额共计54,000元,被申请人并未对收到的款额问题提出抗辩。根据3份案涉合同的服务条款第1条第1款“甲方须在合同签订之日向乙方支付合同约定的款项”约定,申请人已依约履行合同义务。

被申请人收取申请人的款项后开展小程序研发任务。尽管合同未详细约定双方当事人办理交接的手续和验收程序,仅粗略地约定了收到申请人全部合同款项及相应资料后21个工作日内完成合同约定的小程序基本系统功能框架;在完成合同约定的统一模块内容和功能后,被申请人应当通知申请人。作为一个负有开发小程序和交付义务的被申请人,应当为已完成5个小程序开发工作并向申请人交付成果、该成果符合约定质量要求、客观上运行良好负举证义务。被申请人因未能举证其已交付小程序且正式运行、运行效果良好,故应承担举证不能之后果。

(二)关于案涉3份《小程序开发服务合同》能否解除

案涉《小程序开发服务合同》约定被申请人的服务年限为1年,是从完成交付开始计算的。因没有证据证明完成交付正式运行的时间,故不存在服务期满的问题,而合同关系亦尚未解除。

到案件开庭审理时,距合同签订已4年有余。申请人以合同目的落空为由提起仲裁,请求解除合同、退还款额,符合原《合同法》第94条"(三)当事人一方迟延履行主要债务,经催告后在合理期限内仍未履行"的规定,申请人要求解除合同,本案仲裁庭予以支持。

(三)关于被申请人应否向申请人返还支付的开发费用及支付利息

申请人要求退还开发费54,000元,符合原《合同法》第97条"合同解除后,尚未履行的,终止履行;已经履行的,根据履行情况和合同性质,当事人可以要求恢复原状、采取其他补救措施,并有权要求赔偿损失"的规定,本案仲裁庭予以支持。但对于利息的问题,因申请人长期怠于行使权利,直至提起本案仲裁才主张解除合同,故关于要求被申请人支付利息的请求不予支持。

近年来随着互联网经济的发展,我国越来越多的小微企业选择通过微信小程序方式开展业务、进行市场推广,产生了大量小程序开发的需求,因委托开发小程序引起的纠纷呈上升趋势。

对于此类合同纠纷,存在一些共性问题:(1)双方对付款方式约定不明确、票据开具不规范,导致对付款金额争议较大;(2)双方对开发进度、开发成果的交付标准约定不明确,约定的付款义务与开发进度不匹配等,导致对开发成果的交付时间及是否符合交付标准等争议较大;(3)对未能完成开发的责任约定不明,导致双方对未完成开发的责任主体争议较大。

佛山仲裁委员会针对上述问题,对合同当事人提出如下建议:

委托方在签订合同时要慎重选择受托企业,在签订合同时明确开发期限,以及对开发成果的要求、验收标准;考虑根据开发进度分阶段付款;未确认开发完成的,暂不支付完全部开发款项;在付款时注明款项用途;通过电子方式支付的,注意证据留存等。

受托方应诚信经营,在决定接受委托前准确评估自身技术能力是否能满足委托人的开发需求,是否能如期完成开发任务。在签署合同时,明确委托方可以调整需求的时间节点及范围,合理限制开发难度。明确小程序开发完成后交付的步骤,并对交付过程留痕等。

案例编号:GDGNZC1635240444
佛山仲裁委员会　付燕秋

华南国际经济贸易仲裁委员会就申请人对被申请人信托合同纠纷进行仲裁案

【案情简介】

2016年11月8日,申请人甲投资管理中心(有限合伙)与被申请人乙信托有限责任公司签订了《信托合同》。《信托合同》载明:拟设立的信托计划为自益信托,委托人同时也是信托计划的受益人;其中,申请人为委托人B,案外人丙银行为委托人A,被申请人为信托计划的受托人。信托计划财产拟投资于案外人丁基金管理公司管理的某资产管理计划。

同日,申请人与被申请人签订了《信托计划操作备忘录》,约定:在《信托合同》存续期内,若信托计划净值高于《信托合同》中约定的预警点位时以及当净值低于预警点位但在约定时间内净值恢复至预警点位以上的,被申请人作为信托计划的受托人,接受申请人作为资产委托人提供的投资建议。同时,申请人不可撤销地承诺:信托计划下的投资项目均由申请人指定及决策,被申请人应根据申请人符合合同约定的建议进行对外投资;申请人认可被申请人按照指定投资事项进行投资,并自行承担由此产生的投资风险和损失,不向被申请人主张因此等投资导致信托计划财产损失的赔偿责任。

在申请人与被申请人签订上述两份法律文件的同一天,被申请人(作为委托人)与案外人丁基金管理公司(作为管理人)、案外人丙银行(作为托管人)签订了《资管计划合同》,成立资管计划。同日,被申请人还与丁基金管理公司签订了《资管计划操作备忘录》,约定丁基金管理公司作为资管计划的管理人,接受被申请人作为资管计划委托人发出的投资建议。

2016年11月11日,申请人与被申请人及案外人丙银行签订了《补充协议》,对《信托合同》进行了变更与增补,主要涉及三个方面:一是变更了原《信托合同》中的"追加信托资金义务人",从"全体委托人"改为"委托人B"(申请人);二是全体委托人共同选定委托人B(申请人)作为委托人代表,对信托计划的资金运用发出投资建议；三是修改了《信托合同》第14条第2款、第3款有关信托计划存续期间以及信托计划终了清算时的收益分配方式。最后一项变更又称“保本保收益安排”，是本案中申请人与被申请人争议的焦点，其内容如下。

1. 在信托计划存续期间的每个信托利益支付日，受托人（被申请人）以现金类信托财产为限，向受益人A（丙银行）分配已计提但未支付的受益人A理论信托收益。理论信托收益按日计提，每日应计提的金额=受益人A持有的信托单位份额×1元×6.5%÷365。分配后受益人A理论信托收益重新计算。

2. 分配受益人A的前述理论信托利益时，若信托财产专户内现金不足以支付受益人A理论信托收益的，受益人B（申请人）应根据受托人届时向其发送的书面通知所载明的金额以及支付日期将不足部分另行支付至信托财产专户，受益人B另行支付的资金不折算为信托单位份额；逾期支付的，受益人B应按日向受益人A支付违约金。

3. 在信托计划结束时，受托人在支付税费及费用之后，应当优先向委托人/受益人A分配信托利益I以及应付未付的理论信托收益，其中信托利益I以其持有的信托单位×1元为准，即返还委托人/受益人A投入信托计划的本金。然后再返还受益人B（本案申请人）的投资本金以及净追加资金。

4. 若信托财产总值在支付全部费用、委托人/受益人A的理论信托收益、全部委托人的本金及净追加资金后，尚有超额收益，则委托人/受益人A可按其所持信托单位份额的比例取得超额收益的2%，剩余超额收益均归委托人/受益人B所有。

基于上述法律文件，申请人与案外人丙银行共同作为委托人，以被申请人为受托人，设立了一个结构化证券投资信托计划，并借助于案外人丁基金管理公司的资管计划，最终投资于二级市场非公开发行的限售股票。信托计划于2016年11月17日宣告成立，存续期间信托财产的投资决策由申请人做出。其投资指令的下达流程是：申请人基于《信托合同》及《信托计划操作备忘录》向被申请人发送投资建议，被申请人随即按照《资管计划合同》及《资管计划操作备忘录》向案外人丁基金管理公司发送投资建议，由后者进入二级市场执行操作。

在上述结构化证券投资信托中，案外人丙银行为优先级委托人，取得固定收益（年息6.5%）以及少量超额收益。申请人为劣后级委托人，享有绝大部分的投资超额收益以及信托计划结束后的全部剩余信托财产。两位委托人的初始委托资金均为人民币4810万元（后文币种均为人民币），其中申请人的委托资金源于其管理的某契约型私募基金。后因信托计划符合提前赎回条件，两位委托人分别赎回22,000,000元,各自剩余信托本金26,100,000元。信托计划存续期间,因信托计划资产净值触及追加值,申请人于2018年2月7日根据被申请人的通知又追加支付了委托资金5,300,000元。

根据被申请人向申请人提交的《信托合同终止清算报告书》,信托计划在2016年11月17日(含本日)至2019年5月14日(不含本日)录得信托收益为-25,828,661.81元。被申请人在清算信托计划财产后,向申请人返还了后者追加的委托资金5,300,000元,并支付了剩余信托利益271,338.19元。以申请人投入的委托资金26,100,000元计,申请人的损失金额为25,828,661.81元。

申请人认为,《补充协议》约定的内容属于典型的"保本保收益"条款,该条款违反了《信托法》《信托公司管理办法》《信托公司集合资金信托计划管理办法》的相关规定,该条款亦损害社会公共利益,故应依据原《合同法》第52条第4款的规定归于无效。鉴于收益分配条款属于《补充协议》的核心条款,该等条款无效亦导致《补充协议》无效。依据原《合同法》第58条的规定,合同无效后,因该合同取得的财产,应当予以返还。故申请人请求裁决确认申请人与被申请人签署的《补充协议》无效,被申请人应依据《信托合同》约定向申请人支付12,914,331元信托利益,并由被申请人承担本案仲裁费用。

被申请人认为《补充协议》是各方当事人的真实意思表示,合法有效。其中关于收益分配的约定,是结构化信托的受益人内部分层安排。《信托公司管理办法》及《信托公司集合资金信托管理办法》禁止的"保本保收益"是指信托公司不得向受益人承诺保本保收益,而并非对于受益人内部结构化安排的禁止性规定,结构化信托业务不存在危害金融秩序的情形,更不存在损害社会公共利益的可能。申请人作为劣后级受益人应当按照《信托合同》以及《补充协议》的约定,承担信托计划下的风险及损失,申请人要求被申请人支付信托利益没有法律依据与事实依据。

【争议焦点】

《补充协议》是否因违反法律法规的强制性规定或损害社会公共利益或公平原则而无效。

【裁决结果】

1. 驳回申请人的全部仲裁请求;

2. 仲裁费全部由申请人承担。

【相关法律法规解读】

原《中华人民共和国民法总则》(以下简称《民法总则》)第 6 条(现《民法典》第 6 条)规定:“民事主体从事民事活动,应当遵循公平原则,合理确定各方的权利和义务。”

原《民法总则》第 153 条第 1 款(现《民法典》第 153 条第 1 款)规定:“违反法律、行政法规的强制性规定的民事法律行为无效,但是该强制性规定不导致该民事法律行为无效的除外。”

原《合同法》第 52 条规定:“有下列情形之一的,合同无效:(一)一方以欺诈、胁迫的手段订立合同,损害国家利益;(二)恶意串通,损害国家、集体或者第三人利益;(三)以合法形式掩盖非法目的;(四)损害社会公共利益;(五)违反法律、行政法规的强制性规定。”

《信托法》第 34 条规定:“受托人以信托财产为限向受益人承担支付信托利益的义务。”

《信托公司管理办法》第 34 条第 3 款规定,信托公司开展信托业务,不得承诺信托财产不受损失或者保证最低收益。

《信托公司集合资金信托计划管理办法》第 8 条第 1 款规定,信托公司推介信托计划时,不得以任何方式承诺信托资金不受损失,或者以任何方式承诺信托资金的最低收益。

《中国人民银行 中国银行保险监督管理委员会 中国证券监督管理委员会 国家外汇管理局关于规范金融机构资产管理业务的指导意见》(以下简称《资管新规》)第 21 条第 2 款规定:“分级资产管理产品不得直接或者间接对优先级份额认购者提供保本保收益安排。”

《资管新规》第 29 条规定:“本意见实施后,金融监督管理部门在本意见框架内研究制定配套细则,配套细则之间应当相互衔接,避免产生新的监管套利和不公平竞争。按照‘新老划断’原则设置过渡期,确保平稳过渡。过渡期为本意见发布之日起至 2020 年年底,对提前完成整改的机构,给予适当监管激励。过渡期内,金融机构发行新产品应当符合本意见的规定;为接续存量产品所投资的未到期资产,维持必要的流动性和市场稳定,金融机构可以发行老产品对接,但应当严格控制在存量产品整体规模内,并有序压缩递减,防止过渡期结束时出现断崖效应。金融机构应当制定过渡期内的资产管理业务整改计划,明确时间进度安排,并报送相关金融监督管理部门,由其认可并监督实施,同时报备中国人民银行。过渡期结束后,金融机构的资产管理产品按照本意见进行全面规范(因子公司尚未成立而达不到第三方独立托管要求的情形除外),金融机构不得再发行或存续违反本意见规定的资产管理产品。”

《中国银监会关于加强信托公司结构化信托业务监管有关问题的通知》(银监通〔2010〕2 号)第 2 条规定:“信托公司开展结构化信托业务,应当严格遵循以下原则:(一)依法合规原则。(二)风险与收益相匹配原则。(三)充分信息披露原则。(四)公平公正,注重保护优先受益人合法利益原则。”

本案所涉交易为集合资金信托计划合同的订立与履行,它发生在我国金融市场中近年来备受关注的大资管领域,相关金融监管部门颁布了多项针对大资管的监管规定。虽然原《合同法》、原《民法总则》规定的合同无效事由中的“违法”仅指违反“法律与行政法规的强制性规定”,但近年来司法实践已承认,违反金融监管规章在特定场景下可能因“危及金融秩序和社会稳定,进而直接损害社会公共利益”而导致合同无效。

具体到本案中,被申请人为持牌信托公司,双方争议的信托产品属于一种受监管的集合资金信托业务,故应适用信托业的“一法两规”,即 2001 年颁布实施的《信托法》以及 2007 年实施的《信托公司管理办法》《信托公司集合资金信托计划管理办法》。《中国银监会关于加强信托公司结构化信托业务监管有关问题的通知》亦适用于本案。

此外,从上位概念看,集合资金信托计划属于资产管理产品之一种,《资管新规》第 3 条明确指出,其适用范围包括资金信托,且《资管新规》施行于本案合同履行期间,故也适用于本案合同。

【结语和建议】

本案的核心争议是《补充协议》的法律效力问题,特别是针对案外人丙银行的保本保收益安排是否违反法律法规的强制性规定或因损害社会公共利益而无效。

我国信托业的“一法两规”均明确禁止信托公司向受益人保本保收益。但在这些禁止性规则中,受约束的对象是信托公司,即信托公司负有不得向受益人保本保收益的法定义务。具体到本案中,被申请人作为信托公司并未向受益人承诺保本保收益。案涉信托计划对丙银行的信托收益与本金的优先支付保障，不是信托公司承担的义务，而是由申请人作为劣后级委托人/受益人向优先级委托人/受益人作出的承诺，信托公司只是作为受托人具体办理信托利益分配与信托财产划拨等事务性工作。从信托公司的角度看，优先级受益人获得的信托利益支付仍然限于信托财产（包括全体委托人投入的初始信托财产、劣后级受益人追加的信托资金以及信托财产运用管理的收益等）；信托公司并未超过信托财产而向受益人承诺支付信托利益。此外，信托公司也没有在《信托合同》或《补充协议》中承诺信托财产不受损失或者保证最低收益；相反，上述合同、协议都明确提示了信托财产管理运用的风险和损失。因此，《补充协议》对丙银行的优先支付安排并未违反信托业“一法两规”的相关规定。

尽管集合投资计划下处理投资人（委托人/受益人）之间关系的一般原则是“利益共享、风险共担”。但案涉信托计划属于依据《中国银行业监督管理委员会关于加强信托公司结构化信托业务监管有关问题的通知》成立的结构化信托计划，受益人之间并非按照各自持有的信托单位份额来“共享”信托收益、“共担”信托风险，而是存在优先—劣后的收益/风险分层安排。上述监管规则的第2项申明了信托公司开展结构化信托业务须严格遵循的四项原则，即“依法合规原则、风险与收益相匹配原则、充分信息披露原则、公平公正，注重保护优先受益人合法利益原则”。换言之，在结构化信托计划中，不存在信托产品的“利益共享、风险共担”问题，而是需要满足“风险与收益相匹配原则”。具言之，在结构化信托中，优先级受益人通常享受固定回报和本金收益的优先支付，劣后级受益人则享有信托财产的全部剩余权益，并承担相应的损失风险。具体到本案中，申请人自愿选择了劣后级受益人的地位，风险更大，但其收益也可能远超出优先级受益人固定回报水平。申请人享有案涉信托计划下财产运用的投资决策权，对于信托计划的潜在收益水平有决定性影响。因此，《补充协议》的安排符合“收益与风险相匹配”的基本原则。

此外，信托产品是信托合同创造的产物。申请人与被申请人以及案外人丙银行在平等协商的基础上自愿签订《信托合同》及《补充协议》，对案涉信托计划的结构作出安排，属于当事人之间的意思自治，也符合原《合同法》《信托法》等民商事法律最基本的原则——平等自愿原则。申请人本身作为私募基金管理人，具有证券投资的专业知识与风险意识。其自愿选择结构化的信托形式并作为劣后级受益人，目的在于谋求更高的收益，当然也应承担更大的风险。在信托计划存续期间，申请人也通过实际履行“追加增强基金530万元”的行为，表明其对《补充协议》以及自己作为劣后级受益人的法律地位的认可。因此,本案信托计划不涉及违反公平原则的问题。

虽然《资管新规》第 21 条禁止分级资产管理产品直接或者间接对优先级份额认购者提供保本保收益安排,《补充协议》对案外人丙银行提供的保本保收益安排,属于《资管新规》第 21 条所明文禁止的情形。不过,《资管新规》第 29 条按照"新老划断"原则设置了过渡期,给予《资管新规》发布前已经面世的资管产品平稳过渡的权利,以维持必要的流动性和金融市场稳定。过渡期自《资管新规》发布之日(2018 年 4 月 27 日)起至 2021 年年底。过渡期内金融机构发行新的资管产品,就必须符合《资管新规》的要求,不得设置对优先级份额认购者保本保收益的安排。从某种意义上说,《资管新规》为存量资管产品设置的过渡期,体现了法不溯及既往的基本精神。本案《补充协议》签订于 2016 年 11 月 11 日,信托计划成立于 2016 年 11 月 17 日,属于《资管新规》实施前的存量资管业务。本案信托计划已于 2019 年 5 月 14 日终止,尚在《资管新规》过渡期内。因此,《补充协议》以及本案信托计划不受《资管新规》第 21 条下禁止性规则的影响。

综上所述,《补充协议》的保本保收益安排符合现行法律法规,也未违反金融监管规章,也没有理由予以否定《补充协议》法律效力。

在结构化资产管理产品投资过程中,投资人在投资过程中不应仅考虑可能获得的高额收益,也应当审慎评估可能存在的重大风险。投资人应当秉承诚信原则,不能在已经符合"风险与收益相匹配"原则情况下自愿选择结构性收益安排,又在风险出现时以违反公平原则为由主张相关约定无效,徒增诉累。另外,资产管理产品的管理人在遵循信托合同中信托产品结构化安排的合意的同时,应当坚守资产管理本质,关注创新金融产品和发展金融业务与维护金融市场安全与稳定之间的平衡,降低监管政策适时调整而可能带给自身和投资者的影响。

案例编号:GDGNZC1613973728

华南国际经济贸易仲裁委员会　刘欣琦

南京仲裁委员会就申请人对被申请人投资合同纠纷进行仲裁案

【案情简介】

2010年8月8日，申请人某某投资管理有限公司与被申请人H市人民政府签订了《投资合同》，约定申请人在某某经济开发区投资兴建年产6万吨A项目，项目总投资额为4亿元。合同约定，申请人须在某某经济开发区登记注册A有限公司（后实际登记为B有限公司）。被申请人在新公司成立后30日内，为申请人以新公司的名义办理A项目用地约145亩的出让手续，并为其办理完毕《国有土地使用权证》。申请人将于领取项目规划选址意见书和规划红线图之日起90日内完成项目的总体规划并报规划部门审批。根据经批准的该项目建设规划，于该地块具备开工条件和双方约定的相关条款达成之日起60日内，须保证该项目主体建筑开工建设，并严格按照项目规划和立项批复的要求时间持续投入资金进行建设，保证该项目的建设进度。全部工程应在18个月有效施工月内完成约定的项目建设。如果申请人未按本合同约定的项目建设进度进行建设，工程连续停工超出国家相关规定，则被申请人有权解除本合同，并依法收回未利用地块的土地使用权。同时，被申请人承诺将给予申请人相应的优惠政策，全程协助申请人及时办理项目审批、营业执照、税务登记、银行开户等各种开办手续。如果因被申请人原因导致未能按照本合同约定的时间具备开工条件，被申请人应向申请人支付相应的逾期违约金，申请人并有权要求终止本合同，以及要求被申请人承担相应责任。如果因被申请人原因，未按合同约定的时间具备竣工条件，被申请人应向申请人支付相应的逾期违约金。申请人有权要求赔偿损失。

在上述《投资合同》签订的同一日，双方当事人还签订了《补充合同》。在该补充合同中，被申请人为了鼓励申请人在某投资并加快项目建设，承诺筹措3800万元作为专项扶持资金，资金由双方共管用于厂房建设，按约定的建设进度分5次拨付到申请人的新企业账户。

2013年，被申请人向申请人发出解除合同通知书，称由于申请人先期提供的项目可行性报告与该项目实际生产工艺（须使用酸碱等危化品）不符，该项目属化工类项目，不符合某某经济开发区总体规划、土地利用规划、环境保护规划等要求,致使不能实现合同目的,根据原《合同法》第94条、第96条(现《民法典》第563条、第565条,原文有变动)的规定,解除《投资合同》与《补充合同》。同年,申请人致函被申请人,拒绝单方解除合同,并要求被申请人妥善解决问题。

2014年,被申请人向H市中级人民法院起诉,请求判令解除《投资合同》与《补充合同》,返还专项扶持资金1500万元,并支付利息。因申请人和第三人提出管辖权异议,某省高级人民法院作出民事裁定书,认为案涉合同约定的仲裁条款有效,应当作为本案管辖权确定的依据。

2014年9月,申请人向南京仲裁委员会提出仲裁申请。南京仲裁委员会依法组成仲裁庭作出裁决。

【争议焦点】

1. 如何看待本案争议合同的效力?

2. 被申请人是否应当支付2300万元扶持款?

3. 被申请人是否应当返还已交付土地的使用权并恢复原土地使用权登记、交付未曾交付的建设用地?

【裁决结果】

仲裁庭根据原《合同法》第60条、第107条的规定,裁决:

1. 对申请人的全部仲裁请求均不予支持;

2. 本案的仲裁费用由申请人自行承担。

【相关法律法规解读】

判断招商引资合同的约定是否为行政协议性质的标准,应参照《最高人民法院关于审理行政协议案件若干问题的规定》,以及最高人民法院相关裁定确定的原则和标准。

行政协议一般包括以下四个要素:一是协议有一方当事人必须是行政主体;二是该行政主体行使的是行政职权;三是协议目的是实现社会公共利益或者行政管理目标;四是协议的主要内容约定的是行政法上的权利义务关系。由于行政管理的复杂性以及双方当事人协议约定内容的多样性,判断一项协议是属于行政协议还是属于民事协议,不能仅看其名称,也不能仅依据其中的少数或者个别条文来判定,而应当结合以上要素和协议的主要内容综合判断。

1. 招商引资协议属于一种特殊的合同,合同中约定的民事权利义务与行政权利义务相互交错。如果双方当事人已经约定争议通过仲裁解决,并明确约定了仲裁机构,则当事人有权选择就协议的部分内容或全部内容提起仲裁。

2. 在合同的履行过程中,政府承诺的优惠政策及政府承担的一些义务,如土地使用权的审批与登记、建设用地的供给、投资项目的审批、环境评估与审批等,往往需要通过相关政府职能部门的沟通、协调、审批等行政行为,方能最终得到履行或实现,因此,如果相关职能部门未批准或未兑现诸如给予投资人税收、出让土地使用权等优惠政策,或者实施了收回土地使用权、撤销环评和项目立项等行政行为,投资人只能就此依法提起行政复议或提起行政诉讼,寻求行政法律救济,而不能通过民事诉讼或商事仲裁的途径,要求政府通过行使行政职权,办理其承诺的事项,或者撤销其行政决定、行政行为。

3. 合同中政府承诺的扶持资金虽为财政支付项目,但如双方当事人均认可其是否应予支付或返还的请求可通过仲裁确定,则在该受理不损害公共利益的前提下,仲裁庭亦可受理。但仲裁庭应根据扶持资金的给付目的、使用范围、支付条件、协议履行状况,并参鉴各地政府招商引资政策和通常做法,审慎地予以裁定。

【结语和建议】

1. 无论招商引资合同为民事合同或行政合同,当事人在诉讼请求、诉讼类型及诉讼标的等问题上,依法具有选择权。当事人如选择仲裁解决争议,则仲裁机构有权受理仲裁申请。政府部门与企业签订的招商引资合同,属于民商事合同,抑或属于行政协议,历来是争议的问题。

民商事合同论的主要理由为:(1)双方主体地位平等,合同是在平等互利、充分协商基础上签订的,合同中关于解除、救济等的约定,均体现了私法自治。(2)双方利益互换,合同权利义务对等。企业获得政策、资金和土地优惠,而政府获得经济发展的利益。(3)合同标的本身不涉及行政管理事项,相关行政管理事项的约定仅为辅助对方实现合同目的。

行政协议论的主要理由为:(1)投资合同主体一方为行政机关,双方当事人的地位并不平等;(2)政府履行其合同义务,对相关税费、资金和土地予以优惠,需要运用行政职权;(3)招商引资合同符合政府发展经济的职能目标,具有实现公共利益的目的。

由于这类合同中,民事权利和义务的约定与行政权利和义务、行政权力和职责的约定相互交错,难以完全分离,因此不同的法院往往也在案件性质、适用的法律规范、救济程序等方面作出不同的判决。但也正因如此,最高人民法院在(2017)最高法行再99号裁定中指出,我国实行国家统一的法院制度,不存在普通法院与行政法院的管辖区分,人民法院内部仅系分庭管理,民事和行政审判庭也非以自己名义独立对外行使审判权,而是统一以人民法院名义行使审判权。因而,民事协议与行政协议、民事诉讼与行政诉讼,一般仅具有法理分工和管辖指引功能。审理行政协议案件既要适用行政法律规范,也要适用不违反行政法和行政诉讼法强制性规定的民事法律规范。实践中,民事协议可能交由行政审判庭审理,行政协议也可能交由民事审判庭审理。区分民事协议与行政协议、民事诉讼与行政诉讼,更多应考虑审判的便利性、纠纷解决的有效性、裁判结果的权威性以及上下级法院间裁判标准的一致性,也应考虑何种诉讼更有利于对行政权力的监督和公共利益的维护。为此,在发生纠纷时,即便协议具有行政协议的属性,但在诉讼请求、诉讼类型及诉讼标的等问题上,企业依然依法具有选择权,有权就招商引资协议的全部或部分内容提起诉讼。人民法院应当尊重当事人的选择,而不应当仅仅根据对于协议性质的定性否定当事人的选择权。

本案即是当事人行使法律救济选择权的结果。

2. 仲裁机构依法只能依法审理和裁决招商引资合同中涉民事权利义务的内容和事项。

即便当事人可以选择民事诉讼或者商事仲裁的救济方式,鉴于《中华人民共和国仲裁法》(以下简称《仲裁法》)对于仲裁机构受理案件的范围和裁决事项的法定限制,仲裁机构应当严格区分招商引资合同中的民事权利义务与行政权利义务,避免越权审理和裁决行政职权范围内的事项,不能就行政决定和行政行为加以裁决。如果因政府一方的行政决定或行政行为导致合同不能履行,应当引导当事人通过行政诉讼先获得行政救济,如撤销行政决定或行政行为;或者向当事人释明只能要求解除合同。仲裁机构不能裁决撤销行政决定或行政行为,并支持继续履行合同的主张。

3. 判断招商引资合同的约定是否为行政协议性质的标准,应参照《最高人民法院关于审理行政协议案件若干问题的规定》。

行政协议一般包括以下四个要素:一是协议有一方当事人必须是行政主体;二是该行政主体行使的是行政职权;三是协议目的是实现社会公共利益或者行政管理目标;四是协议的主要内容约定的是行政法上的权利义务关系。由于行政管理的复杂性以及双方当事人协议约定内容的多样性,判断一项协议是属于行政协议还是属于民事协议,不能仅看其名称,也不能仅依据其中的少数或者个别条文来判定,而应当结合以上要素和协议的主要内容综合判断。

4. 在审理招商引资合同纠纷案时,应妥善认定政府与企业签订的合同效力,对有关政府违反承诺,特别是仅因政府换届、领导人员更替等原因违约、毁约的,应依法支持企业的合理诉求,依法平等保护企业和企业家。

案例编号:JSGNZC1621492361

南京仲裁委员会　王　莉

南昌仲裁委员会就申请人许某对被申请人某影业公司合作协议纠纷进行仲裁案

【案情简介】

申请人许某称:被申请人某影业有限公司的电影项目未在约定期限取得公映许可证,又不返还保证金,已构成违约,要求解除《×××电影衍生艺术品收藏协议》,并要求江南影业有限公司返还120,000元保证金、支付逾期利息、赔偿10,000元律师费。

被申请人某影业有限公司称:系因新冠肺炎疫情影响未如期取得公映许可证,不需返还保证金,支付律师费没有法律依据。

仲裁庭经审理查明:2019年12月,某影业有限公司的业务员通过微信群向许某推广×××电影的投资项目,许某向某影业有限公司支付了保证金12,000元。双方签订《×××电影衍生艺术品收藏协议》,约定:(1)×××电影衍生艺术品为电影出品人所有的×××电影版权艺术品;×××电影艺术,经著名设计团队设计,由某影业有限公司或授权第三方限量发行,利用最新特殊工艺,制作精美,是影视类纪念收藏臻品,具有收藏价值;影片上映后,通过向某影业有限公司获取艺术品所有权,或以出品人享有出品该片的全部收入(院线影片、网络电视版权、海外版权等)的份额实现现金回报;影片上映1个月后,可委托某影业有限公司将艺术品份额以出品人所享有全部收入(院线影片、网络电视版权、海外版权等)的份额按许某所持有艺术品份额出售变现。(2)×××电影衍生艺术品的保证金为人民币12,000元/份,每组艺术品的保证金相当于影片制作成本的万分之一,影片上映后艺术品所实现的价值亦为出品人所享有出品该片的全部收入(院线影片、网络电视版权、海外版权等)份额的万分之一,许某收藏拾份,保证金总额120,000元。(3)除因不可抗力因素、政府、监管部门及申请人因素,使该项目未在2020年6月21日前取得公映许可证,则许某可选择要求某影业有限公司2020年7月20日前返还保证金或选择继续履行该合同权益。

合同签订后,许某又向某影业有限公司缴纳投资108,000元,共计投资120,000元。至本案审理期间,《×××》未取得公映许可证。

【争议焦点】

(一)《×××电影衍生艺术品收藏协议》合同的法律性质

《×××电影衍生艺术品收藏协议》,合同名称虽为"收藏协议",但合同条款中对收藏客体并无明确表述,庭审中,对仲裁庭关于收藏客体的提问,许某和某影业有限公司也不能作出回答。仲裁庭认为,合同中约定了"×××电影衍生艺术品的保证金为人民币12,000元/份,每组艺术品的保证金相当于影片制作成本的万分之一,影片上映后艺术品所实现的价值亦为出品人所享有出品该片的全部收入(院线影片、网络电视版权、海外版权等)份额的万分之一,乙方收藏拾份,保证金总额120,000元"和"影片上映后,通过向甲方获取艺术品所有权,或以出品人享有出品该片的全部收入(院线影片、网络电视版权、海外版权等)的份额实现现金回报"等投资内容,且许某和某影业有限公司在起诉书、答辩状及庭审中均一致陈述了本案的投资资金回报性质,充分证明,本案合同并非"收藏协议",而是实质上的众筹电影投资协议,"保证金"实为投资款。

(二)《×××电影衍生艺术品收藏协议》的法律效力

某影业有限公司的分销业务员在社会上向陌生人推广×××电影项目,将许某拉进项目投资微信群,宣称该项目高投资回报,双方由此签订《×××电影衍生艺术品收藏协议》,许某共计投入资金120,000元。根据国务院《非法金融机构和非法金融业务活动取缔办法》(已失效)第2条"任何非法金融机构和非法金融业务活动,必须予以取缔"和第4条"本办法所称非法金融业务活动,是指未经中国人民银行批准,擅自从事的下列活动:……(二)未经依法批准,以任何名义向社会不特定对象进行的非法集资"的规定,仲裁庭认为,某影业有限公司在未经相关部门批准的情况下,在公开的网络平台进行招引投资,公开向不特定对象募集资金,属于向社会不特定对象进行的非法集资行为,其行为违反了国家行政法规的强制性法律规定。根据《民法典》第 153 条"违反法律、行政法规的强制性规定的民事法律行为无效"的规定,某影业有限公司与许某签订《×××电影衍生艺术品收藏协议》的民事法律行为无效,本案《×××电影衍生艺术品收藏协议》不具有法律效力。

(三)关于某影业有限公司退还投资款、支付逾期利息、承担律师费及仲裁费的问题

《民法典》第 157 条规定:"民事法律行为无效、被撤销或者确定不发生效力后,行为人因该行为取得的财产,应当予以返还;不能返还或者没有必要返还的,应当折价补偿。有过错的一方应当赔偿对方由此所受到的损失;各方都有过错的,应当各自承担相应的责任。"本案中,非法集资行为违反的是国家对宏观金融秩序管理的强制性法规,是当事人均应当明知和遵守的法规,故当事人双方对本案合同无效的结果都存在过错,均应承担相应的法律后果。根据公平合理原则,仲裁庭裁定,某影业有限公司应返还许某的全部投资款 120,000 元,仲裁费用系因某影业有限公司未归还投资款必然产生的直接损失,应由某影业有限公司承担;许某主张的逾期利息和律师费缺乏事实与法律依据,仲裁庭不予支持。

【裁决结果】

1. 某影业有限公司向许某返还投资款 120,000 元;
2. 许某和某影业有限公司按支持比例各自承担仲裁费用;
3. 驳回许某的其他仲裁请求。

【相关法律法规解读】

1.《民法典》第 153 条第 1 款规定,违反法律、行政法规的强制性规定的民事法律行为无效。

2. 国务院《非法金融机构和非法金融业务活动取缔办法》(已失效)第 2 条规定:"任何非法金融机构和非法金融业务活动,必须予以取缔。"第 4 条规定:"本办法所称非法金融业务活动,是指未经中国人民银行批准,擅自从事的下列活动:……(二)未经依法批准,以任何名义向社会不特定对象进行的非法集资……"

该条法规禁止的是"向社会不特定对象"且在"未经中国人民银行批准"的情况下的集资活动。

3.《民法典》第157条规定:“民事法律行为无效、被撤销或者确定不发生效力后,行为人因该行为取得的财产,应当予以返还;不能返还或者没有必要返还的,应当折价补偿。有过错的一方应当赔偿对方由此所受到的损失;各方都有过错的,应当各自承担相应的责任。”

【结语和建议】

1. 本案是一起事件引发的系列案件中的一件,该事件集资金额巨大,集资行为缺乏信用保证,完全游离于国家金融管控之外,蕴含巨大的金融风险和法律风险,涉及对国家金融管理秩序的破坏,严重违反了国家行政法规的强制性法律规定,民事法律行为应依法认定为无效。

2. 电影“众筹模式”作为一种新兴的融资方法,众筹模式种类多样,此类模式是否涉嫌非法集资应当引起特别关注。

案例编号:JXGNZC1623037566

南昌仲裁委员会　辛　丽

吉林仲裁委员会就申请人对被申请人定作合同纠纷进行仲裁案

【案情简介】

2016年申请人与被申请人签订《制作协议》,协议约定:由申请人承包配电箱工程,双方约定由申请人按照双方确认的报价明细表制作配电设备并进行安装,签约总价款1,189,103.24元。庭审中双方确认案涉配电箱工程于2016年开工,2018年交付完工。协议签订后申请人按照协议约定履行了配电设备制作、交付安装义务。被申请人于2016年9月7日,2017年1月25日向申请人支付合同价款共计600,000.00元,双方确认发生抹账抵扣合同价款178,172.00元,尚欠余款410,931.24元。

【争议焦点】

1. 被申请人是否存在未按合同约定支付合同价款的违约行为,尚欠合同价款金额是多少?

2. 申请人主张按全国银行间同业拆借中心公布的贷款利率标准支付欠款利息是否有法律依据，应否支持？

【裁决结果】

1. 被申请人于本裁决送达之日起十日内向申请人支付合同欠款人民币410,931.24元；

2. 被申请人于本裁决送达之日起十日内向申请人支付逾期付款利息（以人民币410,931.24元为基数，自2019年1月1日至8月19日止，按照中国人民银行同期同类贷款利率计算，自2019年8月20日至全部合同款付清为止按照全国银行间同业拆借中心公布的贷款市场报价利率LPR计算）；

3. 驳回申请人的其他仲裁请求；

4. 仲裁费由申请人承担5%，由被申请人承担95%。

【相关法律法规解读】

原《合同法》第107条规定："当事人一方不履行合同义务或者履行合同义务不符合约定的，应当承担继续履行、采取补救措施或者赔偿损失等违约责任。"原《合同法》第109条（现《民法典》第579条，原文有变动）规定："当事人一方未支付价款或者报酬的，对方可以要求其支付价款或者报酬。"原《合同法》第263条（现《民法典》第782条）规定："定作人应当按照约定的期限支付报酬。对支付报酬的期限没有约定或者约定不明确，依照本法第六十一条的规定仍不能确定的，定作人应当在承揽人交付工作成果时支付；工作成果部分交付的，定作人应当相应支付。"

违约，即违反合同。现实中违约形态表现多样，如将合同分为预期违约、根本违约、部分违约。本裁决中则为部分违约情形。

当事人一方未支付价款或者报酬的，对方当事人可以请求其履行，支付价款或者报酬，并可以请求其承担其他适当的违约责任。当事人一方迟延支付价款或者报酬的，除已支付价款或者报酬的外，还应当承担其他违约责任，如支付违约金、赔偿逾期利息。

这里的报酬是指定作人获得承揽人技术、劳务所应当付出的代价。报酬一般指金钱。向承揽人支付报酬是定作人最基本的义务。定作人支付报酬的前提是承揽人交付的工作成果符合合同约定的质量和数量，不符合质量、数量要求的,定作人可以不支付报酬或者相应减少报酬。定作人应当按照合同约定的期限,以合同约定的币种、数额,向承揽人支付报酬。

【结语和建议】

本案系定作合同引起的纠纷,定作合同是承揽合同的一个种类。

承揽合同是指承揽人按照定作人的要求完成工作,交付工作成果,定作人支付报酬的合同。承揽包括加工、定作、修理、复制、测试、检验等工作。

定作合同是指承揽人根据定作人的要求,以自己的技能、设备和劳力,用自己的材料为定作人制作成品,定作人接受该成品并给付报酬的合同。定作与加工的区别在于定作中承揽人需自备材料,而不是由定作人提供。

加工合同是指承揽人以自己的技能、设备和劳力,按照定作人的要求,将定作人提供的原材料加工为成品,定作人接受该成品并支付报酬的合同。

建设工程合同是指承包人进行工程建设,发包人支付价款的合同。其中,发包人是指具有工程发包主体资格和支付工程价款能力的当事人,一般是投资建设该项工程的单位,也就是所谓"业主";承包人是指被发包人接受的具有工程施工承包主体资格的当事人,也就是实施建设工程的勘察、设计、施工等业务的单位,包括对建设工程实行总承包的单位和承包分包工程的单位。

在审理中应注意区分加工合同、定作合同与建设工程合同的区别。

案例编号:JLGNZC1621404905

吉林仲裁委员会　李　迪

哈尔滨仲裁委员会就申请人对被申请人股份转让合同纠纷进行仲裁案

【案情简介】

2020年1月5日,张先生与王女士签订《股份转让协议》,约定王女士是目标公司甲公司的实际控制人,持有甲公司81.88%的股份,张先生受让王女士51%的股份;受让后张先生持有51%,王女士持有30.88%,股权转让款总额为4000万元(人民币,下同)。协议签订后,2020年7月29日,张先生与王女士签订1份《解除协议书》,约定各方一致同意解除《股权转让协议》,并确认张先生已向王女士支付股权转让款910万元,代甲公司垫付各项费用、偿还甲公司债务共计987,767.30元,截至2020年7月29日的资金占用费为250,929.10元。同时约定,王女士及甲公司承诺于2020年11月28日前向张先生返还前述10,338,696.40元及相应资金占用费413,547.00元;如未能按期偿还,则从2020年11月28日后,按年利率15%支付逾期付款违约金。后王女士及甲公司到期未向张先生支付任何款项。无奈,张先生申请仲裁,请求裁决:(1)王女士向张先生退还股权转让款本金10,087,767.30元;(2)王女士向张先生支付资金占用费共计664,476.10元(其中截至2020年7月28日为250,929.10元,从2020年7月29日起至2020年11月28日为413,547.00元);(3)王女士向张先生支付逾期付款违约金(以10,752,243.40元为基数,从2020年11月29日起至实际付清之日止,按年利率15%计算),至2021年4月6日暂计565,597.46元;(4)甲公司对以上债务承担连带给付责任;(5)王女士、甲公司承担本案仲裁费用及保全费用。甲公司公司答辩称其不是合同的当事人,不应当承担连带责任及任何责任。王女士答辩称会尽快筹集资金还款,认为利息按照年利率15%请求过高,请求仲裁庭予以调整。

【争议焦点】

1. 违约金年利率15%及资金占用费年利率12%是否过高?
2. 甲公司主体关系及责任问题?

【裁决结果】

1. 王女士于收到裁决书之日起7日内向张先生退还股权转让款本金10,087,767.30元;
2. 王女士于收到裁决书之日起7日内向张先生支付截至2020年11月28日的资金占用费662,410.29元;
3. 王女士于收到裁决书之日起7日内向张先生支付2020年11月29日至2021年4月6日的逾期付款违约金551,397.14元;自2021年4月7日起的逾期付款违约金,以未退还股权转让款本金为基数,按年利率15%计算至实际给付之日止;
4. 驳回申请人张先生的其他仲裁请求。

【相关法律法规解读】

(一)违约金年利率15%及资金占用费年利率12%是否过高

本案中,张先生与王女士、甲公司签订的《解除协议书》中的第2条第2款及第3款约定,资金占用费的年利率为12%,违约金为按年利率15%计算。《解除协议书》是双方当事人真实意思表示,并且不违反法律、行政法规的强制性规定,不违背公序良俗,属于有效约定。

对于年利率12%的资金占用费(利息)及年利率15%的违约金是否过高的问题,应一分为二来看待:年利率12%的资金占用费涉及的是双方之间关于金钱利息的约定,仲裁庭认为可以参考民间借贷关于利率的法律规范,参照《最高人民法院关于审理民间借贷案件适用法律若干问题的规定》第28条第1款,借贷双方对逾期利率有约定的,从其约定,但是以不超过合同成立时1年期贷款市场报价利率4倍为限。本案中,《解除协议书》成立时1年期贷款市场报价利率为3.85%。本案中约定的资金占用费年利率为12%,并未超过合同成立时1年期贷款市场报价利率4倍。对于年利率15%的违约金是否过高,仲裁庭认为,对于金钱债务而言,法律并未规定违约金过高的具体标准,参考上述民间借贷规范亦无不可,同时王女士亦未举出证明违约金过高的证据,故对于年利率15%的违约金约定仲裁庭不予调整。

(二)甲公司主体关系及责任问题

本案共涉及两个合同:一为《股份转让协议》,该合同为股份转让合同,当事人为张先生、王女士;二为《解除协议书》,是为解除第一个合同而签署,当事人为张先生、王女士及甲公司。甲公司并非股权转让协议的当事人,却在《解除协议书》中约定了甲公司的连带责任,且甲公司在《解除协议书》末尾加盖了公章,该行为属于甲公司加入王女士与张先生之间的债权债务关系的行为,应当按照原《公司法》、《民法典》及配套司法解释的规定履行必要的公司程序。对于公司加入债务的,其法律效果与公司对外提供连带责任担保无异,且本案是公司为控股股东提供担保,应当满足并按照《公司法》第16条的规定,召开股东大会且由出席会议的其他股东所持表决权的过半数通过。然而,张先生一方无法举证该加入债务行为取得了甲公司的股东大会决议批准,故甲公司加入王女士债务因欠缺必要条件,不应承担连带责任。

【结语和建议】

本案庭审中,张先生代理人主张根据《全国法院民商事审判工作会议纪要》(2019 年)第 19 条,要求甲公司承担相应责任。《全国法院民商事审判工作会议纪要》第 19 条的内容为,担保合同系由单独或者共同持有公司 2/3 以上有表决权的股东签字同意的,即便债权人知道或者应当知道没有公司机关决议,也应当认定担保合同符合公司的真实意思表示,合同有效。《最高人民法院关于适用〈中华人民共和国民法典〉有关担保制度的解释》第 8 条也有相似规定:"有下列情形之一,公司以其未依照公司法关于公司对外担保的规定作出决议为由主张不承担担保责任的,人民法院不予支持:……(三)担保合同系由单独或者共同持有公司三分之二以上对担保事项有表决权的股东签字同意。"在《全国法院民商事审判工作会议纪要》及相关司法解释均强调"有表决权"及"对担保事项有表决权"的情况下,按照《公司法》第 16 条第 3 款,公司为股东提供担保的,被担保股东不得参加担保事项的表决。该项表决由出席会议的其他股东所持表决权的过半数通过。综上所述,即使仲裁庭参考《全国法院民商事审判工作会议纪要》相关表述,也应认定对于甲公司加入王女士债务的行为,王女士无表决权,也就无法满足"由单独或者共同持有公司三分之二以上有表决权的股东签字同意"这一要件。张先生据此主张甲公司承担相应责任,仲裁庭不能支持。

公司对外为他人提供担保,按照公司章程规定,由董事会或者股东大会决议,对内为股东或实际控制人提供担保,必须经过股东会或股东大会决议。如公司未履行相应的法定程序,则不承担担保责任。因此,若想让公司承担相应的担保责任,一定要督促其完成公司内部程序,否则拿到的可能仅是一纸空文。

案例编号:HLJGNZC1640139116

哈尔滨仲裁委员会　车韵婷

大连仲裁委员会就申请人对被申请人旅游服务合同纠纷进行仲裁案

【案情简介】

2020 年 1 月,两申请人与被申请人签订《度假权益合同》,约定甲方为丙公司,乙方为甲某、乙某;本合同为度假权益认购合同,由丙公司与乙方经充分协商后自愿签订;乙方认购A度假俱乐部度假权益价格为60,000元,乙方在签署本合同的同时一次性支付认购价[其中会籍费15,000元,第1年认购A俱乐部权益价款(租金)人民币3000元,第2年至第15年每年认购A俱乐部度假权益价款(租金)3000元];如甲方在合同有限期内不能按照本合同约定向乙方提供A俱乐部度假权益的,则甲方应退还乙方有效期内未使用部分的购买款项(租金);本合同自甲乙双方签订盖章、乙方交纳度假权益款后生效,有效期自乙方认购A俱乐部权益期限届满之日终止;本合同非经双方协商一致,不得随意解除;因乙方原因且双方协商一致解除合同的,按约定扣除30%违约金后退还乙方;本合同所规定的任何义务的履行如全部或部分受到不可抗力或后果妨碍,受影响方应免于履行受妨碍或延误的义务,直至该部分义务可以合理履行为止。

两申请人于合同签订当日向被申请人支付度假权益价款60,000元,丙公司B分公司向申请人出具了60,000元收据。在两申请人要求下,2020年6月,被申请人向第一申请人出具了金额为60,000元的增值税普通发票。签订合同后,两申请人要求被申请人B分公司提供优惠赴澳大利亚的机票等服务,被申请人告知因疫情不能履约。嗣后随着疫情的发展,两申请人多次要求解除合同退还60,000元遭拒绝。2021年2月,两申请人称因被申请人拒不退款已投诉至南京市消费者协会要求被申请人返还60,000元,经南京市消费者协会联系被申请人,被申请人置之不理。

【争议焦点】

因疫情导致旅游服务合同无法履行,旅游者是否可以要求解除旅游服务合同并退还尚未实际发生的费用?

【裁决结果】

1. 解除第一申请人甲某、第二申请人乙某与被申请人丙公司签订的《度假权益合同》;

2. 被申请人丙公司向第一申请人甲某、第二申请人乙某返还度假权益价款60,000元。

【相关法律法规解读】

《民法典》第 465 条规定:“依法成立的合同,受法律保护。依法成立的合同,仅对当事人具有法律约束力,但是法律另有规定的除外。”

《民法典》第 563 条规定:“有下列情形之一的,当事人可以解除合同:(一)因不可抗力致使不能实现合同目的;(二)在履行期限届满前,当事人一方明确表示或者以自己的行为表明不履行主要债务;(三)当事人一方迟延履行主要债务,经催告后在合理期限内仍未履行;(四)当事人一方迟延履行债务或者有其他违约行为致使不能实现合同目的;(五)法律规定的其他情形。以持续履行的债务为内容的不定期合同,当事人可以随时解除合同,但是应当在合理期限之前通知对方。”

《最高人民法院关于审理旅游纠纷案件适用法律若干问题的规定》第 13 条规定,因不可抗力等不可归责与旅游经营者、旅游辅助服务者的客观原因导致旅游合同无法履行,旅游经营者、旅游者请求解除旅游合同的,人民法院应予以支持;旅游者请求旅游经营者退还尚未实际发生的费用的,人民法院应予以支持。

根据上述规定,两申请人与被申请人签订的《度假权益合同》系双方当事人真实意思的表示,不违反法律、行政法规的强制性规定,对双方当事人均有法律约束力。两申请人与被申请人签订的《度假权益合同》是一份有条件限制的旅游服务合同。两申请人与被申请人签订合同当日已缴纳全部度假权益价款,嗣后两申请人要求被申请人履行度假旅游合同,均被告知因疫情不能履行。虽合同没有约定度假旅游行程时间,但疫情仍在流行,继续履行将面临着更大的风险,作为被申请人因疫情导致合同履行未完成的,提供合同履行服务的当事人应当积极与两申请人沟通,变更度假旅游合同或解除度假旅游合同,而被申请人在申请人明确告知解除合同退还度假权益费用的情况下,仍怠于履行退款义务,具有过错。故两申请人现请求解除合同并退还度假旅游权益费 60,000 元的仲裁请求应予以支持。

【结语和建议】

新冠肺炎疫情之下,因旅游服务合同产生的纠纷数量激增。旅游经营者、旅游辅助服务者在面对合同履行产生问题时应当积极与旅游者进行沟通,变更或解除合同。若因疫情问题导致合同不能够履行,则应在旅游者明确告知解除时及时退还尚未实际发生的费用。

案例编号:LNGNZC1626663832
大连仲裁委员会　范贤隽

武汉仲裁委员会就申请人对被申请人交通事故保险理赔纠纷进行仲裁案

【案情简介】

2020年12月18日,申请人甲(肇事方)驾驶小型客车行驶至东山大道长江医院路段时,与由北向南翻越中央栏杆横过道路的行人申请人乙相撞,造成申请人乙(伤者)受伤,事故经交警认定后由申请人甲负主要责任,申请人乙负次要责任,申请人甲所承担的赔偿责任由被申请人承担。后申请人甲、申请人乙、被申请人就保险理赔事宜达成《调解协议书》。

本案根据三方当事人签订的《调解协议书》《仲裁申请及简化仲裁程序协议书》由武汉仲裁委员会成立独任仲裁庭,不开庭书面审理了本案,在仲裁员了解案情后于2021年8月25日根据双方签订的《调解协议书》制作了《武汉仲裁委员会裁决书》,对调解事项进行了仲裁确认。

【争议焦点】

本案争议焦点在于申请人乙的各项损失认定以及被申请人对申请人甲所承担损失的赔偿金额问题。

【裁决结果】

申请人甲(肇事方)、申请人乙(伤者)、被申请人(保险公司)三方确认保险理赔总金额为165,868.47元(以上费用交强险内合计为128,820.80元,商业险内合计为37,047.67元)。申请人甲根据事故认定责任按比例分配后应承担的赔偿金额为154,754元。申请人甲已垫付医疗费及护理费14,198.55元(已扣减非医保),被申请人前期已返还申请人甲1753.50元,还应返还申请人甲12,445元。被申请人前期已为申请人乙垫付医疗费18,000元,申请人甲委托被申请人将本次事故交强险内余下赔款122,555.45元全部支付给申请人乙。

【相关法律法规解读】

《中华人民共和国保险法》(以下简称《保险法》)第65条第2款规定:“责任保险的被保险人给第三者造成损害的,被保险人对第三者应负的赔偿责任确定的,根据被保险人的请求,保险人应当直接向该第三者赔偿保险金。被保险人怠于请求的,第三者有权就其应获赔偿部分直接向保险人请求赔偿保险金。”

《最高人民法院关于审理道路交通事故损害赔偿案件适用法律若干问题的解释》第16条规定:“同时投保机动车第三者责任强制保险(以下简称‘交强险’)和第三者责任商业保险(以下简称商业三者险)的机动车发生交通事故造成损害,当事人同时起诉侵权人和保险公司的,人民法院应当按照下列规则确定赔偿责任:(一)先由承保交强险的保险公司在责任限额范围内予以赔偿;(二)不足部分,由承保商业三者险的保险公司根据保险合同予以赔偿;(三)仍有不足的,依照道路交通安全法和侵权责任法的相关规定由侵权人予以赔偿。”

经由伤者、肇事者以及保险公司签订的《调解协议书》内容不违反以上法律条款的规定,仲裁庭对双方达成的调解进行效力确认,保障了各方当事人合法权益。

【结语和建议】

对已达成调解的案件进行仲裁确认,使三方的调解事项产生法律效力,有利于避免后续产生的二次纠纷,一方面促进了商事仲裁功能的延伸,另一方面促进了司法调解的有机联动衔接和多元化纠纷解决机制的繁荣发展,形成打造共建共治共享的社会治理格局的良好局面。

案例编号:HBGNZC1637892494

武汉仲裁委员会　沙宗怡

上海仲裁委员会就申请人对被申请人国际货物多式联运合同纠纷法律适用进行涉外仲裁案

【案情简介】

2019年8月,申请人与被申请人签署《货运代理协议》。《货运代理协议》约定,被申请人为申请人的商品提供货运服务,并约定“双方同意,任何情况下,本协议下被申请人的赔偿责任,参照《中华人民共和国海商法》(以下简称《海商法》)(适用于海运、内河运输或海陆、海河、河陆等联运及与前述运输有关的仓储中)或《中华人民共和国民用航空法》(适用于空运或涉及空运的联运及与前述运输有关的仓储中)承运人责任的有关规定”。

2020年3月,申请人依据《货运代理协议》将一批网络电话机委托被申请人自中国厦门港海运至荷兰鹿特丹港并送往内陆目的地。2020年3月23日至30日,双方业务人员通过工作邮件沟通“厦门 to 鹿特丹 X40GP 海运 DAP 询价”事宜,申请人同意委托被申请人出运涉案集装箱货物网络电话机。4月3日至13日,被申请人业务人员将邮件附件载明的涉案提单、账单、清关文件等发给申请人业务人员,得到申请人确认,其同时注明提单电放。被申请人业务人员发送的所有邮件下方均有格式文字:“除另有书面约定,在任何情况下,对以上邮件所涉及的运输或代理合同中的责任,本公司可享受《海商法》第56条和第57条(适用于海运、内河和/或卡车运输中)和/或《民用航空法》第129条(适用于国际航空运输)规定的责任限制标准。”

2020年4月8日,被申请人的母公司签发了记名已装船清洁电放提单,适用的国际贸易术语为DAP(delivered at place),收货地址为荷兰内陆某城市,货物装船。5月8日集装箱货物抵达鹿特丹港被提取并装上卡车运往内陆目的地。5月10日夜间,集装箱内货物遭遇盗窃,箱内货物全部遗失。后经保险公司及当地警察局认定,涉案货物被盗,下落不明。

申请人与被申请人沟通货物赔偿事宜未果,继而向上海仲裁委员会提交仲裁申请,认为被申请人实际负责货物的全程运输,并收取全程运费,双方成立海上多式联运合同关系,依据《海商法》第104条、第105条和原《合同法》第311条(现《民法典》第832条)等规定,被申请人应向申请人赔偿货物灭失的全部损失300万元。

被申请人收到仲裁通知书后,随即委托了荷兰鹿特丹某律师事务所的执业律师出具法律意见书。该法律意见书载明,当地承运人对公路货物运输的赔偿责任由《荷兰民法典》(*Dutch Civil Code*)规定,其中第8卷1095条规定,承运人有义务以其收到货物的状态在目的地交货;第1096条规定,在不违反第8卷1095条规定的情况下,承运人有义务毫不迟延地运输所收到的货物;第1098条规定,如果损害是勤勉(谨慎)的承运人无法避免的情况造成的,并且该勤勉的承运人不可阻止这种情况的后果的,则承运人对损害不负责任;第1105条规定,对于承运人因不履行第 1095 条和第 1096 条承运人应承担的义务所导致的责任,承运人对超过一般行政命令所规定的数额不承担赔偿责任。上述第 1105 条提到的"一般行政命令"是指 Besluit ex artikel 1105 van Boek 8 van het Burgerlijk Wetboek,其中内容为:(1)承运人未履行第 1095 条规定的义务,其赔偿责任限制于每公斤 3.40 欧元;(2)用于计算第 1 条所述金额的公斤数是托运单上注明的受损或未交付物品或包装的重量。该法律意见书经荷兰当地公证机构进行了公证。

基于上述情况,被申请人进一步辩称:申请人无权就货物被盗事故提出索赔,因为涉案货物的贸易方式是目的地鹿特丹交货,货物交付后的风险已转移至买方;涉案货物的付款方式是先收款后发货,申请人已无损失。双方之间成立的是货运代理合同关系,被申请人在提供代理服务过程中不存在任何过错,不应承担赔偿责任。退一步而言,被申请人即使被认定为多式联运经营人,也有权依据相关规定对陆路运输段的货物损失享有赔偿责任限制,赔偿总额不应超过特别提款权 20,000 欧元(按货物重量计算)。

庭审中,申请人对被申请人提交的法律意见书真实性无异议,双方当事人均确认本案的法律适用为中国法,但对货损赔偿和责任限额应适用的法律存在分歧。

【争议焦点】

《海商法》第 105 条是否系冲突规范,进而导致本案货损赔偿和责任限额问题应适用荷兰的相关法律规定?

【裁决结果】

(一)关于被申请人是否应承担货损责任的问题

仲裁庭认为被申请人实际负责货物的海运及内陆全程运输,并向申请人收取运费,双方成立了多式联运合同关系。双方约定适用的国际贸易术语为 DAP,即目的地交货,涉案货损发生在被申请人负责运输的内陆运输段,因此根据《货运代理协议》第 1 条双方职责约定,因被申请人的故意或重大过失,造成申请人损失的,被申请人应按本协议约定及相关法律规定承担赔偿责任。故被申请人应承担货损的赔偿责任。

(二)《海商法》第 105 条是否系冲突规范,进而导致本案货损赔偿和责任限额问题应适用荷兰的相关法律规定

关于本案的准据法,因双方《货运代理协议》第 3 条约定了关于被申请人的

赔偿责任,参照《海商法》(适用于海运、内河运输或海陆、海河、河陆等联运及与前述运输有关的仓储中)的规定,且庭审中双方均明确本案的法律适用为中国法,因此仲裁庭认定本案的准据法为《海商法》。因本案运输方式涉及海运及陆地运输,涉案合同性质为多式联运合同,应适用《海商法》第四章第八节关于多式联运合同的特殊规定,该节第105条规定了多式联运区段内货物损坏的赔偿责任应适用的法律,故本案应按照第105条约定处理双方的货损赔偿问题。

申请人认为,我国《海商法》第105条不能被理解为冲突规范,在本案已经明确适用中国法的情况下,因中国法律对于公路货物运输并未规定承运人可以限制赔偿责任,故被申请人应根据中国《合同法》的相关规定,按照交付或者应当交付时货物到达地的市场价格计算货物灭失的赔偿额。被申请人认为,如果其构成多式联运的承运人,则根据我国《海商法》第105条,因陆路运输发生的货损承运人应该适用荷兰法的规定享有限制赔偿责任权利。被申请人提交的荷兰律师法律意见书,对于荷兰法有引用,对相关的法律有描述,在本案中可参照适用。

针对双方当事人的意见,仲裁庭认为,依照我国《涉外民事关系法律适用法》的规定,当事人可以协议选择合同适用的法律,即使当事人没有选择的,也可适用履行义务最能体现该合同特征的一方当事人经常居所地法律或者其他与该合同有最密切联系的法律。既然本案的准据法为《海商法》,以此来确定多式联运经营人的赔偿责任,根据《海商法》第105条"货物的灭失或者损坏发生于多式联运的某一运输区段的,多式联运经营人的赔偿责任和责任限额,适用调整该区段运输方式的有关法律规定",本案货损地为荷兰境内,则本案应以荷兰内陆地货物运输法律作为依据进行处理。本案双方对赔偿责任争议的实质是对荷兰法的查明和确认。关于被申请人提供的荷兰律师法律意见书等证据申请人对其真实性均不持异议。仲裁庭认为,被申请人提供的相关证据可以形成完整的证据链,其效力仲裁庭已经认定。参考最高人民法院《第二次全国涉外商事海事审判工作会议纪要》第51条"涉外商事纠纷案件应当适用的法律为外国法律时,由当事人提供或者证明该外国法律的相关内容。当事人可以通过法律专家、法律服务机构、行业自律性组织、国际组织、互联网等途径提供相关外国法律的成文法或者判例,亦可同时提供相关的法律著述、法律介绍资料、专家意见书等",本案被申请人提交的荷兰律师法律意见书中有具体的荷兰民法典条文引用,有其专门的论述意见。在互联网发达的现今社会,查明外国法及证明外国律师身份的途径有很多,荷兰律师签署法律意见书的行为已经当地公证机关公证,且申请人对法律意见书的真实性无异议，按照诚实信用原则，仲裁庭采信被申请人证据所证明的内容，认定被申请人可以根据荷兰法律，对其陆路运输责任区段造成的货物损失，依据事故地法律享有责任限制权利。

因此，仲裁庭采纳了被申请人及其提供的法律意见书中关于责任限额的观点，裁决被申请人在荷兰法规定的责任限额内向申请人承担责任。

【相关法律规定解读】

在我国的国际货物多式联运合同实践中，若货损地发生在境外，货主要求多式联运经营人承担赔偿责任的案件应为涉外民商事案件，应根据当事人的约定或相关法律规定确定案件适用的准据法。在确定准据法后，当事人却常就《海商法》第105条指向的区段货损法律适用产生争议。实践中，我国司法机关存在不一致的判决，在最高人民法院(2011)民申字第417号民事裁定书中就曾认定，多式联运项下货损发生在国外的内陆运输区段，根据《海商法》第105条规定，赔偿责任和赔偿限额应适用我国原《合同法》的相关规定。但在(2018)最高法民再196号“新加坡长荣海运股份有限公司与第一产物保险股份有限公司、长荣海运股份有限公司国际货物多式联运合同纠纷”案中，最高人民法院就依据我国《海商法》第105条冲突规范的指引适用该案货损地墨西哥的法律来确定货损赔偿责任限额。该案历经一审、二审、再审程序，反映了各级法院在对《海商法》第105条法律理解和适用上存在的差异。

【案例评析】

本案与上述两个最高人民法院的案例具有一定的相似性，均为国际货物多式联运纠纷，货损均发生在国外，在当事人认可中国法为准据法的情况下均面临责任赔偿和限额的法律适用问题。对此评析如下。

1. 适用《海商法》第105条的前提是当事人之间存在多式联运合同法律关系。依据《海商法》第102条第1款：“本法所称多式联运合同，是指多式联运经营人以两种以上的不同运输方式，其中一种是海上运输方式，负责将货物从接收地运至目的地交付收货人，并收取全程运费的合同。”在我国，多式联运必须包含海运的运输方式，在本案中就存在海运和陆运两种运输方式，而《海商法》对多式联运合同进行了特别规定，因此应优先适用关于多式联运合同的法律规定。

2.《海商法》第105条属于冲突规范。冲突规范是指明涉外民商事关系中应适用何种法律来调整的规范,由“范围、系属、关联词”三部分构成,第 105 条规定“货物的灭失或者损坏发生于多式联运的某一运输区段的,多式联运经营人的赔偿责任和责任限额(范围),适用(关联词)调整该区段运输方式的有关法律规定(系属)”,具备典型的冲突规范结构,因此第 105 条属于冲突规范。

3.《海商法》第 105 条规定中的“适用调整该区段运输方式的有关法律规定”是指货损地国家的法律而非准据法所属国法律体系内关于特定运输方式的法律。本案中,申请人认为在确定中国法为准据法的情况下,因中国法律对于公路货物运输并未规定承运人可以限制赔偿责任,故被申请人应根据中国原《合同法》的相关规定进行赔偿。在(2011)民申字第 417 号民事裁定书,最高人民法院认为应当适用原《合同法》的规定。但在(2018)最高法民再 196 号案件中,最高人民法院认为应当适用货损地墨西哥的法律处理赔偿责任和责任限额问题,笔者对此表示赞同。本案仲裁庭亦采取了类似的思路,因涉案货物货损地在荷兰内陆,调整荷兰内陆区段运输方式的有关法律应为荷兰法而非中国的原《合同法》,故认定《海商法》第 105 条冲突规范指引的系属应为荷兰法律。

4. 外国法查明和举证责任的分配。本案中,双方当事人均为中国公司,因货损发生在荷兰,依据《海商法》第 105 条,本案涉及荷兰当地法律的查明问题。在我国的海事裁判实践中,外国法的查明一直是困扰人民法院和仲裁机构的一个难题,《涉外民事关系法律适用法》及其司法解释尽管对外国法的查明进行了规定,但内容较为简单。实践中,囿于外国法查明会耗费巨大时间成本及存在查明困难等因素,法院要求当事人提供外国法或法院无法查明进而适用中国法的情形很多。本案中,被申请人在开庭前即向仲裁庭提交了关于荷兰法律的法律意见书,查明了本案货损赔偿应适用的法律。相较于仲裁庭主动查明法律,当事人自行主动查明可能更为快捷。尽管本案申请人对法律意见书的内容表示不确定,但在申请人认可法律意见书真实性的情况下,仲裁庭巧妙地通过举证责任分配,采纳了法律意见书的观点,高效地处理了本案纠纷。双方当事人对仲裁庭的处理意见均表示信服。

【结语和建议】

本案是一起含海运在内的国际货物多式联运合同纠纷。海运始于中国厦门,中途经马六甲海峡和地中海,目的地港口为荷兰鹿特丹,是一条典型的通过“21 世纪海上丝绸之路”,再经由陆运将货物运送至荷兰内陆的海陆联运。随着

"一带一路"国家和地区间贸易往来的日益密切,国际贸易对多式联运的需求也呈现快速增长趋势。在跨越多国、涉及多种运输方式的国际多式联运合同纠纷中,司法实践在确定运输区段准据法存在认识不统一的情况,部分运输区段涉及的法律复杂,给外国法查明带来很大困难,最后不得不适用于国内法处理纠纷。本案被申请人及时地查明了荷兰法律,为仲裁庭裁判案件提供了有力的抓手,仲裁庭对《海商法》第105条和域外形成的法律意见书的分析能为类案的处理能提供很好的借鉴思路。

同时,因国际货物多式联运的特殊性,相关货物会在不同的国家和地区通过多种运输方式进行流转,涵盖了不同的法域,一旦发生货损,则可能涉及相关区段法律的查明。因此,笔者建议,类似案件的托运人和多式联运经营人可在多式联运合同中对货损的赔偿标准和限额进行约定,若无法达成一致,则可约定中国法或双方当事人均熟悉的法律处理货损争议,避免外国法查明和法律适用带来的不确定性。在不得不进行外国法查明时,当事人应积极主动地查明相关法律,不仅能为法院或仲裁机构提供裁判的依据,还能相对高效地推进案件程序,及时妥善地解决纠纷。

案例编号:SHCWZC1639965330

上海仲裁委员会　周明潘

厦门仲裁委员会就申请人某资管公司对被申请人某自然人限售股质押登记纠纷进行仲裁案

【案情简介】

2016年7月12日,自然人甲与乙资管公司、丙证券公司签订了《股票质押式回购交易协议》,约定:甲作为资金融入方,将其所持有的1亿股某上市公司股票作为质押,向作为资金融出方的乙资管公司融入资金7.2亿元;初始交易日为2016年7月12日,购回交易日为2018年7月12日;购回年利率为7.06%;当标的证券履约担保比例低于预警线时,甲应当在T+3日前完成补仓;当标的证券履约担保比例低于平仓线时,甲应当及时追加股票质押或现金补仓或提前回购。三方还约定:如出现股票质押式回购交易的履约保障比例低于最低履约保障且甲方未依约提前购回或采取其他履约风险管理措施,或标的证券的上市公司及其高管、实际控制人被有关部门立案调查、上市公司被有关部门处罚等可能严重影响协议履行的情况,乙资管公司有权要求甲在通知送达之日的T+1交易日前购回标的证券,未按要求购回的,丙证券公司有权对甲质押的标的证券进行平仓处置。

甲作为案涉上市公司的董事长,其持有的股票为限售股,解禁日期为2018年3月12日。

2016年7月12日,甲在中国证券登记结算有限责任公司(以下简称中登公司)完成了1亿股标的证券的质押登记。

2017年4月,标的证券跌破预警线,甲在收到通知后未能有效补仓。2017年7月7日,三方又签订《补充协议》,约定将购回交易日变更为2017年9月30日。

2017年4月起,案涉上市公司股价不断下跌,并于2017年7月25日停牌。2017年8月11日,案涉上市公司收到中国证监会的《行政处罚决定书》,中国证监会认为案涉上市公司在收购标的公司过程中提供虚假协议虚增评估值,故决定对其进行处罚。

因标的证券履约担保比例已经低于平仓线,根据协议约定,甲应当履行回购义务。由于甲未能按期购回标的证券,乙资管公司提起仲裁,要求甲偿还初始交易款、利息、违约金以及为实现债权和担保权利所产生的全部费用。

被申请人甲未提交答辩意见亦未到庭参加庭审,仲裁庭在庭审中提出,被申请人甲所出质的标的证券为限售股,其质押受到限制。对此,申请人认为:限售股并非“禁止流通”“不可转让”,仅仅是流通的时间受到限制,质押合同是有效的。

【争议焦点】

1. 甲与乙资管公司、丙证券公司签订《股票质押式回购交易协议》时,甲持有的股票为限售股,以限售股进行质押的《股票质押式回购交易协议》效力如何认定?

2. 在中登公司完成限售股的质押登记后,质权效力如何认定?

【裁决结果】

1. 甲向乙资管公司支付初始交易款、利息、违约金。

2. 本案仲裁费由甲承担。

3. 乙资管公司对甲提供质押的 1 亿股票的证券享有质押权，并就该质押物折价或拍卖、变卖所得价款享有优先受偿权。

【相关法律规定解读】

《公司法》第 141 条规定："发起人持有的本公司股份，自公司成立之日起一年内不得转让。公司公开发行股份前已发行的股份，自公司股票在证券交易所上市交易之日起一年内不得转让。公司董事、监事、高级管理人员应当向公司申报所持有的本公司的股份及其变动情况，在任职期间每年转让的股份不得超过其所持有本公司股份总数的百分之二十五；所持本公司股份自公司股票上市交易之日起一年内不得转让。上述人员离职后半年内，不得转让其所持有的本公司股份。公司章程可以对公司董事、监事、高级管理人员转让其所持有的本公司股份作出其他限制性规定。"

原《物权法》第 223 条（现《民法典》第 440 条）规定："债务人或者第三人有权处分的下列权利可以出质：……（四）可以转让的基金份额、股权……"

原《担保法》第 75 条规定，依法可以转让的股份、股票权利可以质押。

2004 年《最高人民法院执行工作办公室关于上市公司发起人股份质押合同及红利抵债协议效力问题请示案的复函》（以下简称《股份质押效力复函》）指出，《公司法》规定对发起人股份转让的期间限制，应当理解为是对股权实际转让的时间的限制，而不是对达成股权转让协议的时间的限制。在质押权人有权行使质押权时，该质押的股份已经没有转让期间的限制，因此不应以该股份在设定质押时依法尚不得转让为由确认质押合同无效。

《最高人民法院关于适用〈中华人民共和国担保法〉若干问题的解释》（以下简称《担保法司法解释》）第 103 条规定："以股份有限公司的股份出质的，适用《中华人民共和国公司法》有关股份转让的规定。以上市公司的股份出质的，质押合同自股份出质向证券登记机构办理出质登记之日起生效。以非上市公司股份出质的，质押合同自股份出质记载于股东名册之日起生效。"

原《物权法》第 226 条规定："以基金份额、股权出质的，当事人应当订立书面合同。以基金份额、证券登记结算机构登记的股权出质的，质权自证券登记结算机构办理出质登记时设立；以其他股权出质的，质权自工商行政管理部门办理出质登记时设立。"

【案例评析】

1. 甲与乙资管公司、丙证券公司签订《股票质押式回购交易协议》时,甲持有的股票为限售股,以限售股进行质押的《股票质押式回购交易协议》效力的认定

限售股质押的效力问题在实践中存在争议。一种观点认为,限售股不得质押。其一,原《担保法》第75条规定,依法可以转让的股份、股票权利可以质押。因此,股票质押需要满足"可以转让"这一条件。《担保法司法解释》第103条规定,以股份有限公司的股份出质的,适用《公司法》有关股份转让的规定。由于股权质押可能出现股权转移的法律后果,所以股权质押必须符合股权转让的法定条件,根据《公司法》规定不得转让的股票,其设立质权的行为应为无效。其二,原《物权法》规定,可以出质的权利包括债务人或者第三人有权处分的、可以转让的股权;法律、行政法规禁止转让的权利不得出质。据此,依法不得转让的股权不能出质。另一种观点认为,限售股可以质押。因为股权质押旨在设立权利质权,其目的在于就变卖质物获得的价金优先受偿。因此,权利的可让与性是权利质权的核心。限售股在法律上依然属于可让与的流通股,虽在一定期限内其处置受到限制,但其可让与性并未改变。也就是说,质权人的质权行使因"限售期内不得转让"而受到限制,但质权的效力和担保权能不应受到影响。

本案仲裁庭采纳了第二种观点。本案中,标的证券的限售解禁时间为2018年3月12日,解禁后,甲所持有的限售股即处于可转让状态。乙资管公司作为质权人,可以在限售期过后行使质权,但质押合同无疑是有效的。

2. 在中登公司完成限售股的质押登记后,质权效力的认定

根据原《物权法》第226条的规定,以证券登记结算机构登记的股权出质的,质权自证券登记结算机构办理出质登记时设立,即上市公司股票质押以登记为生效要件。上海证券交易所公布的《股票质押登记实施细则》、中登深圳分公司发布的《中国结算深圳分公司证券质押业务指南》均未明确禁止限售股的质押。实践中,两家中登公司对限售股的质押登记均予以受理。因此,中登公司对限售股的质押进行登记后,质权即已设立。需要注意的是,质权设立并不等于质权人能够在合同约定的时间行使质权,也不等于质权人最终能够成功行使质权。质权人行权的时间受到限售期的限制,需要在限售解禁后行权。实践中,由于股价波动,质权人在实现质权时也会面临一定的风险。但质权的设立与行使是有区别的,行使的时间与能否成功实现并不影响质权的有效设立。

本案中,甲将其持有的1亿股标的证券质押给乙资管公司,并办理了相应的质押登记手续,质权既已设立。乙资管公司就甲所有的1亿股标的证券享有质押权,并对该质押物折价或者拍卖、变卖所得价款享有优先受偿权。

【结语和建议】

股票质押式回购交易是指,符合条件的资金融入方以所持有的股票或其他证券质押,向符合条件的融出方融入资金,并约定在未来返还资金、解除质押的交易。近年来,越来越多上市公司股东通过股票质押进行融资,允许此类交易存在的风险在于,上市公司大股东可能利用此类交易,在限售期内将所持有的限售股票变相套现。目前,限售股质押合同的效力和限售股质押登记的效力仍然是存在争议的问题。

根据原《物权法》的规定,权利能否出质的标准是该种权利是否可以转让。其立法本旨在于,如果禁止转让的权利不得设定质权,即可防止质权人在行使质权时因权利不能转让而导致设定质权的目的落空。但限售股本质上是流通股,其特征在于限售期内是不能转让的。最高人民法院在《股份质押效力复函》中明确,《公司法》对发起人股份转让附加的期间限制是对股权实际转让的时间的限制,而不是对达成股权转让协议的时间的限制。据此,股权质押融资的资金融入方和融出方订立的质押合同应当是有效的。

同时,《物权法》规定,上市公司的股票质押以登记为生效要件,而实践中,上海和深圳的中登公司对限售股的质押登记均予以受理,相关法律法规对此类登记也没有禁止。因此,当事人办理了限售股质押登记手续后,质权既已设立。金融机构对标的证券享有质押权,并对标的证券折价或者拍卖、变卖所得价款享有优先受偿权。

虽然金融机构需要在限售解禁以后才能行使质权,且实现质权时可能面临一定的风险,但应当明确的是,合同的成立生效、质权的设立、质权的行使是能够相互区分的。即使质权的行使受到限制,质押合同的有效性和质权的设立也不应受到影响。

案例编号:FJCWZC1597997463

厦门仲裁委员会 林 丰

广州仲裁委员会就申请人某中国台湾居民对被申请人某公司合作合同纠纷进行涉外仲裁案

【案情简介】

本案系合作合同纠纷案件,中国台湾居民 A 为债权人,B 公司为保理人、C 公司为中间人。2019 年 7 月,A 与 B、C 签订《资产转让及服务协议》(以下简称《转让协议》),约定:B 作为保理公司已与案外人(资产融资方)签署《公开型有追索权国内保理合同》(以下简称《保理合同》)。B 将其基于《保理合同》产生的债权资产作价 130 万元向 A 转让,并同时接受 A 的全权委托,管理及维护标的债权的全部收益。C 作为中间人为上述标的债权的转让提供咨询服务,撮合完成交易并收取服务费。合同签订后,A 即向 B 转账 130 万元,完成付款义务。

依照《转让协议》约定,B 应当于涉案标的债权到期之日(2020 年 2 月 9 日)向 A 结算,但 B 并未如约履行结算义务,故 A 提起本案仲裁,要求 B 承担结算清偿义务并以欠付本金 130 万元为基数,按照协议约定的年利率 7% 计算利息,直至清偿之日止;同时 C 承担连带清偿责任。

【争议焦点】

1. B 应否承担结算清偿义务?

2. 利息计算标准可否以协议约定的年利率 7% 为准?

【裁决结果】

1. 本案《转让协议》第 19 条约定:“协议适用中华人民共和国法律,并根据中华人民共和国法律进行解释。”故仲裁庭根据《涉外民事法律关系法律适用法》第 41 条“当事人可以协议选择合同适用的法律”的规定,本案适用中华人民共和国法律进行审理。

2. 本案中 A 已向 B 履行支付转让款 130 万元的义务,B 未按约定在债权到期日向 A 结算标的债权本金 130 万元及利息的行为构成违约,根据《转让协议》及《债权清单》的约定,标的债权于 2020 年 2 月 10 日到期,但 B 未按约在该日向 A 结算标的债权及利息,故 A 向 B 主张清偿债权标的 130 万元及借款期限利息的请求有事实及合同依据。至于到期后的利率计算,仲裁庭认为协议中并未明确约定该损失的计算方式，所以 A 的该项主张无合同依据，仲裁庭不予支持，酌情调整为按照全国银行间同业拆借中心公布的贷款市场报价利率逐期计算（LPR）。

3. 关于申请人主张的第二被申请人的连带清偿责任，仲裁庭认为第二被申请人仅为涉案交易提供咨询服务，作为中介方撮合双方完成交易，并非本案债权转让法律关系的当事人，故第二被申请人无须承担连带清偿责任。

【相关法律规定解读】

本案并非传统意义的保理合同纠纷，但属于因保理合同引起的相关纠纷，随着我国金融市场的不断发展完善，保理作为一种资金融通的重要方式逐渐进入大众视野。我国 2020 年颁布的《民法典》更是将保理合同作为专章规定，成为《民法典》中唯一新增的合同类型。

（一）保理、保理合同的内涵

保理（factoring），全称保付代理，是指债权人将其现在或将来的基于其与债务人订立的货物销售或服务合同所产生的应收账款转让给保理商，由保理商向债权人提供资金融通、信用风险担保、账款催收等一系列服务的综合金融服务方式。其本质是通过应收账款的转让，融通更多资金，规避自身风险的同时，通过这种办法不断获取增量资金，投入更多的产业，获取更多的融资回报。

《民法典》第 761 条规定，保理合同是应收账款债权人将现有的或者将有的应收账款转让给保理人，保理人提供资金融通、应收账款管理或者催收、应收账款债务人付款担保等服务的合同。第 762 条规定，保理合同的内容一般包括业务类型、服务范围、服务期限、基础交易合同情况、应收账款信息、保理融资款或者服务报酬及其支付方式等条款。保理合同应当采用书面形式。

保理合同至少涉及买卖合同、保理合同两个合同以及债权人、保理商、债务人三方当事人。其实质是保理商为债权人提供保理融资款（一般也称为“贷款”或“应收账款转让预付款”），通过基础合同应收账款债权转让使债务人对保理商负担的到期清偿债务的方式。

（二）有追索权保理合同与无追索权保理合同

保理作为金融市场上一种较常见的交易方式，已经为业内人士所熟知，常见的分类方式主要有国内/国际保理、公开/隐蔽型保理、有追索权/无追索权保理等。本案中，B 作为保理商与保理融资方（案外人）签署的保理合同即为《公开型有追索权保理合同》,所谓“追索权”特指在保理合同中,但保理人无法实现债权时,向债权转让人追索的权利。《民法典》对此亦有规定。第766条规定,当事人约定有追索权保理的,保理人可以向应收账款债权人主张返还保理融资款本息或者回购应收账款债权,也可以向应收账款债务人主张应收账款债权。保理人向应收账款债务人主张应收账款债权,在扣除保理融资款本息和相关费用后有剩余的,剩余部分应当返还给应收账款债权人。第767条规定,当事人约定无追索权保理的,保理人应当向应收账款债务人主张应收账款债权,保理人取得超过保理融资款本息和相关费用的部分,无须向应收账款债权人返还。

根据上述《民法典》条文可以看出,有追索权保理(回购型保理),保理商不承担为债务人核定信用额度合同提供坏账担保的义务,仅提供包括保理融资在内的其他金融服务,保理商承担的风险较小,因此所享有的权利范围也较小。即保理商回收债务后应当进行清算,扣除保理债权的必要费用后,剩余金额需返还债权人。

无追索权保理(买断型保理),保理商根据债权人提供的债务人核准信用额度,在信用额度内承购债权人对债务人的应收账款并提供坏账担保责任。债务人因发生信用风险未按基础合同约定按时足额支付应收账款时,保理商不能向债权人追索,承担的风险较大,因此所现有的权利范围也较广。即保理商回收债务后无须进行清算返还债权人,所回收的债务均归保理商所有。

【案例评析】

金融活动中产生争议在所难免,尤其是在保理这种新型商业融资方式中,部分当事人可能无法理解相关法律关系的边界,所以难能可贵的是专业高效地解决纠纷。本案于2020年6月30日受理,经过组庭、开庭、合议等程序,仲裁庭于12月28日即作出裁决,明确适用法律规定,公平合理地认定了各方当事人责任,起到定分止争的社会效果,也体现出仲裁在国际商事争议纠纷解决中高效、专业、独立的独特优势。

【结语和建议】

自2012年商务部商业保理试点以来,保理业务发展迅猛、体量庞大,我国已成为全球最大保理市场,将保理合同作为专章在《民法典》中予以规定更是将保理业务引入了大众视野。但与此同时,保理业务飞速发展的背后也存在诸多因其引发的骗保、骗贷、暴力催收等违法事件，所以保理相关业务的风险防范也必不可少。

在开展保理业务时，需要事前详细调查，交易背景是否真实、办理业务的真实意图是否合理、当事人的履约能力等；事中要及时跟进，严格按照制度要求管理资产，适时提示交易对象进展情况；事后要合法催收，强化催收管理、确保合法催收，必要时通过法律途径主张权利。

总之，保理业务是新兴的以盘活企业应收账款、增强资金流动性为核心属性的综合金融服务方式，已经逐渐成为中小企业解决因抵质押物不足而融资困难的一种便利渠道，在一定程度上有助于改变企业长期依赖银行贷款的融资结构，助力解决微小企业融资难问题。

案例编号：GDCWZC1616741920

广州仲裁委员会　彭经伟

石家庄仲裁委员会就申请人对被申请人联营债权债务纠纷进行仲裁案

【案情简介】

2014年，申请人被申请人联合经营成立了丁公司承接工程。申请人与被申请人就联营过程中的债权、债务签订了《协议书》，明确了现有的项目及因该项目产生的债权、债务均由被申请人享有、承担。2019年就甲工程，第三人公司提起诉讼，要求申请人和被申请人给付该项目工程款79万元。后经法院调解，达成如下调解协议：(1)申请人于2020年某月某日前一次性支付第三人工程款79万元；(2)被申请人承担连带责任。

在该案调解书约定的履行期限届满前，申请人曾多次督促被申请人履行付款义务，被申请人均未履行义务。双方当事人与第三人公司于2020年8月18日达成了《和解协议》。申请人给付第三人公司79万元；申请人多次要求被申请人给付该款项，被申请人曾承诺于2020年10月30日前分期或一次性给付，但是至今也不予回复。申请人为避免损失进一步扩大，将79万元垫付给第三人公司，并有银行回单。按照《协议书》约定，此款项应由被申请人支付给申请人。经多次催促，被申请人并未履行相关义务。

【争议焦点】

1. 双方签订的《协议书》中涉及其他工程的款项能否冲抵此工程款项?

2. 被申请人是否应该给付申请人工程款 79 万元?

【裁决结果】

1. 申请人支付了本应由被申请人承担的相关费用,有权要求被申请人承担。被申请人提出的按照双方协议约定扣除的方案,因不符合合同约定的条件,仲裁庭不能支持其观点;

2. 被申请人给付申请人 79 万元及自 2020 年某月某日起至实际清偿之日止按照全国银行间同业拆借中心公布的贷款市场报价利率(3.85%)利率计算的利息仲裁请求。

【相关法律法规解读】

《民法典》第 465 条第 2 款规定,依法成立的合同,仅对当事人具有法律约束力,但是法律另有规定的除外。

《民法典》第 509 条第 1 款和第 2 款规定,当事人应当按照约定全面履行自己的义务。当事人应当遵循诚信原则,根据合同性质、目的和交易习惯履行通知、协助、保密等义务。

【结语和建议】

本案是施工合同中比较特殊的一种情况。双方当事人签订合作协议后与第三人进行施工合同合作,工程完工后,双方因未履行给付工程款的义务而被起诉,经法院调解达成了调解协议。但是,被申请人并未履行双方协议及调解书的内容,未及时支付相应款项。为避免损失进一步扩大,申请人给付第三人公司 79 万元,法院解除了查封措施。但根据双方当事人签订的《协议书》中的明确约定,现有的项目及因该项目产生的债权、债务均由被申请人享有、承担。因此,案涉工程《协议书》所列的第一个现有项目所产生的债权、债务应由被申请人承担。被申请人认为根据双方签订的《协议书》,被申请人承担的方式为申请人从应收工程款中扣除,因此在申请人已经对乙项目调解书申请执行能够取得工程款的情况下应当以扣收的方式进行结算，不应单独提起仲裁要求被申请人另行支付。

《协议书》中明确约定本协议第1条第1项所列项目的工程款到达甲方账户后，对于8、9、10、11项目的款项甲方有权全部扣收，指的是工程款到达甲方账户，也就是甲方实际收到款项以后进行扣收。本案对乙项目仅仅是向法院申请执行，甲方尚未收到款项，所以并未达到被申请人所述的扣收的条件。所以，被申请人不应以此作为拒付申请人工程款的条件。

在施工合同中，双方应严格按照法律规定签订合同，并根据诚实信用原则积极履行合同的义务，遵守法律规范，而不是钻法律空子，逃避责任。法律是维护社会公平最有效的武器，莫拿法律当儿戏。无论是自然人还是法人，均应对自己的行为负责，积极履行义务，以保证自身的诚实信用，维护社会公平正义。

案例编号：HBGNZC1616055292

石家庄仲裁委员会　杨玉蒙

西安仲裁委员会就申请人对被申请人承揽合同纠纷进行仲裁案

【案情简介】

被申请人需对“某青年公寓景观工程”进行设计，被申请人与申请人于2012年签订了《建设工程设计合同》。工程地点为西安某路；设计项目为该工程环境景观设计；设计规模A区21,227平方米，B区189,358平方米；设计阶段为方案设计、扩初阶段、施工图阶段。设计费单价每平方米20元，其中A区设计费424,540元，B区378,700元，设计费总额暂计803,240元。约定付款比例为：第一次付费为20%的预付款；第二次付费为方案设计成果提交3周内付25%；第三次付费为扩初阶段设计成果提交3周内付25%；第四次付款为施工图设计成果提交3周内付20%；第五次付款为竣工验收后3周内付10%。合同第10.2条约定，如不履行付款义务，则每逾期支付一天，应承担每日千分之二的逾期违约金。合同第11.7条约定，发生争议由西安仲裁委员会仲裁。合同签订后，申请人向被申请人开具160,720元发票，被申请人支付了160,648元预付款，尚欠发票额72元。由此双方开始履行合同，合同履行及违约情况如下：申请人于

2013 年5 月30 日向被申请人提交了 A、B 区方案成果,被申请人于2013 年6 月5 日回函认可。被申请人应在 2013 年 6 月 30 日付款。被申请人逾期 100 天后于 2013 年 10 月 9 日付款 200, 810 元。申请人提交 A、B 区扩初阶段设计成果后,被申请人于2013 年9 月22 日签收确认设计成果,应在2013 年10 月13 日向申请人付设计费200, 210 元(发票已交被申请人),逾期至今未付(按逾期485 天计算)。申请人于 2013 年 11 月 14 日向被申请人提交了施工图设计成果,被申请人签收确认,应在 21 天内付款,即 2014 年 1 月 5 日付设计费 160, 648 元,逾期至今未付(按逾期 425 天计算)。在设计期间,被申请人增加设计面积 1864. 30 平方米,尚欠设计费 37, 286 元未付(按逾期 425 天计算)。综上所述,双方签订的合同合法有效,应受法律保护。被申请人应按合同如实履行义务,被申请人未按合同约定付款实属违约,因被申请人称经营状况恶化不能履行付款义务和丧失商业信誉,申请人依据原《合同法》相关规定行使不安抗辩权,并向被申请人收取已完成的设计预留的 10% 设计费 80, 324 元。为此申请人特向仲裁委申请仲裁,请求裁决:(1)由被申请人支付申请人设计费 479, 068 元,违约金 403, 191. 6 元,合计 882, 259. 6 元。如未按生效裁决履行义务,则支付迟延履行期间同期同类贷款利息 4 倍至付清为止。(2)由被申请人承担仲裁费。

被申请人辩称:被申请人在设计阶段并不存在逾期付款情形,且申请人逾期提交设计成果 289 天,应减收设计费 464, 272 元。具体理由为:(1)根据《建设工程设计合同》约定,被申请人向申请人支付设计费的条件为:申请人完成每个阶段工作且获被申请人确认。被申请人于 2013 年 10 月 8 日确认申请人提交的方案成果,已经按照合同约定于 2013 年 10 月 9 日向申请人支付了 200, 810 元,并不存在逾期付款的情形。(2)申请人提交的 2013 年 6 月 25 日工作联系函不能证明申请人完成方案设计阶段工作,更谈不上被申请人对成果进行确认。(3)2013年 11 月 14 日,被申请人对申请人的正式方案成果进行了确认,申请人逾期提交设计成果 289 天,应减收设计费 464, 272 元。(4)申请人的扩初设计成果仅提交了电子版且未经被申请人确认。(5)申请人并未向被申请人提交施工图设计图纸,亦未获被申请人确认。(6)根据合同约定,增加设计部分面积应以双方书面确认为准,申请人要求支付增加的 1864. 3 平方米设计费用的诉请,因未能得到被申请人书面正式确认,不符合付款条件。因此,被申请人不但无须再向申请人支付设计费,反而是申请人应向被申请人返还设计费 22, 563 元(申请人逾期提交设计成果,应扣减设计费 464, 272 元),应当驳回申请人的仲裁请求。

【争议焦点】

1. 被申请人是否存在报酬支付违约行为?

2. 被申请人就新增加的工作量费用支付有无违约行为?

3. 当事人约定的每日千分之二的违约金标准是否过高?

【裁决结果】

1. 关于被申请人是否逾期支付方案成果设计费问题的处理意见,仲裁庭认为陕西某公司存在逾期支付设计费的违约行为;

2. 被申请人就新增加的工作量费用支付有无违约问题的处理意见。仲裁庭认为定做人虽应向承揽人支付新增工作量的费用,应继续履行支付义务,但不存在逾期支付的违约行为,不应向承揽人承担逾期支付的违约责任;

3. 支持申请人方案设计成果费用 2013 年 8 月 20 日至 10 月 8 日的违约金,对于被申请人要求调低每日千分之二的违约金标准的主张不予支持。

【相关法律法规解读】

(一)本案中被申请人付款义务及履行标准的确定

我国原《合同法》第 60 条(现《民法典》第 509 条)规定,当事人应当按照约定全面履行自己的义务。结合我国原《合同法》第 61 条的规定,本案中,申请人(承揽人)应按照约定履行其主给付义务:提供工作成果即约定的设计图;被申请人应按照约定履行其主给付义务:支付报酬即约定的设计费。本案中,作为承揽方的申请人与作为定作人的被申请人关于报酬支付义务的履行约定在涉案合同第 6.2 条和第 6.3 条。其中,第 6.2 条主要约定报酬数额,并对其支付期限作出约定即付款期限为提交工作成果 3 周内。然而,根据此条约定并不能明确被申请人履行支付报酬(设计费)义务的明确起止时间。为此,涉案合同第 6.3 条对此有进一步明确的约定。根据这两条的约定,可以将被申请人(定作人)的报酬支付义务履行过程确定如下:申请人提交成果—被申请人确认—申请人出具请款通知并提供约定的相关票据—被申请人 3 周内付款。其中,前两个步骤为申请人履行交付工作成果义务,此一过程包括两个步骤:一是申请人履行交付工作成果的主给付义务;二是被申请人履行验收的次给付义务。后两个步骤为被申请人履行给付报酬主给付义务的过程,又包括两个步骤:一是申请人出具请款通知并提供约定的相关票据,其实质是行使报酬支付请求权;二是在申请人行使报酬请求权后,被申请人履行主给付义务即支付设计费。据此,被申请人履行付款义务期限及其起算点为:在申请人出具请款通知并提供约定票据后3周内(行使报酬支付请求权3周内)履行支付设计费的主给付义务。

(二)本案中被申请人就合同新增工作成果设计费支付是否存在违约行为的认定

关于本案中新增加的1864.3m^2 工作量费用支付问题,应从法律上解决以下两个问题:一是新增工作量的费用应否支付? 二是何时且如何支付? 由于新增工作量在合同中并无约定,对于该部分工作量及其报酬,应属于合同内容的变更。我国原《合同法》第77条(现《民法典》第543条)规定,当事人协商一致,可以变更合同。本案中,就新增加部分的设计图,申请人已经完成并提交,被申请人验收确认并接受给付,因此可以认定就新增工作量的设计,当事人已经通过行为的方式达成合意,变更了原先合同约定的工作量。就新增加部分的设计费用支付而言,当事人未做明确约定。我国原《合同法》第78条(现《民法典》第544条)规定:“事人对合同变更的内容约定不明确的,推定为未变更。”既然当事人对增加部分的设计费支付变更约定不明确,根据该规定,视为新增部分的设计费支付标准以及支付方式未变更,仍应适用原合同的约定。因此,就新增工作量设计费而言,被申请人应该支付,支付时间适用原先的约定:申请人提交成果—被申请人确认—申请人出具请款通知并提供相关票据—被申请人3周内付款。由于该新增工作量设计费用的支付,申请人并未提交请款通知及其相关单据,即在仲裁申请前未向被申请人行使付款请求权,作为定作人的被申请人履行报酬支付义务的条件尚未成就。因此,关于新增工作成果的设计费用支付,被申请人并不存在逾期违约行为。

(三)合同约定工作成果的报酬支付有无违约问题的认定

本案中合同约定的报酬包括:方案设计成果费、扩初设计费以及施工图设计费。这些费用支付是否逾期,均应根据前文所述合同约定报酬支付标准判断。

就方案设计成果费的支付而言,被申请人存在逾期支付的违约行为。理由如下:申请人作为承揽人按照约定提供了工作成果即方案设计图,经被申请人验收确认,申请人如约出具请款通知并提交约定的单据后,被申请人应该在3个工作周内付款。本案中,被申请人并未在3个工作周内付款,所以存在违约行为。

就扩初设计费与施工图设计费的支付而言,被申请人不存在逾期支付的违约行为。理由在于:按照当事人约定的付款条件,被申请人履行支付扩初设计费以及施工图设计费的义务，必须由申请人行使付款请求权即提交请款通知并提交约定单据。但申请人提交的证据不能证明其向被申请人提交请款通知及约定单据，即申请人没有向被申请人行使付款请求权，所以被申请人履行付款义务的条件尚未成就。被申请人没有履行扩初设计费与施工图设计费支付义务符合合同约定，不存在逾期支付问题。承揽合同是典型的双务合同，承揽人的报酬支付请求权与定作人的工作成果交付请求权作为该种类型合同的主要给付义务，体现了等价有偿的市场交易原则，我国原《合同法》第5条、第6条规定合同权利义务的确定必须遵循公平原则与诚实信用原则。本案中，被申请人已经验收接受申请人提交的工作成果，意味着被申请人已经接受了申请人主给付义务的履行。按照双务合同的基本原理、公平原则、诚实信用原则的基本要求，被申请人的付款义务不能免除。因此，在申请人即承揽人行使报酬支付请求权时，被申请人应当支付以上成果的设计费用。另外，根据当事人的约定，设计费的支付期限起算点开始于申请人行使报酬支付请求权之时。报酬支付请求权的行使方式不局限于提交请款通知，其提出仲裁申请也是行使报酬支付请求权的合法方式。

（四）当事人约定的每日千分之二的违约金标准是否过高问题的认定

在本案中，申请人与被申请人约定了每日千分之二的违约金，这一违约金标准是否过高？我国原《合同法》第114条（现《民法典》第585条）规定，约定的违约金过分高于造成的损失的，当事人可以请求人民法院或者仲裁机构予以适当减少。如何判断当事人约定的违约金过高，原《合同法》未能明确。为此，《最高人民法院关于适用〈中华人民共和国合同法〉若干问题的解释（二）》第29条进行了进一步明确细化。第29条第1款规定，认定违约金过高应以实际损失为基础，并考虑合同履行情况、当事人过错程度以及预期利益等因素，并作出符合公平原则与诚信原则的裁决。第2款规定，当事人约定的违约金超过造成损失的30%的，一般可以认定为原《合同法》第114条第2款规定的“过分高于造成的损失”。关于第29条规定的适用，司法实践中又存在以下几种情形：第一，以未付金额本身而非利息损失作为实际损失，结合《最高人民法院关于适用〈中华人民共和国合同法〉若干问题的解释（二）》第29条第2款所定“30%”的标准确定迟延违约金；第二，按照中国人民银行同期同类贷款利率四倍”为上限支持赔偿性违约金；第三，按照中国人民银行同期贷款基准利率的1.3倍，即以利息损失为实际损失且结合《最高人民法院关于适用〈中华人民共和国合同法〉若干问题的解释（二）》第29条第2款所定“30%”的标准确定迟延违约金；第四，完全看不出酌减违约金的思路，纯粹的“自由裁量”酌减。不管按照以上何种计算标准,本案中约定的千分之二违约金都不存在过高问题。

【结语和建议】

承揽合同中定作人的主给付义务是向承揽人支付报酬。在承揽人完成约定的工作成果,未按照约定的方式行使报酬请求权时,定作人的报酬支付请求权不消灭,定作人仍能够以提起仲裁的方式行使报酬请求权。判断承揽人履行主给付义务的标准为:工作成果合乎约定质量,并交付给定作人。承揽人交付的工作成果形式不符合约定但合乎质量时,定作人仍应按照约定支付相应报酬。公司法人的职务法律行为没有加盖法人公章时,不影响法人对该行为义务的承担。

案例编号:SXSGNZC1622539021

西安仲裁委员会　刘　红

重庆仲裁委员会就申请人对被申请人建设工程合同纠纷进行仲裁案

【案情简介】

2015 年 1 月 4 日,申请人与被申请人签订《水工保护工程承包协议》,约定被申请人将其承包的某区某段的管线水工保护措施(线路构筑物砌筑)工程(以下简称案涉工程)承包给申请人,由申请人组织人员、材料施工实行包干价,约定综合包干价为 355 元/平方米。工程完工后支付申请人总工程款的 70%,工程验收合格后支付申请人总工程造价的 27%,余下 3% 在质保期满后一次性支付申请人。合同加盖了“被申请人某区某工程项目经理部技术业务专用章”,刘某在被申请人栏签字。

案涉合同签订后,申请人组织了施工,工程于 2015 年 8 月前施工完毕。2016 年 1 月 21 日,刘某在水保保护工程费用结算清单上签署意见:被申请人已实收浆砌石挡墙工程量属实。该结算清单载明“浆砌石挡墙 $5327m^3 \times 365$ 元/m^3 = 1,891,085 元”。

2015 年 10 月 8 日,被申请人向丁公司出具委托书,该委托书载明:公司承诺施工的某区新增工业用户供气工程某段,经与贵公司协商,由贵公司将下表(略)民工工资直接支付给下表人员,特委托贵公司代为支付。委托书附表载明了包括申请人在内的 11 人工程款，其中申请人工程款为 170，000 元。2015 年 10 月 10 日，丁公司将该款支付至申请人工商银行账户。2016 年 2 月 4 日，被申请人向丁公司出具委托付款清单，该清单包括申请人等 7 人，申请人工程款为 232，598.14元。同日，丁公司将该款转账至申请人工商银行账户。其后，被申请人分公司财务余某代被申请人支付工程款 889，500 元。

2017 年 10 月 11 日，被申请人向丁公司出具承诺书，承诺未付工程款由其负责，丁公司支付的全部工程款用于支付某段工程项目涉及的施工班组及人员欠款，并附被申请人某段付款分配表，该表载明申请人班组在 2017 年 9 月 30 日会议上申报的水保工程款 1，398，987 元，该表加盖了被申请人印章。

另查明，丁公司将案涉总承包工程发包给被申请人，刘某在 2013 年以戊公司名义与被申请人签订了施工承包合同，将案涉工程转包给戊公司施工，承包范围与丁公司、被申请人约定的一致。

某区人民法院和某中级人民法院民事判决书中认定刘某为案涉总承包工程实际施工人。

2019 年 8 月，申请人根据其与被申请人签订的《水工保护工程承包协议》向重庆仲裁委员会申请仲裁，要求被申请人支付剩余应付工程款。

【争议焦点】

本案主要的争议焦点是刘某作为项目经理在合同签订及后续履行合同中行为的效力如何认定。申请人认为，案涉合同是申请人与被申请人双方签订的，被申请人是本案适格当事人。被申请人认为，案涉合同是申请人与刘某签订，被申请人没有追认合同关系，案涉合同与其无关。

【裁决结果】

被申请人于本裁决书送达之日起 10 日内支付申请人工程款及利息。

【相关法律法规解读】

原《合同法》第 52 条规定："有下列情形之一的，合同无效：（一）一方以欺诈、胁迫的手段订立合同，损害国家利益；（二）恶意串通，损害国家、集体或者第三人利益；（三）以合法形式掩盖非法目的；（四）损害社会公共利益；（五）违反法律、行政法规的强制性规定。"

《建筑法》第 29 条第 3 款规定:“禁止总承包单位将工程分包给不具有相应资质条件的单位。禁止分包单位将其承包的工程再分包。”

《最高人民法院关于审理建设工程施工合同纠纷案件适用法律问题的解释》(已失效)第 2 条规定:“建设工程施工合同无效,但建设工程经竣工验收合格,承包人请求参照合同约定支付工程价款的,应予支持。”

《最高人民法院关于审理建设工程施工合同纠纷案件适用法律问题的解释》(已失效)第 4 条规定:“承包人非法转包、违法分包建设工程或者没有资质的实际施工人借用有资质的建筑施工企业名义与他人签订建设工程施工合同的行为无效。”

【结语和建议】

厘清本案法律关系的关键是刘某作为项目经理在本案中的行为效力如何认定。针对此问题,应当从以下几个方面进行分解。

一是发包主体如何认定。案涉合同加盖了“项目经理部技术业务专用章”。项目经理部是被申请人为案涉工程设立的临时组织,项目经理部不对外独立承担责任,以项目经理部名义签署合同的相关责任应由设立人承担。

二是从案涉合同签订背景及方式来看,在自然人作为实际施工人的项目中,无论转包、违法分包还是借用资质,双方均明知该行为违法,特别是对违法发包人来说,可能面临建设业主追究违约责任以及行政处罚、资信影响等风险。所以承包双方在合同签订及履行过程中一般不会主动对外披露双方的合同关系。自然人为实际施工人时,往往是双重身份,对内是实际施工人,对外一般是项目负责人。在本案中,申请人有理由相信刘某代表被申请人签订案涉合同。根据查明的事实,刘某以戊公司名义从被申请人转包了案涉总承包工程,刘某是案涉总承包工程的实际施工人,被申请人及业主丁公司对此明知。刘某在施工、参会以及工程款拨付时,其身份均表明其不是独立的个体,而是代表被申请人。

本案还向业主单位丁公司调取了 7 份审批单,系被申请人向丁公司办理工程进度款时所用,审批单原件由丁公司持有。从审批单载明的信息来看,收款单位为被申请人,审批单“施工承包商”处加盖了案涉合同同一枚印章,经办人为刘某。能充分证明被申请人与丁公司签订建设工程施工合同后不久,长时间对外使用案涉合同加盖的项目部技术业务专用章。表明被申请人认可刘某代表其从事项目实质管理。

三是从合同实际履行来看，被申请人是否认可申请人是其下属施工主体。根据本庭查明的事实，早在案涉工程竣工前的2015年10月8日，被申请人向丁公司出具的委托付款书中，委托业主向申请人支付工程款170,000元；2016年2月4日，被申请人再次委托丁公司向申请人等人支付工程款，丁公司按委托付款清单向申请人支付了工程款232,598.14元；2017年10月2日，被申请人向丁公司出具的承诺书附件付款分配表载明包括申请人等人为其施工班组，申请人申报水保工程款金额为1,398,987元。故从被申请人支付工程款的过程来看，被申请人事实上也认可申请人为其下属水工保护工程施工主体。

因此，刘某在本案合同关系中的行为应当对被申请人发生效力，被申请人是本案的适格当事人，根据相关法律法规的规定，案涉合同属违法分包是无效合同，但案涉工程已经竣工验收合格，被申请人就应该按照合同约定支付相应工程款及利息。

本案的关键实际上是刘某作为项目经理，在本案建设工程合同关系中所进行行为的效力如何认定。被申请人在答辩意见和庭审过程中多次强调案涉合同中被申请人处加盖的印章系刘某私刻，且被申请人也没有追认合同关系，案涉合同与其无关。简单地说，被申请人认为其不是合同相对方，申请人不应该找其要工程款，而是应该找刘某索要工程款。但是，根据庭审查明的事实、仲裁庭向业主单位调取的证据及相关的法律法规可以认定，刘某在本案中对外代表被申请人进行了一系列的活动，且从多份工程进度款审批单中可以看出被申请人是认可刘某代表其从事项目的实质管理的。既然案涉合同中有刘某的签字，还加盖了被申请人项目部技术业务专用章，而项目部是被申请人为案涉工程组建的临时组织，对外不独立承担责任，相关责任应由设立人即被申请人承担，那么被申请人就应当是本案的适格当事人。另外，本案中还存在违法转包、分包行为，违反了《建筑法》第28条、第67条、《建设工程质量管理条例》第62条的规定，扰乱了建筑行业的秩序和规则，这也提醒相关企业、个人在经济活动中要遵守法律法规，共同维护好行业秩序。

案例编号：CQGNZC1600763711
重庆仲裁委员会　朱　旭

青岛仲裁委员会就申请人对被申请人网络主播演出合同纠纷进行仲裁案

【案情简介】

申请人系某弹幕网的经营者,被申请人是该弹幕网的签约网络主播。2017年11月21日,申请人与被申请人签订《合作协议》。协议第2条约定,本协议的生效即视为被申请人签约成为申请人平台独家主播,被申请人不得在任何第三方平台进行类似直播活动或签订任何类似协议。协议第5条约定,协议有效期为自签订之日起一年。协议第10条"违约责任"第2款约定,被申请人违反本协议在任何第三方平台、机构开展任何类似直播、录播活动或签订任何含有直播内容的协议,应当立即停止违约行为,并应向申请人承担违约赔偿金2,000,000.00元;该条第三款约定,本协议约定的违约金,系双方在签订本合同时已经预见到的守约方因违约方之违约行为将遭受的最低损失,发生违约情形时守约方在约定的数额范围内主张违约金或损害赔偿金的,违约方放弃主张违约金过高的权利,守约方免于就实际损失举证。但守约方主张因违约方的违约行为遭受的实际损失大于本合同约定的数额的,守约方应当举证证明其实际发生的损失。

申请人应付未付被申请人2017年11月、12月的报酬共计58,096.63元。被申请人于2017年12月27日到第三方直播平台开展直播活动。

申请人认为,被申请人在合同履行期间跳槽到第三方直播平台,属于《合作协议》约定的"在任何第三方平台、机构开展任何类似直播、录播活动或签订任何含有直播内容"的行为,被申请人应当立即停止违约行为,且应承担违约赔偿金。据此,申请人提出如下仲裁请求:(1)裁决被申请人立即停止在第三方直播平台直播的违约行为;(2)裁决被申请人继续履行与申请人之间的直播播主合作协议;(3)裁决被申请人不得在第三方直播平台以及其他任何平台提供直播服务或从事类似直播活动;(4)裁决被申请人向申请人支付违约赔偿金4,000,000.00元(含2,000,000.00元约定违约金与2,000,000.00元经济损失);(5)裁决本案仲裁费用由被申请人承担。

被申请人认为,双方合同显失公平系可撤销合同,且合同约定2,000,000.00元的违约金明显过高请求调整。双方合作期间,申请人安排被申请人进行两场商业活动未结算费用,也未结算发放2017年11月至12月的报酬。因此,被申请人提出如下仲裁反请求:(1)裁决申请人支付被申请人2017年11月至12月的报酬58,096.63元、商业活动费用40,000.00元;(2)本案的仲裁费用由申请人承担。

【争议焦点】

1. 涉案合同是否显失公平?
2. 涉案合同2,000,000.00元的约定违约金是否应予以调整?

【裁决结果】

1. 被申请人向申请人支付违约金2,000,000.00元。
2. 申请人向被申请人支付报酬58,096.63元。
3. 驳回申请人的其他仲裁请求。
4. 驳回被申请人的其他仲裁反请求。

【相关法律法规解读】

(一)关于涉案合同内容是否属于显失公平

原《合同法》第54条第1款规定:"下列合同,当事人一方有权请求人民法院或者仲裁机构变更或者撤销:……(二)在订立合同时显失公平的。"原《民法总则》第151条(现《民法典》第151条)规定:"一方利用对方处于危困状态、缺乏判断能力等情形,致使民事法律行为成立时显失公平的,受损害方有权请求人民法院或者仲裁机构予以撤销。"构成显失公平,要求一方当事人主观上意识到对方当事人处于不利情境,且有利用这一不利情境之故意。在客观上表现为双方当事人在民事法律行为中的权利义务明显失衡、显著不相称。

双方订立涉案《合作协议》时被申请人已经成年,具备完全民事行为能力,仲裁庭不能以被申请人缺乏判断能力为据认定合同显失公平。

根据2015年《最高人民法院关于适用〈中华人民共和国民事诉讼法〉的解释》第91条第2款的规定:"主张法律关系变更、消灭或者权利受到妨害的当事人,应当对该法律关系变更、消灭或者权利受到妨害的基本事实承担举证证明责任。"

但本案中被申请人未提供证据证明合同显失公平,因此仲裁庭未支持被申请人关于涉案合同显失公平并应予以撤销的意见。

(二)关于涉案合同约定的违约金是否属于应予调整的情形

原《合同法》第114条(现《民法典》第585条)规定:“当事人可以约定一方违约时应当根据违约情况向对方支付一定数额的违约金,也可以约定因违约产生的损失赔偿额的计算方法。约定的违约金低于造成的损失的,当事人可以请求人民法院或者仲裁机构予以增加;约定的违约金过分高于造成的损失的,当事人可以请求人民法院或者仲裁机构予以适当减少。”原《合同法》第4条规定:“当事人依法享有自愿订立合同的权利,任何单位和个人不得非法干预。”

原《合同法》第4条约定的合同自由原则,是指当事人在法律范围内享有完全的自由,可以按照自己的自由意志决定缔结合同关系,为自己设定权利或对他人承担义务,任何机关组织和个人不得非法干涉。合同自由具有积极和消极的双重含义。合同自由的积极含义是指在不违背法律禁止性规定的前提下,当事人可自主决定是否订立合同、与谁订立合同、订立什么内容的合同、采用何种方式订立合同等;合同自由的消极含义是指当事人自由达成的合同,虽然属于私法上的权利义务关系,但可排斥任何公权力的干涉。

本案双方在《合作协议》第10条约定,被申请人违约,应向申请人承担违约赔偿金2,000,000.00元。双方约定了“本协议约定的违约金,系双方在签订本合同时已经预见到的守约方因违约方之违约行为将遭受的最低损失,发生违约情形时守约方在约定的数额范围内主张违约金或损害赔偿金的,违约方放弃主张违约金过高的权利,守约方免于就实际损失举证”。仲裁庭认为,根据原《合同法》的合同自由原则,当事人有权在合同中对各自的实体权利在未来发生纠纷时应如何处分进行约定。在认定被申请人违约的前提下,仲裁庭找不到认定“……违约方放弃主张违约金过高的权利,守约方免于就实际损失举证”这一合同表述不成立或无效的法律依据。仲裁庭认为双方应以契约精神秉承诚实信用原则履行合同约定,因此支持了申请人要求被申请人支付违约赔偿金2,000,000.00元的仲裁请求。

【结语和建议】

本案对于市场主体有如下启示:

1. 网络主播这一特殊新兴职业群体应当增强法律意识

北京市文化市场行政执法总队网络执法队工作人员曾在接受采访时表示:网络主播普遍非常年轻,20~30岁的主播占总人数的90%以上,一部分网络主播文化程度不高,社会经验不足。目前,相当一部分网络主播从事的工作是其人生中的第一份工作,上百万元的赔偿金对大多数普通人而言都不是一个小数。

但是年轻、社会阅历浅并不应成为网络主播们任意放飞自我的理由。原《民法通则》第 11 条(现《民法典》第 18 条,原文有变动)规定,18 周岁以上的公民是成年人,具有完全民事行为能力,16 周岁以上不满 18 周岁的公民,以自己的劳动收入为主要生活来源的,视为完全民事行为能力人。在法律上属于完全民事行为能力人的任何公民,都理所应当地对自己的行为承担后果。

本案中的被申请人一方面在书面合同尚未订立时即提前展开工作,另一方面不在意自己所签订的合同条款的约束而跳槽,说明其法律意识淡薄,缺少对法律的敬畏和对所订立合同义务的重视。网络主播这一职业群体迫切需要增强自身法律意识,避免同类纠纷给自身带来的不利影响。

2. 申请人作为网络直播平台的运营方应加强对网络主播的培训,提升对网络主播的管理水平

针对本案被申请人在与申请人的合约期内,在第三方直播平台开展直播活动这一行为,一方面表明了被申请人违反了合作协议的约定,实施了违约行为,在另一方面体现了直播平台运营方对网络主播的监管还是存在不到位之处。

首先,对于网络直播平台来说,平台监管人员对平台主播进行符合企业价值观念的规则、要求等有针对性的宣传教育,对于解决平台主播在工作上的困惑、疑虑具有很大的帮助。从企业角度来讲,优秀的企业文化渗透于企业的各个领域,能够发挥不可替代的积极作用。因此,平台通过思想文化建设对平台主播进行心理与思维方式的教育,能够从根本上提升网络主播的整体素质。

其次,平台要严格按照相关法律法规及政策要求,完善平台监管措施和处罚方式,严格查处本平台主播的违法违规行为;积极进行平台自治,加强平台内对于网络主播业务活动的审核把关。

在当今信息化时代的大背景下,网络直播已然成为一个新兴产业及热门行业,但也意味着我们将要面临越来越多样化的纠纷形式。由此可见,网络直播平台的运营方加强对网络主播的培训、提升对网络主播的管理水平对于从根本上减少此类纠纷的发生是非常重要的。

案例编号:SDGNZC1612147171

青岛仲裁委员会　徐大圣

第十章　律师工作类

律师代理某房地产公司参与杨某诉其合同纠纷一审、一审重审、二审案

【案情简介】

湖南某房地产开发有限公司(以下简称某公司)成立于2007年7月3日,时有股东汪某、田某。2013年10月15日,张某受让田某全部股份成为公司股东,2014年1月21日,汪某转让部分股份给张某,公司股份结构张某占60%,汪某占40%,公司法定代表人为汪某,直至2016年8月变更为成某。

2014年9月27日,张某以某公司及汪某的名义与成某、杨某(成某和杨某系师生关系,成某系张某的债权人)四方签订一份《合作协议书》。该协议第9条约定:“基于杨某的管理经验,公司全体股东任命杨某为公司总经理,张某、汪某、成某三方同意将公司以及作为公司名下的土地上产生的纯利润的10%赠送给杨某……”第10条约定:“公司土地运作项目启动需要一定管理和协调成本,四方同意杨某可以从公司提取300万元作为相应费用(该费用仅用于协调新规划路‘人民路口至高速公路引线口路段’的关系处理,费用不够时由杨某支付,其他费用由公司承担)……”时任某公司的法定代表人及股东的汪某并未知晓该《合作协议书》,也未在该《合同协议书》上签名。

2014年10月27日,由某公司盖章,张某、成某、杨某签字的《董事、总经理任命书》,任命杨某为某公司的董事、总经理,全权负责某公司房地产开发项目的运营管理,其间某公司每月支付杨某22,000元劳动报酬。

2016年8月2日,某公司全体股东张某、汪某作出《公司股东会决议》:(1)同意增加成某等四人为某公司新股东;(2)同意股东汪某将公司股权中的出资分别转让给新增股东,全体股东同意免去汪某执行董事兼经理职务,选举成某为执行董事兼经理,同意法定代表人变更为成某。该公司股东人数由原来的2人增加到6人。

2017年10月12日,成某与杨某在某酒店,就2014年9月27日签订的《合作协议书》第10条约定的300万元关系处理费事宜进行商议。杨某将已事先起草好的某公司《股东会会议决议》和《协议书》初稿交由成某审阅签订,成某看后将《股东会会议决议》《协议书》约定的300万元“关系处理费”改为“劳动报

酬”,然后重新打印。成某以某公司及法定代表人的名义通知股东张某到酒店,在《股东会会议决议》上签了名,成某以公司法定代表人身份与杨某在《协议书》上签名,并加盖某公司公章。

该《股东会会议决议》内容为:杨某协调完成经过某公司项目的物流园2015年8月17日开工并现已通车的劳动成果,约定向杨某支付300万元劳动报酬,并由股东成某持有在某公司的股权对上述款项的支付进行质押担保,相关方与杨某签订协议……该《协议书》约定:“一、因杨某就任某公司在某公司土地开发项目总经理时协调完成经过项目的物流园路开工并通车的劳动成果约定向杨某支付300万元劳动报酬;某公司应于2017年12月31日之前支付杨某上述300万元。某公司逾期支付的,则按月利率2%向杨某支付利息,一年之内支付完……”事后,由于杨某未得到某公司支付的300万元,双方发生纠纷,故诉至法院,请求某公司支付300万元劳动报酬及利息。

2019年6月27日,一审法院判决认定杨某起诉的300万元劳动报酬的合法性没有证据佐证,判决驳回杨某的诉讼请求。杨某不服提出上诉,2019年12月24日二审法院裁定撤销原判决,发回重审。2020年6月12日,一审法院重审判决认定300万元劳动报酬系虚构事实,不予支持,驳回杨某300万元劳动报酬的请求。杨某不服再次提起上诉,二审法院判决认定300万元的约定系关系处理费,交易标的违法,也违反了公序良俗,认定该约定无效,于2020年9月1日判决驳回上诉,维持原判。

【代理意见】

律师作为本案一审、重审、二审湖南某房地产开发有限公司代理人,认为本案的争议焦点是涉案《合作协议书》《股东会会议决议》《协议书》内容是否违反法律、法规的强制性效力性规定;交易标的是否合法;协议条款约定的300万元是“关系处理费”还是“劳动报酬”;其行为是恶意串通还是虚假意思表示实施的民事法律行为。具体为:(1)2014年9月27日签订的《合作协议书》第10条约定的300万元关系处理费是否因违反法律规定而无效;(2)2017年10月12日某公司的《股东会会议决议》和同日签订的《协议书》约定的300万元“劳动报酬”性质和效力的认定;(3)若协议约定的300万元劳动报酬无效,杨某是否为善意相对人。

第一,因该《合作协议书》约定的300万元关系处理费违反法律、法规的强制性效力性规定,违背社会公序良俗,根据原《民法总则》第 153 条、第 154 条的规定,应当认定为无效。

首先,2014 年 9 月 27 日的《合作协议书》第 10 条是为了拉关系而约定的 300 万元,且协议的签订未经时任某公司法定代表人汪某签名,也未经股东会会议决议对协议约定的内容形成决议,而系杨某与成某、张某三人为了各自利益恶意串通,损害某公司利益而签订的。该《合作协议书》第 10 条明确约定 300 万元系关系处理费,违反了原《民法总则》第 153 条(现《民法典》第 153 条)法律的强制性效力性规定,违背社会公序良俗,应当认定为无效。

其次,该《合作协议书》名为四方签订,实为三方当事人,签订该合作协议的目的是实现成某与张某债转股、成某和杨某成为某公司的实际控制人的目的,即杨某成为该公司的聘任总经理,因成某和杨某系师生关系,存在共同利益,成某和张某存在债权债务关系,该合作协议约定成某通过债转股的方式成为某公司的股东,系三方恶意串通签订损害公司利益的行为。事后,某公司并未与杨某、成某存在事实合作关系,而是成某成为某公司法定代表人,杨某成为某公司总经理,杨某、成某利用其担任某公司职务便利、实际控制人地位谋取 300 万元的关系处理费,损害某公司的利益。根据原《民法总则》第 154 条(现《民法典》第 154 条)的规定,应当认定无效。

第二,2017 年 10 月 12 日制作的《股东会会议决议》和签订的《协议书》中的“劳动报酬”是从 2014 年 9 月 27 日签订的《合作协议书》中约定的 300 万元关系处理费演变而来,该等费用名为劳动报酬,实为关系处理费,其实并未召开某公司股东会形成决议,该《股东会会议决议》及《协议书》系成某和杨某之间虚假意思表示实施的民事法律行为,隐藏了交易标的违法性事实,系股东滥用职权。根据原《民法总则》第 146 条(现《民法典》第 146 条)、《公司法》第 20 条股东禁止性的规定,也应认定为无效约定。

第三,依据本案事实,无论是《合作协议书》的签订,还是《股东会会议决议》的形成和《协议书》的签订,杨某均是知情的,且是恶意串通当事人。因此,可得知杨某并非善意相对人。其主张 300 万元是名为劳动报酬,实为交易标的违法的关系处理费,其约定条款无效后,杨某不是善意相对人或者第三人,其实施的民事法律行为不受法律保护。

综上所述,《合作协议书》、《股东会会议决议》及《协议书》约定 300 万元“关系处理费”“劳动报酬”条款应当认定为无效,杨某并非善意相对人或第三人,且在担任某公司经理职务期间,某公司已付清杨某每月 22,000 元的劳动报酬。因此,杨某主张的300万元劳动报酬,实为关系处理费的诉讼请求无事实和法律依据,某公司不应当支付。

【判决结果】

二审判决驳回上诉,维持原判。

【裁判文书】

二审法院认为,本案的争议焦点为,被上诉人(某公司)是否应向上诉人(杨某)支付300万元,并支付相应的利息。二审法院认为:(1)2014年9月27日杨某作为丁方与被上诉人成某(丙方)、案外人张某(甲方)签订了《合作协议书》,时任某公司法定代表人的汪某作为乙方列入该合同,但未在该合同上签字,该合同加盖了某公司的公章。该合同因缺乏汪某的签字,且对于300万元关系处理费的约定违反相关法律规定,也违反了公序良俗,应认定该约定无效。(2)2017年10月12日,被上诉人(某公司)作为甲方,上诉人(杨某)作为乙方,案外人贾某作为丙方,被上诉人(成某)作为丁方签订《协议书》,该协议书约定的300万元劳务费实际就是《合作协议书》内约定的"300万元关系处理费",前述约定已确认无效约定,且杨某对此知情,并非善意第三人。同时杨某系某公司聘请的总经理,并领取了相应的工作报酬,其所开展的一切工作也系其职责所在,杨某额外主张劳务报酬没有依据。因此,一审判决对上述300万元费用及利息不予支持并无不当。

综上所述,二审法院认为,上诉人(杨某)的上诉请求不能成立,应予驳回;一审判决认定事实清楚,适用法律正确,应予支持。判决驳回上诉,维持原判。

【案例评析】

1.《合作协议书》的签订是否构成表见代理

根据原《合同法》第49条及原《民法总则》第172条(现《民法典》第172条)的规定,表见代理是指行为人没有代理权、超越代理权或者代理权终止后,仍然实施代理行为,相对人有理由相信行为人有代理权的,代理行为有效。对表见代理的理解是,代理人虽然没有代理权,但第三人在客观上有理由相信其有代理权而与其实施的民事法律行为,该民事法律行为的后果由被代理人本人承担。

依据本案的事实,张某为某公司股东,且持有公司公章,其未经法定代表人同意和许可,或者公司股东会决议授权,以公司名义与成某、杨某签订该《合作协议书》,成某、杨某有理由相信其有代理权。因此,构成表见代理。

2.《合作协议书》内容约定的300万元关系处理费条款因违反法律规定应当认定为无效

根据原《合同法》第56条及原《民法总则》第156条(现《民法典》第156条)的规定,合同部分无效,不影响其他部分效力的,其他部分仍然有效。依据本案事实,由于《合作协议书》约定的300万元关系处理费,其交易标的具有违法性,扰乱社会正常的交易秩序,败坏社会风气,违背社会公序良俗,二审法院判决认定该约定违反法律、法规强制性效力性规定及违背社会公序良俗而认定该部分条款无效,是正确的。

3. 公司股东会决议的效力

《公司法》第22条第1款规定:"公司股东会或者股东大会、董事会的决议内容违反法律、行政法规的无效。股东会或者股东大会、董事会的会议召集程序、表决方式违反法律、行政法规或者公司章程,或者决议内容违反公司章程的,股东可以自决议作出之日起六十日内,请求人民法院撤销。"本案中,涉案《股东会会议决议》其一,未经召开股东会会议,是某公司法定代表人成某滥用职权与第三人杨某虚假制作。其二,涉案《股东会会议决议》内容第一条涉及的"300万元劳动报酬"系从《合作协议书》约定的"300万元关系处理费"演变而来,是名为劳动报酬,实为关系处理费的违法行为。为此,该《股东会会议决议》内容违法,自始无效。

4. 依据无效的《股东会会议决议》签订且相对人明知的《协议书》效力

根据原《合同法》第52条第2项及原《民法总则》第154条(现《民法典》第154条),行为人与相对人恶意串通,损害他人合法权益的民事法律行为无效。本案中,杨某与成某利用某公司实际控制人的职权便利通谋制作虚假的《股东会会议决议》,据以此签订《协议书》将实为关系处理费转化为劳动报酬,对此,杨某作为协议相对人是明知的,系恶意相对人,而非善意第三人。因此,二审法院认定《协议书》约定的300万元条款无效,杨某并非善意第三人,是符合法律规定的。

5. 以虚假意思表示签订的《协议书》效力

根据原《民法总则》第146条第1款(现《民法典》第146条第1款),行为人与相对人以虚假的意思表示实施的民事法律行为无效。虚假意思表示是指行为人与相对人都知道自己所表示的意思并非真意,通谋作出与真意不一致的意思表示。本案中,杨某、成某明知300万元为关系处理费,而以通谋、虚假的意思表示为劳动报酬,共同制作一份虚假的《股东会会议决议》,并签订一份《协议书》,将《合作协议书》约定的"300万元关系处理费"合法化,隐藏了违法交易标的的真实性。杨某和成某所制作的《股东会会议决议》和签订的《协议书》,是以虚假意思签订,应当认定为无效民事法律行为。

【结语和建议】

本案法律关系复杂,涵盖法律内容较多,存在普通法和特别法的交叉适用。本案涉及多种民事法律行为无效的情形:一是民事法律行为违反法律、法规强制性规定的无效,二是民事法律行为违背社会公序良俗的无效,三是行为与相对人以虚假意思表示实施的民事法律行为无效。无效的民事法律行为是指民事法律行为欠缺有效要件,从而不能发生当事人意思表示相应的法律效力。法律规定民事法律行为无效的目的,首先是倡导民事主体实施民事法律行为时遵守法律、行政法规的规定,不得违背社会公共秩序和逾越社会存在和发展最基本的道德底线和良好风俗习惯;其次,民事主体实施民事法律行为应诚实守信,不得实施虚假意思表示,滥用民事权利实施不正常的交易行为。但认定民事法律行为无效需要有充分的证据证明。

同时,建议民事主体在交易过程中本着诚实、真实的意思表示实施民事法律行为,不得滥用民事权利,损害他人合法权益。

案例编号:HNXLGLD1606706729

湖南紫鑫律师事务所律师　张树清　张　秀

律师代理刘某甲诉继母刘某、同父异母妹妹温某、刘某甲父亲继子刘某乙继承纠纷一审案

【案情简介】

刘某甲的父亲刘父于2019年8月去世,去世后留下了房产、古董等财产,刘某甲和继母刘某及刘父与第一任妻子吴某某所生女儿温某就有关遗产问题达成了分配协议。协议签订后,温某、刘某未按照遗产分配协议的约定履行协助刘某甲办理房产过户手续。2020年1月,刘某甲依法提起诉讼,要求刘某与温某协

助自己办理不动产转移登记手续。河北省唐山市丰南区人民法院受理后，进行了第一次开庭审理，庭审中温某提出刘父的第三任妻子任某某（已离婚多年）的儿子刘某乙是刘父继子，从小与刘父共同生活，属于法定继承人，原定遗产分配协议遗漏了继承人。此后，刘某乙主动申请参加诉讼，以刘某乙与刘父形成了有扶养关系的继父子关系，要求依法继承刘父财产。

【代理意见】

律师代理刘某甲发表如下代理意见。

（一）本案被告刘某乙不应分得被继承人刘父的遗产

1. 刘某乙与刘父之间的姻亲关系已解除，不存在法律意义上的继父子关系，不应享有继承权

依据我国目前法律的规定，继子女对继父母享有继承权建立在继父母之女之间的权利义务并没有消灭的基础上。"有扶养关系的继子女"所适用的是针对仍然存在婚姻关系的继父母和继子女之间，既然继子女与继父母的姻亲关系已随着婚姻关系的结束而消灭，则继子女的生父母与配偶离婚后，便不存在所谓的"继子女"和"继父母"的称谓了，更谈不上适用"有扶养关系的继子女"的法律规定。

继父母子女之间的关系，是以继子女的生父母与继父母的婚姻为前提的，是一种拟制血亲关系。刘某乙生母与被继承人刘父离婚后，其与刘父之间的姻亲关系已解除，换言之，刘某乙生母与被继承人刘父离婚后，刘某乙与刘父已不属于法定意义上的继父子关系，故刘某乙无权再继承刘父的遗产。原《婚姻法》第27条第2款（现《民法典》第1072条第2款）指的是继父母子女的关系存在时，即继父母和亲生父母之间的婚姻关系存在时，相互之间适用父母子女之间的关系，该规定并不当然包括继父母子女关系不存在时，相互之间仍然有相互继承遗产的权利。该规定也不能当然理解为包括现在已经不是继父母子女关系，而曾经形成扶养关系的继父母子女之间有相互继承遗产的权利。

2. 刘某乙没有赡养被继承人，与被继承人刘父不存在法定的扶养关系，不应享有继承权

在我国的民法体系中，分别有"抚养""赡养""扶养"3种看似相近相关的法律关系。"抚养"是父母对未成年子女所负有的法定义务；"赡养"是成年子女对年老父母所负有的法定义务；而"扶养"的内涵则相对更加丰富，在法律条文中，

它主要用于两处:一是特定情况下所指的夫妻之间互相扶助照顾的义务,二是判定继父母与继子女之间是否互有继承权时的"扶养关系"。故而"扶养"应涵盖了"抚养"和"赡养"两项内容。在继父母与继子女的"扶养"关系上理解为此处的"扶养"包含"抚养"和"赡养"两项内容,更符合法律对继父母与继子女之间享有继承权所设定的限制要求。由于继父母与继子女之间原本缺乏血缘作为继承关系的纽带,故而法律要求他们之间的关系要"拟制"达到亲生父母与子女之间关系的相应程度时,继子女才能继承继父母的遗产。亲生父母与子女之间的法定义务恰恰以父母对未成年子女的抚养义务与成年子女对老年父母的赡养义务为主体。故应将法律要求继父母与继子女之间的"扶养"关系,理解为包含继父母对继子女的"抚养"和继子女对继父母的"赡养"。本案中,只有刘父对刘某乙进行了"抚养",但刘某乙没有对刘父进行"赡养",双方不存在法律真正意义上的"扶养关系",刘某乙不应享有继承权。

退一步讲,即使认定刘某乙与刘父二人曾经存在扶养关系,因刘某乙与刘父为拟制血亲关系,刘父与刘某乙生母的离婚,刘某乙不再与刘父共同生活,事实上造成拟制血亲关系的中断;而且刘某乙成年后对刘父未履行任何赡养义务,也应认定刘父与刘某乙之间的扶养关系结束,在继承发生时,双方不存法定的扶养关系,刘某乙不应享有继承权。

3. 1986 年《最高人民法院关于继母与生父离婚后仍有权要求已与其形成抚养关系的继子女履行赡养义务的批复》(以下简称《履行赡养义务的批复》)是继父母向曾被其抚养成人的继子女要求赡养扶助的依据,不是本案刘某乙作为曾受继父抚养成人的继子在继父与生母离婚后继承继父遗产的依据

最高人民法院《履行赡养义务的批复》的出发点是基于继父母曾经对继子女尽到了抚养照顾的义务,如果明确离婚之后继父母不能得到前继子女的照顾,有悖于公平合理和权利义务一致的法理。该批复是针对赡养老人的案例而言,与原《中华人民共和国继承法》(以下简称《继承法》)规定的继子女与继父母之间的继承权并非基于同一法律基础。该批复是继父母向曾被其抚养成人的继子女要求赡养扶助的依据,不是本案这种继父与生母离婚后曾受继父抚养成人的继子继承继父母遗产的依据。因此,该批复对本案不具有指导意义。

4. 认定刘某乙享有继承权违背意思自治原则

继父母对继子女来说是血亲的配偶,继子女对继父或继母来说是配偶的血亲,属于姻亲。即便继父母不与继子女的生父母离婚,也很少有将自己的财产留给继子女的,更别说在与继子女的生父母离婚后,就更没有将自己的财产留给原

继子女的意愿了。如果继父母愿意将自己的财产遗赠给原继子女,可以订立遗嘱,方能体现被继承人的意思。本案中庭审证据显示,刘父生前没有留下给刘某乙遗产的遗嘱,而被继承人刘父与刘某乙的母亲任某某离婚时二人夫妻感情已经破裂,双方为了财产争议很大,非常不愉快。自二人离婚至今十多年的时间内,刘某乙与刘父无任何联系,未承担过赡养义务,没有感情基础。因此,按照常人思维,被继承人刘父不会愿意把自己的遗产留给刘某乙,如果认定刘某乙享有继承权,也违背了当事人意思自治原则。

5. 认定刘某乙享有继承权有违民法公平合理和权利义务对等的基本原则

本案中,如认定刘父在与刘某乙的生母任某某离婚后,刘某乙仍可以继承被继承人的遗产,所产生的最大问题在于,抚养教育继子女的刘父,尽到了抚养照顾刘某乙的义务,但离婚后随着姻亲关系的消灭,刘某乙与刘父不再来往,更没有主动尽到赡养刘父的义务,若刘父去世后遗产反而可以由刘某乙继承,无论对于曾经对刘某乙幼时尽到了抚养义务的刘父而言,还是对于对刘父尽了主要赡养义务的亲生子刘某甲而言,显然都是不公平的,也完全违背了民法的公平合理和权利义务对等的精神和原则。

6. 即使认定因被继承人刘父对被告刘某乙曾经有抚养教育的事实而确定刘某乙有权继承刘父的遗产,因刘某乙没有赡养被继承人刘父,也不应分得遗产

根据原《继承法》第 13 条(现《民法典》第 1130 条),对被继承人尽了主要扶养义务或者与被继承人共同生活的继承人,分配遗产时,可以多分。有扶养能力和有扶养条件的继承人,不尽扶养义务的,分配遗产时,应当不分或者少分。本案中,刘某乙作为一个继子女在幼时受到刘父的抚养,就有义务对年老的刘父进行赡养。但是,自刘某乙母亲与刘父离婚后,刘某乙与刘父没有任何联系,在刘父年老时未尽到任何赡养义务,如今刘某乙没有证据证明其不具有赡养能力和赡养条件,也没有证据证明其曾经对刘父进行赡养,因此不应分得被继承人的遗产。

综上所述,无论从哪个角度,刘某乙都不应分得刘父的遗产。

(二)原告刘某甲的诉讼主张合法有据,应予支持

本案中,原告刘某甲作为唯一在被继承人身边与被继承人生活的亲生子女,在被继承人生前一直尽其所能对被继承人予以身心的照顾,在被继承人去世后为其办理了后事,尽到了主要的赡养义务。根据原《继承法》第 13 条规定,对被继承人尽了主要扶养义务或者与被继承人共同生活的继承人,分配遗产时,可以多分。鉴于本案被告人刘某乙不应分得被继承人的遗产,在被继承人去世后,原

告与被告温某、刘某达成了遗产分配协议,是三方真实意思表示。原告按照遗产分配协议要求该二人配合办理过户手续合法有据,应予支持。

【判决结果】

河北省唐山市丰南区人民法院判决支持了原告刘某甲的诉讼请求,判决被告刘某、温某于判决生效之日起5日内协助原告办理位于河北省唐山市丰南区丰南镇某街某号房产的不动产产权变更登记手续。

【案件结果概述】

河北省唐山市丰南区人民法院(2020)冀0207民初1号民事判决书

唐山市丰南区人民法院判决支持了原告刘某甲的诉讼请求,判决被告刘某、温某于判决生效之日起5日内协助原告办理位于唐山市丰南区丰南镇某街某号房产的不动产产权变更登记手续。

【案例评析】

判断继父母与继子女之间是否享有继承权,以是否形成“扶养关系”为标准,而“扶养”一词是指相互扶助之意,对双方而言既是权利又是义务,故而原《继承法》上的扶养关系应包括抚养和赡养两项内容。由于继父母与继子女之间原本缺乏血缘作为继承关系的纽带,故法律要求他们之间的关系要“拟制”达到亲生父母与子女之间关系的相应程度时,继子女才能继承继父母的遗产。亲生父母与子女之间的法定义务恰恰以父母对未成年子女的抚养义务与成年子女对老年父母的赡养义务为主体。故应将法律要求继父母与继子女之间的“扶养”关系,理解为包含继父母对继子女的“抚养”和继子女对继父母的“赡养”。本案中,只有刘父对刘某乙进行了“抚养”,但刘某乙没有对刘父进行“赡养”,双方不存在法律真正意义上的“扶养关系”。

【结语和建议】

继子女对继父母是否具有法定继承人资格,以是否存在扶养关系为判断标准。在判断是否存在扶养关系时,应根据案件具体情况综合进行判断,实践中对此类案件的认定存在很大争议。建议承办此类案件时应对“扶养关系”的事实是否存在进行充分举证确定，同时对相关法律法规、司法解释及司法判例进行详细了解，就“扶养关系”的法理理解和事实判断进行充分论证、说明，为法官依法裁判提供明确的思路和充分的依据。

案例编号：HBLGLD1606791572

河北燕南律师事务所　张景黎

律师代理工伤受害人江某诉某医疗保险基金管理中心先予支付工伤保险待遇行政诉讼一审、二审案

【案情简介】

2011 年 11 月，江某到商贸公司从事低温奶业务员工作，商贸公司未为江某参加职工工伤保险并未缴纳工伤保险费。2014 年 3 月 18 日 10 时 20 分，江某前往市区超市送货途中，与货车发生碰撞致伤，后经交警认定，江某对该交通事故不负责任。

2015 年 6 月 24 日，经某人力资源和社会保障局宜认字（2015）292 号工伤认定书认定，江某受到的伤害属于工伤认定范围并被认定为工伤。2016 年 5 月 20 日，经某劳动能力鉴定委员会宜工鉴字（2016）388 号因工负伤劳动能力鉴定结论书认定，江某劳动功能障碍程度鉴定为伤残九级。

2017 年 1 月 5 日，经某劳动人事争议仲裁委员会［宜劳人仲裁字（2016）第 190 号］裁决书裁决，商贸公司应当支付江某住院伙食补助费 2300 元、护理费 12,116.4 元、停工留薪期工资 27,030.06 元、伤残鉴定费 280 元、一次性伤残补助金 40,545.09 元、一次性工伤医疗补助金 23,706 元、一次性伤残就业补助金 39,510 元；裁决确认江某与商贸公司于 2016 年 9 月 14 日解除劳动关系。该裁决于 2017 年 2 月 6 日生效。

2017 年 2 月 7 日，江某就上述裁决向某区人民法院申请强制执行。因江某未能提供商贸公司有可供执行的财产线索，执行法院依法调查也未查找到商贸公司有可供执行的财产，2017 年 8 月 22 日，执行法院向江某下达了执行裁定书，裁定终结宜劳人仲裁字（2016）第 190 号裁决书的本次执行。

2017 年 9 月 22 日，江某向某医疗保险基金管理中心递交申请请求先行支付工伤保险待遇。2017 年 11 月 28 日，某医疗保险基金管理中心向江某下发《关

于江某申请先行支付工伤保险待遇的答复》指出:第一,江某的用人单位已无主体存在,社保部门无法履行先行支付基金的追缴义务,国家尚无在用人单位主体不存在的情况下是否先行支付的相关规定;第二,《工伤保险条例》第62条第2款、第3款规定:“依照本条例规定应当参加工伤保险而未参加工伤保险的用人单位职工发生工伤的,由该用人单位按照本条例规定的工伤保险待遇项目和标准支付费用。用人单位参加工伤保险并补缴应当缴纳的工伤保险费、滞纳金后,由工伤保险基金和用人单位依照本条例的规定支付新发生的费用。”综上所述,目前我中心无法支付江某申请的各项工伤保险待遇。

律师于2018年1月2日代理江某向某区人民法院提起行政诉讼,请求撤销某医疗保险基金管理中心作出的《关于江某申请先行支付工伤保险待遇的答复》,并先予支付工伤保险待遇。

某区人民法院于2018年3月22日作出(2018)皖0802行初1号行政判决书,认为:第一,职工发生工伤后,若因用人单位未参保导致不能从工伤保险基金中享受保险待遇,则由用人单位向其支付工伤保险待遇,用人单位是赔偿主体;如果用人单位拒绝承担赔偿责任,为了维护工伤职工的合法权益,由工伤保险基金先行支付,再由社保经办机构向用人单位追偿。第二,因法院出具的终结本次执行程序的执行裁定书比中止执行文书更能表明江某难以获得工伤保险待遇,符合先行支付的情形。第三,某市医疗保险基金管理中心没有履行向用人单位书面催告的义务,且作出答复时间超过《社会保险基金先行支付暂行办法》第7条规定的期限,行政程序违法。

2018年4月17日,某医疗保险基金管理中心就此案向某市中级人民法院上诉。2018年7月3日,某市中级人民法院二审判决驳回上诉,维持原判。

判决生效后,律师代理江某向某医疗保险基金管理中心提出先行支付工伤保险待遇的要求,某医疗保险基金管理中心依法支付了江某工伤保险待遇5万余元。

【代理意见】

1.本案中,某医疗保险基金管理中心作出的《关于江某申请先行支付工伤保险待遇的答复》没有依据《社会保险基金先行支付暂行办法》第7条、第8条的规定向用人单位发出书面催告通知也没有先行支付工伤保险待遇,同时所出具的《关于江某申请先行支付工伤保险待遇的答复》超过《社会保险基金先行支付暂行办法》第9条规定的决定期限。因此,可以证明行政行为违法且所作出的上述答复没有相应的证据支持。

2. 2017年《民事诉讼法》第256条规定了适用中止制度的情形,其中第5项规定“人民法院认为应当中止执行的其他情形”。在执行实践中,当义务人无财产可供执行时,执行法官便行使自由裁量权,将此情形认为是“人民法院认为应当中止执行的其他情形”,作出执行中止的裁定;本案执行裁定书即为此情形。同时,法院出具的《终结本次执行裁定书》中明确“待发现被执行人有财产可供执行时即申请执行”。因此,《终结本次执行裁定书》是《社会保险基金先行支付暂行办法》第6条第2款第3项规定的“中止执行文书”。

3. 工伤保险基金先行支付工伤保险待遇是法律赋予保障公民在工伤情况下依法从国家和社会获得物质帮助的权利。该项权利不以主观意志的变化而改变,因此某医疗保险基金管理中心以“工伤保险待遇先行支付后无法追偿”为由,拒绝先行支付明显没有法律依据。

【判决结果】

一审判决:

1. 撤销某医疗保险基金管理中心于2017年11月28日作出的《关于江某申请先行支付工伤保险待遇的答复》;

2. 某医疗保险基金管理中心履行先行支付江某工伤保险待遇的法定义务,具体项目和数额由某医疗保险基金管理中心依法核定;

3. 驳回江某的其他诉讼请求。

二审判决:驳回上诉,维持原判。

【裁判文书】

二审法院认为,本案争议焦点是上诉人某医疗保险基金管理中心作出的《关于江某申请先行支付工伤保险待遇的答复》是否合法、上诉人是否应当先行支付工伤保险待遇、一审判决是否正确的问题。根据《中华人民共和国社会保险法》(以下简称《社会保险法》)第41条规定:“职工所在用人单位未依法缴纳工伤保险费,发生工伤事故,由用人单位支付工伤保险待遇。用人单位不支付的,从工伤保险基金中优先支付。从工伤保险基金中先行支付的工伤保险待遇应当由用人单位偿还。用人单位不偿还的,社会保险经办机构可以依照本法第六十三条的规定追偿。"《社会保险基金先行支付暂行办法》第6条第2款第3项规定,职工被认定为工伤后,依法经仲裁、诉讼后仍不能获得工伤保险待遇,法院出具中止执行文书的,职工或者近亲属可以持工伤认定书和有关材料向社会保险经办机构书面申请先行支付工伤保险待遇。从上述规定可以看出,职工所在用人单位未依法缴纳工伤保险费的,职工或者近亲属申请先行支付工伤保险待遇,应当满足以下条件:(1)认定工伤后,用人单位不支付工伤保险待遇;(2)应提供经仲裁、诉讼后仍不能获得工伤保险待遇,法院出具的中止执行文书等相关材料;(3)职工工伤等情况应当满足相应的其他要求。工伤保险待遇先行支付制度的意义在于,在用人单位不支付工伤保险待遇的情况下,对工伤职工及时予以救助。同时,社会保险经办机构先行支付工伤保险待遇后,可向用人单位追偿。对于上诉人认为本案中止执行文书不符合先行支付的条件问题,因某区人民法院(2017)皖0802执117号之一执行裁定载明:"裁定终结宜劳人仲裁字(2016)第190号裁决书的本次执行程序,待发现被执行人有财产可供执行时即申请执行,再次申请执行不受申请执行期限的限制。"故该执行裁决属于中止裁定。本案上诉人作出的《关于江某申请先行支付工伤保险待遇的答复》不符合上述法律、法规规定,一审判决撤销上诉人作出的《关于江某申请先行支付工伤保险待遇的答复》,并判决先行支付被上诉人工伤保险待遇的法定义务正确,依法应予维持。上诉人的上诉理由依法不能成立,其上诉请求不予支持。据此,依照《行政诉讼法》第89条第1款第1项的规定,判决如下:

驳回上诉,维持原判。

二审案件受理费50元,由上诉人某医疗基金管理中心负担。

本判决为终审判决。

【案例评析】

《社会保险法》首次确立了社会保险先行支付制度,目的是保障公民在遭受疾病、工伤等困境时从国家和社会获取帮助的权利实现。《社会保险基金先行支付暂行办法》明确规定了社会保险待遇先行支付的具体条件和程序。《社会保险法》自2011年7月1日起施行后,所有没有获得相应工伤保险待遇又符合先行支付条件的公民,都有获得社会保障的权利。

当事人工伤后,在用工单位逃避赔偿或者无财产可供执行的情况下,如何有效维护当事人的合法权益,这是一个难题。承办律师认真分析了社会保险有关的法律、法规和规章，没有先行支付先例的情况下，向社会保险经办机构提出申请，后诉讼请求得到了法院的支持，最大限度地维护了委托人江某的合法权益，取得了良好的社会效果。

【结语和建议】

应做好普法宣传，促进劳动者的维权意识和用人单位依法用工的法律意识，充分保障自身的合法权益。

案例编号：AHLGLD1547017870

安徽皖宜律师事务所　陶安平

律师受委托为涉嫌逃税罪被告人朱某某进行二审辩护案

【案情简介】

朱某某同蔡某某、孙某某合伙开发建设商品房。2011 年 8 月至 10 月 10 日朱某某让其财会人员田某某以某房地产公司项目部为纳税人向地税局纳税申报销售不动产营业税、城市维护建设税、印花税共计 120,688.96 元，申报后没有缴纳税款。事后便停止纳税申报。

2011 年 1 月 1 日至 2014 年 4 月 30 日朱某某、蔡某某、孙某某、靖某某销售商品楼，应纳销售不动产营业税、城市维护建设税、印花税共计 1,320,045.26 元。其中 2012 年 10 月朱某某退伙后，蔡某某单独销售的房屋应纳销售不动产营业税、城市维护建设税、印花税合计 80,788 元；靖某某建设销售的 1 号楼，应纳销售不动产营业税、城市维护建设税、印花税合计 126,355 元。2011 年 1 月 1 日至 2012 年 10 月朱某某退伙前，朱某、蔡某、孙某共同应纳销售不动产营业税、城市维护建设税、印花税合计 1,112,902.26 元。朱某某退伙前，逃税数额，即少申报销售不动产营业税、城市维护建设税、印花税 992,213.30 元。

税务局稽查局于 2015 年先后通过电视台公告向朱某送达《税务处理决定书》《税务行政处罚事项告知书》《税务行政处罚决定书》。《税务处理决定书》认定应缴销售不动产营业税 1,359,629 元、城市维护建设税 67,981 元、教育费附加 40,789 元、地方教育费附加 27,193 元、印花税 13,596 元、个人所得税

1,127,338 元、土地增值税 1,386,209 元,应纳税费总额为 4,022,735 元。朱某某明知税务机关已经通知其纳税而拒不履行纳税义务,并潜逃。朱某某于 2017 年到公安机关投案,如实供述自己的罪行。

一审认定朱某某为纳税人之一,应承担逃税罪法律责任,判处 3 年 6 个月有期徒刑。律师接受朱某某委托,担任其逃税罪的二审刑事辩护人。

【代理意见】

(一)挂靠经营中纳税主体认定决定犯罪主体

《中华人民共和国营业税暂行条例实施细则》(现已失效)和《财政部　国家税务总局关于全面推开营业税改征增值税试点的通知》(财税〔2016〕36 号)附件 1 均规定:"单位以承包、承租、挂靠方式经营的,承包人、承租人、挂靠人(以下统称承包人)以发包人、出租人、被挂靠人(以下统称发包人)名义对外经营并由发包人承担相关法律责任的,以发包人为纳税人。否则,以承包人为纳税人。"

通过证据体现某房地产公司出具的情况说明能够证实:2011 年至 2014 年其公司在犯罪地没有房地产开发项目。而朱某并未提供合同等相关证据证明其与房地产开发有限公司存在挂靠关系。证据无法证实朱某某等开发商品房属于挂靠房地产公司开发的项目。朱某某等建设商品房不构成挂靠。因此,朱某某等不能将责任推向某房地产开发公司,且以自己的名义经营的,亦应以自己的名义为纳税人,逃避缴纳税款应承担独立的法律责任。

(二)税务处罚决定书的法律地位决定罪轻辩护非无罪辩护

税务处罚决定书在《刑法》第 201 条中为追究刑事责任的前置条件,在没有推翻行政行为之前,此处罚决定书为移送刑事程序的先决因素,纳税人基于此一般不会在刑事案件中构成无罪的辩护。除非通过行政诉讼或税务处罚决定书的送达程序上突破从而推翻税务处罚决定书。

本案中确实存在通过地方电视媒体送达的行为,但通过证据可以看到经朱某某的财务人员证实,已经告知朱某某税务处罚决定书已经公告,而朱某某仍潜逃,说明朱某某已经知晓税务处罚决定书的生效。朱某某没有按期接受行政处罚,不能构成《刑法》第 201 条刑事阻却条件。至于税务机关送达的程序,目前法律规定可以公告送达,并未禁止电视媒体送达,仍应以本人是否能够知晓为标准。

（三）逃税罪量刑与逃税占比认定决定刑期

1. 逃税罪量刑标准有明确法律规定

根据《刑法》第201条第1款，纳税人采取欺骗、隐瞒手段进行虚假纳税申报或者不申报，逃避缴纳税款数额较大并且占应纳税额10%以上的，处3年以下有期徒刑或者拘役，并处罚金；数额巨大并且占应纳税额30%以上的，处3年以上7年以下有期徒刑，并处罚金。在没有能力补缴税款符合判处缓刑的前提下，律师应选择罪轻辩护，否则刑期不能突破3年基准刑。

2. 认真计算逃税数额占应纳税额的比例成为突破3年基准刑的方法

在朱某某逃税额占应纳税额比例计算过程中，一是要考虑退伙之前参与偷逃税款的数额；二是逃税的数额与应纳税额均不包括非税收入即教育附加和地方教育附加，应将此数额剔除；三是逃税的数额系主观具有偷逃故意的行为，此部分才符合税务处罚中罚款的基数，而不是应纳税额。应纳税额由于实体税法各税种申报缴纳的个别要求不同，故不能完全确定为偷逃，有些只能确定为应纳未纳逃税数额，或未申报数额。

因此，应纳税额为4,022,735元减去教育附加费用40,789元和地方教育附加27,193元及朱某某退伙后蔡某某应纳税款80,788元、靖某某应纳税款126,355元，结果为3,747,610元。朱某某在退伙前应承担逃税数额为120,688.96元减去已经申报的数额，结果为992,213.30元。992,213.30元占3,747,610元的26.48%。显然经过仔细的测算应适用3年以下有期徒刑。加上本人还有自首的情节，可以减轻处理。

【判决结果】

二审法院改判：

撤销一审定罪部分，将一审判处3年6个月，罚金10万元，改判为1年8个月，罚金5万元。

【裁判文书】

原审判决认定上诉人朱某某同蔡某某、孙某某合伙开发建设某小区商品房并对外销售的事实及在销售某小区商品房中偷逃税款的事实成立。认定朱某某逃税数额992,213.30元准确。偷税数额占应纳税额的百分比，是指一个纳税年度中的各税种偷税总额与该纳税年度应纳税总额的比例。在销售华兴名苑商品房过程中,《税务处理决定书》认定应缴销售不动产营业税1,359,629元、城市维护建设税67,981元、教育费附加40,789元、地方教育费附加27,193元、印花税13,596元、个人所得税1,127,338元、土地增值税1,386,209元,应纳税、费总额为4,022,735元。朱某某应纳税总额应当认定为3,747,610元,即在上述4,022,735元中,减去教育费附加40,789元、地方教育费附加27,193元及朱某某退伙后蔡某某应纳税款80,788元、靖某某应纳税款126,355元。综上所述,朱某某逃税额占应纳税总额的比例是26.48%。原判以朱某某逃税数额992,213.30元,占应纳销售不动产营业税、城市维护建设税、印花税的89.15%为由,认定逃税额占应纳税总额的30%以上错误。二审予以纠正。

二审法院认为,上诉人朱某某与他人在未经有关单位批准的前提下,开发建设并销售某小区商品房,取得经营收入,负有纳税义务,税务机关处罚主体准确。朱某某逃税数额巨大,构成逃税罪。朱某某提出其挂靠某房地产开发公司,不负有纳税义务的上诉理由,无事实根据,不予支持。原判以朱某某逃税数额巨大,且占应纳税总额30%以上确定朱某某的刑罚幅度不当,二审应予改判。辩护人提出的相关辩护意见,予以采纳。朱某某具有自首情节,可予从轻处罚。

【案例评析】

此案件具有很强的财税案例的代表性,改变以往税收征管类逃税案件无罪辩护的思路,拓宽律师代理方法。此案例得到很多税法研究同行的认可。

如何将税法知识运用到刑事案件辩护中,将行政法与刑法、税收实体法结合,才是此案件代理成功的关键。应深入挖掘税务案件代理思路,细心发现每个可能被突破的环节,培养对税务数字敏感的能力,用一种工匠精神代理每一起案件。

【结语和建议】

本案涵盖了刑事责任和行政责任交叉的法律问题,由于逃税罪在税收征管类犯罪中的特殊性,行政处罚作为前提条件,在研究这类法律问题时,关系到行政处罚和处罚前稽查程序,在证据体现中为稽查报告的内容。对于财税类案件的相关数字需要进行研判,相关的增值税(营业税)、土地增值税等税种,以及非税收入的法律界定和税种的纳税申报期均决定是否构成偷逃税款的主观定性因素,还会成为滞纳金、罚金的计算标准。

税收类法律法规纷繁复杂,代理或辩护这类税收案件,应全方位研判案件的细节和每个税种的差异性,结合行政法律规定与刑事案件的衔接全面研究。

案例编号:HLJLGLD1586344881

黑龙江秋言律师事务所　刘　莉

律师代理某建设集团诉某置业公司建设工程施工合同纠纷二审案

【案情简介】

承包人江苏省某建设集团股份有限公司(以下简称承包人)诉称:2004 年 12 月 20 日,承包人欲承包新疆水清木华精品社区工程,向发包人新疆某置业投资有限公司(以下简称发包人)出具《关于承建新疆水清木华精品社区工程的承诺书》,承诺若能中标则将案涉工程作为重点项目,在“人、财、物”等方面充足保障。

2005 年 4 月 9 日,发包人将案涉工程发包给承包人施工,双方签订建设工程施工合同即非备案合同一份:工程总投资额 1.5 亿元;承包人施工至主体框架结构封顶之后 3 日内,发包人支付已完工程量 80% 的工程款;工程主体框架结构封顶后,发包人按月工程进度支付承包人实际完成工程量 80% 的工程款;工程竣工后 20 日内工程款支付至工程总价的 85% ;审定决算后 28 天内发包人将工程款支付至工程审定决算价的 95% ;5% 余款作为工程保修金。

2005 年 5 月 24 日至 6 月 7 日,承、发包双方陆续签订 4 份《建设工程施工合同》,并到建设管理部门备案;2005 年 11 月,发包人向承包人发出《中标通知书》。

2006 年 1 月 4 日,因发包人迟延支付已完工程的进度款,承、发包双方签订第一份《补充协议》,发包人保证在 2006 年 3 月 20 日前支付承包人工程款 7300 万元,具体分期付款如下:(1)发包人 2006 年 1 月 25 日前必须保证给承包人支付工程款 3000 万元,如不能按时给付,差额部分发包人自 2006 年 1 月 25 日起按每日千分之五日息赔偿承包人经济损失,直至发包人付足 3000 万元。(2)发包人必须在 2006 年 3 月 20 日前再支付工程款 4300 万元,发包人须按月息 1.2% 支付上述款项利息,计息时间从 2006 年 1 月 25 日到 3 月 20 日前发包人实际付款时间。

2006年6月30日,案涉工程主体框架结构封顶。

2006年10月12日,在发包人仍然迟延支付工程进度款的情况下,双方签订第二份《补充协议》,约定:发包人将案涉工程部分房产作价6000万元折抵发包人拖欠承包人工程款4500万元,超出抵款部分的1500万元,承包人以现金方式向发包人支付。承包人同意发包人在2007年10月31日前,有权将该批房屋以6000万元回购,回购时需支付给承包人6000万元现金,利息从到款之日起按月支付,利息计算标准为按同期银行贷款利率上浮20%。

2006年12月4日工程竣工验收合格,双方办理工程交付手续。

2007年11月14日,承、发包双方对工程价款进行预结算,签订第三份《补充协议》,约定:双方同意工程预结算价1.66亿元,在决算前按照90%付款计1.494亿元,发包人尚欠工程款5022万元。发包人在2008年1月25日之前支付1500万~2000万元,在2008年3月31日之前支付1000万~2000万元,2008年5月31日之前结清余款,逾期付款则按同期银行贷款利率的1.5倍支付承包人利息。工程总价款97%的余款及其他约定款项在决算完成后3个月内结清。

虽然案涉工程款本金发包人已于2013年6月分数拾次付清,但发包人并未依据施工过程中签订的3份《补充协议》约定的时间付款,也未支付逾期付款利息和违约金。承包人遂提起诉讼,请求发包人按照补充协议承担迟延付款利息并赔偿经济损失。

发包人提出抗辩,认为:双方签订的备案的和非备案的建设工程施工合同,因违反招标投标法强制性规定而无效,双方施工过程中签订的三份《补充协议》均系施工合同的组成部分,所以三份《补充协议》也无效,承包人无权要求发包人承担逾期付款利息和违约金。

一审法院新疆维吾尔自治区高级人民法院经审理认为:本案争议工程依照法律规定,应当进行招投标,承、发包双方在履行招投标程序前,对工程进行实质谈判,另行签订非备案合同并最终订立备案建设工程施工合同,违反了法律的强制性规定,当属无效。双方当事人签订的3份《补充协议》,系对双方之间的建设工程施工合同的付款方式进行的约定,属于建设工程施工合同的组成部分,因建设工程施工合同无效而亦当属无效。

发包人未及时足额向承包人支付工程款,承包人主张的利息是工程款的法定孳息,属于工程款的组成部分,发包人应当向承包人支付;承包人要求发包人依据无效的《补充协议》支付逾期付款利息和违约金不予支持。

依照原《合同法》第52条第1款第5项、第58条之规定,判决发包人于判决生效之日起15日内向承包人支付利息损失4,509,530.83元;驳回承包人其他诉讼请求。

承包人不服一审判决,向最高人民法院提起上诉。

【代理意见】

承包人委托的代理律师认为:

一审判决的上述认定是错误的。虽然承发包双方签订的建设工程施工合同的备案合同与非备案合同均无效,但在承包人履行合同中或之后,承包人对发包人产生了工程款债权,双方就发包人已经发生的拖欠工程款债务进行自愿约定如何清偿并签订还款性质的协议,该还款协议是独立存在的,是合法有效的。

1.2006年1月4日双方签订的第一份《补充协议》是合法有效的。建设工程施工合同的备案合同与非备案合同虽然无效,但是承包人作为工程承包人实际履行了施工任务,并将其人力、物力、财力物化到不动产建设工程之中,并形成了承包人对发包人的到期债权,即产生了发包人对承包人应付工程款的到期债务。双方就发包人已经发生的拖欠的工程款债务,自愿、平等协商确定了还款时间及逾期还款责任,该份具有清结债权债务性质的还款协议,与备案合同和非备案合同之间具有相对的独立性,是对客观存在的债权债务的清结处理,是具有法律效力的。

2.2006年10月12日双方签订的第二份《补充协议》也是独立存在的,是合法有效的,对发包人有法律约束力,其理由同上。

3.2007年11月14日双方签订的第三份《补充协议》是有效协议。涉案工程竣工验收合格之后,双方于2007年11月14日就竣工结算及竣工结算价款的支付事宜,经协商达成该付款协议,该协议具有独立性、结算性、清结债权债务性,应当是合法有效的。

一审法院判决3份《补充协议》如果认定为无效,将会导致工程承包人与发包人之间的权益严重失衡,这无异于"鼓励"发包人拖延支付工程款。请求二审法院以事实为依据、以法律为准绳,依法改判,并通过法院判决结果正确引导社会良好秩序的建立。

【判决结果】

最高人民法院经审理作出(2016)最高法民终733号判决:

1. 撤销新疆维吾尔自治区高级人民法院(2014)新民一初字第27号民事判决第2项;

2. 改判新疆维吾尔自治区高级人民法院(2014)新民一初字第27号民事判决第一项为:发包人于本判决生效之日起15日内向承包人赔偿损失8,741,888元;

3. 驳回承包人的其他诉讼请求;

4. 驳回发包人的上诉请求。

一审案件受理费197,147.25元,由承包人负担141,676.71元,发包人负担55,470.54元。二审案件受理费217,475.85元,由承包人负担146,776.93元,发包人负担70,698.92元。

【裁判文书】

最高人民法院认为,承发包双方签订的3份《补充协议》是对已完工程进度款或者已竣工验收工程的价款数额、给付时间和违约责任的规定。在性质上,它可以脱离于建设工程施工合同而独立存在,应认定为有效协议。一审判决认定不当,适用法律不当,应予纠正。

【案例评析】

本案的主要焦点在于承、发包双方在施工过程中签订的3份《补充协议》是否有效:若3份《补充协议》有效,则承包人可依《补充协议》约定向发包人主张逾期付款经济损失;若3份《补充协议》无效,则承包人仅能依据无效的建设工程施工合同向发包人主张法定利息,即按照同期银行贷款利率计算。在一审判决3份《补充协议》无效的情况下,我们接受承包人委托,代理了本案在最高人民法院的二审诉讼程序,经过庭前仔细研究卷宗、庭审中详细论证我方观点,最高人民法院最终采纳了我们的代理意见,认为3份《补充协议》有效,支持了承包人依据《补充协议》的约定主张逾期付款经济损失的诉讼请求。

本案中3份《补充协议》独立于建设工程施工合同,应属有效,主要基于以下理由:

第一，3 份《补充协议》签订时，补充协议所约定的工程款所对应的工程已经完工。在此情形下，各补充协议在形式上可以看作与双方的建设工程施工合同相互独立的协议。

第二，招标投标法主要调整建设工程施工合同缔约过程，但针对已完工程价款的数额、给付期限及违约责任的约定，显然已经超出了招标投标法的调整范围。尤其是，即使认定该类补充协议无效，招标投标法的规范目的也不能因此而实现，因此，从招标投标法的规范目的和调整范围来看，案涉 3 份《补充协议》不应因违反招标投标法而无效。

第三，在建设工程施工合同有效的场合，如果承、发包双方针对已完工程的工程款数额、履行期限等达成新的合议，就可以解释为新的协议而与建设工程施工合同相互独立。同理，根据原《合同法》第 58 条的规定，因建设工程施工合同无效，承包人已经完成的部分工程或全部工程就成为发包方的不当得利，因已完工程难以返还，因此应返还相应的价款，在性质上就成为发包方的不当得利返还之债。于此，尽管双方在订立此类协议时建设工程施工合同的效力尚未被法院确定无效，双方主观上也是按照有效合同来履行，但因为双方对已完工程价款的数额和履行期限及违约责任达成了新的合意，因此就可以解释为与建设工程施工合同相互独立的协议，在性质上就具有解释为承、发包双方对不当得利之债的内容、履行期限及违约责任的约定的可能。

第四，从《最高人民法院关于审理建设工程施工合同纠纷案件适用法律问题的解释》(已失效)第 2 条的规定来看，建设工程施工合同无效但建设工程经竣工验收合格，可以参照合同约定确定工程价款，其实质是参照承、发包双方的约定确定不当得利的返还范围。如果说实际施工前无效合同所约定的价款可以作为不当得利返还范围的依据，则双方于工程部分完工或全部完工后所确认的工程款，更应可以成为不当得利返还范围或期限的依据。

第五，合同无效后的不当得利返还之债，尽管其产生是基于法律规定及无效合同的履行，但并不妨碍承、发包双方在该债务产生后对其履行期限、违约责任另行作出约定。换言之，不当得利返还之债于此独立于无效合同。2008 年《最高人民法院关于审理民事案件适用诉讼时效制度若干问题的规定》第 8 条规定，返还不当得利请求权的诉讼时效期间从当事人知道或者应当知道不当得利事实及对方当事人之日起计算，即将不当得利之债作为独立于无效合同债权债务的明证。

第六，三份《补充协议》均是在发包方已经陷于履行迟延的情况下签订的，将该补充协议解释为承、发包双方关于未来被法院认定无效合同后的不当得利返还范围、履行期限及违约责任的协议,尽管有拟制的成分,但并不违反双方订立补充协议时的规划和预期。

第七,从承、发包双方利益状态看,发包人陷于迟延并就已经迟延的工程款约定给付期限和违约责任的情况下,认定该协议有效并使违约方承担相应的违约责任,不仅是对不当得利之债守约方损失的填补,而且有利于实现双方的利益平衡,同时也是诚实信用原则的体现。

综上所述,案涉工程部分完工时或工程竣工验收后双方订立的工程款的《补充协议》,在备案合同及非备案合同无效的情况下,应被解释为双方关于合同无效后不当得利返还范围、期限及违约责任的约定,不属于招标投标法的调整范围,在性质上独立于无效的备案合同及非备案合同,不受备案合同及非备案合同无效的影响,应认定为有效。

【结语和建议】

具有结算和清结债权性质的补充协议不因建设工程施工合同无效而无效,突破了以往"主合同无效,从合同亦无效"的僵化理论,该观点对承包人非常有利。律师在办理建设工程合同纠纷案件时,遇到承、发包双方在签订建设工程施工合同后又另行签订补充协议的情形,要仔细区别补充协议的性质,究竟是不具有独立性质的补充协议还是独立的具有结算和清结债权债务性质的协议,从而准确判断协议的效力,依法维护委托人的合法权益。

案例编号:BJLGLD1547171587

北京大成律师事务所　王登山　王晓慧

律师代理某国际物流公司参与某拍卖公司诉其撤销仲裁裁决案

【案情简介】

某国际物流有限公司(后名称变更,以下简称物流公司)以山东某拍卖有限公司(以下简称拍卖公司)为被申请人,向济南仲裁委员会提出仲裁申请,请求裁决:(1)确认双方签订的《承包经营意向书》无效;(2)被申请人拍卖公司返还

《承包经营意向书》项下人民币420万元;(3)被申请人赔偿占用420万元款项期间给仲裁申请人造成2016年5月9日之前的利息损失。

2016年12月27日,济南仲裁委员会作出(2016)济仲裁字第0457号裁决书。仲裁庭意见:(1)仲裁申请人与仲裁被申请人签订《承包经营意向书》时,仲裁申请人并未取得行政审批手续,合同的目的系规避国有企业投资建设需取得相关审批的强制性规定,因此《承包经营意向书》无效。(2)合同无效后,因该合同取得的420万元,应当予以返还。(3)关于仲裁被申请人占用承包费用的利息,按照造成利息损失的原因力比例,仲裁庭酌定双方当事人各自承担50%。

申请人拍卖公司提出撤销上述仲裁裁决申请请求为:请求依法撤销济南市仲裁委员会(2016)济仲裁字第0457号仲裁裁决。申请理由:(1)被申请人物流公司隐瞒了足以影响公正裁决的证据。申请人与被申请人之间虽然有签有《承包经营意向书》,但双方之间的法律关系应该名为承包关系,实为委托代建法律关系,前期投资建设相关事实应当查明,而这些资料由被申请人实际控制,对查明案件事实和裁决结果将会有重大影响,足以影响济南仲裁委员会对本案法律关系的认定。(2)济南仲裁委员会枉法裁判,确认申请人与被申请人之间的承包经营意向书无效,这样被申请人占有、控制、经营涉案项目资产,而申请人又需返还项目建设款项420万元,并赔偿资金占用损失,给申请人造成重大损失,仲裁裁决应当予以撤销。

【代理意见】

代理律师作为物流公司的代理人,发表如下代理意见:

(一)本案不存在被申请人隐瞒足以影响公正裁决的证据的情形

申请人在《撤销仲裁裁决申请书》中提到的唯一隐瞒的证据是963万元工程款证据,但该证据被申请人仲裁阶段已经提供,且申请人对该963万元工程情况、施工资料等是知悉的,被申请人不存在隐瞒证据的情形。

1.物流公司963万元工程施工证据,被申请人在仲裁阶段已经提供给仲裁委,且该963万元施工情况仲裁委已经查明。

2.拍卖公司在仲裁阶段对被申请人提供的造价咨询合同和付款凭证的质证意见,已证明其知悉被申请人物流公司963万元工程建设情况,被申请人不存在隐瞒证据的情形。

3.梁某在本案中既是拍卖公司的委托代理人,又是某造价公司的代表,而这两家公司的股东又都是杨某斌,且杨某斌同时兼任拍卖公司的法人。因此,申请人对被申请人已经完成了963万元工程建设的情况知悉,被申请人不存在隐瞒证据的情形。

4. 拍卖公司在庭审中当庭提到的被申请人隐瞒了国有资产流失等证据的情形也不存在,相关证据在仲裁阶段已提供。

5. 郯城县红花镇政府已发函收回项目土地和地上物。拍卖公司主张被申请人"既占有、控制、经营某商贸物流产业园项目,又主张申请人返还项目建设款"的情形不存在。

(二)申请人撤销仲裁裁决的理由不能成立

拍卖公司《撤销仲裁裁决申请书》通篇及当庭罗列的理由,都是对仲裁委认定的涉案合同法律关系和纠纷事实的不服,而该等理由是撤销仲裁裁决案件的实体范畴,不属于法院的审查范围。因此,申请人撤销仲裁裁决的理由,不能成立。

1. 拍卖公司撤销仲裁裁决的理由,都是仲裁实体裁决的范畴,法律规定的撤销仲裁裁决的情形,均属于程序性审查事项,实体裁决的范畴不属于法院撤销仲裁裁决的审查范围。

2. 2013年11月1日,济南仲裁委实施了新的《济南仲裁委员会仲裁规则》,旧的仲裁规则已经不再适用。申请人引用2004版《济南仲裁委员会仲裁规则》第60条规定,申请撤销仲裁裁决,是条文引用错误。

申请人没有提供证据证明被申请人存在隐瞒了足以影响公正裁决的证据的情形。

申请人同样没有提供证据证明仲裁员在仲裁该案时有索贿受贿,徇私舞弊,枉法裁决的行为。

【判决结果】

法院裁定:

1. 驳回拍卖有限公司撤销仲裁裁决申请;

2. 本裁定为终审裁定。

【裁判文书】

济南市中级人民法院在本案(2017)鲁01民特45号民事裁定书中,认定本案争议焦点为:(1)被申请人物流公司是否隐瞒了足以影响公正裁决的证据;(2)济南仲裁委员会在仲裁该案时是否存在枉法裁判。

(一)被申请人物流公司是否隐瞒了足以影响公正裁决的证据问题

申请人拍卖公司在撤销仲裁裁决申请书中认为本案双方之间的法律关系实为委托代建法律关系,被申请人物流公司在仲裁时隐瞒了项目建设证据。法院认为:申请人拍卖公司主张双方之间的法律关系实为委托代建法律关系,该论点涉及仲裁机构对案件事实的认定和适用法律问题,属于仲裁实体审查范畴,不属于人民法院撤销仲裁裁决案件的审查范围。故申请人所述的事实及理由不属于被申请人物流公司隐瞒了足以影响公正裁决的证据的情形。

(二)济南仲裁委员会在仲裁该案时是否存在枉法裁判问题

《仲裁法》第58条规定了当事人可以向人民法院申请撤销仲裁机构作出仲裁裁决书的理由,申请人拍卖公司虽主张该裁决属枉法裁决,但未提交证据证实,究其本意是对仲裁庭对《承包经营意向书》是否履行、420万元工程款是否返还等实体裁决结果存有异议,申请涉及对案件事实的认定所适用法律问题,属于仲裁实体审查范畴,不属于人民法院撤销仲裁裁决案件的审查范围。故申请人拍卖公司的撤销申请无法律据,本院不予支持。

综上所述,申请人拍卖公司申请撤销仲裁决的理由不能成立,本院不予支持。

【案例评析】

任何人提起仲裁,必然是兼顾公正与高效两个价值目标,不会因过分追求高效而摒弃公正。因此,仲裁司法监督制度应当建立公正性与高效性(终局性)两个价值目标之间的平衡机制。

《仲裁法》第58条、第63条"申请撤销裁决"和"申请不予执行"双重审查机制,规定司法监督范围包括对程序、法律适用、证据和事实认定的实体和程序上的监督。

同时,《最高人民法院关于对驳回申请撤销仲裁裁决的裁定能否申请再审问题的复函》(〔2003〕民立他字第71号)、《最高人民法院关于当事人因对不予执行仲裁裁决的裁定不服而申请再审人民法院不予受理的批复》(法复〔1996〕8号)(已失效)等批复,规定对不予执行仲裁裁决的裁定、是否撤销仲裁裁决的裁定,当事人申请再审的不予受理,人民检察院抗诉的不予受理。

2018年1月1日,《最高人民法院关于审理仲裁司法审查案件若干问题的规定》开始实施,第20条规定法院在仲裁司法审查案件中作出的裁定,除不予受理、驳回申请、管辖权异议的裁定外,一经送达即发生法律效力,避免在仲裁司法审查案件中设置过多的上诉、再审等程序,缩短仲裁裁决处于不确定法律状态的时间,维护了《仲裁法》第9条规定的仲裁一裁终局原则。

司法实践中,法院已逐步合理地确定司法审查范围,例如《北京市高级人民法院国内商事仲裁裁决司法审查工作要点》(京高法发〔2013〕65号)第1条规定,法院一般应当依照当事人申请的理由及其提交的证据进行审查,不应主动扩大审查范围。但是涉及仲裁裁决违反社会公共利益或者仲裁委员会无权仲裁情形的,法院可以依职权进行审查。法院不得以仲裁裁决实体错误作为撤销理由,不得针对仲裁裁决关于举证责任分配、证据的认证、事实的认定等实体处理内容进行审查。

本案中,申请人主张被申请人隐瞒的足以影响公正裁决的证据,实为其所主张的委托代建合同证据,涉及仲裁机构对案件事实的认定和适用法律问题,而该等理由是仲裁裁决案件的实体范畴,一般不属于法院审查撤销仲裁裁决的审查范围。

【结语和建议】

一般而言,当事人向法院提起撤销仲裁裁决申请,多数是出于对实体结果不满,因此法院的审查不可避免地会涉及仲裁裁决的实体问题。需辨识确定审查范围,进行必要的技术切割。

一项截至2017年底的北京市各级中级人民法院司法审查撤销北京仲裁委员会作出的仲裁裁决申请的数据表明,法院支持申请人以被申请人隐瞒足以影响公正裁决的证据申请理由的比例低于10%,法院往往认为申请理由属实体审查范围,未支持当事人请求。

律师代理此类案件,可以依据当前仲裁司法监督相关规定,审视:(1)申请撤销仲裁裁决一方的撤销理由,是否主要涉及仲裁机构对案件事实的认定和适用法律问题,是否属于法院撤销仲裁裁决案件的审查范围;(2)该证据是否与双方争议的关键事实有直接关联,直接影响仲裁庭对案件事实的认定和裁决结果;(3)对方当事人独占该证据,主张该理由的当事人不持有该证据,也不能通过其他途径合法取得该证据。

案例编号:BJLGLD1547171367

北京市齐进律师事务所　王　静

律师代理某公司参与某戏剧公司诉其著作权侵权纠纷一审案

【案情简介】

2013年6月29日，篮球运动员马某某向某某戏剧公司出具了《我是马政委》舞台剧剧本改编授权书，授权某某戏剧公司根据其拥有著作权的小说《我是马政委》改编为舞台剧剧本。2013年8月15日，某某戏剧公司与某某（上海）文化传播有限公司签订舞台剧《马某某》编剧、导演委托协议，某某戏剧公司委托某某（上海）文化传播有限公司担任舞台剧《马某某》的编剧、导演创作工作，李某某系某某（上海）文化传播有限公司艺术总监，李某某愿意接受某某戏剧公司委托负责本剧编剧和导演工作，拥有本剧的署名权及报酬权，其他权利归某某戏剧公司所有。某某戏剧公司同意支付某某（上海）文化传播有限公司编剧费32万元、导演费32万元。此后，某某戏剧公司分数次支付某某（上海）文化传播有限公司编剧费32万元。某某（上海）文化传播有限公司向某某戏剧公司发送了故事大纲、剧本等材料。

自2013年4月起至2014年6月，某某戏剧公司与刘某、甲公司就舞台剧《我是马某某》的剧本创作、修改、招商等合作事宜进行了沟通磋商。在此过程中，某某戏剧公司向刘某、甲公司发送了涉案舞台剧的招商方案以及某某（上海）文化传播有限公司交付的前述材料。招商方案中包含本剧特色、主创制作团队、合作模式、公司发展历史、已出品剧目、营销模式及传播优势等内容。最终某某戏剧公司与刘某、甲公司并未签订合作协议。

乙公司于2013年10月28日成立，法定代表人为刘某。2014年5月20日，甲公司与乙公司签订《合作协议》，项目内容为以《我是马政委》及斯蒂芬·马某某的经历为基础改编舞台剧，并进行制作、宣传及商业演出。

2014年10月1日至11日，舞台剧《我是马某某》在剧场进行了首次演出，共计演出11场。在《北京晚报》、中国新闻网等媒体对该剧首演前的报道宣传中有该剧为乙公司、甲公司以及丙公司共同出品的表述。丙公司系演出场地出租方，并就此提供了相关合同、乙公司证明等材料。

另2014年7月10日，乙公司与张某签订话剧《我是马某某》编剧聘用合约，聘请张博某担任该剧的编剧；2014年7月18日，乙公司与周某某签订话剧《我是马某某》导演聘用合约,聘请周某某担任该剧导演。

本案审理中,某某戏剧公司提交了《我是马某某》故事大纲A版、《再活一次,我是马政委》故事大纲B版、《北京的日出　纽约的夕阳》初稿C版、《马某某故事构想0326》、《马某某故事构想0420》、《我和马某某》舞台剧剧本(第一稿)以及招商方案等材料。某某戏剧公司称除《北京的日出　纽约的夕阳》初稿C版系其另行聘请他人创作、招商方案为其自行制作外其余材料均为李某某创作。

乙公司提交了其舞台剧《我是马某某》剧本以及该剧首演时演出视频录像。经对比,该演出视频相关场幕内容与乙公司剧本内容基本一致。某某戏剧公司称乙公司提交的演出视频并不完整,但表示亦无法提交完整视频录像。

某某戏剧公司主张涉案话剧存在如下侵权内容:(1)在音乐版块中使用音乐人樊某。(2)演出中大屏幕的应用,采用多媒体声光色运用的主要表现形式。(3)美女啦啦队、花式篮球表演的助演形式。(4)主题思想符合当代中国艺术创新的需求,通过此剧展现"北京梦,中国梦"。(5)演出选定剧场的地点安排。(6)将篮球架搬上舞台,篮球场变剧场,剧场变篮球场的场景布置。(7)在宣发手法上,采用微博发起话题的方式。(8)故事情节方面,某某戏剧公司剧本与被诉侵权话剧均为从一个普通人的视角出发,通过他在城市中奋斗生活的历程受马某某故事影响的表现形式,通过设计普通人与马某某的相似经历作为主要情节点。例如,选秀歌唱大赛演出中,小马未见到父亲最后一面;在最后一幕,抛出"相信自己"这个概念,歌手与马某某两人在信念上的共识构成两人经历上深刻的烙印,掀起舞台剧高潮气氛的主题设计。某某戏剧公司剧本与被诉侵权话剧二者主要人物北漂歌手的职业身份、北漂歌手通过奋斗实现梦想的故事核心、平行蒙太奇叙事方法、故事高潮和煽情点均吻合。(9)"我是马某某"的剧名。

某某戏剧公司表示前1~7项内容均为其创意或设计,并体现于其制作的《我是马某某》招商方案中。第8、9项内容,被诉侵权话剧系抄袭了其享有著作权的故事大纲、故事构想以及剧本的内容,其中主要抄袭了《马某某故事构想0420》的故事情节内容。

某某戏剧公司认为乙公司等侵害了其著作权,向法院提出著作权属、侵权纠纷诉讼。

经比对,某某戏剧公司提交的《我是马某某》故事大纲A版、《再活一次,我是马政委》故事大纲B版、《北京的日出　纽约的夕阳》初稿C版、《马某某故事构想0326》、《马某某故事构想0420》、《我和马某某》舞台剧剧本(第一稿)内容与《我是马某某》舞台剧视频内容,二者在人物设置、人物关系、场景设置、故事情节、台词对话等方面存在较大差异。

【代理意见】

律师代理乙公司发表如下代理意见：

(一)原告对其提交作品享有著作权的依据不足

在庭审过程中，原告提交了《我是马某某》故事大纲A版、《再活一次，我是马政委》故事大纲B版、《北京的日出　纽约的夕阳》初稿C版、《马某某故事构想0326》、《马某某故事构想0420》、《我和马某某》舞台剧剧本(第一稿)以及招商方案等多份材料。但上述材料中除了《我和马某某》剧本(第一稿)显示有李某某的署名外，其余材料某某戏剧公司或称为李某某创作，或称聘请他人创作，或称自行创作，但均未就作者及权属情况进行充分举证，未提交著作权权属证明文件，因此原告对其提交作品享有著作权的依据不足。

(二)原告对其主张享有创意或设计不是著作权法保护的客体

诚然，乙公司法定代表人刘某和甲公司曾就涉案话剧合作事宜与某某戏剧公司进行过磋商，在此过程中接触过某某戏剧公司所发送的相关故事大纲、故事构想、剧本、招商方案等材料，但通过对比，实际上演的话剧在人物设置、人物关系、场景设置、故事情节、台词对话等方面与某某戏剧公司提供的材料均存在明显差异。

同时，原告主张话剧中存在的“1. 在音乐版块中使用音乐人樊某；2. 演出中大屏幕的应用，采用多媒体声光色运用的主要表现形式；3. 美女啦啦队、花式篮球表演的助演形式；4. 主题思想符合当代中国艺术创新的需求，通过此剧展现‘北京梦，中国梦’；5. 演出选定剧场的地点安排；6. 将篮球架搬上舞台，篮球场变剧场，剧场变篮球场的场景布置；7. 在宣发手法上，采用微博发起话题的方式”因素是其创意或设计。但事实上，关于音乐人的使用、大屏幕等多媒体声光色运用、演出地点安排、蒙太奇叙事方法、宣发手法等，均属于公共领域的信息和内容而非著作权的客体，不应由个人或单位所垄断。同时，因著作权法所保护的是具体的表达及表现形式，而并不及于思想和创意，某某戏剧公司所主张的“北京梦，中国梦”的话剧主题思想、北漂歌手通过奋斗实现梦想的故事构想、美女啦啦队、花式篮球表演的助演形式、将篮球架搬上舞台的现场布置等内容均属创意或思想范畴，不受著作权法的保护。

【判决结果】

驳回原告某某戏剧公司的诉讼请求。

【裁判文书】

法院认为:本案的焦点在于某某戏剧公司是否享有其主张作品的著作权以及实际演出的话剧《我是马某某》是否构成对某某戏剧公司主张权利作品的侵权。

首先,庭审中某某戏剧公司提交了《我是马某某》故事大纲A版、《再活一次,我是马政委》故事大纲B版、《北京的日出　纽约的夕阳》初稿C版、《马某某故事构想0326》、《马某某故事构想0420》、《我和马某某》舞台剧剧本(第一稿)以及招商方案等多份材料。但上述材料中除了《我和马某某》剧本(第一稿)显示有李某某的署名外,其余材料某某戏剧公司或称为李某某创作,或称聘请他人创作,或称自行创作,但均未就作者及权属情况进行充分举证,故在现有证据下某某戏剧公司称其对全部上述作品享有著作权,依据不足。其次,虽乙公司法定代表人刘某和丙公司曾就涉案话剧合作事宜与某某戏剧公司进行过磋商,在此过程中接触过某某戏剧公司所发送的相关故事大纲、故事构想、剧本、招商方案等材料,但通过对比,实际上演的话剧在人物设置、人物关系、场景设置、故事情节、台词对话等方面与某某戏剧公司提供的材料均存在明显差异。某某戏剧公司主张的特定音乐人的使用、大屏幕等多媒体声光色运用、演出地点安排、蒙太奇叙事方法、宣发手法等,均属于公共领域的信息和内容而非著作权的客体,不应由个人或单位所垄断。同时,因著作权法所保护的是具体的表达及表现形式,而并不及于思想和创意,某某戏剧公司所主张的"北京梦,中国梦"的话剧主题思想、北漂歌手通过奋斗实现梦想的故事构想、美女啦啦队、花式篮球表演的助演形式、将篮球架搬上舞台的现场布置等内容均属创意或思想范畴,不受著作权法的保护。关于"我是马某某"的剧名,因缺乏足够的独创性,并不构成独立的作品。故某某戏剧公司主张涉案话剧侵害其著作权,缺乏事实及法律依据,本院不予支持。

【案例评析】

本案中原告公司主张被告公司抄袭了话剧中演出地点的安排、声光色的运用以及叙事方法等因素,因而构成侵权。但事实上,这些因素属于公共领域的信息,不是著作权法保护的客体。

【结语和建议】

实践中,对独创性的认定,涉及被控侵权作品能否构成具有独创性的新作品。《著作权法》在判断独创性的标准上,采取的是作品除了必须是独立完成的,还必须具备一定的创造性。如果只是对公有领域中要素的简单堆叠,或是对他人作品单纯的复制,没有进行智力上的创造,不能认定为具有独创性。艺术作品的创作具备极强的专业性,例如对于音乐作品不懂乐理知识的人很难判断作品是否侵权,因此在面对司法实践中独创性认定的问题时,可以引入专家辅助人员来进行事实认定。

案例编号:BJLGLD1618800128

北京天驰君泰律师事务所　董媛媛

律师代理某供电公司诉向某、某锻压公司返还原物纠纷一审案

【案情简介】

某供电公司是国网湖南省电力有限公司下属的地市级分公司,某锻压公司是2011年3月24日登记成立的有限责任公司。2015年1月1日,向某、某锻压公司(甲方)与A供电公司(国家电网某供电公司所辖县级分公司)下属B供电所(乙方)签订一份《房屋场地租赁协议》约定:(1)租赁房屋地点:乙方提供房屋一间,地点为苗圃基地院内。(2)租赁时间:从2015年1月1日至12月31日。(3)租赁费用:甲方在乙方符合租赁和使用期限内,每年支付给乙方房屋租赁费共计8400元。(4)双方的权利和义务:①乙方提供的房屋门面必须是门、窗完好,锁具齐全、防火防盗,安全可靠。②在租赁期限内乙方不得随意更改租赁时间,如有特殊情况经甲乙双方协商解决。③房屋租赁费在年底由甲方一次性支付给乙方。租赁期限届满后,双方未续签书面合同,向某与某锻压公司一直占有、使用该场地和房屋。2020年8月25日,国家电网某供电公司向向某、某锻压公司发出了停工通知书,通知其立即停止对钢结构厂房进行的砌封墙体等作业。

同年9月5日,国家电网某供电公司又向向某、某锻压公司送达了一份解除合同通知书,通知:(1)该房屋场地租赁合同自本通知书送达之日起解除;(2)限你们于2020年9月30日前向我公司腾退、返还房屋、场地,并自行拆除未经我方许可建设的房屋,恢复原状。逾期腾退、返还房屋场地的,我公司将依法处理。通知送达后,向某、某锻压公司一直未按通知履行腾退房屋、返还房屋场地的义务。

另,涉案的房屋场地系原C变电站的办公、生产用房和场地,位于常德市鼎城区某镇某村某组,由B供电所管理。2019年4月2日,国网湖南省电力有限公司下发文件,对供电服务指挥体系相关机构及职责进行调整,其中城区供电支公司作为市公司的二级机构管理。2019年6月21日,国家电网某供电公司发文,新设国家电网某供电公司D支公司,定为该公司业务机构,将国家电网A供电公司下属B供电所整体划入国家电网某供电公司D支公司。

国家电网某供电公司的解除合同通知发出后,向某、某锻压公司拒绝返还房屋,恢复原状。国家电网某供电公司遂委托湖南劲鸣律师事务所律师代理其向人民法院提起诉讼,请求确认《房屋场地租赁协议》于2020年9月5日解除,向某、某锻压公司向国家电网某供电公司返还房屋,恢复原状。

【代理意见】

笔者认为,本案为解除不定期租赁合同产生的返还原物纠纷,主要争议焦点为国家电网某供电公司是否具有原告诉讼主体资格;国家电网某供电公司是否应对被告给予补偿。

1. 关于原告诉讼主体资格问题。首先,本案中多家主体均系原告下属管理单位。案涉租赁合同系向某与B供电所签订,B供电所系国家电网A供电公司的二级机构,国家电网A供电公司系原告的下属单位,因此,国家电网某供电公司是本案适格的原告。其次,涉案房屋的立项建设审批手续完备,房屋建成合法。原告提交的证据材料显示,涉案房屋的征地和立项手续包括农用地转征、建设立项审批等完整的手续,涉案房屋系原告所有并实行日常管理、维护,在本案的法庭调查阶段,二被告对该项事实均予以认可,且未提出异议。最后,诉讼主体资格的认定应以涉案房屋的资产管理者来认定。涉案房屋在本案涉案合同签订之前可能存在过多个主体(包括法人或者非法人)与被告签订租赁合同、收取租金等情形,但认定最终谁具有诉讼主体资格,不应以该租赁合同持续过程中的管理方,而应以涉案房屋的最终资产管理者来认定,本案中,涉案房屋的资产管理者为本案的原告。

2. 原告对被告擅自加建的部分没有补偿义务。首先,被告自行加建房屋的行为未经过主管部门的审批,未通知原告,更未经过原告同意。根据《最高人民法院关于审理城镇房屋租赁合同纠纷案件具体应用法律若干问题的解释》的规定,被告的加建行为严重损害了原告对涉案房屋的所有权益,原告要求其恢复原状于法有据。其次,《场地房屋租赁协议》中,对是否可以加建以及对加建房屋及附属建筑物如何处理并无约定,且事后亦未达成一致意见,原告对被告的加建部分,既无法定的补偿义务,也无约定的补偿义务。最后,本案是租赁合同产生的返还原物纠纷,若被告认为原告需对加建房屋进行补偿,应当提出反诉,或者另行起诉,并且需提供相应的证据证明应予补偿的事实依据及补偿的具体金额。至于原告收回房屋后,涉案房屋是否会被征收或收储,是另外的法律关系,与本案无关。

3. 关于本案的合同解除。原告公司工作人员已于 2020 年 9 月 5 日依法向被告送达了《解除合同通知书》,并拍摄了送达的照片,现拍摄人手机中保存的电子照片的拍摄信息足以显示拍摄时间。该送达方式符合《民事诉讼法》第 86 条关于留置送达的相关规定,涉案《场地房屋租赁协议》已于 2020 年 9 月 30 日解除。退一步讲,即使原告未通知被告解除合同,根据《民法典》第 565 条第 2 款的规定,经人民法院确认原告确有解除权的,可以认定合同从起诉状副本送达之日起解除。本案中,原告于 2020 年 12 月 22 日起诉后,人民法院依法向二被告送达了起诉状副本,依照上述规定的精神,本案中租赁关系也应于起诉状副本送达时解除。

【判决结果】

2021 年 6 月 9 日,常德市鼎城区人民法院作出一审判决:

1. 确认《房屋场地租赁协议》已经解除;

2. 限被告某锻压公司、向某于判决生效后 30 日内将占有的原 B 变电站的办公、生产用房和场地腾退并返还给原告国家电网某供电公司。

【裁判文书】

法院认为,国家电网某供电公司虽不是涉案土地和房屋的权利人,但经国网湖南省电力有限公司对供电服务指挥体系相关机构及职责的调整,取得了城区供电支公司的管理权。涉案土地和房屋一直由 B 供电所管理,而该所又已整体划入国家电网某供电公司 D 支公司,故国家电网某供电公司是本案的适格主体,有权通过诉讼来主张权利。本案中,向某、某锻压公司与 B 供电所签订的《房屋场地租赁协议》约定的租赁期间届满后,向某、某锻压公司继续使用该场地,B 供电所亦未提出异议,故原租赁协议继续有效,但租赁期限视为不定期。不定期租赁,当事人可以随时解除合同。国家电网某供电公司给向某、某锻压公司送达解除合同通知书后,向某、某锻压公司对解除合同的效力未提出异议,该租赁合同已经解除。合同解除后,双方的权利义务终止,向某、某锻压公司继续占有、使用涉案土地和房屋无法律上的依据,依法应予返还。

综上所述,一审法院对国家电网某供电公司的诉讼请求予以支持。因本案的法律事实发生在《民法典》实施之前,一审法院依照原《合同法》、原《物权法》的相关规定作出裁判。

【案例评析】

(一)如何确定法人分支机构尤其是银行、保险、电力等大型企业的分支机构的诉讼主体资格

根据《民法典》第 74 条第 2 款的规定,法人分支机构以自己的名义从事民事活动,产生的民事责任由法人承担;也可以先由该分支机构管理的财产承担,不足承担的,由法人承担。根据《民事诉讼法》第 48 条、《最高人民法院关于适用〈中华人民共和国民事诉讼法〉的解释》第 52 条的规定,依法设立并领取营业执照的法人的分支机构可以作为"其他组织"成为民事诉讼的当事人。故实践中,领取营业执照的法人分支机构具有诉讼主体资格。

本案中,租赁合同的签署主体为 A 供电公司(国家电网某供电公司所辖县级分公司)下属的 B 供电所,该供电所未办理工商登记,无诉讼主体资格。根据国网湖南省电力有限公司对供电服务指挥体系相关机构及职责的调整,B 供电所已整体划入国家电网某供电公司 D 支公司,但 D 支公司仅作国家电网某供电公司内设机构存在,未办理工商登记,本案原告国家电网某供电公司是国网湖南省电力有限公司下属的地市级分公司,已办理营业执照,故应认定国家电网某供电公司作为本案的适格主体。

(二)不定期租赁合同的任意解除权应如何行使

根据《民法典》第 730 条、第 734 条的规定,租赁期限届满,承租人继续使用

租赁物，出租人没有提出异议的，原租赁合同继续有效，但是租赁期限为不定期；当事人可以随时解除合同，但是应当在合理期限之前通知对方。《民法典》实施之前的原《合同法》亦有相同规定。在不定期租赁合同中，双方当事人均有法定的任意解除权，满足“在合同期限之前通知对方”即可行使。在本案中，租赁期限届满后，双方未续签书面合同，向某与某锻压公司一直占有、使用涉案场地和房屋。2020 年 8 月 25 日，国家电网某供电公司向向某、某锻压公司发出了停工通知书，通知其立即停止对钢结构厂房进行的砌封墙体等作业。同年 9 月 5 日，国家电网某供电公司又向向某、某锻压公司送达了一份解除合同通知书，通知于 2020 年 9 月 30 日解除合同。根据本案情况，应认定原告履行了在合理期限内通知承租人的义务，双方租赁合同已于 2020 年 9 月 30 日解除。

另，《民法典》第 563 条第 2 款增设了“以持续履行的债务为内容的不定期合同，当事人可以随时解除合同，但是应当在合理期限之前通知对方”的规定，借鉴之前不定期租赁合同当事人任意解除权的规定，赋予以持续履行的债务为内容的不定期合同当事人的任意解除权，对于该新增规定，我们在实务工作中应予以多加注意。

实际上，在本案的诉前阶段，我所即为国家电网某供电公司就该纠纷的处理提供诉前法律服务，根据租赁合同的实际履行情况，及时告知客户行使法定解除权，采取书面通知的形式通知对方解除合同。当然，如果当事人未及时行使解除权直接起诉解除的，根据《民法典》第 565 条第 2 款的规定，在诉讼中经人民法院确认原告确有解除权的，合同从起诉状副本送达对方时解除。上述两种解除形式的不同点在于解除的时间，前者是当事人解除通知送达给对方时，后者起诉状副本送达之日。解除时点的不同可能带来违约金、补偿金等费用计算的差异。

（三）合同解除时，承租人未经出租人同意的装饰装修和改建行为产生的费用是否应予补偿

诉讼过程中，被告向某、某锻压公司以其先后投入资金用于修建、修缮房屋和添置设备设施，原告主张返还，应对上述投入给予相应补偿为由进行抗辩，但对该主张既未提出反诉，亦未提交相应证据证实。一审法院对被告辩称的该项主张未予审理，更未支持。根据《最高人民法院关于审理城镇房屋租赁合同纠纷案件具体应用法律若干问题的解释》（2020 年修正）第 11 条的规定，承租人未经出租人同意装饰装修或者扩建发生的费用，由承租人负担。出租人请求承租人恢复原状或者赔偿损失的，人民法院应予支持。本案中，承租人向某、某锻压公司在合同无约定且未经出租人同意的情况下，对承租房屋进行了装饰装修和

改扩建,应自行承担相应费用,即便被告提出反诉或者另案起诉,其主张亦不能得到支持。

需要指出的是,一审判决主文仅确认租赁合同解除并判决被告腾退返还房屋,并未对原告要求恢复原状的诉请予以处理。

【结语和建议】

本案系解除不定期租赁合同产生的返还原物纠纷,案情较为简单,但在诉讼主体资格认定、房屋改扩建费用补偿等方面双方产生了较大争议。究其根源,在于原告方资产管理、合同管理方面的漏洞。如分支机构隶属关系调整时,对资产的权属变更、调拨等缺乏统一安排与登记;租赁合同签署随意(该处房产先后有3个以上的主体与承租人签订过租赁合同)、缺乏统一管理,合同条款简单粗陋,起不到基本制约作用;租赁合同履行无人监管,承租人随意进行改扩建,合同到期后既未续签,又未收回房屋,最终形成不定期租赁状态,埋下隐患。建议企业尤其是分支机构较多、资产构成复杂的企业,应严格规范资产管理、合同管理,如建立房地产台账,对房地产进行编号、登记,做到账物相符,明确责任主体,专人管理,定岗定责,定期现场检查,定期盘点等。同时,建议公司在经营过程中遇到类似纠纷,应当尽早向专业律师寻求帮助,以尽可能减少纷争。

案例编号:HNXLGLD1644995911

湖南劲鸣律师事务所　戴成龙

律师代理某保险公司诉某国际货运公司保险人代位求偿权纠纷一审、二审案

【案情简介】

2012年8月24日,被保险人株洲某电气股份有限公司(以下简称电气公司)与某国际货运代理有限公司长沙分公司(以下简称货运公司)签订《货物运输代理合同》,约定委托货运公司代为办理进口货物的运输代理,包括海关、商检、卫检、动检申报,装箱、运输,现场货运组织,提单签发,代付海空运费,代付国内运费及港务、港建、港杂费,代缴进口环节税金及商检费用,代办与货物相关的其他业务等。协议约定货运公司负责对托运货物的安全,保证货物无短缺、无损

坏,如有上述问题,应承担赔偿义务。

2013 年 12 月 10 日,某财产保险股份有限公司长沙支公司(以下简称保险公司)与电气公司签订《进出口货物预约保险协议》,协议约定保险标的"设备、零配件、原材料";投保险别为"海洋运输一切险、航空运输一切险、国内水陆、陆路货物运输综合险"。

2014 年 8 月 1 日,电气公司从日本进口 159 件电子设备,保险公司向电气公司出具了该批货物的保单。电气公司出具货运委托书将该批货物委托货运公司代理运输。

2014 年 8 月 18 日,电气公司在开箱点收时发现包装内部分电子设备有严重水湿现象。电气公司向保险公司报告了出现情况,并将水湿情况告知货运公司。同日,电气公司向保险公司提出索赔申请,报损清单载明损失金额总计为 22,215,415.2 日元。保险公司经过现场查勘认为本次事故属于保单约定的保险责任。

2015 年 7 月 22 日,电气公司向保险公司出具《赔付意向及权益转让书》,同意以 844,729.34 元人民币为事故最终赔付金额,并同意保险公司自赔偿保险金之日起,依法取得对第三方的代位求偿权。2015 年 7 月 24 日,保险公司向电气公司车支付了保险理赔款 844,729.34 元。

保险公司向货运公司所在地人民法院提起诉讼,请求货运公司向保险公司赔偿损失 844,729.34 元及利息。货运公司抗辩认为,本案基础法律关系为海上货运代理关系,应属海事法院专属管辖,并应当适用《海商法》关于 1 年诉讼时效的规定。保险公司应根据提单签发人即契约承运人货运公司的日本代理主张权利,货运公司不应承当赔偿责任。最终,一审法院经审理后判决货运公司向保险公司赔偿损失 760,256 元及利息。货运公司不服一审判决,向长沙市中级人民法院提起上诉,二审法院判决:驳回上诉,维持原判。

【代理意见】

律师作为保险公司的代理人认为:

第一,货运公司不是《海商法》第 102 条规定的多式联运经营人,与收货人、托运人之间均未成立多式联运合同,本案不属于《海商法》的调整范围。

首先,根据《海商法》第 102 条第 1 款,成立多式联运合同的主体必须是多式联运经营人。《中华人民共和国国际货物运输代理业管理规定实施细则》(以下简称《国际货物运输细则》)第 2 条规定国际货运代理企业分为两种:一种是代理人,另一种是独立经营人。该条第 3 款明确规定独立经营人必须有签发运输单证、履行运输合同的行为。但运输单证“提单”中所载明的承运人以及提单签发人均为“OCEAN LINKS LTD”(海洋运输公司),提单签发地为日本东京。由此可见,签发运输单证、履行运输合同义务的主体并非货运公司。因此,从履行方式来看,货运公司不符合国际货运代理企业独立经营人的特征。

其次,《海商法》第 102 条第 2 款规定:“多式联运经营人,是指本人或者委托他人以本人名义与托运人订立多式联运合同的人。”但“货运提单”中载明,托运人系“三菱公司”,收货人为“电气公司”。另外提单也不是以货运公司名义签发,而是以承运人“OCEAN LINKS LTD”(海洋运输公司)名义签发。因此,多式联运的合同双方是“三菱公司”与“OCEAN LINKS LTD”(海洋运输公司),与货运公司没有关联关系。

最后,某货运公司不具备多式联运的经营资质,不属于多式联运经营人,也无权订立多式联运合同。

《国际货物运输代理业管理规定实施细则》第 9 条、第 32 条、第 33 条规定,多式联运业务属于国际货运代理企业的经营范围之一,而货运公司工商登记的经营范围为承办海运、空运进出口货物、私人物品的国内运输代理业务,包括揽货、托运、订舱、仓储、中转、集装箱装拆箱、结算及交付运杂费、报关、报检、保险。由此可知,货运公司的工商登记中并无国际多式联运、集运的经营范围。

另外,《国际货物运输代理业管理规定实施细则》第 9 条中对国际货运代理企业开展多式联运业务进行了特别规定,其中最重要的是需拥有在商务部登记备案的国际货运代理提单。从本案提单的签发人为“OCEAN LINKS LTD”(海洋运输公司)可看出,货运公司没有出具登记备案的国际货运代理提单,不属于《海商法》第 102 条第 2 款规定的“本人或者委托他人以本人名义与托运人订立多式联运合同的人”。因此,货运公司仅接受电气公司的委托从事国际货运的代理相关业务,并未实际参与保险标的的海运运输,本案不属于《海商法》的调整范围。

第二,保险公司向电气公司支付 844,729.34 元理赔款有充分的合同依据与事实依据。保险公司对电气公司进行理赔符合双方保险协议的约定,理赔行为并未违反程序及法律规定。

本案中,保险公司在接到电气公司报案之后立即前往仓库查勘,确认了货损情况并作了现场查勘记录,同时电气公司向保险公司提供了货运公司出具的《情况说明》,确认了保险事故的性质、原因,提供了《零部件进口采购合同》、提单、装箱单、报关单、发票、海关查验记录等证明货物属于保险标的，提供了生产厂家日本三菱电机株式会社的邮件答复、质量判定报告证明货物的损失程度。因此，保险公司根据电气公司提供的以上索赔资料进行理赔完全符合双方保险协议的约定。

从排除事故隐患，维护公共安全的角度出发，本案被淋湿的货物应当推定全损。“牵引变流器”系动车及和谐号机车上使用的关键性零部件，关系到列车的运行安全，被雨淋湿的“牵引变流器”如继续使用将会对列车运行造成巨大安全隐患，危害的必是公众的生命财产安全。

第三，根据《保险法》第 60 条的规定，保险公司自支付保险赔偿金之日起，在赔偿金额范围内已代位取得向货运公司请求赔偿的权利，保险公司有权向货运公司主张代位求偿权，货运公司主张保险公司不应享有追偿权的抗辩没有法律依据。

【判决结果】

驳回上诉，维持原判。

【裁判文书】

二审法院认为，本案争议焦点主要有两个：第一，本案是否属于海事法院专属管辖，是否应当适用《海商法》；第二，货运公司是否应当承担本次货损的赔偿责任。

针对第一个争议焦点，二审法院认为：根据《民事诉讼法》第 33 条、《海事诉讼特别程序法》第 7 条的规定，涉案纠纷既不属于海事法院专属管辖的范围，亦不属于其他法院专属管辖的范围，且根据《民事诉讼法》第 127 条的规定，当事人对管辖权有异议的，应当在提交答辩状期间提出。关于本案是否应适用《海商法》的问题，根据《海商法》第 1 条的规定，其适用范围包括海上运输关系以及船舶关系。本案中，在货运公司与电气公司签订《货物运输代理合同》后，由于货运公司工商登记的经营范围不包括国际运输业务，其遂委托另外的承运人将货物运至指定地点。因此，本案的基础法律关系应为委托代理合同关系。本案所适用的法律应为原《合同法》而非《海商法》。故本案中保险人代位求偿权的诉讼时效期间应自其取得代位求偿之日起的 2 年，保险公司的代位求偿仍在法律保护期限内。

针对第二个争议焦点,二审法院认为:根据涉案货物货损发生的时间,以及货运公司出具的《情况说明》,可以得知货损系发生在货运公司处理委托事项阶段,且由于未尽到《货运委托代理合同》中所约定的保证托运货物安全的义务所致。因此,货运公司应依照双方的合同承担本次货损的赔偿责任,即在保险公司取得代位求偿权后向其进行赔偿。至于货运公司认为保险公司应向货运公司的日本代理主张权利,法院认为,《货运委托代理合同》的当事人双方为电气公司与货运公司,根据合同相对性原理,涉案货物的赔偿责任应由货运公司承担。

综上所述,二审法院认为,货运公司的上诉请求不能成立,应予驳回,一审判决认定事实清楚,适用法律正确,应予维持。

【案例评析】

(一)本案诉讼时效的适用依据

首先,《海商法》调整的是特定海上运输关系、船舶关系的法律规范。但本案的海上货物运输合同关系并不是产生在电气公司与货运公司之间,而是在托运人“三菱公司”与承运人“OCEAN LINKS LTD”(海洋运输公司)之间。根据提单载明的内容,装货港为日本神户,卸货港为上海。本案货损发生时间为货物到达上海港6天后,海上运输行为早已完成。货损发生原因是货运公司代理清关申报查验期间被雨淋湿导致,并不是发生在海上运输期间,已不属于海商法调整范畴。

其次,《海商法》第105条规定:“货物的灭失或者损坏发生于多式联运的某一运输区段的,多式联运经营人的赔偿责任和责任限额,适用调整该区段运输方式的有关法律规定。”因本案的货损发生地点为上海,发生时间为货物到达上海港6天后,货运公司代理报关查验期间。此时海上运输区段已经完成,根据《海商法》第105条,本案货损应适用原《合同法》的规定。

最后,《最高人民法院关于海上保险合同的保险人行使代位请求赔偿权利的诉讼时效期间起算日的批复》(法释〔2014〕15号)已明确限定以适用《海商法》为前提,但如前所述,因本案不属于《海商法》调整范畴,且根据保险公司出具的《货物运输保险单》可知,保险公司与电气公司之间成立的是“进出口货物运输保险关系”,并非海上保险合同关系,故不适用该批复。

综上所述,本案应当适用《最高人民法院关于适用〈中华人民共和国保险法〉若干问题的解释(二)》第16条第2款,保险公司的诉讼时效期间应自其取得代位求偿权之日起算，诉讼时效为2年。

（二）保险公司向货运公司主张代位求偿是否有充分依据

本案货损事故发生在货运公司办理委托事项期间，货运公司作为受托人应当依法承担赔偿责任。首先，货运公司已在《情况说明》中自述本案货损发生在上海代理清关申报时，因货物重新装箱过程后因未没有及时发现货物水湿情况而导致，而代理海关、商检、卫检、装箱等正属于货运公司的代理范围。其次，货运公司辩称所涉货物并非由其代理报关，而是由专业的报关行进行，故不应承担赔偿责任的理由没有法律依据。根据原《合同法》第400条（现《民法典》第923条），本案中货运公司擅自转委托他人代理报关的行为并未经过电气公司的同意，因此货运公司应当对转委托的行为承担责任。至于货运公司与报关行之间的法律关系不属于本案审理范围，货运公司可另行向合同相对方主张损失。货运公司虽对货损金额持有异议，但在审理过程中并未向人民法院申请对货损金额及残值进行司法鉴定，视为已自行放弃其诉讼权利，应承担举证不能的不利后果。

综上所述，本案货损发生在货运公司代理报关及装箱过程中，属委托代理期间，应按照原《合同法》第406条（现《民法典》第929条）向电气公司承担赔偿责任。由于保险公司已将货物损失赔偿给了被保险人，依法取得了代位求偿权，故货运公司应向保险公司承担赔偿责任。

【结语和建议】

本案反映了在保险人代位求偿权纠纷中争议最大的管辖等程序性问题以及追偿依据等实体性争议问题。在《保险法》未明文规定的情形下，如何通过被保险人与第三人之间的合同条款以及合同履行的细节确定双方之间的基础法律关系，是既关系到本案管辖是否错误，也是关系到保险人追偿权能否顺利实现的重大问题。

保险人代位求偿权纠纷中，保险人能否有效证明保险事故的发生系第三人过错造成以及损失的认定是此类案件中双方最大的争议之一。因保险公司在前期查勘、理赔过程中缺乏专业律师介入，经常造成证据灭失或者证据有重大瑕疵，稍有不慎，就会对今后的追偿行为造成被动局面，甚至败诉后果。因此，建议保险公司在行使追偿权的过程中如遇到此类重大、复杂的保险理赔案件时，应第一时间固定证据，尽早向专业律师寻求帮助，以尽可能减少日后可能遇到的诉讼风险。就本案而言,保险公司在保险事故发生后,第一时间赶到现场查勘,同时要求被告货运公司到场固定了证据,并听从专业律师建议,在纠纷未形成前有效利用了被保险人电气公司的优势地位,要求货运公司出具《情况说明》以确定货损原因,因发现货损时间距离保险事故发生时间已过去数天,如没有货运公司的情况说明,就无法确定本案的货损原因,无法确定货损原因意味着保险人无法确定事故过错方,无法确定过错方也就意味着不能确定追偿对象,也就意味着最终保险人要自己承担该笔保险理赔款的损失。可以说,该《情况说明》对胜诉起到了关键作用。

案例编号:HNXLGLD1556001788

北京中银(长沙)律师事务所　姚纪言

湖南劲鸣律师事务所　戴成龙

第十一章　公证业务类

中央事权粮食粮权保全证据公证案

【案情简介】

为切实维护国家粮食安全,有效避免粮权纠纷,中国储备粮管理总公司湖南分公司(以下简称中储粮湖南分公司)向湖南省长沙市某公证处提出公证申请,申请对湖南省各地州市直属库委托代储的中央事权粮食(最低收购价粮)办理公证。

公证处高度重视中储粮湖南分公司的公证申请,在正式受理公证申请前,组织公证员到代储库点进行调研。经与中储粮湖南分公司多次商讨,结合调研所掌握的第一手资料,最终确定了"固定粮食现状+签订粮权确认书"的保全证据公证方案,通过查资料、看现场、留影像、相关工作人员发表声明等方式固定证据,最后由直属库和代储企业当场签订《中央事权粮食粮权确认书》,并由公证处对全过程办理保全证据公证。

公证员认真审查了中储粮湖南分公司申请办理公证的主体资格,审查了各地州市直属库与储粮企业签订的代储协议、入库验收凭证等材料。根据各储粮库点的分布情况,将工作任务分解成若干公证工作小组,各个小组做到既有分工又有协作。公证员深入每个储粮库房,通过"一看、二测、三拍、四声明"等措施,详细记录现场情况。"一看",就是查看库房公示的粮食专卡的数据与实际储粮品种、数量、质量与代储协议,核对入库验收单是否完全一致;"二测",就是使用米温杆随机抽查测量粮食的高度,防患"空心粮";"三拍",就是从粮库的4个不同角度对粮食储存现状进行拍照、摄像;"四声明",就是各地州市直属库授权代表在公证现场向计量员、保管员、驻库监管员等岗位负责人告知中央事权粮食的国家属性,由计量员、保管员、驻库监管员等岗位负责人以发表声明的形式明确自己的岗位责任。最后由直属库和代储企业当场签订《中央事权粮食粮权确认书》。

自2017年开始,该公证处每年指派公证(人)员40多人,分批次对全省10多个地州市的代储库点办理保全证据公证,极大地增强了各直属库委托代储中央事权粮食全过程的公信力,有效避免粮权纠纷。

【公证书格式】

公 证 书

(2019)××市证民字第××号

申请人:中国储备粮管理集团有限公司湖南分公司

营业场所:长沙市××街××号

统一社会信用代码:××××

法定代表人:卜某某,男,××××年××月××日出生,公民身份证号码:××××。

委托代理人:张某某,男,××××年××月××日出生,公民身份证号码:××××。

关系人:

中央储备粮××直属库有限公司

住所:湖南省××市××××××管理处

统一社会信用代码:××××

法定代表人:周某,男,××××年××月××日出生,公民身份证号码:××××。

委托代理人:陈某某,男,××××年××月××日出生,公民身份证号码:××××。

××粮油储备中心

统一社会信用代码:××××

公证事项:保全证据

申请人中国储备粮管理集团有限公司湖南分公司的委托代理人张某某于二〇一八年八月二十一日向我处述称:中国储备粮管理集团有限公司授权中国储备粮管理集团有限公司湖南分公司管理湖南省辖区内的中央事权粮和直属库。中央储备粮××直属库有限公司委托××粮油储备中心收储中央事权粮,为防控直属库以外库点储粮的风险,避免粮权争议,特向我处申请对××粮油储备中心中央事权粮库点的粮食储存现状进行保全证据。

根据《中华人民共和国公证法》《公证程序规则》的规定,本公证员和公证人员孙某某以及中央储备粮××直属库有限公司的委托代理人陈某某于二〇一八年十二月二十七日十六时五十九分来到××粮油储备中心，本公证员和公证人员孙某某、中央储备粮××直属库有限公司的委托代理人陈某某一同对××粮油储备中心中央事权粮库的仓房分布情况和周边环境进行了查看。公证人员孙某某使用其本人的手机对现场情况进行了拍照，本公证员对现场情况进行了摄像。随后，本公证员和公证人员孙某某以及中央储备粮××直属库有限公司的委托代理人陈某某，××粮油储备中心的计量员李某某、保管员朱某某进入用于储存中央事权粮的仓房，中央储备粮××直属库有限公司的委托代理人陈某某和××粮油储备中心的计量员李某某、保管员朱某某共同对中央事权粮进行了查看，查看结束后，中央储备粮××直属库有限公司的委托代理人陈某某将中央事权粮的仓房门粘贴封条。计量员李某某、保管员朱某某分别签署了《声明书》一式一份共二页（内容详见附件1）。二〇一八年十二月二十八日在××粮油储备中心的办公室，中央储备粮××直属库有限公司的委托代理人陈某某与××粮油储备中心的委托代理人王某某共同签署了《粮权确认书》一式二份，每份共计二页（内容详见附件2）。

回到本处办公室，本处公证人员徐某某将公证人员孙某某在上述保全证据过程中所拍摄的照片打印一式三套，每套共计照片打印件二页，含照片七张（内容详见附件3）；公证人员徐某某将本公证员在上述保全证据过程中所摄录像数据刻录光盘一式三张（内容详见附件4）。

兹证明与本公证书相粘连的《粮权确认书》的复印件与原件相符，原件上“中央储备粮××直属库有限公司”的印章及其委托代理人陈某某的签名均属实，原件上“××粮油储备中心”的印章属实；与本公证书相粘连的《声明书》的复印件与原件相符，原件上“李某某”“朱某某”的签名均属实，原件留存于本处；本公证书所附照片打印件系对在上述保全证据过程中所拍摄的照片打印所得，本公证书所附光盘系对在上述保全证据过程中所摄录像数据刻录所得，均与实际情况相符。

附：1.《声明书》复印件二份共二页

2.《粮权确认书》复印件一份共二页

3. 照片打印件共二页

4. 光盘一张

中华人民共和国湖南省长沙市××公证处

公证员：×××

二〇一九年四月十九日

案例编号：HNXGGGY1636020224

湖南省长沙市长沙公证处　袁国新

京津冀区域重大项目招投标现场监督公证案

【案情简介】

××燃气××LNG应急储备项目位于××工业区,是京津冀区域发展的重点建设项目,横跨低碳能源转换、环境保护等多个专业领域,涵盖××LNG应急储备接收站及其配套工艺设备的设计、采购、施工、安装调试等相关服务,要求设计质量标准、采购质量标准、施工质量标准等均达到国际先进水平。该建设项目采用了国际公开招标方式,并接受联合体投标,在联合国网站、亚洲基础设施投资银行(以下简称亚投行)网站、中国招投标公告服务平台及××建设工程信息网等众多官方媒体平台发布了招标公告,并在××建设工程管理中心指定的××评标区进行封闭开标、评标。该建设项目涉及领域多、专业性强、建设规模和总投资额巨大、对投标人的资质要求高,来自全国各地的投标单位众多,竞争尤为激烈。

为了避免法律纠纷,保证开标、评标全过程公开、公平、公正,彰显国际招标的严肃性和公信力,2020年9月9日,天津市××公证处受理了招标人××市燃气集团有限责任公司的公证申请,对京津冀地区低碳能源转换和空气质量改善项目(××燃气××LNG应急储备项目)接收站工程EPC总承包工程项目国际公开招标的开标、评标全过程进行现场监督公证。

天津市××公证处的公证员事先审查了公证申请人(招标人)××市燃气集团有限责任公司的营业执照、法定代表人身份证信息、授权委托书、代理人身份证等基本申请材料,初步审核了该建设项目的招标文件,对评标委员会组成情况、评标办法细则以及开标、评标程序等内容进行了重点审核,了解了建设项目的基本概况、招标背景、战略意义,及时对建设项目的国际公开招标活动可能涉及的法律风险点进行了初步研判。

在开标当天,天津市××公证处的公证员严格监督投标截止时间,对各投标单位按时抵达开标现场的时间予以记录、确认。在包封查验环节,对各投标单位的投标文件密封情况进行了严格检查,确认密封完好,确保各投标单位对投标文件密封性无争议。投标文件拆封后,主持人主持开标唱标。唱标结束后,公证员对投标单位的商务标投标报价大小写、商务标投标文件正本的商务报价逐一进行了核对,并与招标代理机构的唱标记录进行了仔细核对,确认商务标报价无误。

开标结束后公证员监督招标代理机构将全部纸质投标文件运往三楼评标区。评标开始前,公证员清点了评标委员会的评标专家人数,核验了评标专家身份,并监督每一位评标专家将手机等通信工具存放于指定地点集中封存。评标委员会推选出一位评标专家担任评标委员会组长。第一天评标工作持续至23时许,第一天的评标工作结束后,评标委员会组长对公证处收集的现场录像资料的完整性进行了书面确认。

因本项目采用的方式为封闭评标,2020年9月10日上午7时30分开始,在公证员的现场监督下,评委会专家继续评标,16时许评标工作结束。评标结束后,公证员仔细检查了评标委员会的评分表及评委签字,并对每一位评标专家的评分结果以及招标代理机构的评分汇总结果进行了核对。在核对过程中,公证员发现,该建设项目的评标委员会每一位评标专家对所有投标单位的打分竟然无差别地完全一致,公证员现场提出了质疑并告知了行政监督部门××建设管理中心。之后,评标委员会组长就此质疑进行了澄清和解释,该打分结果是亚洲基础设施投资银行采购导则的特殊评分规则,在亚投行的审计程序中是合理的。

评标结束后,在公证员的现场监督下,评标专家依次有序离开评标区,保证了评标程序的顺利收尾以及评标结果的保密性。

评标结果公示后,参与投标的某投标单位在公示期内对评标打分高度一致的真实性、合理性向招标人××市燃气集团有限责任公司提出了书面质疑。天津市××公证处公证员对此质疑进行了关注,仔细研究了招标文件和亚洲基础设施投资银行采购导则,与招标人进行了充分沟通,最后指导招标人对提出书面质疑的某投标单位进行了答复。该投标单位对招标人的质疑答复无异议。天津市××公证处及时为招标人、中标单位分别出具了公证书。此项公证的办理也为日后公证行业开展京津冀协同发展与智慧城市建设系列子项目、京津冀××燃气××LNG应急储备项目储罐施工等系列大型建设施工项目现场监督公证奠定了良好的实践基础。

【公证书格式】

公 证 书

(2020)津××证经字第××号

申请人:北京市某集团有限责任公司,营业执照统一社会信用代码:××××××,住所:北京市××区××号,法定代表人:李某某,代理人:潘某某。

公证事项:现场监督

北京市某集团有限责任公司于2020年9月9日向我处提出申请,对京津冀地区低碳能源转换和空气质量改善项目(××应急储备项目)接收站工程EPC总承包工程招标进行现场监督公证。

根据《中华人民共和国公证法》及《公证程序规则》的规定,本公证员与公证人员赵某于2020年9月9日上午9时30分在××评标区[天津市××区××路东(天津市××区天津××培训中心)]出席了招标现场。按照招标文件规定的投标截止时间共收到3个投标单位提交的投标文件。经审查和现场监督,招标方具有合法的招标资格。经评标委员会评议,投标方中国某甲工程有限公司和中国某某工程第十四建设有限公司联合体、中国某乙工程有限公司和中国某某第六建设有限公司联合体、某某能源工程技术有限公司具有合法的投标资格,所投标书均符合招标文件规定,为有效标书。本工程评标委员会由9人组成。本工程评标方法采用综合评估法,其中中国某乙工程有限公司和中国某某第六建设有限公司联合体的综合得分最高。经评标委员会评议,授标建议中国某乙工程有限公司(营业执照统一社会信用代码:××××××,住所:北京市朝阳区××××××号,法定代表人:王某某,代理人:颜某某)和中国某某第六建设有限公司[营业执照(副本)统一社会信用代码:××××××,住所:桂林市××路7号,法定代表人:唐某某]联合体,投标报价为人民币××万元整(人民币××××元)。

兹证明本次开标、评标活动均符合招标文件的规定。

中华人民共和国天津市××公证处

公证员:×××

二〇二〇年十月二十三日

案例编号:TJGGGY1636022060

天津市泰达公证处 王 旭

公司注销后股东分配剩余财产协议公证案

【案情简介】

河北某房地产开发有限公司系由范某某和尹某某共同投资设立，双方各占公司50%的股权。后因该公司不能营利，公司股东会作出决议决定解散公司，股东范某某、尹某某组成清算组，对公司进行清算。2017年5月22日该房地产公司债权债务已清算完毕，办理了注销登记手续，登记在公司名下一宗面积2500平方米土地的国有土地使用权作为公司清算后剩余的财产。两位股东协商一致，签订了《财产分配协议书》，协议约定该宗土地的国有土地使用权归范某某取得。到不动产登记部门办理该宗土地使用权转移登记时，不动产登记部门要求公证处对《财产分配协议书》进行公证，范某某和尹某某向石家庄市某公证处申请办理公证，该公证处审查了公司有关清算审计报告，又通过"国家企业信用信息公示系统"查询了该公司信息。经公证员查询，网上公示信息显示该公司经清算后已经注销，公证处根据公司法的有关规定起草了一份《股东承诺与保证》，由两位股东签字。

《股东承诺与保证》内容如下：

根据《中华人民共和国公司法》第4条、第186条规定，股东享有公司剩余财产分配权，股东是公司注销之后权利义务的法定继受主体。范某某、尹某某为河北××地产开发有限公司股东，各占公司50%的股权，现公司经清算后，已注销。范某某、尹某某作为股东有权分配公司剩余财产，双方于2020年10月23日签订了《财产分配协议书》。为保障公司债权人利益，范某某、尹某某作出如下承诺与保证：

一、范某某、尹某某作为清算组成员知悉：按照《公司法》第185条及《最高人民法院关于适用〈中华人民共和国公司法〉若干问题的规定(二)》第11条的相关规定："清算组应当自成立之日起十日内通知债权人，并于六十日内在报纸上公告。债权人应当自接到通知书之日起三十日内，未接到通知书的自公告之日起四十五日内，向清算组申报其债权。"以上所规定的通知、公告义务，是清算组成员应当履行的义务，范某某、尹某某保证已经依法履行了上述义务。

《最高人民法院关于适用〈中华人民共和国公司法〉若干问题的规定(二)》第23条规定："清算组成员从事清算事务时，违反法律、行政法规或者公司章程给公司或者债权人造成损失,公司或者债权人主张其承担赔偿责任的,人民法院应依法予以支持。”公司依照法定清算程序注销后,如果作为清算组成员的范某某、尹某某违法未向公司债权人履行通知义务或履行通知义务不合法的,债权人有权要求清算组成员直接承担赔偿责任。范某某、尹某某保证不存在上述违法违规行为,如果存在上述违法违规行为,二人愿意承担法律责任。

二、范某某、尹某某知悉《最高人民法院关于适用〈中华人民共和国公司法〉若干问题的规定(二)》第19条规定:“有限责任公司的股东、股份有限公司的董事和控股股东,以及公司的实际控制人在公司解散后,恶意处置公司财产给债权人造成损失,或者未经依法清算,以虚假的清算报告骗取公司登记机关办理法人注销登记,债权人主张其对公司债务承担相应赔偿责任的,人民法院应依法予以支持。”范某某、尹某某保证不存在上述“恶意处置公司财产”和“未经依法清算,以虚假的清算报告骗取公司登记机关办理法人注销登记”的情形,如果存在上述情形,范某某、尹某某愿意向债权人承担相应的赔偿责任。

三、范某某作为已注销公司名下财产的实际取得人,现单独承诺:《财产分配协议书》中虽然载明的是“甲方范某某以河北××地产开发有限公司名义购得坐落于××县××大街西侧土地一块……”,该约定仅对于范某某、尹某某内部而言,该宗地的国有土地使用权登记在公司名下,对于公司的债权人而言,该宗地的国有土地使用权属于公司责任财产。如果公司清算时遗漏了债务,则被遗漏的公司债权人有权要求以该宗土地的国有土地使用权价值为限,优先偿还债务。

四、本保证书由尹某某和范某某分别签字,尹某某和范某某作为商事主体,对各自的签字行为负责。

公证员起草的这份《股东承诺与保证》,体现了公证员对于公司法关于公司清算部分的深刻理解,办理公证的同时向当事人普及了法律,也预防了公证执业风险。

【公证书格式】

公 证 书

(2020)冀石太证经字第××号

申请人:

甲方:范某某,男,××××年××月××日出生,公民身份证号码:××××。

乙方：尹某某，男，××××年××月××日出生，公民身份证号码：××××。

公证事项：财产分配协议书

甲方范某某、乙方尹某某于二〇二〇年十月二十三日向本处申请办理前面的《财产分配协议书》公证。

经查，甲方范某某、乙方尹某某经协商一致订立了前面的《财产分配协议书》。经登录互联网“国家企业信用信息公示系统”，对协议中所涉的“河北××地产开发有限公司”进行查询，查询结果显示，该公司已经注销，该公司的股东为范某某、尹某某，公司清算组成员为范某某、尹某某。甲乙双方作为公司股东和清算组成员，为了证明其依法履行清算义务，以及证明其在从事清算事务中不存在恶意处置公司财产或者未经依法清算，以虚假的清算报告骗取公司登记机关办理法人注销登记的情形，向我处提供了石家庄市××会计师事务所（普通合伙）出具的《河北××地产开发有限公司补充清算专项审计报告》，该报告中载明河北××地产开发有限公司“补充清算负债清查值0元，补充清算净资产清查值为××元”。根据《中华人民共和国公司法》第四条、第一百八十六条规定，股东享有公司剩余财产分配权，股东是公司注销之后权利义务的法定继受主体，甲乙双方在签订该协议时具有法律规定的民事权利能力和民事行为能力，甲乙双方签订该协议的意思表示真实，该协议内容符合《中华人民共和国公司法》的相关规定，甲乙双方签订该协议后，该协议内容在甲乙双方之间具有法律约束力。

依据上述事实，兹证明范某某、尹某某于二〇二〇年十月二十三日来到我处，在本公证员的面前，签订了前面的《财产分配协议书》。上述当事人的签约行为符合《中华人民共和国民法总则》第一百四十三条的规定，协议内容符合《中华人民共和国公司法》《中华人民共和国合同法》的规定，协议上范某某、尹某某的签名、手印均属实。

中华人民共和国河北省××处

公证员：×××

二〇二〇年××月××日

案例编号：HBGGGY1604913394

河北省石家庄市太行公证处　高冬青

公证参与人民法院房屋腾迁强制执行案

【案情简介】

2019年8月,江苏省泰州市泰州公证处根据泰州市医药高新技术产业开发区人民法院申请,按照最高人民法院、司法部《关于开展公证参与人民法院司法辅助事务试点工作的通知》,对法院强制执行泰州医药高新区某处房产迁让整个过程及行为进行保全公证。

法院受理的申请人蒋某与被执行人钱某、金某民间借贷纠纷执行一案在执行过程中,于2018年8月拍卖执行担保人王某所有的商品房一套,后买受人刘某经淘宝拍卖以最高价成交,经法院裁定获得房屋及房屋所有权。裁定生效后,法院多次与被执行人、执行担保人沟通,要求其自行腾空房屋,但执行担保人王某一直拒不腾空房屋内物品,拒绝配合法院交房。法院依法送达了强制腾迁公告,责令被执行人、执行担保人在指定期间自动履行腾退义务,但被执行人金某、钱某下落不明,执行担保人王某又拒绝配合态度强硬,法院决定强制腾迁房屋。

因该案涉及的程序多,被腾迁房屋内物品数量多、重量大,为确保强制腾迁行动顺利开展并取得良好效果,法院选择了申请公证机构参与执行。受理申请后,公证员多次与承办法官会谈商讨,查阅了相关案件材料,对可能出现的突发情况进行了充分预判,提前拟定了腾迁房屋可能需要的法律文书,制定了详细周密的集中行动方案。在执行前,根据房屋内物品情况,预先联系好搬家公司、开锁公司,确定车辆、人员、时间、物品搬运地点等具体信息,准备好打包箱等相关物料,研究搬迁物品的序时进度,做好全程物品清单记录、物品搬运记录和证据录制保存,以便于房屋在最短时间内一次性腾空。

按照商定的方案,执行人员、搬运工人在公证员的见证下进入执行房屋。大到冰箱、沙发,小到牙刷、勺子,公证员配合执行干警开始对清点物品逐一登记造册,装箱编号张贴封条后搬离现场,现场工作规范有序进行,两台摄像机全程同步录音录像,历经6个小时终于将屋内数百件物品执行完毕,并放置在法院指定地点,向执行担保人发出了领取物品通知。最大限度地维护了申请人的合法权益,同时避免了担保执行人财产损失。

【公证书格式】

公　证　书

(2019)泰证经内字第××××号

申请人:×××人民法院,机构地址:×××。

负责人:A

工作人员:B,男,工作证编号:×××。C,男,工作证编号:×××。

公证事项:保全证据

申请人×××人民法院为固定证据之需要,于××××年××月××日委托其工作人员B、C向我处申请办理保全证据公证。

根据《中华人民共和国公证法》《公证程序规则》的规定,本公证员与公证人员D、E、F及申请人×××人民法院的工作人员于××××年××月××日上午来到位于泰州市×××花园××期××幢××室,由摄像人员G、H对×××人民法院工作人员清点、登记、封存泰州市×××室及其车库的物品的过程以及将封存后的物品搬运至泰州市×××花园××期××幢××室房屋内的整个过程及行为进行保全(由于泰州市×××花园××期××幢××室及其车库水电已关停,该房屋内部的电器均按原状搬出,未检测电器能否正常使用),上述所有操作从××××年××月××日上午09:56起截至当日下午15:22止,公证员D、公证人员E、F对上述整个操作过程进行监督,同时公证员D及公证人员E对清点的物品进行登记(《物品清单》详见附件2),公证员D制作《工作记录》共4页(详见附件3)。

一、09:56,公证员D、公证人员E、F及摄像人员G、H跟随×××人民法院执行局的工作人员(以下简称法院工作人员)来到位于泰州市×××花园××期××幢××室。

二、09:58,摄像人员G、H将未拆封的摄像底带分别装入摄像机中后,公证员D、公证人员E、F对上述过程进行监督。

三、10:00,摄像人员G对泰州市×××花园××期××幢××室入室口的现状以及张贴在入室口的《×××人民法院公告》进行拍摄。

四、上述人员进入泰州市×××花园××期××幢××室,摄像人员G、H分别对厨房内部的整体现状及厨房内的每个橱柜、每个抽屉的内部现状,卫生间、客厅的整体现状,以及客厅的每个橱柜内部现状,主卧(位于东侧)的整体现状及主卧内每个橱柜、每个抽屉的内部现状,次卧(位于西侧)整体现状及次卧内的每个橱柜、抽屉的内部现状、次卧阳台的整体现状进行拍摄。

五、法院工作人员对厨房内部物品进行清点、登记,公证员D、公证人员E对清点的物品进行登记,摄像人员G对上述操作过程进行拍摄;法院工作人员将厨房清点的物品装箱封口后张贴封条,公证人员F对张贴封条后的物品袋进行编号,搬运工人将经过编号的物品搬运至楼下,摄像人员H对上述操作的过程进行拍摄。

六、法院工作人员对卫生间内部物品进行清点、登记,公证员D、公证人员E对清点的物品进行登记,摄像人员G对上述操作过程进行拍摄;法院工作人员将卫生间清点的物品装箱封口后张贴封条,公证人员F对张贴封条后的物品袋进行编号,搬运工人将经过编号的物品搬运至楼下,摄像人员H对上述操作的过程进行拍摄。

七、法院工作人员对客厅内部物品进行清点、登记,公证员D、公证人员E对清点的物品进行登记,摄像人员G对上述操作过程进行拍摄;法院工作人员将客厅清点的物品装箱封口后张贴封条,公证人员F对张贴封条后的物品袋进行编号,搬运工人将经过编号的物品搬运至楼下,摄像人员H对上述操作的过程进行拍摄。

八、法院工作人员对主卧内部物品进行清点、登记,公证员D、公证人员E对清点的物品进行登记,摄像人员G对上述操作过程进行拍摄;法院工作人员将主卧清点的物品装箱封口后张贴封条,公证人员F对张贴封条后的物品袋进行编号,搬运工人将经过编号的物品搬运至楼下,摄像人员H对上述操作的过程进行拍摄。

九、法院工作人员对次卧内部物品进行清点、登记,公证员D、公证人员E对清点的物品进行登记,摄像人员G对上述操作过程进行拍摄;法院工作人员将次卧清点的物品装箱封口后张贴封条,公证人员F对张贴封条后的物品袋进行编号,搬运工人将经过编号的物品搬运至楼下,摄像人员H对上述操作的过程进行拍摄。

十、摄像人员G对清点后房屋内部现状即厨房、卫生间、主卧、次卧、客厅以及房屋内每一个橱柜、每一个抽屉的内部现状再次分别进行拍摄;法院工作人员对清理遗漏的物品再次进行清点、登记,公证人员E对清点的物品进行登记,摄像人员G对上述操作过程进行拍摄。法院工作人员将上述清点的物品装箱封口后张贴封条，公证员 D 对张贴封条后的物品袋进行编号，搬运工人将经过编号的物品搬运至楼下，摄像人员 H 对上述操作的过程进行拍摄。

十一、随后，上述人员来到上述房产附属车库，开锁人员将车库门打开，摄像人员 G 对开锁的过程进行拍摄；上述人员进入车库，法院工作人员将车库存放的物品进行清点、登记，公证人员 E 对清点物品进行登记，摄像人员 G 对上述操作过程进行拍摄；法院工作人员将车库清点的物品装箱封口后张贴封条，公证员 D 对张贴封条后的物品袋分别进行编号，搬运工人将经过编号的物品搬运至搬运车，摄像人员 H 对上述操作的过程进行拍摄。

十二、14:06，上述所有人员来到位于泰州市×××苑，搬运人员将上述封存的物品搬运至泰州市×××苑××幢×××室，摄像人员×××对搬运至泰州市×××苑××幢×××室的封存物品进行拍摄。

十三、15:22，结束所有操作。

兹证明与本公证书相粘连的光盘系摄像人员 G、H 现场拍摄后刻录，光盘记载的内容与现场实际情况相符；与本公证书相粘连的《工作记录》复印件与原件内容相符，原件上 G、H 的签名均属实；与本公证书相粘连的《物品清单》复印件与原件内容相符，原件上 B 的签名属实；《工作记录》的原件、《物品清单》的原件以及摄像底带均存放于本公证处。

附件：1. 光盘共 2 张

2.《物品清单》复印件共一份计 19 页

中华人民共和国江苏省泰州市泰州公证处

公证员：×××

二〇一九年九月二十日

案例编号：JSGGGY1571303601

江苏省泰州市泰州公证处　孙　寅

吉林省某银行还款协议公证案

【案情简介】

2020 年 4 月××日，吉林省珲春市公证处公证员在人民法院调解平台接收了一件借款合同纠纷诉前调解案件。经查看案件材料得知,该案件的原告为某银行,被告为李某、王某。李某于 2014 年 3 月因房屋装修,以其和其妻子王某名下的房屋提供抵押担保,在某银行申请 12 万元贷款,期限为 10 年。截至 2020 年 5 月,李某已连续违约 19 期,经某银行多次催收,李某均未能偿还欠款。故某银行为维护自身合法权益,委托律师将李某夫妻起诉至珲春市人民法院,要求解除原借款担保合同,李某偿还全部剩余贷款本金、利息及罚息,要求对李某夫妻的抵押物优先受偿,并要求李某夫妻依据合同约定,承担律师代理费 5600 元及承担为债权所产生的诉讼费、公告费等一切费用。

在调解过程中,公证员先约谈了被告李某,李某称由于其家中老人生病,花了不少钱,实在无法在短时间内一次性还清借款,请求公证员帮忙想想别的办法。公证员随后约谈了原告某银行的行长王某某,王某某称,为起诉李某,银行已经支付了 5600 元律师费,如要调解,李某必须先行支付律师费用。公证员又与被告李某通电话传达了银行的意见,李某称如果银行能给机会,愿意先将律师费支付给银行。在了解到双方均有调解意愿后,公证员便组织双方到公证处商议具体细节。2020 年 5 月 × × 日下午,王某某以及李某夫妻均来到公证处,在调解过程中,一开始双方对还款时间争议较大,调解一度陷入僵局。经公证员反复解释、沟通后,双方均同意由李某先于当日将 5600 元律师费还清,再于 2020 年 9 月 30 日前全部偿还截止至还款当日拖欠的贷款本息,剩余贷款本息按原合同继续履行。

经双方达成一致意见,公证员为双方拟定了还款协议,在充分告知办理赋予债权文书强制执行效力公证书的法律后果及双方的权利义务后,公证员依据借款担保合同、借据、还款明细、逾期利息证明、营业执照、委托书、身份证、户口簿、结婚证、房产证、不动产登记证明等证明材料为双方办理了赋予债权文书强制执行效力公证书,此案圆满解决。

数月后,经公证员电话回访,王某某称,公证办理完毕后,李某夫妻的还款情况一直较好,再未出现逾期情况。

【公证书格式】

公 证 书

(2020)吉延珲证内经字第××号

申请人:

甲方(贷款人):某银行,营业执照统一社会信用代码为××××,营业场所为珲春市某街。

负责人:王某某,男,一九××年××月××日出生,公民身份证号码为××××,住址:吉林省珲春市某街,职务:行长。

乙方(借款人、抵押人):李某,男,一九××年××月××日出生,公民身份证号码为××××,住址:吉林省珲春市某街。

乙方(抵押人):王某,女,一九××年××月××日出生,公民身份证号码为××××,住址:吉林省珲春市某街。

公证事项:赋予还款协议强制执行效力

甲方与乙方双方于二〇二〇年五月××日共同向本处申请办理赋予还款协议强制执行效力公证。

经查,甲、乙双方经协商一致订立了前面的《还款协议》,双方在订立合同时均具有法律规定的民事权利能力和民事行为能力,双方签订《还款协议》的意思表示真实,协议内容具体、明确,符合法律规定。甲、乙双方于二〇一四年三月××日签订《借款担保合同》,约定乙方向甲方借款人民币壹拾贰万元整(¥120,000.00元),用于房屋装修,期限自二〇一四年三月××日起至二〇二四年三月××日止。为保证乙方能够履行《借款担保合同》规定的还款义务,乙方以其名下的一套房屋为借款提供担保,并办理了抵押登记手续。现乙方未按《借款担保合同》的约定履行偿还借款本息,已经构成违约[截至二〇二〇年五月××日,共欠本金及利息共计人民币捌万肆仟肆佰零叁元叁角贰分(¥84,403.32元)]。鉴于乙方的上述表现,甲方为了防范潜在的违约风险,经与乙方协商后,决定变更原《借款担保合同》中约定的部分内容,双方共同约定:乙方于二〇二〇年九月三十日前全部偿还截止至还款当日共拖欠的贷款本息,剩余贷款本息按原合同继续履行。乙方承诺在不能按规定期限偿还任意一期借款的本金及利息时,自愿接受强制执行,并对乙方违约时本处应甲方的申请出具

《执行证书》前的核实程序、方法和后果也作出了明确、具体的承诺。

依据上述事实,兹证明甲方某银行负责人王某某与乙方李某、王某于二〇二〇年五月××日在珲春市公证处签订了前面的《还款协议》。双方当事人的签约行为符合《中华人民共和国民法总则》第一百四十三条(《中华人民共和国民法典》第一百四十三条)的规定,合同内容符合《中华人民共和国合同法》《中华人民共和国担保法》《中华人民共和国商业银行法》的规定。《还款协议》上双方当事人的签字、手指纹印、印鉴均属实。

根据《中华人民共和国民事诉讼法》、《中华人民共和国公证法》和《公证程序规则》的有关规定,本公证书依法赋予强制执行效力。在乙方违反《还款协议》规定,不履行或不完全履行还款义务时,甲方可持本公证书向本处申请出具执行证书,并凭执行证书向吉林省珲春市人民法院申请强制执行。

中华人民共和国吉林省珲春市公证处

公证员:×××

二〇二〇年五月××日

案例编号:JLGGGY1615174355

吉林省珲春市公证处　赵　锐

王某、戈某与王甲、胡甲居住权合同公证案

【案情简介】

市民王某、戈某是一对老夫妻,王甲、胡甲是他们的小儿子与小儿媳。老夫妻出于日常居住和养老的需要,拟置办一套新房产。老夫妻考虑到大儿子结婚时已为其购置过房产,但还未给小儿子王甲购置过房产,遂决定把新购房产登记在小儿子王甲名下。但老夫妻在办理完产权登记后,对能否在登记在王甲名下的房产中安度晚年的问题产生了担忧。尽管小儿子王甲为王某和戈某签下一张纸条:保证上述房产让爸妈住到百年,但老夫妻拿着纸条后还是有点不放心,遂来到公证处咨询上述事项能否办理公证。

在详细了解王某与戈某的诉求后,公证员向他们阐明了《民法典》中关于“居住权”的有关规定,告知他们按照《民法典》第366条和第368条的规定,王某、戈某(以居住权人身份)与王甲、胡甲(以房屋所有权人、居住权设立人

身份）应以书面形式订立居住权合同并办理登记，王某与戈某就可以在小儿子名下的房产中安心养老了。鉴于居住权是一项新型用益物权，区别于大众比较熟悉的"所有权"。公证员还特别对当事人进行普法：居住权设定的目的在于将房屋所有权在居住权人和所有人之间进行分配，从而满足各自不同的需求，既可以实现特定弱势群体的住房保障，也可以灵活地满足当事人的其他住房需求。

了解清楚前述规定后，老夫妻与小儿子、小儿媳双方共同向公证处申办了居住权合同公证。公证员随即为他们起草了个性化、有针对性的居住权合同，就房屋购买的实际出资人、居住权的条件、期限、登记手续以及所居住房屋装修、维修、出租、出售、抵押等相关问题进行了详细的约定。随后，王某、戈某与王甲、胡甲在领取公证书当日前往不动产登记机构办理了居住权登记，目前已取得居住权的登记证书。

当前我国社会老龄化程度不断加深，老年人的养老问题日益成为社会热点。《民法典》作为社会生活的百科全书，首次将居住权的概念引入立法层面，旨在发挥扶弱施惠的社会保障功能。在王某、戈某居住权合同公证案中，公证处积极履行公证职能，紧随立法步调，提供普法释疑，为当事人详尽拟订居住权合同并出具相关公证文书，切实解决了公证申办人"老有所居"的问题，同时也把民法典中有关居住权的新规定予以贯彻和落实。

【公证书格式】

公　证　书

（××××）××字第××号

申请人：

甲方：王某，男，××××年××月××日出生，公民身份证号码：××××。

戈某，女，××××年××月××日出生，公民身份证号码：××××。

乙方：王甲，男，××××年××月××日出生，公民身份证号码：××××。

胡甲，女，××××年××月××日出生，公民身份证号码：××××。

公证事项：居住权合同

甲方王某、戈某与乙方王甲、胡甲于2021年6月11日共同向我处申请办理前面的《居住权合同》公证。

经查,甲乙双方协商一致订立了前面的《居住权合同》。甲、乙双方在订立合同时具有法律规定的民事权利能力和民事行为能力,双方当事人签订合同意思表示真实,合同内容具体、明确。依据上述事实,兹证明甲方王某、戈某与乙方王甲、胡甲于2021年6月11日来到我处,在本公证员的面前,签订了前面的《居住权合同》。双方当事人的签约行为符合《中华人民共和国民法典》第一百四十三条的规定,合同内容符合《中华人民共和国民法典》第三百六十六条及有关规定,合同甲乙双方的签名均属实。

中华人民共和国江苏省南京市××公证处

公证员:×××

××××年××月××日

案例编号:SFBGGGY1630052368

江苏省南京市南京公证处　高畅联

新疆乌鲁木齐市快手app短视频保全证据公证案

【案情简介】

马某的委托代理人某律师事务所的律师翟某,向公证处提出保全证据申请,称马某出资成立了某某快手团队,并与一名快手主播签订了一份《签约合同》,由团队负责该主播的包装与宣传,但主播只能在团队许可的快手号上发布作品,未经团队许可,不得在快手平台开立其他快手号及发布作品。合同签订后,马某发现该主播未经团队允许开通多个快手号,并发布了作品,违反了协议。现马某准备起诉,翟某作为马某的代理人申请对该主播在快手平台发布的作品等信息进行证据保全。

接到马某委托代理人的申请后,公证员认真审查相关资料、合同等,向其告知保全证据公证的有关法律规定、法律后果和办理公证的程序。翟某提供该主播在快手平台上的昵称——“×帕”,称公证人员可以通过搜索该主播的昵称,打开其快手号并查看到其发布的作品。公证员认真研究快手app,发现该app除手机可以登录外,也可通过电脑端口进入,代理人翟某表示通过电脑端口观看的话不能看到发布人发布信息的具体时间,只能看到是三个月前或几天前，无法像手机app一样可以显示某年某月某日几点几分，所以坚持要用手机操作。

为保证手机的清洁性，公证人员使用公证处配发的办公手机下载快手app，并使用公证人员的手机号码通过手机短信验证的方式进行登录，搜索到代理人提供的昵称“×帕”后，根据代理人的要求对搜索结果中显示的前两个快手号里的作品及发布的信息进行查看，对发布的视频进行播放，并对操作过程进行截屏及摄像。最终为当事人出具了公证书。

【公证书格式】

公　证　书

（20××）××证民字第×××号

申请人：马某，男，公民身份证号码：×××，住址：××××。

委托代理人：翟某，男，公民身份证号码：×××，住址：××××。

公证事项：保全证据

申请人马某为维护其合法权益，特委托翟某向我处申请保全证据公证，翟某称其是马某一起涉及一名“快手”主播诉讼案件的代理律师，为留存该主播在“快手”平台上开通快手号并发布作品的相关证据，受马某的委托代为申请办理保全证据公证。

根据《中华人民共和国公证法》和《公证程序规则》的规定，本处受理申请人的上述申请。本公证员与公证人员杨某对申请人的委托代理人翟某提供的证明材料进行审查，对翟某进行了询问，告知其公证当事人的权利义务和该公证事项的法律意义和法律后果。

二〇××年××月××日上午11:10，在我处业务三部××办公室，本公证员在申请人马某的委托代理人翟某的指引下，对本公证员的手机进行如下操作：

一、打开随身携带的华为手机电源，输入密码，进入手机系统主界面，依次点击“设置”——“无线和网络”——“WLAN”，找到公证处的“××”的网络，输入密码后连接，上述操作过程中对手机屏幕显示内容均使用了华为手机自带的截屏功能进行截屏。

二、返回设置页面，下拉至“系统”，依次点击“系统”——“关于手机”，对显示页面进行滑动浏览。上述操作过程中对手机屏幕显示内容均进行截屏操作。

三、返回手机桌面,点击“手机管家”图标,对手机进行病毒查杀和系统优化操作,上述操作过程中对手机屏幕显示内容均进行截屏操作。

四、返回手机桌面,点击“应用市场”,在搜索栏中输入“快手”,安装并打开“快手”,使用本公证员的手机号通过发送验证码的方式登录“快手”。上述操作过程中对手机屏幕显示内容均进行截屏操作。

五、在“快手”主界面中点击“快手”主界面左上角的“用户”图标,对登录的用户信息进行了查看,上述操作过程中对手机屏幕显示内容均进行截屏操作。

六、返回“快手”主界面的用户搜索栏输入“×帕”进行搜索,显示搜索结果后,根据翟某的要求,点击第一个搜索结果“×帕”,进入主界面,对手机显示页面从上到下进行滑动浏览,之后点击用户的头像图标,对用户的头像及快手号进行查看,返回主界面,点击“说说”,对“说说”内容进行浏览。上述操作过程中对手机屏幕显示内容均进行截屏操作。

七、返回“×帕”主界面,从67部作品中随机挑选7个视频进行播放,在播放过程中对手机屏幕显示内容进行适时截屏。

八、返回搜索界面,根据翟某的要求,点击第二个搜索结果“×帕(小号)”,进入主界面,对手机显示页面从上到下进行了滑动浏览,之后点击用户的头像图标,对用户的头像及快手号进行查看,上述操作过程中对手机屏幕显示内容均进行截屏操作。

九、返回“×帕(小号)”主界面,从10部作品中随机挑选3个视频进行了播放,在播放过程中对手机屏幕显示内容进行了适时截屏。

上述操作过程于11:29结束。

公证人员杨某对本公证员的上述操作过程及手机屏幕所显示的内容全程进行摄像,并将摄像内容与手机屏幕录制内容进行刻录,制作光盘一张。上述操作完成后,公证人员对截屏后上传至电脑的截屏图片进行排版打印,共取得截图打印件××张。公证人员现场制作《工作记录》1份共2页,并由申请人的委托代理人翟某签字确认。

兹证明与本公证书相粘连的《工作记录》的复印件与原件内容相符,原件保存于我处,原件上“翟某”的签名属实;本公证书后所附的截屏图片打印件均为现场截屏取得,附件袋内光盘中所保存的视频文件为现场拍摄取得,内容与上述现场情况相符。

附:1.《工作记录》复印件1份共2页

2.截图打印件××张

3. 光盘 1 张

中华人民共和国××省××市××公证处
公证员：×××
二〇××年××月××日

案例编号：XJGGGY1568633056
新疆维吾尔自治区乌鲁木齐市法诺公证处　丁建萍

植物新品种样品取样送样行为保全证据公证案

【案情简介】

甲公司拥有一项植物新品种权，该公司发现某市有人在未经其许可下疑似播种并销售上述植物新品种种子。为维护公司的合法权益，甲公司委托乙律所代为处理该侵权取证事宜，律所遂向当地公证机构申办保全证据公证。公证机构受理该公证事项后，即派员随甲公司委托代理人及员工到播种该植物的地块进行取样，并将该植物叶片样品送往丙地进行检测。

取样的地块位于山区，附近没有路牌等标志物，无法描述具体位置。因此在取样过程中，公证员对位置固定问题采取了一套综合辅助手段：(1)手机拍照尽量远近都拍摄，可结合视频及照片还原现场；(2)使用“某导航”等进行定位截屏；(3)借助手机“指南针”等确定方位或经纬度。上述辅助手段的使用方式和取证结果都在公证书中据实表述并作为公证书附件。因送检需要到异地完成，整个取样、送样过程需经过三天至四天，所有环节中最重要的是确保取样、样品保管、送样等全过程均在公证机构监督之下。在取样完成后，公证员现场使用公证机构的封条及玻璃胶带对物品进行编号、拍照、装箱、封存，并将封存的样品带回保管。同时因送样需要经过飞机托运，为确保保全事实的真实性，公证处全程确保托运及取件每一步都在公证机构的监督下完成。此项公证的办理，帮助当事人锁定容易灭失的证据，避免了出现当事人日后维权举证困难的局面。

【公证书格式】

公 证 书

(2019)××证字第××号

申请人:某(昆明)律师事务所

住所:云南省昆明市××中心B座××层

负责人:李某某

委托代理人:万某某,女,一九九二年一月五日出生,公民身份证号码:××××

公证事项:保全证据

申请人某(昆明)律师事务所委派其代理人万某某于二〇一九年八月十七日向本处提出申请,称其代理了云南某种业有限公司知识产权诉讼的相关事宜,现为固定侵权证据,申请本处对云南某种业有限公司的员工张某某(男,公民身份证号码:××××××)采集叶片(取样)的行为和过程进行保全证据公证。保全方式为拍照及摄像。

根据《中华人民共和国公证法》和《公证程序规则》的规定,我处受理了申请人的申请。并指派本公证员、公证员助理黄某某办理。二〇一九年八月十七日下午,本公证员、公证员助理黄某某在申请人的委托代理人万某某及张某某的带领下来到云南省昭通市××采石场附近的保全现场。现场由公证员助理黄某某使用自带HUAWEI Mate20 pro手机(型号:LYA-AL00、品牌:HUAWEI)上的百度地图软件进行了定位,并对手机上显示的定位结果进行了截屏。由张某某在玉米地的三个位置各采集十株样本,由张某某、万某某将采集到的三十株样品上的叶片分装并编号,并将两份样品放置于两个装有冰袋的泡沫箱内,一份标记为“备样”、一份标记为“送样”,由公证人员将两个泡沫箱分别进行密封。在上述过程中,由本公证员使用自带iPhone手机(型号:MQA62CH/A、品牌:Apple)对第一个取样地点进行拍照(内容详见附件二1-1至1-2);对第二个取样地点进行拍照(内容详见附件二2-1至2-2);对第三个取样地点进行拍照(内容详见附件二3-1至3-5)。由公证员助理黄某某使用自带手机对玉米地附近道路、取得的样品、密封后的样品进行拍照,并对张某某的取样过程进行摄像。

取样结束后,由公证人员将前述两部手机内现场取得的两张屏幕截图及三十八张照片导入了我处的办公电脑内，并进行打印，结果见本公证书附件一、附件二。随后，公证人员将前述手机内现场取得的三段视频资料刻录复制到了公证处提供的全新光盘内，共拷贝了一式四份，一份留存于公证处，结果见本公证书附件三。

兹证明上述取样过程均在本公证员和公证员助理黄某某的监督下进行；与本公证书相粘连的定位截图打印件系手机现场定位截图并打印所得，内容与手机屏幕显示内容相符；本公证书所附照片彩打件系现场拍摄后打印所得，其内容与实际情况相符；与公证书相粘连的密封袋内的光盘中的视频资料系现场拍摄所得，其内容与实际情况相符；取得的样品经本处密封并加贴封条后，标记为“备样”的样品交由申请人自行保管，标记为“送样”的样品由本公证员暂行保管。

附件一：定位截图打印件两张（共两页）

附件二：现场照片打印件三十八张（共十九页）

附件三：密封袋一个（内有光盘一张）

中华人民共和国云南省昆明市国信公证处

公证员：×××

二〇一九年九月二十六日

案例编号：YNGGGY1622708393

云南省昆明市国信公证处　陈　韵

《民法典》实施后的侄甥代位继承公证案

【案情简介】

2021 年 1 月 4 日，《民法典》实施后首个工作日，李先生、林女士拿着房产证向广东省广州市广州公证处咨询能不能继承李某（女）的房产，他们担心李某的遗产没人继承被收归国有。公证员何某接待当事人。经询问获悉，李某 2020 年 12 月在广州去世，生前没有遗嘱也没有与他人签订遗赠扶养协议。李先生是房屋产权人李某的侄儿，林女士是李某的姨甥。李某是孤寡老人，李某共有 4 个兄弟姐妹，李某在其兄弟姐妹中是年龄最小的一个。由于李某的父母、祖父母、外祖父母、兄弟姐妹都先于李某去世，而且李某终生未婚也无子女。按照原《继承法》的规定，李某的这处房产属于无人继承的遗产，应当归国家所有或生前所在集体组织所有。但是，李某在《民法典》实施前去世，如果适用原《继承法》，她的财产将无人继承。

经办公证员认为,李先生、林女士的咨询焦点是他们作为继承公证当事人的主体是否适格。2020 年 12 月 29 日发布的《最高人民法院关于适用〈中华人民共和国民法典〉时间效力的若干规定》第 14 条规定:“被继承人在民法典施行前死亡,遗产无人继承又无人受遗赠,其兄弟姐妹的子女请求代位继承的,适用民法典第 1128 条第 2 款和第 3 款的规定,但是遗产已经在民法典施行前处理完毕的除外。”《民法典》第 1128 条第 2 款、第 3 款规定:“被继承人的兄弟姐妹先于被继承人死亡的,由被继承人的兄弟姐妹的子女代位继承。代位继承人一般只能继承被代位继承人有权继承的遗产份额。”

本案中,李某生前无配偶及子女,其兄弟姐妹均先于其去世,现李某哥哥的儿子、姐姐的女儿要求继承,他们与公证事项有利害关系,申请公证事项没有争议也属于公证业务范围和管辖范围,公证员依法受理《民法典》施行后当地首例侄甥继承公证,分别调查核实李某及其父母、兄弟姐妹的婚姻子女父母情况和李先生、林女士身份均属实后,依法出具公证书。

代位继承是指被继承人的子女先于被继承人死亡或被宣告死亡,被继承人的子女的晚辈直系亲属代替被继承人子女的继承顺序,继承被继承人子女的应继承的遗产份额的制度。根据《民法典》第 1128 条的规定,将代位继承的法律界定范围扩大到侄、甥。

【公证书格式】

公　证　书

(2021)××字第××号

申请人:李先生(化名),男,一九××年××月××日出生,公民身份证号码:××。

林女士(化名),女,一九××年××月××日出生,公民身份证号码:××。

被继承人:李某(化名),女,一九××年××月××日出生,生前住广东省广州市。

公证事项:继承权

申请人李先生、林女士因继承李某的遗产,于二〇二一年一月四日向我处申请办理继承权公证。

经查，申请人李先生、林女士具有民事权利能力和民事行为能力。

根据《中华人民共和国公证法》及《公证程序规则》的规定，我处对申请人提交的权利证明及相关证据材料进行了审查核实，并对申请人及有关人员进行询问，现查明如下事实：

一、被继承人李某于二〇二〇年十二月×日在××市因病死亡。

二、被继承人死亡后遗有：以李某的名义登记的坐落在××市××区××路××号的房屋。上述房屋是李某个人财产。

三、据申请人称，李某生前无就上述财产立遗嘱，亦未与他人签订遗赠扶养协议。

四、李某生前无结婚，无生育、无收养子女。李某的兄弟姐妹是李某财、李某芳、李某英、李某雄，均先于李某死亡。李某英生育林女士一个子女，李某雄生育李先生一个子女。李某的祖父母、外祖父母均先于其死亡。

五、现李先生、林女士表示要求继承被继承人李某的上述遗产。

根据上述事实并依据《中华人民共和国继承法》第三条的规定（《中华人民共和国民法典》第一千一百二十二条），被继承人李某死亡时遗留的上述个人合法财产为李某的遗产。根据《中华人民共和国继承法》第五条、第十条的规定（《中华人民共和国民法典》第一千一百二十三条、第一千一百二十七条），李某的上述遗产应有其配偶、子女、父母继承或兄弟姐妹、祖父母、外祖父母继承。根据最高人民法院《关于适用〈中华人民共和国民法典〉时间效力的若干规定》（法释〔2020〕15号）第十四条的规定，被继承人在民法典施行前死亡，遗产无人继承又无人受遗赠，其兄弟姐妹的子女请求代位继承的，适用民法典第一千一百二十八条第二款和第三款的规定，但是遗产已经在民法典施行前处理完毕的除外。现李某的胞兄李某雄的儿子李先生，李某的胞姐李某英的女儿林女士表示代位继承李某的上述遗产，因李某无结婚、无生育或收养子女，其父母，兄弟姐妹李某财、李某芳、李某英、李某雄，祖父母、外祖父母均先于她死亡，李某财的子女李某敏、李某浩，李某芳的子女陈某玲、陈某琳、陈某辉均表示自愿放弃上述遗产代位继承权利，故李某的上述遗产由其侄子李先生、姨甥林女士共同继承。

中华人民共和国广东省广州市广州公证处

公证员：×××

二〇二一年二月××日

案例编号：GDGGGY1614154419

广东省广州市广州公证处　何灵兴

离婚前的夫妻财产约定协议公证案

【案情简介】

甲和乙是一对“80 后”夫妻,自孩子出生后,乙便辞职在家,照顾孩子和老人,由于甲的工作需要长期出差,夫妻二人聚少离多,双方感情逐渐破裂。甲向乙提出离婚,乙打算接受甲的提议,但又对财产处理的问题心存顾虑。于是,甲乙双方来到五邑公证处咨询。

按照《民法典》第 1077 条的规定,甲乙申请离婚登记,须先经历“离婚冷静期”。公证员告知甲乙双方,在完成离婚登记前夫妻双方既可以办理离婚协议书公证,也可以办理夫妻财产约定协议公证,其区别在于:(1)生效时间不同。离婚协议生效时间是发给离婚证之日,在离婚登记完成前离婚协议不生效,而夫妻财产约定协议签字即生效,不因离婚与否而发生变化。(2)约定的范围不同。离婚协议可以对财产、双方自愿离婚及子女抚养等问题进行约定,而夫妻财产约定协议只能对财产进行约定。由于离婚协议是在完成离婚登记时才生效,如果希望避免完成离婚登记前一方擅自处分夫妻共有财产或恶意举债给另一方造成损害并因此引发纠纷,双方可以事先按照离婚后财产分割、债务偿还等的意愿办理夫妻财产约定协议公证,从而更好地约束即将离婚的双方,预防因财产问题而引发的纠纷。而冷静期过后,如果双方希望继续经营这段婚姻,则可再次以公证的形式对协议进行变更。

经考虑,夫妻双方最终决定申请离婚登记,并决定离婚前先办理夫妻财产约定协议公证。由于双方在财产具体约定上存在分歧,五邑公证处启动了“公证 + 调解”的家事法律服务模式,公证员向双方解释法律的相关规定并进行调解。例如,《民法典》第 1088 条规定:“夫妻一方因抚育子女、照料老年人、协助另一方工作等负担较多义务的,离婚时有权向另一方请求补偿,另一方应当给予补偿。具体办法由双方协议;协议不成的,由人民法院判决。”与原《婚姻法》相比,《民法典》极大地扩展了“家务劳动补偿”的适用范围,本案中夫妻双方虽然没有约定婚姻期间财产归各自所有,但乙作为全职太太在抚养子女、照料老年人等方面付出较多,离婚时乙可以依据《民法典》的规定向对方主张适当的补偿。

公证员在尊重当事人意思自治并充分调解的基础上起草了协议,并对协议的相关事宜进行充分告知，同时采用分别谈话的方式，确保双方意思表示真实有效。

公 证 书

（2021）粤江五邑第××号

申请人：

男方：甲，男，××××年××月××日出生，公民身份证号码：×××，住址：×××。

女方：乙，女，××××年××月××日出生，公民身份证号码：×××，住址：×××。

公证事项：协议

男、女双方于二〇二一年××月××日向本处申请办理前面的《协议》公证。

经查，男、女双方经协商一致订立了前面的《协议》，男、女双方在订立协议时具有法律规定的民事权利能力和民事行为能力。双方当事人签订《协议》时意思表示真实。协议的内容具体、明确，双方对协议的内容无任何异议。

根据上述事实，兹证明男方甲与女方乙于二〇二一年××月××日来到我处，在本公证员面前，签订了前面的《协议》。双方当事人的签约行为符合《中华人民共和国民法典》第一百四十三条的规定，协议内容符合《中华人民共和国民法典》的有关规定，协议上男、女双方的签名、指印均属实。

中华人民共和国广东省江门市五邑公证处

公证员：×××

××××年××月××日

案例编号：GDGGGY1618367110

广东省江门市五邑公证处 伍彩群

证人证言保全证据公证案

【案情简介】

邓某原系某矿业公司的员工,现该矿业公司与范某因工程款发生纠纷诉讼至河北某法院。邓某因了解相关情况,成为该案件的证人之一。由于邓某工作繁忙,不能亲自到审理现场作证,特到江西省玉山县公证处申请办理其本人证言的保全证据公证。

邓某称其已就需向河北某法院提供的证人证言以书面的形式整理了一份说明,现需要公证处对其自行书写证言,即对《关于2009年11月27日会议内容情况说明》的作证行为进行证明,但对《关于2009年11月27日会议内容情况说明》的内容不予公证。公证员在审核邓某提供的相关材料并经调查核实后,认为邓某符合该公证事项的受理条件,提供的材料齐全,决定受理该公证事项。公证员向邓某仔细解释了办理该公证的相关权利义务及法律后果,为邓某做了一份详细的笔录,并及时为邓某出具了公证书。

证人证言证据保全公证是公证机关根据当事人的申请,对与申请人的权益有关的证人证言予以收集、固定并进行保管以保持其真实性和证明力的活动。证人证言保全公证让当事人解除了后顾之忧,同时保障了各方当事人的合法权益,也为法院诉讼提供了有力的证据。证人证言由于其本身的特性,在诉讼中如何认定其真实、合法性在学术上很有争议。公证对于证人证言的保全,实际是遵从法理的便民原则,但操作过程中难度及风险均较高。在办理证人证言保全证据公证过程中,公证员比较难把握当事人的该项陈述是否已将自己所知道的事实情况陈述清楚、对案件有关联性的重要事项是否表述清楚、当事人作出的陈述是否客观等问题。因此,公证员办理证人证言保全证据公证风险系数较高。本案中,采取了较为妥当的办理方法,即证明的事实只是证人作证的过程,对于所陈述的内容的真实性公证书未予确认。因此,公证书的公证词表述为:本公证书仅证明《关于2009年11月27日会议内容情况说明》的形成过程,不对前面的邓某所陈述的内容的真实性作出证明。《关于2009年11月27日会议内容情况说明》内容的真实性由申请人邓某本人负责。

【公证书格式】

公　证　书

（××××）赣饶玉证内字第××号

申请人：邓某，男，一九五八年十二月三日出生，公民身份证号码：××××，住址：江西省上饶市玉山县××镇××村××街××号。

公证事项：保全证据

申请人邓某于二〇一八年是十一月十二日向本处提出申请，称因诉讼需要，申请人没有时间出庭作证，特申请对其进行书写相关情况说明的行为进行保全证据。

根据《中华人民共和国公证法》《公证程序规则》的规定，邓某二〇一八年十一月十二日十四时五十七分至二〇一八年十一月十二日十五时零五分，在本处，自行书写了一份《关于2009年11月27日会议内容情况说明》共贰页，并由邓某签名、按右手拇指印确认，邓某的上述行为，本公证员与公证员赵某均在现场监督。

兹证明本公证书所附的《关于2009年11月27日会议内容情况说明》的复印件与原件内容相符，原件上所记载的内容为申请人邓某亲笔书写，《关于2009年11月27日会议内容情况说明》原件保存于我处。

本公证书仅证明《关于2009年11月27日会议内容情况说明》的形成过程，不对前面的邓某所陈述的内容的真实性作出证明。《关于2009年11月27日会议内容情况说明》内容的真实性由申请人邓某本人负责。

附：《关于2009年11月27日会议内容情况说明》的复印件一份共一页。

中华人民共和国江西省玉山县公证处

公证员：×××

××××年××月××日

案例编号：JXGGGY1562662181

江西省玉山县公证处　杨　萍

赋予工伤事故《人民调解协议书》强制执行效力公证案

【案情简介】

谭某受杜某雇佣,在临沂市某物流配载有限公司从事大棚修复工作。2020年6月,谭某在从事雇佣劳动时因工受伤,后被送往临沂市某医院住院治疗19天。工伤事故发生后,杜某仅仅给谭某支付了医疗费用,但残疾赔偿金、后期治疗费用、误工费、护理费、住院伙食补助费、营养费、交通费、精神损害赔偿金、法医鉴定费等费用迟迟没有支付。谭某找杜某多次协商赔偿事宜,但杜某均拒绝支付。为维护自己的合法权益,谭某以与杜某存在雇佣关系为由,将杜某起诉至临沂市××人民法院××法庭,要求杜某支付残疾赔偿金、后期治疗费用、误工费、护理费、住院伙食补助费、营养费、交通费、精神损害赔偿金、法医鉴定费等各项经济损失共计297,569.5元。

在立案前,经街道人民调解委员会驻法庭调解室调解,谭某与杜某达成了《人民调解协议书》。为增强调解文书的执行力度,当事人向临沂市某公证处申请办理《人民调解协议书》公证,并赋予该调解协议书强制执行效力。

公证人员仔细询问案件的来龙去脉后,对双方的身份及诉由进行了核实。根据《中华人民共和国公证法》、《公证程序规则》及《最高人民法院关于建立健全诉讼与非诉讼相衔接的矛盾纠纷解决机制的若干意见》等有关规定,公证处受理了该公证事项,公证员对双方办理公证的法律意义和法律后果进行了充分告知,指明当义务人未按照调解协议的约定履行义务时,权利人可以不经过诉讼程序,直接向法院申请强制执行。双方当事人对办理该项公证均无异议,公证人员受理当天就给当事人出具了公证书。

双方当事人拿到公证书后,赔偿义务方杜某在协议约定的期限内及时向谭某进行了赔付。

【公证书格式】

公 证 书

（2020）鲁临沂××证经字第××××号

申请人：

谭某某，男，一九××年××月××日出生，公民身份证号码：37××××，住址：××××。

杜某某，男，一九××年××月××日出生，公民身份证号码：37××××，住址：××××。

公证事项：赋予《人民调解协议书》强制执行效力

申请人谭某某（以下简称“甲方”）、杜某某（以下简称“乙方”）于二〇二〇年十一月十日向本处申请对前面的《人民调解协议书》进行公证并赋予该协议强制执行效力。

甲方向本处提交了身份证、人民调解协议书等。乙方向本处提交了身份证。

经查，二〇二〇年六月四日，甲方谭某某在临沂市××物流配载有限公司处从事大棚修复工作时受伤。谭某某以经乙方杜某某雇佣，受伤后被送往临沂市××医院住院治疗19天，杜某某仅支付医疗费用，后期残疾赔偿金、后期治疗费用、误工费、护理费、住院伙食补助费、营养费、交通费、精神损害赔偿金、法医鉴定费等各项经济损失共计297，569.5元迟迟不予支付为由起诉。二人于二〇二〇年十一月十日在临沂市××区人民法院××法庭，经街道人民调解委员会调解，达成了〔2020〕临兰法调字第××号《人民调解协议书》。双方依法均具有签订该人民调解协议书的民事权利能力和民事行为能力。

双方在协议中约定：乙方同意赔偿甲方残疾赔偿金、后期治疗费用、误工费、护理费、住院伙食补助费、营养费、交通费、精神损害赔偿金、法医鉴定费等各项经济损失共计160，000元，于二〇二〇年十一月二十一日前付清。双方均同意乙方将上述款项汇至甲方在××××支行开设的622×××66账户内。甲方自愿放弃其他诉讼请求；如乙方未按上述期限足额履行，乙方同意按照甲方起诉主张的297，569.5元履行；双方不得因甲方在临沂市××物流配载有限公司从事大棚修复工作受伤一事再产生任何其他纠纷，双方不得就本次纠纷再主张任何权利，本次纠纷一次性了结；为保证债务的履行，乙方作出了自愿接受强制执行的意思表示,如乙方不履行或不完全履行本协议约定的义务时,自愿接受法律规定的强制执行措施。乙方并就违约时本处应甲方谭××的申请出具《执行证书》前的核实内容、程序作出了承诺。

依据上述事实,兹证明甲方谭某某与乙方杜某某于二〇二〇年十一月十日在临沂市××区人民法院××法庭,在本公证员的面前签署了前面的〔2020〕临兰法调字第××号《人民调解协议书》。当事人的签约行为符合《中华人民共和国民法总则》第一百四十三条的规定,协议内容符合《中华人民共和国合同法》的规定,协议上当事人的签名、指印均属实。

根据《中华人民共和国民事诉讼法》第二百三十八条、《中华人民共和国公证法》第三十七条和《最高人民法院、司法部关于公证机关赋予强制执行效力的债权文书执行有关问题的联合通知》的有关规定,自前面的《人民调解协议书》生效之日起,本公证书具有强制执行效力。

中华人民共和国山东省临沂市××公证处

公证员:×××

二〇二〇年十一月十日

案例编号:SDGGGY1613807242

山东省临沂市兰山公证处　孙晓平

遗产管理人资格公证案

【案情简介】

云南昆明的居民李某死亡,其第一顺序法定继承人中父亲已先于其死亡,母亲税某、配偶李某琍及子女李某杰均健在,因李某的部分遗产涉及债务问题,李某的继承人向云南某律师事务所寻求法律帮助。经沟通,李某的继承人欲通过选任云南某律师事务所担任遗产管理人的方式,以便能全面顺利协助继承人办理该事项。后李某的继承人与云南某律师事务所共同向云南省昆明市某公证处提出申请,欲通过公证方式来确定遗产管理人的资格,以方便遗产管理人持公证文书对被继承人李某的遗产进行清理,并协助办理后续的遗产继承、债务处理、提取、分配、过户等事项,解决继承遗产的实际问题。

了解当事人的实际需求后，公证员认真研习了《民法典》，《民法典》第1145条规定："继承开始后，遗嘱执行人为遗产管理人；没有遗嘱执行人的，继承人应当及时推选遗产管理人；继承人未推选的，由继承人共同担任遗产管理人；没有继承人或者继承人均放弃继承的，由被继承人生前住所地的民政部门或者村民委员会担任遗产管理人。"公证员向当事人进一步了解到，被继承人李某生前未立过任何形式的遗嘱，亦未与他人签订过遗赠抚养协议。依据《民法典》的规定并结合当事人的需求，公证员认为李某的继承人与云南某律师事务所通过协议方式确定遗产管理人的资格，符合《民法典》关于遗产管理人推选产生的方式，公证机构可以为其出具遗产管理人资格公证。

为此，公证员为李某的继承人与云南某律师事务所设计了推选遗产管理的公证方案：首先，由被继承人李某的继承人与云南某律师事务所签订《遗产管理人选任协议》，对双方的职责、权利义务等作出明确的约定；其次，由云南某律师事务所依据其与李某的继承人所签订的协议，向公证机构申请办理遗产管理人资格公证，公证机构在对李某的继承案件涉及的相关事实进行核实后出具公证书；最后，该所收到本机构出具的公证书后协助当事人处理相关遗产事务。

后李某的继承人与云南某律师事务所签订了《遗产管理人选任协议》，公证处按程序为其出具了遗产管理人资格公证书。

【公证书格式】

公 证 书

(2021)云昆××证民字第××号

申请人：云南××律师事务所，统一社会用代码：××××，负责人：李××。

被继承人：李某，男，生前公民身份证号码：××××。

公证事项：遗产管理人资格

申请人于二〇二一年五月十九日向本处申请办理遗产管理人资格公证。

经审查：

一、被继承人李共于二〇二一年四月十二日死亡。

二、被继承人李共生前未留有任何形式的遗嘱。

三、经被继承人李某的继承人税某某、李某某、李某杰（李元杰系未成年人，其行为由其母亲、监护人、法定代理人李某某代为行使)协商一致,共同选任申请人云南××律师事务所作为被继承人李共的遗产管理人。

四、申请人云南××律师事务所委派马某(公民身份证号码:××××;律师执业证号码:××××)、魏某(公民身份证号码:××××;律师执业证号码:××××)担任遗产管理的具体事务执行人,履行遗产管理人的职责。

综上,根据《中华人民共和国民法典》第一千一百四十五条的规定,兹证明申请人云南××律师事务所是被继承人李某的遗产管理人。

根据《中华人民共和国民法典》第一千一百四十七条的规定,申请人云南××律师事务所作为遗产管理人应当履行下列职责:

(一)清理遗产并制作遗产清单,包括向有关产权部门申请查询、复制并领取被继承人李共的所有遗产状况及相关证明文件资料等;

(二)向继承人报告遗产情况;

(三)采取必要措施防止遗产毁损、灭失;

(四)处理被继承人的债权债务;

(五)按照遗嘱或者依照法律规定分割遗产;

(六)实施与管理遗产有关的其他必要行为。

同时,根据《中华人民共和国民法典》第一千一百四十八条的规定,申请人云南××律师事务所作为遗产管理人应当依法履行职责,因故意或者重大过失造成继承人、受遗赠人、债权人损害的,应当承担民事责任。

中华人民共和国云南省昆明市××公证处

公证员:×××

2021年5月××日

案例编号:SFBGGGY1630053069

云南省昆明市明信公证处　贾媛婷

重庆市土地征收补偿提存公证案

【案情简介】

因实施城市规划建设需要,经重庆市政府依法批准,重庆市某区政府于2017年2月15日发布了征地公告,决定在某镇某村等3个村5个社进行农用地转用及土地征收。随后,重庆市沙某区政府依法批准了《关于征收某镇某桥等3个村5个社集体土地补偿安置方案》。该征地工作从实施至今,已近4年时间,绝大部分征地安置工作已经完成,但由于该征地范围内一家大型企业对某区征地事务中心依据补偿安置方案所确定的补偿款不满意,于是一直未和征地部门签订《征地补偿安置协议》。某区征地事务中心与该企业进行了多次协商均未果,导致该征地工作无法按时完成,极大地影响了城市建设的进度。为保障该项征地安置工作的尽快完成,督促该企业尽快交地,区征地事务中心最终决定就该企业的征地补偿费用向公证处申请办理提存公证。

重庆市国信公证处受理了该项公证申请。承办公证员在了解情况后,向申请人某区征地事务中心告知了需要提交的证明材料。随后,某区征地事务中心向公证处提交了事业单位法人证书、法定代表人身份证明书、授权委托书、法定代表人身份证与代理人身份证复印件、《重庆市人民政府关于某区实施城市规划建设农用地转用和土地征收的批复》、《某区人民政府关于征收某镇某村等3个村5个社集体土地补偿安置方案的批复》、《重庆市某区征地事务中心关于征地拆迁财产核实告知书》等证明材料。公证员仔细审查了了下列事项:一是提存申请人的主体资格是否适格;二是征地行政行为程序上的合法性,即是否根据《中华人民共和国土地管理法实施条例》的规定履行相应的批准、公告程序;三是被征地对象是否具有无正当理由拒绝或延迟受领征地补偿款,不在征收履行地又不能到征收地受领的被征地对象不清、地址不详,或失踪、死亡(消灭)其继承人不清,或无行为能力其法定代理人不清等情形。

2020年7月10日,某区征地事务中心将该企业的征地补偿费用共计人民币1.49亿元提存至公证处,公证处及时出具了提存公证书,并与提存申请人一起向该企业送达了《领取提存款通知书》。由于提存公证具有债务清偿的效力,在提存公证后不足40天的时间里,该企业就主动降低了补偿要求,并最终与某区征地事务中心签订了《企业拆迁补偿款协议书》,交付了被征用的土地。提存公证的办理,有效地解决了持续了近3年的征地补偿纠纷,为征地工作画上了圆满的句号,保障了城市规划建设的顺利推进。

【公证书格式】

公 证 书

(2020)渝某证字第××号

申请人:重庆市某区征地事务中心

统一社会信用代码:×××

住所:某区某路×号

法定代表人:魏某

委托代理人:张某,男,××××年××月××日出生,公民身份证号码:×××。

提存受领人:重庆某机电技术有限公司

统一社会信用代码:×××

住所:重庆市某区某镇某村某社

法定代表人:陈某,男,××××年××月××日出生,公民身份证号码:×××。

公证事项:清偿性提存

兹证明重庆市某区征地事务中心根据《中华人民共和国土地管理法》第47条的规定,已于2020年7月10日将应支付给重庆某机电技术有限公司的征地补偿款共计人民币149,755,019.8元提交我处,从即日起,重庆市某区征地事务中心应支付给重庆某机电技术有限公司的上述征地补偿款已经履行。

中华人民共和国重庆市国信公证处

公证员:×××

二〇二〇年七月十三日

案例编号:CQGGGY1602833143

重庆市国信公证处　何朋城

第十二章　法律职业资格管理类

第一节　服务考生类案例

持续接力帮助“无臂考生”通过法考案

【案情概要】

2022年2月16日，四川省攀枝花市公共法律服务中心法律职业资格申请窗口迎来一位特殊的申请人，他就是用脚书写奇迹的攀枝花籍“无臂考生”——彭某。

彭某，男，26岁，出生于四川省攀枝花市米易县，6岁时因事故失去双臂，但命运的挫折并未将他打倒，反而使他拥有了更强大的内心和更坚韧的意志。2020年，彭某在四川省攀枝花考区参加法律职业资格考试。当地司法局在了解他的特殊情况后，第一时间为他开通了“绿色通道”，安排专人协助他完成入场防疫检验和身份识别，鼓励他轻装上阵、沉着应考。经征求彭某意见，当地司法局在考场后排准备了宽敞的机位和带靠背的软座，为其顺利参考提供了良好的条件。

2020年，彭某顺利通过当年客观题考试，但主观题考试未能过关。按照政策，2021年，已是同济大学研究生的彭某在上海考区再次参加法考主观题考试并达到了合格分数线。考试期间，上海考区针对他考试期间需要长时间使用键盘作答的具体情况，精心安排了特殊考位，为他顺利参加考试提供了保障。两年时间内，川沪两地司法行政机关接力为彭某做好服务保障，帮助他顺利通过了考试。彭某最终取得了法律职业资格证书。

【应对措施】

一是迅速报告。2020年客观题考试前夕，在得知有残障考生参加考试后，省厅督考组和考区总监考高度重视，迅速通过远程巡查指挥系统将考生情况上报厅法考指挥中心，启动特殊考生参加考试保障预案。

二是全程护考。考务办公室确定两名经验丰富、责任心强、熟悉考试组织实施流程的工作人员全程“护送”考生参加客观题考试,帮助彭某扫码、验码、检测体温、核验资料,通过考务安全管理系统进行人像识别,优先进入考场。

三是周到细致服务。监考老师、技术人员、医疗保障人员在详细询问彭某身体状况和答题需求,根据他的身体条件,对考机、键盘鼠标等位置进行调整,安排了软席座椅,确保他舒适答题。

四是接力服务。在彭某通过2020年客观题考试后,2021年上海市司法局继续做好服务保障工作;在彭某顺利通过2021年主观题考试后申领法律职业资格阶段,攀枝花市司法局再次开通绿色通道,优先为彭某办理资格申请受理工作,在申请材料提交、完成电子签名等方面提供便利。

【处理依据及结果】

川沪两地司法行政机关严格按照司法部、教育部、国家卫生健康委员会制定的《新冠肺炎疫情防控常态化下国家统一法律职业资格考试组织实施与防疫工作指导意见》和司法部《关于组织视障等残疾人士及其他特殊困难人员参考的指导意见》等工作要求,坚持“规范管理、从严治考、热情服务”总原则,牢固树立服务考生、以考生为中心的理念,考前准备充分,考中反应迅速,考后接续服务,助推“无臂考生”彭某顺利圆梦。

【小结】

帮助考生顺利参考、安全参考、圆梦法考,是司法行政机关的光荣职责和神圣使命。川沪两地司法行政机关认真践行司法为民的理念,积极推行“放管服”改革,依托司法部国家统一法律职业资格考试管理系统和法考无纸化审核信息平台,发挥“跨省通办”惠民、利民、便民的优势,最大限度地满足考生,特别是特殊情况考生异地参考、异地申领法律职业资格证书等现实需求,充分彰显司法行政机关为民服务的初心和使命。

案例编号:SCSKXF1647588945

四川省司法厅、上海市司法局　何　莎

安徽省合肥市司法局组织集中发放证书案

【案情概要】

2021 年 4 月 19 日至 26 日，安徽省合肥市司法局开展 2020 年法律职业资格证书集中发放工作，将有 1400 余人到现场领取证书。为兼顾防控疫情和便民服务，妥善做好证书集中发放工作，合肥市司法局法律职业资格管理处提前谋划，制定方案，细化措施，连续 6 个工作日的证书集中发放工作井然有序进行。

【应对措施】

一是充分发挥信息化手段，让领证省力省心。合肥市司法局急考生之所急，于 2021 年 4 月 16 日晚第一时间在全国率先发布关于证书发放具体事宜的公告，提倡证书领取人员按照预约时段前来领取证书，避免造成人员聚集和疫情防控风险。合肥市司法局第一时间联系司法部官网后台技术服务公司开通网上预约领取证书通道，每 30 分钟设置为一个预约时段，预约限额为 20 人，每天预约限额为 240 人，避免证书领取人员大批聚集。此后，合肥市司法局又采取点对点发送手机短信的形式，确保证书集中颁发工作有条不紊地进行。

二是注重疫情防控，让群众领证安全放心。在证书颁发现场，合肥市司法局专门设置了法律职业资格证书领取通道，做好图示指引和人员引导，对证书颁发现场和相关设备定时进行消毒，工作人员全程佩戴口罩和一次性手套。证书领取人员根据要求全程佩戴口罩，配合疫情防控工作人员测量体温，进行手部消毒，使用手机扫描核验“安康码”，登记 14 天内行程，并按照工作人员引导按 1 米以上间隔距离有序排队办理。对于因故无法在集中发证期内前来领取证书的人员，明确告知可于证书集中颁发期结束后单独电话预约领取，彻底解决了部分群众的后顾之忧。

三是结合主题活动，让群众领证温暖舒心。合肥市司法局将业务与党建相融合，结合“立足岗位作贡献”和“我为群众办实事”等主题教育活动，采取在本单位招募党员志愿者和青年志愿者的形式，充实证书集中发放工作人员队伍，形成疫情防控登记、就业意向采集、现场秩序维护、电子档案归档、资格证书颁发、律师实习和执业咨询解答、本市律所招聘信息集中发布等“一站式”服务链条，让前来领取证书的群众感受到司法行政服务的浓浓暖意。

合肥市司法局为现役军人和行动不便的特殊困难群众开辟了证书领取“绿色通道”,工作人员为排队领取证书的群众现场讲解证书领取后的注意事项,受到一致好评。一名证书领取人员在现场送来一面锦旗,对合肥市司法局“全心全意为考生、尽职尽责办实事”的工作精神和服务态度表示感谢。

【小结】

安徽省合肥考区始终坚持“从严治考、规范管理、热情服务”的总原则,尽心尽力办考试、一心一意为考生。

案例编号:AHSKXF1638868127

安徽省合肥市司法局　唐　颖

紧急启用防疫隔离考场服务考生顺利参考案

【案情概要】

2021 年 10 月 17 日上午,国家统一法律职业资格考试客观题考试开考前 20 分钟,河南省洛阳考区洛阳职业技术学院会计学院考点一名考生通过体温检测通道及健康码、行程码检测后进入考点后(未进入考场),主动向考点考务办公室报告其有咳嗽症状。经考点疫情防控人员复测,其体温已升高至 37.6℃。经洛阳考区疫情防控专家综合研判,考区考务办公室立即向河南省司法厅洛阳考区总督考及省司法厅考试处进行了汇报,按照总督考及省厅考试处的要求,洛阳考区迅速启动应急预案,启用备用隔离考场,有序组织相关考务工作。

【应对措施】

洛阳考区考务办公室严格按照《洛阳市 2021 年国家统一法律职业资格考试疫情防控工作方案》程序的规定,全面落实疫情防控隔离措施,考试期间每两小时对该考生进行体温测量,该考生体温均在 37℃以下。同时,考区考务办公室协调洛阳市中医院派专门医护人员到考场进行核酸采样。第一场考试结束后,按照疾控部门要求,该考生及监考人员未离开考场,由考点安排专人送餐到考场。第二场考试结束 50 分钟后,该考生核酸检测报告结果显示阴性。洛阳市疾控部门经综合研判,认为该考生考试结束后可正常离场。同时,洛阳考区对启用的备用隔离考场相关区域及设施进行彻底消杀，由防疫部门统一回收处理监考人员防护用品，确保疫情防控工作不留死角。

【处理依据及结果】

根据司法部、教育部、国家卫生健康委制定的《新冠肺炎疫情防控常态化下国家统一法律职业资格考试组织实施与防疫工作指导意见》、《司法部关于做好2021年国家统一法律职业资格考试工作的通知》以及河南省司法厅和洛阳市司法局关于法律职业资格考试疫情防控工作的有关规定，洛阳考区既严格落实疫情防控措施，确保考试安全，又最大限度地保障了发热考生的考试权利。

【小结】

根据国内外疫情防控形势，各地保持高度防护意识，绷紧疫情防控这根弦，进一步完善疫情防控工作方案，细化各项措施。对突发状况要及时有效处理，既要保障考场安全和考生、考试工作人员安全，也要精准研判，合理界定，最大限度地保障考生的参考权利。河南省洛阳考区及时启用发热考场和复测发热考生的案例，措施妥当、处置及时，对各地有参考借鉴作用。

案例编号：HNYSKXF1644396085

河南省洛阳市司法局　董晓燕

严格管控风险帮助一名涉疫地区考生顺利考试案

【案情概要】

2021年11月13日，赵某持核酸检测阴性证明从北京市海淀区返回安徽省蚌埠市某社区，希望在蚌埠考区参加2021年11月21日将举行的国家统一法律职业资格考试主观题考试。按照蚌埠市防疫有关规定，发生疫情的市（直辖市为区）返蚌人员，需居家健康监测14天并经2次核酸检测才可以自由活动，非必要不参加大型聚集活动。赵某虽持有健康码、行程码绿码和抵蚌后的核酸检测阴性证明，但2021年11月11日北京市海淀区已出现新冠肺炎确诊病例，考生能否参加考试，怎样才能安全平稳地参加考试成了一道难题。

【应对措施】

安徽省蚌埠市司法局工作人员了解赵某的情况后,随即与本人取得联系,详细了解了赵某的行动轨迹及返蚌后的健康监测、核酸检测情况,一方面与该考生保持联系并安抚其情绪,另一方面迅速向市卫生健康部门和省司法厅上报情况。蚌埠市卫生健康委员会指派相关人员担任2021年国家统一法律职业资格考试蚌埠考区的防疫副主考,负责具体指导该考生参考事宜。经蚌埠市司法局与市卫生健康委员会多次沟通、分析研判,最终决定在严格管控风险、确保考试安全的前提下,允许赵某在蚌埠考区参加考试,并启用隔离考场。

【处理依据及结果】

根据蚌埠市新型冠状病毒感染的肺炎疫情防控应急指挥部《关于进一步加强疫情防控工作的通告》(2021年第6号)的要求,蚌埠市司法局提前通知赵某做好相关准备和核酸检测,要求赵某配合遵守当前蚌埠市防疫规定,做好健康监测并坚持通过司法部报名网站进行每日健康打卡,于考试当天上午7时40分之前,持健康码行程码绿码和考前48小时内核酸检测阴性证明,乘私家车到达考点学校大门指定位置,避免与其他考生接触。考试前一天,考点学校对防疫考场按规定程序进行了消杀,在防疫隔离考场配备了防疫物品,隔离考场外围设置警戒线,并张贴明显标识防止无关人员进入。隔离考场与普通考场隔开了一定距离以确保通风,并设置了专用闭环通道。市疾控中心安排专家对防疫隔离考场监考人员作了具体的防疫指导,并逐一排查风险点,确保隔离考场设置规范。

考试当天,赵某到达考点学校大门口指定位置后,通过专用闭环通道进入隔离考场。隔离考场内安排2名监考人员穿防护服进行监考,并安排1名技术人员专门负责该考场的技术保障。由于赵某未经过考务安全通道,由隔离考场考务人员对其核验身份允许先行考试,待考试开始、其他考生全部通过后,由专门技术工作人员对赵某信息进行单独人工补录。考场外安排120急救车全程待命,做好随时转移考生的准备。考试结束后,安排赵某推迟20分钟离开考场,由防疫医生通过防疫通道将赵某带离考点。

考试结束后,赵某委托家人送来锦旗,表达对蚌埠市司法局等相关部门的感谢之情。

【小结】

考试安全是法考工作的生命线,防疫安全更是考试安全的重中之重。在疫情防控常态化的大背景下,将法考组织实施工作纳入考试当地疫情防控体系,由防疫指挥部门对具体问题作出专业研判,为应对特殊情况做好充分的准备。按照司法部和省司法厅的工作要求,本着“从严治考、规范管理、热情服务”的原则,在严格遵守考试规定、确保考试安全的基础上,最大限度地维护考生的权益,尽最大可能为考生争取宝贵的应试机会,进一步提高群众对司法行政工作的满意度。

案例编号:AHSKXF1639020831

安徽省蚌埠市司法局　唐　颖

第二节　违法违纪应对处置案例

李某违规携带手机参加考试受到处理案

【案例概要】

2021年10月16日下午,国家统一法律职业资格考试客观题考试(试卷二)举行。在湖南省郴州考区郴州技师学院考点,各考场监考人员按照考试流程对入场考生进行身份查验,并用金属探测仪对考生是否携带违禁物品进行检测,其间未发现任何异常。14时30分,考试开始。17时24分左右,流动监考巡考时发现第四考场21号座位考生李某上衣口袋突然响起手机铃声,该考生涉嫌违反考场纪律将手机带入考场。

【应对措施】

一是立即处置并第一时间报告。监考老师立即将该考生手机没收并关掉铃声,流动监考迅速将情况分别向流动监考组副组长、组长和总监考报告,总监考立即责令将李某带离考场并了解相关情况。郴州考区考务组在总监考的指挥调度下,第一时间向湖南省司法厅郴州督考组汇报该情况,同时向湖南省司法厅职业资格与交流处报告。

二是固定证据。在省厅督考组的监督指导下,总监考立刻组织考务组工作人员调取考场监控录像,并将涉案手机和考场监控录像拷贝到U盘进行封存,固定考场考试期间相关证据。

三是启动调查。在李某情绪稳定后,郴州市司法局启动相应调查程序。郴州市司法局2名行政执法人员于10月16日当晚观看了第四考场试卷二考试期间全程多角度监控录像,并对李某进行了调查询问。在对李某调查询问结束后,行政执法人员要求2名监考老师和1名流动监考作出了第四考场卷二考试期间的情况书面说明,进一步了解情况、固定证据。

以上事实,郴州市司法局收集了如下证据:(1)2021年10月16日下午第四考场视频监控录像;(2)李某涉案手机来电记录截屏、微信截屏、图库照片信息截屏;(3)监考老师和流动监考关于2021年10月16日下午第四考场试卷二考试情况的书面说明;(4)郴州市司法局制作的《调查(询问)笔录》。

【处理依据及结果】

根据《国家统一法律职业资格考试应试规则》及《国家统一法律职业资格考试违纪行为处理办法》,应试人员除携带必要文具外,不得随身携带书籍、笔记本、纸张、报刊、电子用品、存储设备及通信工具等物品进入考场。考试提供文具的,应试人员不得自行带入。郴州市司法局在考前一周多次发短信,提醒应试人员在郴州考区除身份证和准考证外,其他物品一律不得带入考场。当天考试开始前,监考人员也多次提醒,要求带手机的考生须将手机关机后装入考场配备的信封并放到指定位置。考生李某已多次参加过国家统一法律职业资格考试,理应知晓考试规则,但其由于紧张、疏忽大意等原因忘记其手机还在衣服口袋。经调查未发现李某有从口袋拿出手机通话、观看、拍照等违纪行为。因此,根据《国家统一法律职业资格考试违纪行为处理办法》第7条第1项“考试开始后被查出携带具有发送或者接收信息功能的设备……”的规定,相关部门作出李某2021年国家统一法律职业资格考试成绩无效、2年内不得报名参加国家统一法律职业资格考试的处理决定。

考生李某对该处理决定无异议,没有提起行政复议和行政诉讼。

案例编号:HNXSKWJ1640143807

湖南省郴州市司法局　段亚林